Acting and Directing Shakespeare

シェイクスピアの演技術

三輪えり花

Elica Miwa

玉川大学出版部

プロローグ —— Prologue

「完璧な役者はいないから」
As an unperfect actor on the stage 1)

1) *Sonnets* 23.1

『ハムレット』『ロミオゥとジュリエット』『リア王』……。演劇を目指す人なら誰もが一生に一度は関わってみたい憧れの芝居の作者ウィリアム・シェイクスピア (William Shakespeare)。今から400年以上前の英国の詩人で劇作家、俳優でもありました。シェイクスピアは50年ほどの短い生涯の間に38本もの芝居を書きました。それらは俳優の体とことばを通して、時を超え、国を超え、世界中の多くの人の心を摑み続けてきたのです。シェイクスピアの感動を生で伝えるという素晴らしい役目を担う役者、演出家を目指す人のために、わたしは本書を執筆しました。

シェイクスピアは演じられるものです。どんな知識も解説も文学的研究も、俳優の体を通って表現されなくては意味を成しません。本書は、シェイクスピアを上演するために必要な演技と演出に焦点を当てた、日本で初めての具体的な演技解説書です。演者と演出家の立場から、どのようにシェイクスピア作品に取り組めばよいのか、場面を抜粋して、Try This（やってみよう）方式でエクササイズを提案しながら具体的に解説しています。

シェイクスピアといえば高尚で難解という形容詞が付きもので、多くの舞台人がその壁に負けてしまっています。ストーリーはおもしろいがことばは長くてややこしく、観客も飽きるのではないか、演じていても、そもそもことばの意味がよくわからない、長いせりふをとにかく大声でどなってしまう……。シェイクスピアを上演しようとするとき、常にそのような悩みに突き当たるのではないでしょうか。

実はわたしもそうだったのです。が、転機は2度目の英国留学の際にやってきました。それは文化庁が派遣する芸術家在外研修員として、英国王立演劇アカデミー（Royal Academy of Dramatic Art、以下RADA）に特別研修生として渡英したときのことです。アカデミーの学期が始まる前に、英国演出家協会（UKディレクターズ・ギルド）での2週間の国際シアター・ワークショップに参加しました。そこで出会ったのが、ジョン・バートン（John Barton）。ロイヤル・シェイクスピア・カンパニーの創立者の1人として芸術監督を長年務めた、シェイクスピア演出の第一人者その人だったのです。今でも英国のシェイクスピア劇上演のための演技・演出術は、ジョン・バートンの影響を強く受け

ています。その彼の言ったことがわたしのシェイクスピアへの扉を開きました。

シェイクスピアのせりふはとても簡単だ。登場人物はしゃべりながら考える。既に頭の中で整理された話題を解説しているわけではない。考えながら、ある単語を発したとき、その単語に触発されて次の思考回路が開き、話が展開していく。そして、言い足りないから、さらにしゃべる。普通の人が友達に相談をするような過程とまったく同じなのだ。

この日をきっかけにわたしはシェイクスピアに興味をもち始めました。在外研修中は、RADAであらゆる作品に対応できるさまざまな演技法を学んだほか、ウィリアム・ギャスキル（William Gaskill）[2]演出の『マクベス』の演出助手を務めたこともあります。そのときは、ナチュラルでリアルな心理を保持しつつ、大胆で前衛的な演出に役者が対応する方法を学びました。

もうひとつ幸運だったのは、この在英中にロンドンでシェイクスピア・グローブ座がオープンしたため、かつてどのような上演がなされたかという研究がこれまでにないほど盛んになったことです。シェイクスピアとはなんとおもしろいのだろう、とすっかり虜になりました。

ロイヤル・シェイクスピア・シアター正面に立つ筆者。英国史上初の、黒人俳優によるハムレットを観劇

[2] 英国の有名劇団ロイヤルコート劇場の演出家として、1950年代以降の演劇の大きな流れをリードした。著書『演出のセンス *The Sense of Direction*』は、ナチュラリズムの演技を追求する演出家必読の名著

プロローグ 3

ところで、日本で演出をしてきて気になった点は、性的表現と放送禁止用語や差別用語の扱いです。性の問題に関しては、日本では、なかなかそこに踏み入った解説や表現が見られません。シェイクスピアは性的な表現にかなりオープンです。例えば『ロミオゥとジュリエット』では、ジュリエットが発することばはとても大胆ですし、『ハムレット』でも狂乱したオフィリアは卑猥なことばをたくさん口にします。もちろん隠語でこっそり表現されているものもありますので、一見しただけでは性を表しているとは気がつかないかもしれません。が、何が性的表現になるか、原則を知れば、体の動きや表情でそれらの意味を表すのは可能です。またそれによって登場人物の個性が明確になり、観客はより深く内容を楽しめるのです。放送禁止用語または差別用語もシェイクスピアでは避けて通れません。差別用語は使ってはいけないのではなく、差別的に使う人がいけないのです。そして、そのような反道徳的な登場人物がいるからこそ、ドラマがドラマとして成立するといえます。それゆえ本書では、翻訳の際にあえて直接的な表現を使っている箇所もあります。どうぞご理解ください。

　シェイクスピアはどんな上演形態、どんな芸術形態にも見事に応えてくれる素晴らしい素材です。上手い料理人が素材の性質を熟知しているからこそ、さまざまな調理法や新レシピで客を喜ばせられるように、シェイクスピアも、その素材としての性質を知れば、演出と演技の可能性がグンと広がります。知った上で上演に臨めば、より大胆に新しい挑戦に取り組めるものです。
　本書をフルに活用し、自由な想像力と創造性を働かせてシェイクスピア作品を上演する縁にしてください。日本人はパワフルな演技が得意ですが、シェイクスピアのことばの繊細さを表現し切れない上演も多いのです。そのあたりを解決し、日本発のシェイクスピア俳優と演出家がもっともっと世界に出ていく日が来ることを心から願っています。

　最後になりましたが、本書の執筆にあたり、青山学院大学文学部比較芸術学科教授・佐久間康夫先生、東京大学大学院総合文化研究科教授・河合祥一郎先生には、たくさん

のアドバイスをいただきました。紙面をお借りして心から御礼申し上げます。

　本書執筆中の2018年1月18日、悲しいニュースが書斎に飛び込んできました。わたしをシェイクスピアの光り輝く世界に導いてくれたジョン・バートンが天に召されていったのです。生意気な若い演出家に、深い演劇への造詣を与えてくれたジョンに対して、感謝と愛を込めて、ご冥福をお祈りいたします。

　　なんと砕けたか、気高い心も。おやすみなさい、優しい王子、
　　天使たちが舞い降りて歌うなか、どうぞ安らかに。——3)

3) Horatio, *Hamlet* 5.2.312-313

　ジョンのシェイクスピアへの愛が本書によって日本の皆様に届けられますように。

本書の使い方

　第1部では、作品を上演する上で欠かせない、シェイクスピアの時代のものの考え方や劇場の仕組みなどを解説します。せりふを例に挙げながら、演出や演技を考える足がかりを示しました。時代を知っておけば、せりふの意味するところや人物の気持ちが理解しやすくなるでしょう。劇場の構造を知っておくと、演出や演技への理解が深まります。また、それぞれの戯曲の構造がわかれば、読みやすくなるのです。

　第3部では戯曲をいくつか取り上げ、ことばによってどんなアクションやリアクションが考えられるか、それを表現する方法を探るためのTry This方式のエクササイズを紹介しながら解説しています。予習やリハーサル、ワークショップなどで考えたり演じたりしつつ、学んでいけるでしょう。本書にはとくに、あらすじは掲載しませんので、各自、事前に当たっておいてください。必要に応じて英語原文を掲載し、複数の意味が考えられるところを解説しています。ある単語の裏に隠れている別の意味を発見すれば、演技の深みが増すでしょうし、演出の工夫も凝らすことができるでしょう。

　第1部と第3部の間にある第2部は、シェイクスピアの戯曲に特に必要な演技術をコンパクトにまとめて紹介しています。演技は双方向のものです。あなた自身の知識を増やし、身体訓練をし、発声練習をして培ったものを、舞台上の共演者や観客と共に完成させていくのが、舞台芸術です。ひとりでは決してできない、相手とのやりとりのことを「インタラクション」と言います。舞台ではそれが生の状態で行われるため、その場で行われる相手とのやりとりである、生のインタラクションの力が必要になります。第2部で紹介する、シェイクスピアを演じるために必要な基本の訓練法は、いずれもRADAやロイヤル・シェイクスピア・カンパニーで使われているものです。身体表現や言語表現、そして本書の各所にあるTry Thisのエクササイズと併せて活用してください。また、体と呼吸法に関しての詳細は、拙著『英国の演技術』を参考にしてください。第2部でお伝えすることはシェイクスピアのみならず、どんな舞台にも役に立つでしょう。

翻訳に関して

　本書に使用した翻訳は筆者の手によるものです。可能な限り句読点を原文に揃え、かつできるだけ役柄の個性が現代的になるように訳しました。RADAをはじめ、英国の高名な演劇学校やナショナル・シアター、ロイヤル・シェイクスピア・カンパニーなどの有名劇団でも、シェイクスピアを練習する際には、必ず現代語に置き換えて表現するエクササイズを行います。それは象徴的なせりふを嚙み砕き、自分の自然な気持ちで追いかけてみるためです。平易な現代語で登場人物の本意を摑んだら、また元のせりふに立ち返り、それを使っても自然な心理が流れるように練習してください。これまでのおもな翻訳者には、次の方々がいますので、できるだけ多くの翻訳に当たることをお勧めします。

坪内逍遙、本多顕彰、中野好夫、福田恆存、木下順二、野島秀勝、
小田島雄志、大場建治、安西徹雄、松岡和子、河合祥一郎（生年順・敬称略）

第3部の構成に関して

　第3部は、実際に稽古場やワークショップで練習するためのものです。シェイクスピアの作品群を、悲劇、喜劇、歴史劇のジャンルに分け、練習にふさわしい場面を抽出しています。本書の目的は、登場人物の心理を、演者が深く共感できるものにした上で、さまざまな演出に対応していくことですので、心理と性格の追求には、ナチュラリズムの登場人物づくりに欠かせないスタニスラフスキィ（Konstantin Stanislavski）[4]の演技術を用います。そこで、以下のように項目を分け、各登場人物にどのようにアプローチすればよいか、例を示しています。

4) p.116参照

WHEN & WHERE
　その戯曲の状況設定や背景、移り変わる場面について解説します。

WHO & WHAT

　登場人物について、人間関係も含め、性格や背景などを簡単に紹介した上で、それぞれが、どんな目的をもってその戯曲内に存在しているのかを考えます。何かが障害になって、その目的を達成しづらいとき、そこにドラマが生まれます。これがまさにスタニスラフスキィのナチュラルな演技の中心となる考え方です。

WHY & HOW

　登場人物の目的を発見したら次に、彼らがなぜ、どのようにそれを達成するのかを考えます。目的を達成する過程こそが、演技の中で最も大切な部分であり、その理由または原動力を把握することで演技に真実味が増します。

Try This

　練習することで得るものが大きいと思われる場面を抽出し、エクササイズを提案しました。抽出した場面で特定のせりふに言及する場合は、そのせりふに丸数字（①、②、③……）を振っておきましたので、参考にしてください。これらの Try This をやってみるとどんな結果が得られるのか、例も示しました。もちろん、行うタイミングや慣れやレベルによって、得られるものは異なります。正解を求めず、やってみて感じる変化を大事にして取り組んでください。

　スタニスラフスキィの演技術では、登場人物の心理を深め、かつ真に迫る演技をするために、九つの質問を設けています。それは第2部でも解説しますが、『英国の演技術』に詳しく書いてありますので、参考にしてください。

表記に関して

英文「：」と「；」

　原文のコロン「:」およびセミコロン「;」は、日本語では「だから」「なのに」「つまり」「な

るほど」「例えば」などのさまざまな意味に当たると考えられます。驚きの表情や発見の瞬間など、ことばに表さない演技ができ、演者や演出家が自由に解釈してよい箇所でもあります。日本語ではなじまない表記ですが、本書の訳では「：」「；」をそのまま残しました。

引用せりふの中略
　せりふの引用で、途中を省略している箇所は次のように示しました。
　　　日本語　　　（中略）
　　　英語　　　　……

引用箇所の表示
　せりふの引用には、話者、『戯曲タイトル』幕．場．行番号を記しました。話者が明らかな場合と、話者が文中で言及されている場合、話者が複数の場合は、話者を明示していません。

戯曲作品の底本
　翻訳・引用にあたっては、*The Oxford Shakespeare: The Complete Works, 2nd ed.*, ed, by John Jowett, William Montgomery, Gary Taylor and Stanley Wells (Oxford: Oxford UP, 2005) を参照しました。

目次

プロローグ 2
「完璧な役者はいないから」

第1部 シェイクスピアのいた時代 15
「知識の翼で天まで昇れ」

第1章 芝居の始め方と劇場 16
「この世はみんなひとつの舞台」

I 芝居の始め方 16
II 劇場 20

第2章 身体表現——シェイクスピアの演技のルール 32
「拍手喝采を浴びる役者」

I 演技のスイッチと反応のスイッチ 32
II 立ち姿と基本動作 35
III 腕の使い方 38
IV 舞台上の動線 40
V 体の向き 42
VI 登場と退場 44
VII 衣装と動作 47
VIII 女装と男装 53
IX 動物的動作 55

第3章 言語表現 56
「ことば、ことば、ことば」

Ⅰ 声と息 56

Ⅱ 一思考一呼吸 58

Ⅲ 状況と情景の描写 59

Ⅳ ことばと動作 61

Ⅴ ことばが次の窓を開く 63

Ⅵ 独白 66

Ⅶ 気をつけたいことばとその演技 68

Ⅷ 原文の魅力 71

第4章 価値観と精神世界 76
「ああ、ブラヴォー新世界」

Ⅰ ルネサンスと十字軍 76

Ⅱ キリスト教 78

Ⅲ 妖精と亡霊と神々 83

第5章 人間界と秩序 86
「まったく馬鹿だよ、人間は!」

Ⅰ 愛と社会規範 86

Ⅱ 人間界の秩序 88

Ⅲ 暮らし 94

第2部 基本となる演技術 101
「稽古しよう」

第1章 せりふを生きる 102
「気持ちのこもらぬことばは天には届かぬ」

第2章 インタラクション 116
「あなたの気持ちを聞かせて」

第3部 読解方法と表現術 127
「舞台の上に王国を」

序章 実演の前に 128

第1章 悲劇 130
Ⅰ ハムレット 130
Ⅱ ジュリアス・シーザー 154
Ⅲ マクベス 178
Ⅳ ロミオゥとジュリエット 200

第2章 喜劇 222

Ⅰ 夏の夜の夢 222

Ⅱ ヴェニスの商人 244

Ⅲ 十二夜 274

Ⅳ お気に召すまま 302

第3章 歴史劇 330

Ⅰ ヘンリー四世 第1部 334

Ⅱ ヘンリー四世 第2部 346

Ⅲ ヘンリー五世 356

エピローグ 366
「自由になれ、では、さらば」

演技と演出のためのチェックリスト 370

参考文献 371

図版一覧 375

第1部 シェイクスピアのいた時代

「知識の翼で天まで昇れ」
Knowledge the wing wherewith we fly to heaven. 1)

　勇気を与えてくれるこのせりふは『ヘンリー六世 第2部』から。直前には「無知は天からの呪<ruby>呪<rt>のろ</rt></ruby>い」とあり、この「知識の翼で天まで昇れ」と続きます。シェイクスピアを楽しんで演じるために、まずは翼を手に入れましょう。

1) Saye, *Henry VI Part 2* 4.7.73

第1章 芝居の始め方と劇場

「この世はみんなひとつの舞台」
All the world's a stage, 1)

I 芝居の始め方

1) Jaques, *As You Like it* 2.7.139

第1章では、登場人物たちが生きる舞台である劇場についての知識を深めます。なぜなら、シェイクスピアのせりふは彼自身が使っていた劇場の構造と深く関わっているからです。

その例をお伝えしましょう。シェイクスピアの最高傑作と言われる『ハムレット』の冒頭は次のように始まります。

バーナード

誰だ？

フランシスコ

何っ、答えろ。止まれ、何者だ。2)

2) *Hamlet* 1.1.1-2

BARNARDO
Who's there?
FRANCISCO
Nay, answer me. Stand and unfold yourself.

第一声「誰だ？ Who's there?」は、『ハムレット』全体を司る重要なテーマでもあります。ハムレットは人生の不条理に悩み、自分は何者かをいつも問いかけており、周囲の人間についてもその本質は何者なのかを探ろうとしています。それが「誰だ？」のひとことに表れているのです。これは個人という概念が生まれ始めたルネサンス時代を象徴する、人間一人ひとりに対する究極の問いかけです。

もう一方で実は、この第一声には、隠された大事な意味と目的があります。それは、観客を舞台に注目させる役割です。当時の劇場の構造が、そのようなせりふを必要としたからなのです。

現代の一般的な劇場では、芝居の始まる前は舞台と客席の間にある緞帳が降りていて舞台は見えず、客席にはプログラムが読める程度の照明が灯っており、観客は静かに席に着いています。そして始まる5分前にベルが鳴ると、客席がスーッと暗くなっていき、いったん完全に暗闇になる。と、その隙に緞帳が上がっているはずで、そして舞台に照明が入ると、そこにはもう別世界が広がっている。しかしなぜ始まる前に客席を暗くす

るのか、考えてみたことがありますか？　別の世界へ移るための準備でもありますが、もっと簡単な理由は、暗闇だと人間は黙るから、です。

　しかしシェイクスピアが当時メインに使っていたのは、グローブ座という半野外の劇場。暗くしたいなら夜を待たなくてはなりません。ところが、照明は蠟燭しかない時代。蠟燭はたいへんな高級品で、予算の少ない劇場にとっては、蠟燭で会場を照らすなどとても無理な相談でした。つまり、一般庶民が芝居を楽しむ公共の劇場では、夜の公演はできなかったのです。『夏の夜の夢』第3幕第1場に、職人たちが夜であることを説明できるかを心配して演出を相談する箇所がありますが、あれは、貴族の邸宅での上演という特別な状況だからなのです。おまけにロンドンの冬は寒い。ですから冬の公演も、なしです。当時の一般庶民にとって芝居は、夏の昼間のイベントだったのです。

　テレビも映画もない時代、演劇は数少ない娯楽でした。芝居のチラシが撒かれると、劇場はあっという間にいっぱいになったようです。一方で、劇場は不道徳な場所に建てられていました。グローブ座のあるテムズ川の南岸エリア（バンクサイドと呼ばれる）は、貧乏人と盗人と追剥ぎと娼婦と物乞いがまとまって住んでいるところで、良家の女性は劇場に通うことなど許されなかったのです。そのような、野卑を絵に描いたような大観衆が、楽しければ笑い、悲しければ泣き、つまらなければヤジを飛ばして劇場を出ていったりするなかで、演劇文化は培われていきました。この傍若無人で自由で感受性が強く喜怒哀楽の激しい観客を相手にシェイクスピアは戯曲を書いていたのです。

1. 叱りつけて始める

　3,000人の収容人数をいつも大きく上回り、身動きもできないようなすし詰め状態の客席では、売り子が大声を上げながらビールやピーナッツを売っていました。まるでスポーツ観戦のスタジアムの観客席のようです。グローブ座の舞台はむき出しで、観客席と舞台を仕切る幕などありません。お上品とはいえない観客たちは、皆、出たがりの目立ちたがりで、ここぞとばかりに舞台の上まで上がり込んでは、なじみの娼婦や友達に手を振ったり、その日のファッションを見せつけたりしていたと考えられます。芝居を始めるときは、このような観客の目を一気に舞台に引きつけなくてはなりません。そのためにシェイクスピアはさまざまな手段を用いたのです。冒頭で取り上げた『ハムレット』では、「誰だ？」と大声で叱りつけられた観客は、慌てて舞台から飛び降りたに違いありません。

2. 不気味さで引きつける

　『リチャード三世』では、背中に大きな瘤のある奇形が、こちらを無言で睨みつけながら、ずりっ、ずりっ、と脚を引きずって登場します。しかも高貴な衣服に身を包み……。

おそらくそれだけで観客は黙り込んだことでしょう。そして、この醜い登場人物が何者で、何をしに来たのかを聞こうと固唾をのんで見守ったはずです。

> **グロスター公リチャード**
>
> さあて、辛く厳しい冬が今、
> 栄えあるヨークの息子が輝く夏をもたらした；
> （中略）
> 俺は、五体、見事に寸詰まり、
> 自然という偽善にいっぱい食わされて、
> 奇形児で、未完成のまま、この息づく世界へ
> 月足らずで送り出された、中途半端のできそこない――
> （中略）
> 俺は決めたぞ、悪党になろう、
> そしてくだらん享楽の時代を憎んで憎んで憎み抜いてやる。[3]

3) *Richard Ⅲ* 1.1.1-31

　ねじ曲がった体から出たのは、ねじ曲がった心と、ねじ曲がったアクション（目的）です。生きる楽しみを失っているこの男が起こす惨劇を予想し、観客は、ワクワクして次の展開を待つことでしょう。

3. あらすじ紹介で始める

　コーラス（司会者の役割）が登場し、プロローグとして芝居の解説をする場合もあります。コーラスが出てくれば、観客は劇が始まる準備ができたことを知るのです。『ロミオゥとジュリエット』では、舞台設定、今起きている問題、これから起きる悲劇の恋愛について、そして上演時間を述べています。現代のチラシの代わりですね。[4]

4) この冒頭部については、p.200 参照

4. 芝居の見方指導で始める

　『ヘンリー五世』のプロローグは、358ページで紹介するように観客に対して観劇の方法を教えるためのものです。コーラスはグローブ座のことを「この木造の輪」と言い、そこに本物のフランスの平原と軍隊を出すのは無理、と初めから居直り、大げさに謝罪をしつつ、ほんの少し想像力があれば芝居は簡単に楽しめますよ、そして想像力を働かせるのはお客様の義務ですよ、と言い切っています。そこで観客は、想像力を働かせる心の準備をして観劇するのです。

　こうして、なだめたり、すかしたり、脅したり、お説教したりと、バラエティに富んだ

方法で、シェイクスピアは騒がしい観客の目を一気に舞台に引きつけました。照明効果を一切使わずに、です。現代の劇場でも、明るいまま始める、客席から登場するなど、観客を驚かせる方法で始める演出を考えると楽しいでしょう。

　さて、『ヘンリー五世』の冒頭でコーラスが使う「この木造の輪 this wooden O」という表現に注目しましょう。原文のOは英語の大文字のO。発音は「オゥ」で、円形のグローブ座を指します。切れ目のない円環は世界全体を内包しているようで、不思議な魅力があります。このOということばは、せりふのなかでも非常に重要な役目を担(にな)います。
　Oは感嘆詞そのもので、シェイクスピアでさえも言葉にできないほどの、深い心の表出を意味するのです。役柄の気持ちをよく摑んでいないとうまく使いこなせません。せりふに O が出てきたときは複雑な気持ちを、どう言葉にすべきかよくわからず、O と言うしかない場合が多いのです。安易に「おお」と言わず、心理を細かく解明して演じましょう。5)

5) 口を縦に大きく開けて息をたっぷり吐きながら「オ」と言い始め、息が終わる頃に口を柔らかく閉じていき「ゥ」という音で終わる。このように発音すると、お腹の底から気持ちと一緒に息がガボッと出ていくのがわかる。

第1章 芝居の始め方と劇場　I 芝居の始め方　19

II 劇場

1. グローブ座と当時の劇場

〈1〉劇場の構造

この木造の輪の中で[1]

1) Chorus, *Henry V*
Prologue 13

Within this wooden O

シェイクスピアは多くの戯曲を1599年に創建されたばかりのグローブ座のために書きました。イングランドに初めて劇場ができたのはシェイクスピアが12歳の頃の1576年です。劇場での演劇上演は当時の最新の大衆娯楽でした。グローブの意味は「地球」。周囲をぐるりと客席が囲み、中央がぽっかりと空いたドーナツ型（Oの字型）の劇場はまさに世界そのもの。舞台は中央に向かって張り出している「張り出し舞台 thrust stage」でした。まるで大きく開けた口（Oの字型）の中にある舌のようにも見えます。あいにく創建当時のグローブ座に関する資料はきわめて少ないため、現在のグローブ座も建設の際に参考にしたというスワン座のスケッチから、当時の舞台の様子を見てみましょう。

17世紀に再建されたグローブ座のスケッチ。ヴァーツラフ・ホラー（Wenceslaus Hollar）、1644年

現代に再建されたグローブ座の外観

グローブ座は3階建て。樹齢400年の樫の木の柱と真っ白い漆喰の壁、屋根は茅葺でした。現代のシェイクスピア・グローブ座は往時の劇場を、その工法も含めほぼ正確に再現して造られています。

❶ 観客席

Oの字型をつくっている円周部分は客席です。舞台をぐるりと240度にわたって客席が囲んでいます。舞台背後の2階、3階は、客席の体裁のまま客席にも舞台にもなりました。客席になる場合は、ちょうど現代の円形のコンサートホールで、オーケストラの背後にも観客が座るのと同じです。ここには上演を経済的に援助している貴族（パトロン）たちが「この劇にお金を出しているのはわたしです」という顔をして、通常の観客席に対して自身をお披露目できるように座ったりしていたのです。Oの字の中心部分、舞台が突き出したその周りの土間部分は立ち見席でした。屋根はありません。が、円周部分の客席と舞台部分には屋根があったので少々の雨なら上演は続けたと思われます。先述したように観劇は、スポーツ観戦のように大人気で大勢が詰めかけました。出入りは自由だったため、つまらなくなったら出ていけましたし、途中でふらりと立ち寄ることもできました。犬や猫、そして空からは鴉まで入ってきたものです。

❷ 演技エリア

❸ 天 Heaven

舞台部分には屋根がかかっていて、「天 Heaven」と呼ばれます。ルネサンスの様式では、そこには天空が描かれていたはずです。青い空と太陽の描かれた昼の図と、三日月と星座の描かれた夜の図の両方があったでしょう。ハムレットは第2幕第2場で「この素晴らしき天蓋（中略）頭上にかぶさる屋根に描かれた黄金の炎」と言いますが、まさにことば通りのものが描かれていたのではないかと考えられています。

❹ 大地 Earth

舞台面のことは「大地 Earth」と呼びます。我々人間が暮らす地上界のことです。

❺ 地獄 Hell

大地の下には「地獄 Hell」があります。日本の伝統芸能でも舞台の下を同様に奈落と呼ぶのは興味深いですね。「地獄」は柱のみで空洞になっており、大人も中腰になれば楽に移動できました。『ハムレット』の亡霊、『マクベス』の魔女、『十二夜』のマルヴォリオが閉じ込められる地下牢、『タイタス・アンドロニカス』で兄弟を殺害する落と

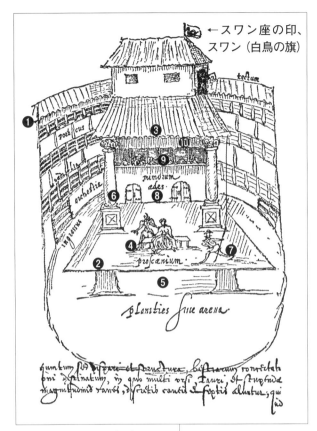

スワン座のスケッチ。デ・ウィット（Johannes(Jan) de Witt）、1595年、ユトレヒト大学図書館

し穴など、このエリアを演技に使うことを想定した場面も多くあります。

Try This
亡霊に出会ったハムレットの気持ち

　次のせりふは、ハムレットが亡霊に出会い、亡霊が去った後のものです。劇場の構造を知ったうえで天を見、大地に触れ、地獄をその下に感じて言ってみましょう。

　　おお大いなる天よ！　おお大地！　そして？
　　そこに加えていいのか、地獄を？ 2)

2) *Hamlet* 1.5.92-93

❻舞台上の柱
　舞台の上には、屋根を支える柱が2本立っていました。これらの柱は、『十二夜』の第2幕第5場の執事マルヴォリオゥを罠に嵌める手紙の場面では、サー・トビーと召使たちが隠れて立ち聞きをする庭園の立ち木や石像の代わりになったでしょう。舞台上で華やかな宴が繰り広げられている『ハムレット』第1幕第2場、結婚式の場面では、ハムレットがひとり寄り掛かって憂鬱な第一独白をする柱として使われたでしょう。『お気に召すまま』の第3幕第2場では青年オーランドゥがラブレターを貼り付ける森の木々になったでしょう。

❼舞台上の跳ね戸
　ここには描かれていませんが、舞台には「地獄」へ通じる跳ね戸がいくつかありました。『マクベス』の魔女たちはそれを使って地獄から現れ、また地獄の底へ「大気のように」消えていくのです。『ハムレット』の霊魂が地獄から現れるときにも使われたでしょう。『十二夜』のマルヴォリオゥは第4幕第2場で狂気を疑われて地下牢へ閉じ込められますが、その跳ね戸から頭だけ出して演じたに違いありません。

❽舞台奥の開き戸
　この図では扉は2箇所にありますが、再建された現代のシェイクスピア・グローブ座では中央にも作り、全部で三つの扉があります。扉をはずして代わりにカーテンを吊るしたこともあったでしょう。中央扉の奥は深く、開け放てば、中央は奥舞台として使われました。例えば『ロミオゥとジュリエット』第4幕第5場でジュリエットが仮死状態になっているのを乳母が発見し、死んだと勘違いする場面が考えられます。同第5幕第3場の霊廟の場面では、前日に殺されたティボルトの亡骸が置いてある場所として使われたかもしれません。

❾ 舞台奥の2階席

舞台の真後ろの2階席部分はほとんどの場合、舞台として使われたと考えられています。『ロミオゥとジュリエット』ではもちろんバルコニーとして使われたでしょう。結婚式を終えた後、ジュリエットは、早くロミオゥが登ってきてくれないかと、乳母が縄ばしごを持ってくるのを心待ちにしていますが、確かに縄ばしごがないと登れないほどの高さがあります。『夏の夜の夢』の妖精たちが空中を駆け回る場面でも使われたことでしょう。当時の大道芸では綱渡りや空中ブランコもやっていたので、劇場に綱を張ってそのような芸を披露した可能性もあります。

❿ 舞台奥の3階席

ここには音楽隊が入りました。リュートやバイオリン、フルート、オーボエ、タンバリンなどが劇を盛り上げました。シェイクスピアの戯曲には音楽がふんだんに登場します。『夏の夜の夢』第4幕第1場では妖精王オゥベロンが「音楽を奏でろ！」と命じる箇所があります。本来登場人物ではないはずの楽隊までもがオゥベロンの命令に従えば、彼らも妖精界の登場人物だったのか、と観客を驚かせる効果が生まれたことでしょう。もちろん心理描写や雰囲気づくりのためにも音楽は使われました。シェイクスピアは音楽が大好き。音楽隊は、ただの背景音楽を奏でる以上の役目を担っていたのです。

現在のグローブ座客席の様子。手前の柱から奥の客席3階の手すりに向かって綱が張ってあるのが見える。これはそのような使い方もできると、見学者に説明するため

〈2〉劇場と効果音

円形の半野外劇場は、舞台と円周部分の客席に屋根があるとはいえ、中央は筒抜け状態。当然のことながら外の音が入ってきます。グローブ座はテムズ川の南岸にあり、その向こう岸にはセントポール大聖堂がありました。現在でもこの大聖堂は律儀に時報を鳴らしていますが、当時、劇場の周りは教会だらけでした。

ブルータス
　しっ、時計が鳴る、数えろ。
キャシアス　　　　　　　　3回鳴ったな。
トレボニアス
　引き上げ時だ。[3]

[3] *Julius Caesar* 2.1.192-193

まだ時報の鳴る時計は発明されていなかったはずのローマ時代の話であるにもかかわらず、シェイクスピアは時報が鳴る音を観客に聞かせました。シェイクスピアのせりふはリズムがはっきりしているので、上演のタイミングを合わせるのはさほど難しいことではありません。これが午後3時の時報だとしたら、午後2時に開演すれば周りの教会の鐘の音がちょうどよいタイミングで聞こえてきたとしても不思議ではありません。

> 鴉の嗄（しわが）れた叫び声が
>
> わたしの城へ飛び込んでくるダンカンの
>
> 終わりの始まりを告げている。4)

4) Lady Macbeth,
Macbeth 1.5.37-39

　セントポール大聖堂のさらに東にはロンドン塔があり、伝説によると、ロンドン塔には常に6羽の鴉 raven がいなくてはならず、その数が減るとロンドンが滅びるとか。当時の庶民もそのことはよく承知していたはずで、ロンドン塔と鴉のイメージは切っても切れません。ロンドン塔はエリザベス一世の母アン・ブーリンが幽閉され処刑されたところで、一度収監されたら二度と生きて出ることはないとされる恐ろしい場所です。さすがにこのタイミングで毎公演、鴉が鳴くとは考えられませんが、身近にある音がいつも聞こえてくる状況にあれば、グローブ座でマクベス夫人が鴉ravenと言っただけで、観客は何か禍々（まがまが）しいものを想像したことでしょう。

　外部から勝手に飛び込んでくる音だけではなく、リアリティをもたせるための効果音も使われました。3階の音楽隊が奏でる音楽や、舞台袖で役者たちが作る生の効果音です。声音で犬や馬の鳴き声を模したり、アコーディオン状の装置で風や波の音を立てたり、金属の板の上に大砲の弾を転がして雷鳴を表したりもしました。舞台の奈落からは地獄や亡霊の恐ろしさを音で盛り上げ、舞台袖で鳴らす花火の破裂音は戦場を表現しました。戦の勝利を告げる大砲の音は、劇場の最上階の天井裏で実際に空砲を撃って出したのです。

2.宮廷劇場とシェイクスピア後期の室内劇場

　当時のイングランド女王エリザベス一世は演劇と劇場を擁護（ようご）しました。一般的には公共の劇場は卑（いや）しい場所とされていたので、王族や貴族たちは自らの城の大広間で演劇を上演させていました。女王陛下や海軍大臣はじめ大貴族たちはパトロンとして、それぞれお抱（かか）えの劇団をもったものです。マスメディアのない当時、大勢の観客に自らの働きや権威を直接宣伝するのに演劇はうってつけだったのです。そのため、自らの邸内の大広間での上演に飽き足らず、より広い演劇専用の空間である劇場が必要とも感じていたようです。そして半野外劇場よりも室内劇場が求められるようになりました。その代表例がブラックフライアーズ座です。

24　第1部　シェイクスピアのいた時代

ブラックフライアーズ座は、元は教会の少年合唱団が使用していた建物です。この少年合唱団は次第に演劇を上演し始め、大人の劇団を凌駕するほどたいへんな人気を博しました。『ハムレット』の第2幕第2場にはそれを揶揄するせりふがあります。

　シェイクスピアと同時代の劇作家、トマス・ミドルトン (Thomas Middleton)、ベン・ジョンソン (Ben Jonson) らはこの劇場のために多くの戯曲を書きました。特筆すべきは、これが室内劇場であったがゆえに、人工照明（蠟燭）を用い、緞帳があり、幕間に音楽を演奏する、という現在のエンターテインメントの原型が発明された点です。客層は上流階級で、当然、入場料もきわめて高額でした。入場料を高額にすることで、「下流」の観客を締め出すことに成功していたのかもしれません。ここからは優れた俳優が育った上、作劇術や演出術（ステージング）が大いに発達したのです。

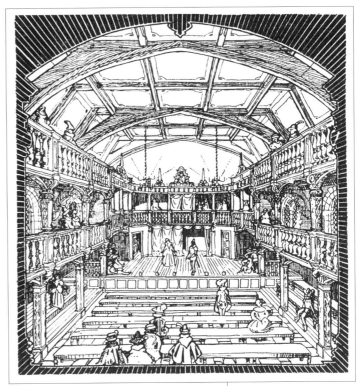

ブラックフライアーズ座。トパム・フォレスト (Topham Forrest) の描いた想像図、1921年

　1603年にエリザベス女王が亡くなり、ジェイムズが国王になりますが、幸いなことにエリザベスと同様、ジェイムズも芸術と演劇を庇護しました。ことにシェイクスピアを贔屓にし、リチャード・バーベッジ (Richard Burbage) とシェイクスピアは共に「国王一座」を率いるようになります。おかげで、黒死病で劇場が閉鎖された数年間も、シェイクスピアたちは破産することなく、ロンドン市外の城などで上演を続けられたのです。そして1608年にはついにブラックフライアーズ座を本拠地としました。これで、冬でも室内で上演ができるようになります。以来、夏は川向こうの半野外劇場であるグローブ座、冬はこちらのブラックフライアーズ座にて公演を打つスタイルができ上がりました。シェイクスピア晩年の作風の変化は、ブラックフライアーズ座という、照明効果を大いに使える劇場のおかげだと言われています。

3. グローブ座以前と外国の演劇上演

　劇場で演劇を上演するのは、シェイクスピアがいた時代の流行の最先端だと先述しました。一方で、それよりも昔の演劇形態がまだまだ残ってもいました。シェイクスピアの作劇法を理解するためにも、グローブ座以前やヨーロッパ諸外国の演劇上演の様子も知っておきましょう。

〈1〉インヤードスタイル

インヤードでの上演風景。ウォルター・ホッジズ（Walter C. Hodges）の描いた想像図。フォルガー・シェイクスピア・ライブラリー蔵

シェイクスピアの時代に劇場という最新の施設ができるまでは、旅芸人の一座は家族と仲間を引き連れて、ぞろぞろと街から街へ渡り歩いては、宿屋の中庭（インヤード）に仮設の舞台を建てて数日間演じ、また次の街へぞろぞろと旅していったものです。

インヤードに仮設された舞台のスケッチを見てみましょう。中庭の手すりにカーテンをかけて背景幕にしただけの簡単なものから、図のようにかなり大きめの舞台が作られ、幕の裏に楽屋エリアがあるものもあります。いずれの場合も背景にはシンプルな幕を吊るだけで、場面を説明するような大道具などは作りませんでした。

宿屋の中庭の観客といえば、熊いじめという、残酷な賭け事が好きな酔っ払いと娼婦たちです。そこで上演される演劇はおそらく猥雑で危険で、かつ大笑いできるようなものだったでしょう。「聴く」ことよりも「観る」が主体のスペクタクルも多かったと思われます。シェイクスピアの最初の悲劇作品と言われている『タイタス・アンドロニカス』も、舞台上で腕を切り落としたり、両腕を切り落とされ舌を抜かれ口から血を吹き出した娘が登場したり、人肉で焼かれたパイが出てきたりと、残虐きわまりない場面が続出します。もちろんすべて特殊効果によるものとはいえ、視覚的な刺激を求める観客は大いに喜んだことでしょう。

このインヤードスタイルは、ジェイムズ一世の時代になってから、室内劇場として受け継がれています。先述したブラックフライアーズ座が、その代表です。

〈2〉フランスの野外劇場

〈2〉および〈3〉〈4〉の絵は、筆者がカナダの大学の演劇学部に在籍中、演劇史の時間にとても重要だと紹介されたものです。中世の「聖史劇」5)の野外上演の雰囲気、内容、演出方法、観客の様子などがまとめて学べますので、本書でも紹介します。

〈2〉は、写本の挿絵の1枚ですが、野外上演の場面を描写した絵だと言われています。「聖女アポリネールの殉教」物語上演で演じられた、少なくとも三つの場面が混在して描かれています。

センターでは、人心を惑わすことばを吐くとされた聖女アポリネールが、異教徒により、まさに舌を抜かれようとしている場面を描いています。その舞台下には、半裸の「野蛮」人が文字の描かれたパネルを持っているのが見えます。これは、キリストの到来以前の世界が、このように演じられたことを表現しているのでしょう。また、絵の右端には、

5) 聖書の物語を劇化したもの。13世紀から15世紀の間、おもに聖体節祭日に野外で演じられた

鼠が口を開け、そこから半人半獣の怪物がぞろぞろと出てくるところが描かれています。鼠の口は、地獄の入り口です。キリストの教えに背く異教徒たちが地獄に堕ちて人間の姿を保てなくなることを表す場面が、このように演じられたのです。

　木で編み込まれて高さを出したステージの前の地面部分は、シェイクスピア・グローブ座と同様、土間席になっていて庶民が観劇しただろうと思われます。そして、土間席を囲むようにして丸太で組み立てた簡易客席があり（絵の後方）、そこには貴族らが座っています。

　では、絵から具体的に読み取ってみましょう。

「聖女アポリネールの殉教」。ジャン・フーケ（Jean Fouquet）、1460年頃、コンデ美術館蔵

❶聖女の頭の辺りに木の階段が見えます。その先に天があり、天使たちが待ち構え、天使の後ろには赤い衣の神が慈悲を与える右手を掲げています。聖女は絶命後、この階段を登っていくのでしょう。

❷中央で指揮棒を持っている男性は脚本家・演出家。本番の舞台に乗ってナレーターあるいは指揮者としての役割を担います。『テンペスト』のプロスペロゥがまさにこの役回りです。

❸指揮棒の先にいるのは音楽隊。どんなに隠そうとしても人間の罪は天使たちの吹き鳴らすラッパによって暴かれると考えられていました。6)

6) p.185、マクベスの独白部分を参照

❹舞台を支えているように描かれているのは、キリスト教のない「野蛮」な世界に生きる人間たちの象徴。

❺客席は木造で、広場に作られています。観客席上方には貴族たちがめかし込んで座っています。もしかしたら慈悲深い登場人物の役割を演じたかもしれません。

❻舞台上手、指揮者の背後には巨大な鼠が口を開けています。地獄の入り口です。地獄からは、罪を犯したかどで半獣になってしまった者たちが吐き出されています。

第1章 芝居の始め方と劇場　II劇場　27

❼異教徒側は皆、同じピンクの上衣を着けています。ズボンの色が2色なのは、当時は、いわゆるズボンはなく、長い靴下を片脚ずつ腰から紐で留めるスタイルだったため、わざと色違いをはく者もいたからでしょう。キリスト教徒は青が基本色のよう。舞台衣装は、登場人物の個性を表すよりも、所属グループがわかりやすいようにデザインされており、『ロミオとジュリエット』のふた家族の対立もこのように視覚的にわかりやすく演じられたに違いありません。

〈3〉観客移動式演劇

聖史劇の上演風景「1547年のヴァランシエンヌ受難劇の舞台」。ユベール・カイヨー（Hubert Cailleau）、1577年、パリ国立図書館蔵

〈3〉は〈2〉と同様、15世紀の聖史劇の野外上演の様子です。〈3〉では場面ごとに舞台装置を変えるのではなく、場面ごとの装置が載っている舞台がそれぞれ一列に並べられています。舞台転換はなく、観客は次の場面が演じられる舞台の前に移動して観劇しました。向かって左手からパラダイス（楽園）、ナザレ（イエスの生まれた町）、教会（聖界の王）、エルサレム（聖地）、パレス（宮殿／世俗界の王）、黄金の門、リンボウ（忘却という半地獄）、海、地獄。一つひとつの場面（舞台）の大きさは、どのようなものだったでしょう。いくつか同時進行して演じられた可能性もあります。

この絵は地獄の場面が上演されているところです。巨大な魚が口を開ける仕掛けや、海に浮かぶ船、火を吐く3頭の怪獣など、エンターテインメントの要素が豊富で、かつ技術が高かったことがわかります。

〈4〉舞台移動式演劇

こちらは17世紀の様子で、山車が広場を巡回する形式です。青森の伝統芸能ねぶたや神輿行列と似ています。ギルドと呼ばれる商工組合が、それぞれのグループごとに場面を制作していました。

❶茅葺の屋根で馬小屋を模し、イエス誕生の場面を描く
❷聖母マリアの元に天使が訪れ、懐妊を告げる受胎告知
❸天使たちが、悪と戦うための弓矢を手にしている
❹楽隊

「1615年にブリュッセルで上演された『大公女イザベラの凱旋』」。デニス・ファン・アルスロート（Denis van Alsloot）、1616年、ヴィクトリア＆アルバート博物館蔵

❺マリアが幼子イエスを抱いている場面
❻鬼が観客を蹴散らしている場面もある
❼観客は建物の窓に鈴なりだ。聖書のエピソードを演劇化しつつも、厳粛というよりは娯楽性が高いようだ

〈5〉コメディア・デラルテ

コメディア・デラルテとはイタリア発祥の仮面劇。ルネサンス時代を代表する、猥雑で即興的な民衆喜劇で、旅芸人の一座がヨーロッパ各地を巡業し、大人気となりました。登場人物たちは全員、強欲、色欲、食欲、怠惰といった「動物的本能」の虜で、それを抑えようとしながら本能に勝てない、という愛らしい愚かさがコミカルに生き生きと描かれます。

コメディアの芝居は基本的に、簡易な仮設舞台にカーテン1枚をぶら下げただけで行われます。カーテンの裏は楽屋。カーテン自体が舞台装置のひとつとして、壁になったりドアになったりしました。観客は思い思いに立ち見で見物し、帽子を持った子供が見物料を求めて回ります。この絵では、プルチネッラという道化が背後から鳥役に襲われていて、カーテンの裏では青年役がその状況に驚いています。

コメディア・デラルテはおもに旅回りの

コメディア・デラルテの郊外での上演風景。ピーテル・ファン・ブレダ（Peeter van Bredael）、17〜18世紀

劇団が使っていた形式です。家族で旅をするので女性も子供も舞台に立ちました。劇団は旅の途中で親に捨てられた子供を拾ったり、社会からはじかれた不具者を入れたりもしました。ストーリーは、あらかじめ大筋が決まっていて、あとはその場で登場人物たちが即興でせりふをつくりながら進めます。狂言に近いスタイルで、利口なのか阿呆なのかわからない召使が、主人のために働きながら、図らずも主人を馬鹿にしてしまうストーリーが多くみられます。観客が退屈そうに見えたら、座長はすかさず、サーカスやジャグリングや歌や卑猥な場面を入れて、観客の意識を引き戻しました。当然のことながら、まじめな道徳劇よりもずっと人気があり、このスタイルはヨーロッパ中に広がっていきました。

『間違いの喜劇』など、シェイクスピアの初期の喜劇作品には、明らかにコメディア・デラルテの影響が見てとれます。動物的な本能を抑え切れない登場人物の姿は、ときに喜劇に、ときに悲劇に、形を変えてシェイクスピアの作品を彩っています。

テムズ河岸の建造物

❶ セントポール大聖堂。イングランドでは教区ごとに教会が建てられる。この絵からもわかる通り、教会だらけだった

❷ ロンドンブリッジ。橋の上には家屋が建てられ、通行路としてだけではなく居住地帯にもなっていた。橋の上には税金がかけられなかったからである。手前、南端の塔にむやみに立てられている棒には斬首刑にされた首が見せしめに晒されている

❸ ロンドン塔

❹ グローブ座。上演中の劇場には旗が翻った

テムズ河岸。バンクサイドにはグローブ座だけではなくいくつもの劇場が立ち並び、上演が行われている際には、その屋根に旗が翻った。クラエス・ヴィスヘェール (VISSCHER, Claes Janszoon)、1616年

第2章 身体表現——シェイクスピアの演技のルール

「拍手喝采を浴びる役者」
A well-graced actor [1]

I 演技のスイッチと反応のスイッチ

[1] Richard II, *Richard II*
5.2.24

　演者にとっても演出家にとっても欠かせないのは、感性・知性・身体性です。感性は心。知性は頭脳。身体性は首から下のボディ部分だけではなく、声と言語表現・表情も含みます。

　この第2章では、シェイクスピア作品の演技の身体性について身につけたいことを紹介します。

1.演技のスイッチ

　演者は、日常の素の自分から、作品の中の人物を演じる自分へと、スイッチを切り替える必要があります。

　シェイクスピアの作品は感情の起伏が激しいため、必要な感情を必要なときにスイッチオンできるようにしましょう。きっかけに即座に反応し、それを表現できるようにすることはもちろん、その場を終えて舞台袖に入ったらできるだけ早く、その感情のスイッチをオフにしてニュートラルに戻ることも重要です。

　しかし感情はコントロールが非常に難しいもの。感情が演技のベースになっていると、一見、真に迫った演技に見えても、登場人物がその感情になっているわけではなく、演者その人が独善的な感情の虜になっているだけの場合があります。そうなると、ことばの一つひとつに想像力の翼を与えることができず、べったりと厚化粧したような一律的な表現になってしまいます。なにより恐ろしいのは、感情の虜で演技を続けると、その状態から抜け出せなくなってしまうことです。そうなると日常でも登場人物のように感情を爆発させながら過ごしてしまい、人間関係が破綻したり、自身も精神的に苦しむ危険があります。そのような俳優をわたしは実際に何人も見てきました。演技を感情からスタートさせるのはやめましょう。相手に対してどう働きかけたいか、ことばを通じて

訴えていくようにするのです。

2.反応のスイッチ

　演技は、外からの刺激とそれを受けるあなたのリアクション（きっかけと反応）でできています。相手や状況という、何かきっかけがあり、あなたはそれに反応していくわけです。シェイクスピア作品の演技では、反応すべきポイントの多くは相手役のせりふにあります。原文ではいちばん重要な単語が文尾にくる場合が多く、相手役の文尾の単語を聞いた瞬間にパッと反応してことばを返していくことが求められます。しかし日本語訳では、きっかけとなる単語は文尾ではなく文章の途中にある場合がほとんどです。自分がどのことばに反応すべきか、相手役のことばをよく研究しましょう。

　きっかけの単語が見つかったら、リアクションをそこでスタートさせます。リアクションと聞くと、体で動くことを想像するかもしれませんが、実は動く以前に、人間は、あることをしています。「ハッと息をのむ」という言い回しがありますね。外部からの刺激を受け取る「レセプション」の一瞬があり、その結果の動きとしてリアクションが生まれます。ことばや動作は、その「のんだ息」を使いながら（つまり、息を出しながら）行われるものなのです。2)

2) 息とことばについては、pp.56-58参照

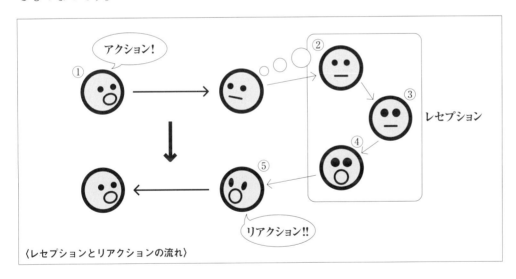

〈レセプションとリアクションの流れ〉

①相手役から何かことばが発せられる
②そのことばが耳に入ってくる
③脳がその音色とことばの内容を認識する（レセプション）
④意味がわかったら反応が始まる＝息が入ってくる（レセプションからリアクションへの以降時間）
⑤こちらの考えや気持ちを表現する＝入ってきた息を使い、その息と共に、ことばや動作として気持ちや考えが表に現れる（リアクション）

Try This
レセプションの息と気持ちに従うリアクション

　誰かに手をたたいてもらい、その瞬間に息をのんでみましょう。ハッと短く息をのむとどんな気持ち、あるいは状況が思い浮かぶでしょう？

　次に、何か単語を言ってもらい、同様にハッと息をのんでみます。どんな場面に見えるでしょうか。あるいは、どんな気持ちになるでしょう？　次に、同じ単語を聞いても、ゆっくり息を吸ってみると、どうでしょう？　観客役の仲間にも、どんな場面を思い描くか聞いてみましょう。

　最後に、「おはようございます」や「やっぱりここにいたのですね」など何か短いことばを話しかけてもらい、あなたからも返事をします。短い息でレセプションをした場合は、どんな返答（リアクション）になるでしょう？　長めの息でレセプションをした場合は、どんな気持ちでの返答（リアクション）になるでしょう？

II 立ち姿と基本動作

シェイクスピアの登場人物の多くは、身分の高い人々です。それは、立ち居振る舞いと直結します。まずは立ち姿をすっきりさせましょう。48ページのジェイムズ一世の姿は、身分の高い人の典型的な立ち姿です。

ポイントは、うなじです。背中は広く長くゆったりさせます。姿勢を良くしようとするあまり、胸や背中や肩に力が入ってしまってはいけません。胸は広く、両腕は自然に下にぶら下がるように。膝の裏もスッと伸ばしますが、固めてしまってはいけません。日本人男性はO脚が多いのが特徴です。ふだんから膝の裏を伸ばし、脚全体のスマートさを意識するように心掛けてください。意識するだけで随分変わります。

もちろん登場人物だって疲れているときがあります。身分の高い人の姿勢を取り続けたくないときもあります。けれど、公の目がある場面では、きちんとした姿勢を取っているはず。さらに言えば、「ふとした何げない瞬間」にも身分の高貴さが感じられなくてはなりません。生まれながらの王族や貴族は、幼い頃からそのような姿勢を毎日教わり、訓練してきています。日本人の普通の身分のわたしたちがそれを演じようと思うなら、それができる人たちの姿勢や立ち居振る舞いをまねし、専門のレッスンを受ける必要があります。観察するだけでも変化は生まれますので、シェイクスピア作品や英国映画で貴族を扱っているものを選び、何度も観て一挙手一投足をまねて練習しましょう。

姿勢や動作は服装と密接に関わりますので、そこは47-54ページを参考にしてください。また身分による姿勢の違いは、122-124ページの「ステイタス」で詳しく考えます。

Try This
基本の立ち方と基本動作

大地に接している足の裏から、膝の裏、背骨を通り、うなじから天へ向かって芯がすーっと通っていくのを感じながら立ってみましょう。もしもふだんの姿勢が前かがみなら、首がいつもよりやや背中寄りにあると感じます。肩甲骨の間から首が背骨の延長上に伸びていくよう意識します。これが基本の立ち方です。

次は、身分の高い人の姿勢を基本にして、歩く、座る、立ち上がる、という3種の基本動作を、スムーズに効率よく美しくできるように練習します。うなじを長く、伸びやかで優雅な上半身のバランスを保持したまま、この3種の基本動作ができるようになりましょう。身分の高い人の動きは、ゆったり緩やかです。もちろん感情が激昂したり、瞬時の判断で動くときは別ですが、日常を演じる際は動作がせせこましくならないよう、気をつけましょう。

1) 歌やダンスなど、別のことに息を用いる必要がある場合はこの限りではない

　ポイントは、息です。「歩こう」と思った瞬間に息を入れ、息を使いながら歩き出すのです。「座ろう」と思った瞬間に息を入れ、息を使いながら座り始めます。立ち上がる、向きを変える、振り返る、腕を上げる、下を向く。あらゆる動作は「そうしよう」という意識が生まれたときに息を入れ、それを使いながら行うのが原則です。1)

Try This
息と動作のタイミング

　2種類の異なる息の使い方を練習します。誰かに背後で手をたたいてもらい、次の2種類の方法で振り返りましょう。

A. 短い息を吸ってから振り返る
B. 短い息を吸うと同時に振り返る

　どんな気持ちや状況が感じられましたか？　観ているほうは、それぞれどんな場面を想像しましたか？

C. 上記のエクササイズの応用で、ことばへのレセプションとリアクションを、振り返る代わりに、立ち上がる動作をし、そこに気持ちを加えて練習する

　気持ちのカードを用意します。「喜び」「嫌悪」「憎しみ」「嬉しさ」「安心」「友情」「感謝」など、何か気持ちにつながるいろいろな単語をそれぞれ名刺大のカードに書き、袋の中にまとめて入れます。リアクションをする人は、カードをランダムに引いて、そのカードに書かれた気持ちで反応するのです。
　そこで、誰かに「ここにいたのか」や「時間だ」などの簡単なことばをかけてもらいます。上記AとBの息を使い、立ち上がる、または座る、をやってみましょう。その際、レセプションの息に、引いたカードの気持ちを乗せます。

　息と動きを効率的に連動させる練習は、せりふを言うときにも役に立ちます。初めのうちはやや技巧的すぎると感じられるかもしれませんが、どんな息を、いつ入れて、いつ使っているのかを意識しながら動く練習をしてください。コーヒーに手を伸ばす、電話に手を伸ばす、靴紐を結ぶ、のような日常の動作で、いくらでも練習できます。

　歩くときは、遠くに視点を置くのが原則です。舞台袖から舞台へ出ていくときも、この方法を使うと人物が大きく見えます。歩幅は、男性は広く取ります。その際、膝がすっと伸びていると、かっこよくスマートに見えます。

座るときも立ち上がるときも、身分の高い人は椅子を見てはいけないのがマナーです。あたかも自分のために必ずそこに椅子が用意されているかのように振る舞います。もちろん、椅子がそこにあると認識しておくのですが、座るべき椅子に意識を向けるのは身分の低い人のすることです。立ち上がるときも、振り返って椅子に何か忘れ物をしていないかなどを確認してはいけません。[2] 動作における基本的な考え方は、身分の高い人は上半身を縮めない、というもの。それを念頭に置けば大丈夫です。

2)『クラシカル・アクティング』第9章参照

III 腕の使い方

シェイクスピア作品の演技では、腕の表現も大切です。雄弁な腕をもちましょう。とはいえ、ハムレットの言う通り「両手をこんなふうにひらひらさせるのも、ほどほどにしろ」。[1] 腕を会話表現に使う習慣の少ない日本人には、「ほどほど」を見極めるのが難しいところです。そこで、以下の点に気をつけてください。

- 腕は脇の下から動かし始める。息と連動させ、しゃべるための、あるいは表現する気持ちの息が入ってきたときに脇の下から腕が上がり始めるよう、練習する

- 手のひらの上には、言いたいことが乗っていると考える。ある話題のために腕が上がってきたら、その話をしている間は、手のひらに話題が乗っていることを意識して、練習する。例えば、手のひらに小石を乗せてその小石の話をするのと基本的には同じ。小石という話題を見せながら話を続けるように、脳内にある話題が手のひらに乗っている、それを見せながら話していると考える

- 指先までしっかり意識する。指先が縮こまって力なく見えるのがいちばんよくない。10本の指先すべてから、伝えたいことのエネルギーが発せられているようなつもりで

Try This
腕を使うスピーチ（即興）

仲間に観客役になってもらいます。自分がよく理解しているせりふをひとつ用意し、上記の3ポイントを意識して、観客に向かって腕を使いながら力強く3回、自分のことばを交えながら繰り返して気持ちを伝えましょう。例えば『ロミオゥとジュリエット』から「あれは東、だからジュリエットは太陽だ」[2] というせりふを使うとこうなります。

> 「あれは東、だからジュリエットは太陽だ。わかりますか、皆さん、あれは東、だからジュリエットは太陽だ。そうなんです、僕が言いたいのは、まさに、それなんです。あれは東、だからジュリエットは太陽だ」。

最初に「これを言おう」と思った瞬間に入ってきた息と共に腕が上がったら、その腕は、手のひらに話題を乗せています。その話題を相手に見せながら喋るつもりでやってみましょう。もちろん実際に演技をするときは、いつ腕を下げても構いませんし、腕をまったく使わなくてもよいのです。ただ、このようにして、その話題の間は手のひらには言

---

1) *Hamlet* 3.2-5

2) *Romeo and Juliet* 2.1.44-
（本書p.206参照）

いたいことが乗っているという意識をもつ練習をしてください。

Try This
腕を使うスピーチ（せりふ）

　第3部の『ジュリアス・シーザー』や『ヘンリー五世』などの、大勢を力強く説得すべき場面を用い、両腕を広げて使ったり、片腕を拳骨（げんこつ）にして力強く振り上げたり、動作をつけてやってみましょう。

　日常のわたしたちの動作とあまりにも異なるため、初めのうちは違和感を覚えるかもしれません。しかしこの練習を繰り返すと、必要なときにエネルギーを腕に込めて自然に使えるようになります。「自然な（ナチュラルな）演技」というものは、現代の日常的な、普通の、平常レベルの演技とは限りません。強いエネルギーを必要とする場面では、強いエネルギーが腕や表情に自ずと（ナチュラルに）現れ、パワフルに使うことができなくてはなりません。大きな感情や気持ちを表現するために、立ち姿を含め、腕などを使った動作を大きかろうが小さかろうが「自然に」できる俳優になりましょう。

IV 舞台上の動線

　ことばが最も重要な要素であるシェイクスピアですから、なによりもことばがはっきり聞こえなくてはなりません。上演場所の条件が必ずしも理想的ではなく、ことばが聞こえにくいときもあるでしょう。常にことばが明確に聞こえるような体のポジションを見つけることも、俳優と演出家の大事な役割です。マイクなどの音響設備がないただの円形の劇場だったグローブ座でも、客席にことばを届けるため、舞台上の動線原則（ルール）がありました。

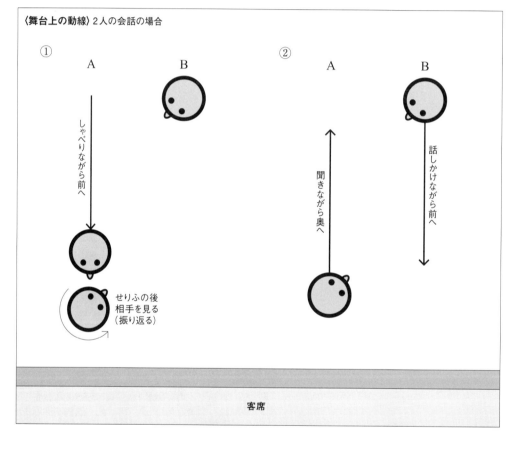

①AとBが並んで立っているところから、スタート。AはBに話しかけながら舞台前方へ向かう。舞台前方まで行ったAはせりふ尻でBのほうを振り返る。Bに向かって「だよな」と言うようなつもりで。これが相手にせりふを渡す合図にもなる

②今度は、Bが自分のせりふを言いながら、舞台前方のAに近づいていく。Aはそれを受けながら、視線を逸らさずに舞台後方へ移動する。Bは舞台前方に来たら、やはりせりふ尻でAを振り返る

〈舞台上の動線〉 空間を広く使いたい場合、または登場人物が多い場合

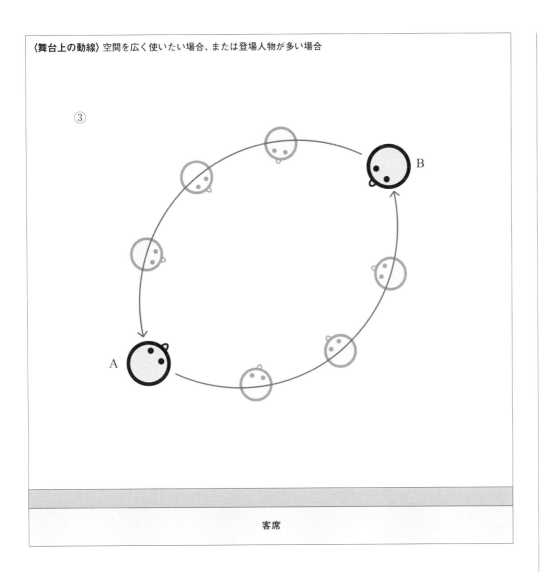

客席

③舞台全体を大きく使いたければ、相手と向き合い、半円を描きながら動く。舞台前方にいるAに向かって、Bは舞台後方から半円を描いて舞台前方へ動いていく。AはBとはっきり目を合わせながら、ほぼ同じようなスピードとテンポで同じような半円を描いて舞台後方へ移動する

　上記①②③は、視線を逸らさずに会話ができるので、相手に直接話しかけるというリアリティが出ます。もしも話しかけている相手を見ずに、ただ前方へ移動してせりふを言うと、つまらない演技になります。上記の動線原則を使うと、2人の会話は途切れず、しかも話者の鼻先が常に観客側を向くので、ことばがよく届きます。聞き手の顔も最終的には客席側を向きますから、どんな気持ちでことばを受け取ったのかが見えるわけです。もちろん、登場人物の気持ちに合わせて、目を合わせなくてもよいですし、テンポやスピードを変えてもよいのです。

Ⅴ 体の向き

今度は立ち止まって対話をするときの、舞台上での体の角度を研究します。

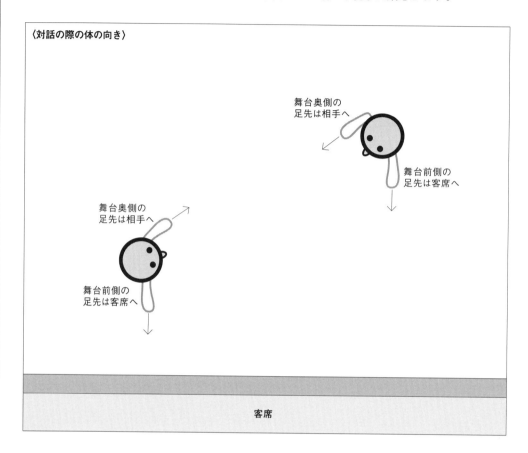

対話の際、相手に対して、どんな角度をとるかを考えます。正面対峙するなら、おへそ同士が向き合いますが、これは究極の対立です。このようなパワフルな対立場面はドラマチックな効果を生みますが、1作品の中で1度きりしか使わない、と決めてもよいでしょう。通常は、顔は正面対峙しても、おへその向きは互いに少しずらして立つようにします。大事なのは足の向きです。

Try This
体の向きと観客の視線

対話の際の体の向きの図を参考にして、稽古場で実際にやってみましょう。足の角度を変えたり、2人の位置を変えたりして、せりふをしゃべっている人物に観客の焦点をもっていけるか、探ってください。

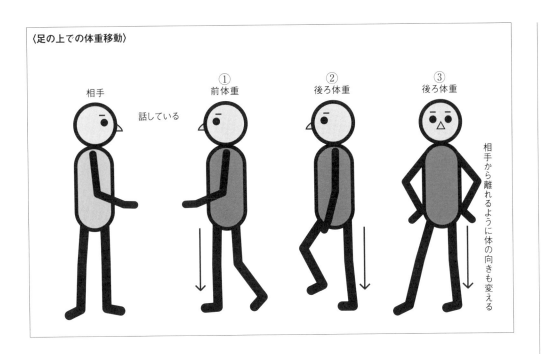

〈足の上での体重移動〉

Try This
体重移動による心理表現

　相手役に、簡単なせりふを言ってもらいます。そのせりふを、次の方法で聞いてみましょう。

①相手に近いほうの足に体重を乗せて聞く
②相手から遠いほうの足に体重を乗せて聞く
③相手から遠いほうの足に体重を乗せ、さらに相手から離れるように体をひねる

　それぞれにおいて、どんな気持ちがするか、どんな場面が思い浮かぶか、自分、相手役、観客役に感想を聞いてみましょう。相手に対する心理が変化するはずです。さらに視線の合わせ方、顎の上下の角度などを変えてみましょう。
　足の向きと体のひねりを使った重心のバランス変化を組み合わせれば、さまざまな心理表現が可能になります。舞台上でむやみに歩き回るとエネルギーが分散してしまいますが、この方法なら、ほとんど歩かずにかなり複雑な気持ちの変化も表現できます。例えば「こんにちは」と言いながら、相手に近づきたいのか、遠慮しているのか、警戒しているのか、などが重心の位置や体のひねり、顎の角度などで表現できるのです。相手のせりふを聞いている最中に前体重から後ろ体重に変えると、例えば、乗り気で聞いていたのに、途中から疑いを持ち始めたようにも見えるでしょう。足音も減りますから、歌や音楽が主体の場面でもとても便利です。

VI 登場と退場

　登場人物の登場と退場にもルールがありました。それを紹介する前に、当時のリハーサルと台本の覚え方について伝えておきます。

　『夏の夜の夢』第1幕第2場には、街の職人たちが公爵の結婚式のお祝いに上演する劇のリハーサルをする場面があります。なんとその日に配られたせりふを2日後の晩に上演するという設定です。当時は、劇団同士の対立や盗作が日常茶飯事でした。プロデューサーは良い台本があれば手に入れて先に初演してしまおうと、隙あらば仇相手の劇団員を逮捕させたり、劇場を閉鎖に追い込む種を探していました。上演中に問題が起きることを願ってスパイを送り込むのもあたりまえ。そのためリハーサルの最中に内容やせりふが漏れる危険をできるだけ少なくしようとしたのでしょうか、リハーサル期間は非常に短かったのです。さらに悪いことに、役者たちに配られたのは台本ではなく、その本人がしゃべるべきせりふだけでした。『夏の夜の夢』第1幕第1場を例に挙げて解説します。例えばハーミアを演じる役者には、次のように書かれている紙が手渡されました。

ライサンダー

　……ああも早く消えゆく？

ハーミア

　雨が降らないからよ、きっと
　この瞳から嵐のように降っているのに。

ライサンダー

　……家柄が違うとか——

ハーミア

　おお恨めしい！——低い者と釣り合わないほど高いなんて。

ライサンダー

　……年月に敬意を払い——

ハーミア

　おお憎らしい！——相手が年下すぎるから婚約できないなんて。

ライサンダー

　……交友関係に気を遣い——

ハーミア

　おお地獄だわ！——恋人を他人の目で選ぶなんて。

ライサンダー

　……混乱して。

ハーミア

それが本当なら、本当の愛で結ばれている恋人同士は永遠に報われない、
運命がそう命じているのね。[1]

　このように、ハーミアを演じる役者が知ることができるのは、ハーミアのせりふの前にライサンダーが言う各せりふの最後の英文3語だけ。どんな物語で、ライサンダーがいったい何をしゃべっているのかが、渡されたせりふの紙だけではわからないのです。演者はこれでせりふときっかけ（直前の登場人物の最後の3語）だけを覚えて稽古に臨みました。

　現代では考えられないことですが、演者たちは、相手が何を言っているのかをまるで知らないまま、せりふを覚え、リハーサルに出て初めてその芝居の全体像を知ることになっていました。

　短いリハーサル期間では、役者は自分のせりふを覚えるだけで精いっぱい、あとは本人の即応性の高さと演技力が勝負です。舞台に登場するにも舞台から退場するにも、頼りになるのは書かれているせりふだけ。舞台袖で控えている間は、自分が登場するきっかけのせりふを耳を澄ませて待っていなくてはなりません。

　退場するためのきっかけは明白でした。例えば「行こう」や「行ってくる」「奥へ」などです。自分のせりふに書かれていなければ、誰かがそれを言ったら自分も退場だと知るわけです。

Try This
きっかけの動き

　次の場面を使って、登場のきっかけと動きのきっかけを3人で練習してみましょう。舞台上にポロゥニアスとクローディアスがいます。クローディアスはデンマーク王。ポロゥニアスはその大臣です。そこへ、デンマーク王子ハムレットがやってきます。ポロゥニアスとクローディアスはハムレットの内心を探ろうとしています。

　　①あの音はハムレット様だ。②隠れましょう、陛下。[2]

　①の直訳は「彼が来る音が聞こえる」。このことばが、舞台袖で待っているハムレットの登場の合図になります。「音が聞こえる」からには、何か音がする必要があります。足音でしょうか？　歌声でしょうか？　音からしてハムレットだとわかるのですから、ハムレットはふだんでもそのような音を発している（足音に特徴があるとか、ドアをバンとたたく癖があるとか、歌を歌うなど）のかもしれません。

　②の直訳は「一緒に下がりましょう、陛下」。このことばが一緒に隠れる合図です。クローディアスはこのせりふをきっかけにして、ポロゥニアスと共に、いったんいなくな

---

1) *A Midsummer Night's Dream* 1.1.129-151

LYSANDER
… … fade so fast?
HERMIA
Belike for want of rain,
which I could well
Beteem them from the
tempest of my eyes.
LYSANDRE
… … different in blood —
HERMIA
O cross! — too high to be
enthralled to low.
LYSANDER
… … respect of years —
HERMIA
O spite! — too old to be
engaged to young.
LYSANDER
…… choice of friends—
HERMIA
O hell!　— to choose love
by another's eyes.
LYSANDER
… … come to confusion.
HERMIA
If then true lovers have
been ever crossed,
It stands as an edict in
destiny.

2) Polonius, *Hamlet* 3.1.57

①I hear him coming. ②Let's
withdraw, my lord.

第2章 身体表現　VI 登場と退場　45

ります。原文の withdraw は舞台からいなくなるという意味にしてもよいですし、どこかの陰に隠れることにしてもよいでしょう。そして、この Let's withdraw, my lord の4単語がハムレット登場のきっかけです。

また、次のせりふは、いずれも退場を促す典型的なせりふです。

3) Macbeth, *Macbeth* 1.7.81

<u>Away</u>, and mock the time with fairest show.

4) Romeo, *Romeo and Juliet* 1.1.234

<u>Farewell</u>, thou canst not teach me to forget.

　　行こう、時の世を善人の顔で欺<ruby>欺<rt>あざむ</rt></ruby>こう。3)

　　じゃあな、俺に忘れろとは無理な話さ。4)

「行こう」や「じゃあな」など、ここから去ることを伝えることばを言わずに舞台から去ることは滅<ruby>滅<rt>めった</rt></ruby>多にありません。

Try This
せりふと動きのきっかけ（4人で）

　次の場面を4人で練習してみましょう。舞台の上に2人、サムソンとグレゴリーがいます。彼らは暑さにうんざりしてかなり気が立っているようです。そこへ敵方のモンタギュー家の関係者が2人登場する場面です。

5) Gregory, *Romeo and Juliet* 1.1.32

①Draw thy tool. ②Here comes of the house of Montagues.

　　　グレゴリー
　　　①剣を抜け。②モンタギューの2人がやってきた。5)

①サムソンは、グレゴリーに言われて、剣を抜きます。グレゴリーは、サムソンに剣を抜くよう言うからには、もしかしたらサムソンよりも逃げ腰になっているかもしれません。2人を同じように喧嘩腰にせず、どちらかを弱気につくると場面がおもしろくなります。

②舞台袖に控えている2人は、このせりふをきっかけにして登場しましょう。

Try This
登場と退場のきっかけとなるせりふを見つける

　気に入った戯曲を取り上げて、すべての場面の終わりのせりふ、あるいは登場人物の登場と退場の直前のせりふをチェックしましょう。

VII 衣装と動作

1.当時の衣装の特徴を知る

　身体表現は衣装と密接に関係しています。シェイクスピア時代の衣装を見ながら、そこから生まれる身体表現を考えてみましょう。

　　シーザーはダブレットのボタンを外して胸を開き、こののどをかっ切れと騒いだもんだ。1)

　ダブレットとは、当時の英国貴族が着ていた厚手のジャケットで、前を二重にしてボタンで留めるスタイルのもの。『ジュリアス・シーザー』は古代ローマが舞台ですが、当時の劇団ではローマふうの衣装ではなく、当時の英国貴族の恰好(かっこう)をして演じていたことが、このせりふから、わかるのです。

1) Casca, *Julius Caesar* 1.2.264-266

he plucked me ope his doublet and offered them his throat to cut.

　短い上着「ダブレット」と短いマント、かぼちゃパンツに片足ずつのストッキングをガードルで留めるスタイルが基本です。『十二夜』のマルヴォリオゥが黄色いストッキングを履くのも、このファッションに準じています。襟が高く、首まで埋まっている点に注目してください。このおかげで上半身は必然的にしっかりと立ち、猫背にならないのです。身分が高くなるほど身の回りのことはほかの人がやってくれるので、腕を細かな作業に使う必要もなく、したがって袖もどんどん膨らんでいきました。

　この種の時代衣装を着用する演出の場合は、胸と襟元の感覚を得られるよう、リハーサルのときから詰め襟のジャケットに、和紙などを厚めに折りたたんで高い襟を付け、動きを研究しましょう。

　ことにシェイクスピアの歴史ものは玉座の争いですから、戴冠式(たいかんしき)の場面も欠かせません。

　ジェイムズ一世の戴冠式の衣装を見てみましょう。

〈男性貴族の典型的な装束〉

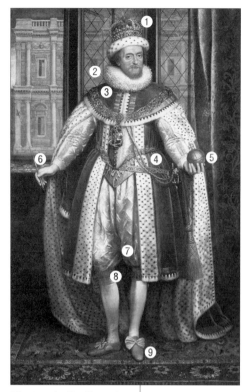

ジェイムズ一世の戴冠の衣装。パウル・ヴァン・ゾマー（Paul van Somer）、1620年

2）1540年に作られ、清教徒革命の際は間一髪で破壊を免れ、現存する

❶王冠2）の重さは1.6キロ強。真珠はスコットランド産の淡水真珠

❷襟元のレースのデザインはエリザベス女王のものより小ぶり

❸マントは赤のビロードと白貂。マントを押さえるための首飾りには赤薔薇がずらりと配され、胸元にはイングランドの守り手、聖ジョージが輝く

❹ベストとベルト、剣帯のデザインや着方も参考に

❺左手に持っているのは十字架の付いた宝珠。キリスト教が世界を制していることを示し、この宝珠の持ち主が信仰を守る

❻右手には王笏。エリザベス女王のものよりも小ぶりで、フランス王家の紋章である百合がデザインされているのは、1328年に英国王エドワード三世がフランス王を名乗って以来のフランスとの深い関係を表す

❼ズボンは腰から膝にかけてふっくらしたかぼちゃ型

❽ガードルは左膝と右膝でデザインが異なる

❾靴は当時の定番スタイルで、柔らかい革でできており、かかとはフラット

2.当時の衣装で感覚を掴む

　これらの衣装を身に着けるとどんな感覚なのか、見た目よりも身体感覚を体験してみましょう。

　下に着る服はできるだけモコモコさせて、腕回りの自由が少ないようにします。襟元は、和紙などの柔らかめの紙を折りたたむか、ふんわりとした布を幾重にも巻いて似たような感覚が得られるように。マントの裾の長さを体感するには、重い毛布を縫い合わせて羽織ります。ズボンはふっくらしたものをはき、膝で留めます。できればストッキングをはくという経験もしておきたいので、女性用の大きなサイズの片脚ずつのストッキングをはいて膝で留めてみましょう。1.6キロの重さのクッションを作り、頭に載せます。最後にフラットな靴をはき、そしてこの絵と同じポーズを取ってみましょう。見た目はとても大事ですが、本番用のものは衣装部に任せることにして、稽古中に身体感覚

を摑み、それによって登場人物の動きを研究してください。もっとも、これは戴冠式ですから、歩く、座る、立ち上がるという基本の3動作ができれば十分です。

国王にとっても戴冠式はわずか1日のこと。それが過ぎれば普通に生活します。

3. 戦場での衣装

身につける武具の総重量は35kgを超え、落馬したら最後、ひとりでは馬に乗れないほど重いのです。走って逃げるためには鎧（よろい）や兜（かぶと）を脱がなくてはならなかったでしょう。

　　馬！　馬を！　俺の王国と交換だ、馬！3)

国王リチャードが戦場で、馬を失い、代わりの馬を求めているときのせりふです。王国と引き換えにでもただ1頭の馬が欲しい。けれど戦場での王や騎士たちは、ひとりでは立ち上がれないほど重い鎧を着けていたことを考え、敵から走って逃げられないその焦りを演技に取り込みましょう。

『マクベス』や『リチャード三世』といった人気の演目には、戦場での戦いや騎士たちの場面があります。現代の上演では布で作った鎧ふうの衣装を身に着けると思いますが、柔らかい布でできていることがわかってしまうような動きをしては、せっかくの衣装が台無しです。観客に「重い鎧」という幻想を抱かせる鍵は、その動き方です。重さを体感するのも大事ですが、その重さや形のものを身に着けたときに、動作はどうなるかを下記の方法で練習しましょう。

4. 鎧で動く練習をする

大きめの厚紙を用意し、右の図のようにボディに着けます。歩く、座る、立ち上がる、という基本の3動作のほかに、腕を振り上げる、かがむ、ひざまずく動作を練習しましょう。

ロンドン塔のヘンリー八世の鎧

3) Richard Ⅲ, *Richard Ⅲ* 5.7.7

A horse! A horse! My kingdom for a horse!

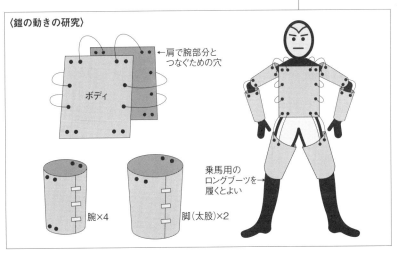

第2章 身体表現　Ⅶ 衣装と動作　49

5. 女性貴族の衣装

（中略）この森のスカートの裾、ペチコートに付いているひらひらの辺りに。4)

4) Rosalind, *As You Like It* 3.2.326-327

……here in the skirts of the forest, like fringe upon a petticoat.

『お気に召すまま』の主人公ロザリンドは、男装をしていますが、意中の相手に「スカート」や「ペチコート」というやや色っぽい単語を使って暗に女性らしさを匂わせながら、自分が住んでいる場所を説明します。

襟の形や腰の張り方など、基本的にはエリザベス女王と同じファッションですが、当時はスペインふうやフランスふうのものが次々に入ってきたことも影響しています。男性同様、襟が高く、首まで埋まっているため、上半身は必然的にしっかりと立ち、猫背になりません。男性の衣装で解説した通り、生活で腕を動かす必要がなく、よって袖も膨らんでいます。腹部はしっかり締め付けてあるので、おなかから上半身を曲げることができません。かがんで物を拾うのもひと苦労です。これだけ裾幅（すそはば）が広いということは、対人距離が長いことを意識しましょう。

〈女性貴族の典型的な装束〉

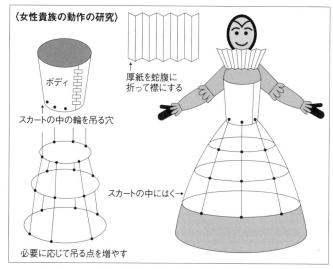

〈女性貴族の動作の研究〉

6. コルセットで動く練習をする

厚紙を胴体に巻いてコルセットの代わりにします。フラフープのような輪っかを重ねたものをはいてスカートにし、スカーフを幾重にも巻いて首の長さを出します。スカーフを汚さないように、そしてスカートの裾を踏まないように、歩く、座る、立ち上がる、

という基本3動作のほかに、お辞儀をする、かがむ、階段を使うという動きも練習しましょう。数名で広い場所で動いてみると相手との距離感も摑めます。

7.庶民の衣装

一方、働く庶民たちの袖や襟は動きやすいようにシンプルでした。それ以外は、貴族のファッションと基本的には変わりませんが、現代のわたしたちの動作のままで大丈夫です。

〈男性庶民の恰好〉

〈女性庶民の恰好〉

庶民であってもお辞儀のような、挨拶のルールだけはわきまえていなくてはなりません。5)

8．お辞儀

貴族の動作の典型であるお辞儀は、洗練された動きになるまで練習しましょう。庶民はこのお辞儀を貴族に対して礼儀として行うものですので、ぎこちなくてかまいません5)。

Try This
男性のお辞儀

立っている状態から、左脚を後ろに引きながら股関節から前にかがみます。左脚を後ろに引くのは、左腰に長剣を携えていることが多いからです。ポイントは上半身です。お辞儀

5) お辞儀と挨拶のルールに関しては『クラシカル・アクティング』第9章参照。扇などの小道具の使い方にも触れている

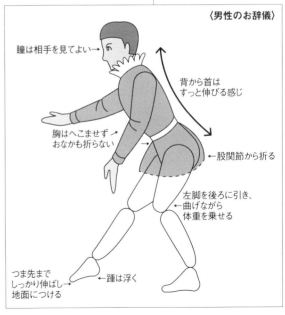

と思うとつい、おなかから曲げてしまいがちですが、そうすると背中が丸くなり、身分がとても低くなってしまいます。身分の高い人の場合は、股関節から折り、背中からうなじにかけては、立っているときと同じようにすっきりと伸ばします。身分の違いによって背中を使えるように練習しましょう。帽子をかぶっていれば、取ります。「お辞儀をしよう」と思ったときに息を入れ、息を使いながら脚を引いていくときれいなお辞儀ができきます。

Try This
女性のお辞儀

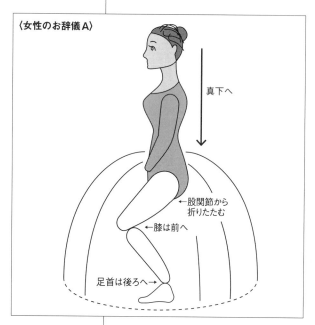
〈女性のお辞儀A〉

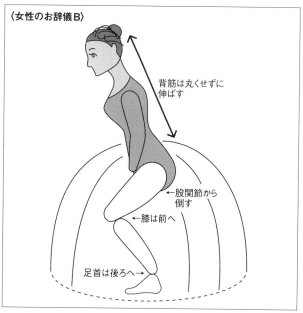
〈女性のお辞儀B〉

　立っている状態から、両膝を揃えて折ります。上半身は基本的に折らず、立たせたままで結構です（A）。よほど身分の高い人に対してか、あるいは何かお願いやお礼などの気持ちがある場合は、股関節から折って優雅に斜めのラインをつくりましょう（B）。両手は前で①スカートの上に揃えて置く、②肘を横に張って手のひらを重ねる、のどちらかです。息の使い方は男性のお辞儀と同様です。

VIII 女装と男装

シェイクスピアの活躍していた時代、演劇は大道芸を主体とする旅芸人の一座か、宮廷の庇護の下でプロフェッショナルとして活動する一座か、のどちらかでした。26ページで前述した通り旅芸人の一座は家族で移動したため、妻や娘も演者として芝居に加わりましたが、宮廷の庇護を受ける劇団では、風紀を乱すとの理由で女性が舞台に立つことは許されていませんでした。

となると娘役は誰が演じたのでしょう？　ジュリエットは？　オフィリアは？　美少年が演じたのです。声変わりをする前の、年頃の女性と観客が信じるに足る美しさをもった少年たちです。『十二夜』のヴァイオラや『お気に召すまま』のロザリンドは、娘として登場しつつ「わたし、男に変装する！」と宣言してしばらくほかの登場人物たちを「男」としてだまし続け、最後にまた娘に戻るのですが、その娘自体を演じたのは少年だったのです。『夏の夜の夢』には、娘たちがしっちゃかめっちゃかの大喧嘩をする場面があります。現代の美女たちが演じるのでは、取っ組み合いで笑いをとるのはなかなか難しいようです。シェイクスピアの時代は少年たちが娘を演じていたことを思うと、12歳くらいの少年たちが、スカートをひらひらさせながら取っ組み合いをする場面はかなり笑えたことでしょう。

それにしても、娘役はせりふの量も多く、感情的にも浮き沈みの激しい役ばかりです。少年俳優とはいえ、その演技力はかなりのものだったに違いありません。少年俳優たちは、声変わりをし、大人になっていくとマクベス夫人やキャピュレット夫人、魔女や乳母などを演じたと思われます。

現代の演出では、演者を全員男性あるいは、女性にすることもあります。女装と男装での動作を研究するには、肉体を男性・女性の究極的な特徴に近づけて練習します。

Try This
女役、男役の練習

男性が女装をする場合は、乳房の重さとその動きを知る必要があります。何を入れてもよいのですが、重さがある丸いものを2個、胸に入れましょう。英国では、よくグレープフルーツを使って練習していました。

女性が男装をする場合は、股間の重さとその動きを知る必要があります。ズボンをはいたら、布を丸めて作った柔らかいボールを2個用意し、股間に入れて動いてみます。英国のれっきとしたプロ向けのワークショップでは、蜜柑を使っていました。

いずれも馬鹿馬鹿しく、かなり恥ずかしいエクササイズですが、皆で大笑いしながら楽しんでください。歩く、座る、立ち上がる、かがむ、お辞儀をする、走る、などの基本

的な動きを皆でやってみることで、いろいろな発見があると思います。

ハムレットを演じるサラ・ベルナール (Sarah Bernhardt)。1899年。19世紀に一世を風靡したサラ・ベルナールは、女性だがハムレットを演じている。英国ナショナル・シアターでは1995年、フィオナ・ショウ (Fiona Shaw) がリチャード二世を演じた。また、2014年にはマキシン・ピーク (Maxine Peake) がマンチェスター・ロイヤル・エクスチェンジ・シアターでハムレットを演じている

IX 動物的動作

　　おおゼウス、獣の罪なのさ！[1]

　登場人物が動物に例えられることはたくさんあります。その動物の生態や特徴が、心理的にも感情的にもその人物の象徴となりますので、それを動作にも反映すると、興味深い人物像ができ上がります。
　リチャード三世は、猪、豚、犬、ひきがえる、蜘蛛、と呼ばれます。

　わたしが英国で1989年に観たナショナル・シアターの『リチャード三世』では、リチャードは両腕に長い杖を持ち、それに体重をかけて後脚の膝が曲がらないかのように動いていました。まるで蜘蛛のようで非常に効果的でした。猪とひきがえるは相反するようにも感じられますが、感情を抑制できずに猪突猛進するリチャードと、地面に這いつくばってじっと機会をうかがっているリチャードは、やはり同じひとりのリチャードです。
　あなたの演じる人物が何かの動物に例えられている場合は、動物園で実際に動きを観察し、それをまねて特徴を摑みましょう。

[1] Falstaff, *The Merry Wives of Windsor* 5.5.9

O Jove, a beastly fault!

第3章 言語表現

「ことば、ことば、ことば」
Words, words, words. 1)

I 声と息

1) Hamlet, *Hamlet* 2.2.195

シェイクスピアを上演する際に最も重要な仕事は、ことばを聞かせること。

これはロイヤル・シェイクスピア・カンパニーの創立者ジョン・バートンのことばです。演者も演出家もこの1点に細心の注意を払いましょう。問題は、シェイクスピアのことばが現代のナチュラルな話し方とは異なる点です。現代の俳優はシェイクスピアのことばの使い方に慣れていません。息の使い方がポイントになります。

息は、下腹部の腹筋を内側へ押していくように、出します。

水の入ったバケツの中でスポイトのボディを押すと中の空気が出ていきます。そしてその押していた指を緩めると中に水が入ってきます。あのイメージです。

息を出し終わったら、力を入れていたその腹筋を緩めるだけ。そのときに口を大きめに開けておくと、息が緩んだお腹に向かって、スポンと戻ってきます。2)

2) 呼吸と発声についての詳細は『英国の演技術』Chapter 3参照。また、せりふのエクササイズの詳細は、本書第2部参照

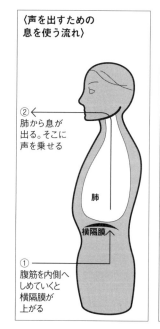
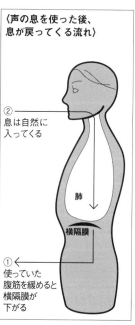

Try This
しゃべるための呼吸法

　下腹部に手を当てて、スポイトを押す原理で「押せば空気が口から出ていく、手を離せば空気が口と鼻から入ってくる」というイメージで呼吸します。慣れてきたら、息が出ていくときに、声を乗せましょう。徐々に息を長く使っていきます。

　本書33ページで述べたように、せりふは何かのきっかけがあってから、そのレセプションとして息をのむところから始まります。本書のどのエクササイズでも、それを忘れずに行ってください。

　声は、のどを締めつけずに出します。静かに話しているときは、のどを締めていません。普通の人は、興奮したり、大きな声を聞かせようとするとのどを締めて使ってしまいます。わたしたち俳優は、のどを締めないまま、興奮している状態を再現したり、大きな声を聞かせたりできなくてはなりません。なぜなら舞台上の緊張状態では、のどをいったん締めてしまうと、それを緩ませるのは至難の業で、上演中ずっとのどを締めつけた聞き苦しい声のまま進めてしまう危険があるからです。これは長い舞台生活で声を失う危険にもつながります。

　のどを締めつけずに、大きな声を出すことも、興奮したようにしゃべることも可能です。そのために下腹部の筋肉をしっかり使いましょう。自分でのどを触りながら、そこに通常以上の力を入れないよう練習してみましょう。もちろん専門家のレッスンを受けるのもよいでしょう。

　リアルな演技をするならばのどに力が入ってもいいじゃないか、登場人物にとってはそれがリアルなのだから、と思う人もいるかもしれません。が、それは何もかもリアルを目指すなら舞台上の殺人だって構わないと言うのと同じです。演技とは、観客に登場人物のリアルなドラマを信じさせることであり、必ずしもリアルに行うことではありません。

　声に関しては、現実と同じようにリアルに使うと、舞台上の2時間半であっという間にのどを壊してしまう危険があります。登場人物の心理的な興奮や緊張は、のど以外のボディを緊張させることで、例えば腹筋や拳骨などにしっかり力を入れることで、十分表現できますし、見た目にも説得力が出ます。のどを締めつけない発声方法を獲得できれば、あらゆる気持ちや感情の表現が素直に、自然に、豊かにできるようになります。ぜひ練習してください。

II 一思考一呼吸

1) p.33参照

　せりふもスピーチも「ひとつの文章はひと息で」が原則です。「反応のスイッチ」で説明したように[1]、あるきっかけに対して息をのむところから反応がスタートし、その息を使ってまず1文をしゃべるのです。その1文だけでは言いたいことが言い切れなかったり、その1文をしゃべるうちに別の考えが出てきたりすれば、それが二つ目の文となってせりふになります。次のように考えてください。

　・文章が始まってから、句点「。」までがひと息

　ひと息で、といっても、一気に早口でまくしたてるという意味ではありません。ことばを口にするときの自然な流れは、次のようなステップを踏みます。

①何かについてしゃべろうという気になる。ファッションのこと、食事のことなどなんでもよい
②言おうと思うと、その瞬間に息が入ってくる（息を吸う）
③その息が入ってくるわずかな間に、脳内が猛スピードで整理され、どの順序でことばを発すれば最も効果的か、最初に発すべきことばを選び出す
④最初のことばを発し始めたら、思いついた内容について十分に言い終わるまでことばを続ける

　言おうとしていることが長い場合は、言いながら次の単語の取捨選択を続け、脳内では必死に次のことばを紡いでいます。たいていは何かを言おうと思って吸い込んだその息だけで、言い終わることができます。一気にしゃべらなくても、息はたっぷり残っているはずです。
　ただし、シェイクスピアのせりふの場合、英語の原文なら息の流れのままにしゃべれるように書かれているのですが、翻訳となると、ことばの意味を表したり、より流れのある日本語にするために、原文よりも文章を長く、あるいは短くする必要があります。できれば、英語のできる人と一緒に原文の句読点の位置をチェックすることをお勧めします。そうすれば登場人物の思考回路のまとまりが、より理解できます。
　残念なことにほとんどの人が、読点「、」があれば、そこでいったんせりふを止めて息継ぎをする癖をもっています。それが必要な場合もありますが、息継ぎを入れずにスムーズに流れをつくるほうが、わかりやすいせりふになるでしょう。読点をどのように組み入れ、文の強弱や緩急をつくるのかを研究してください。

III 状況と情景の描写

1.状況描写

　芝居が夏の昼間のイベントだった半野外の劇場では、もちろん暗転はできません。室内上演であったとしても、現代のようにスイッチひとつで点けたり消したりもできません。つまり、野外であれ室内であれ、芝居はほぼ明るいまま進行しました。シェイクスピアの作品には、設定が冬や夜のものがたくさんあります。これを夏のお日様燦々の青空の下で演じなくてはなりません。夏の夜が舞台になっている『ロミオゥとジュリエット』のひとつ目のバルコニーの場面を見てみましょう。

　　　何千回もおやすみなさい。
　　　（中略）
　　　おやすみ、おやすみなさい。なんて甘くて切ない別れ、
　　　おはようを言うまでおやすみなさいを言っていたい。[1]

　この場面で、ロミオゥとジュリエットの2人は常に、闇、隠す、暗い、月、星、黒いなどの、夜を示すことばを投げかけ続けています。きわめつきが最後のジュリエットのせりふ「おやすみなさい」。「おやすみなさい」は英語では good night、直訳すれば「良い夜」。なんと、good night を繰り返すことで、これは夜の場面だと、夏の昼間の観客に伝えていたのです。

2.情景描写

　ここでグローブ座の舞台[2]を思い出してみましょう。劇場の柱と舞台面があるだけの空間ですが、ことばによって状況を伝えられたので、舞台装置も作りませんでした。ここがどんな場所なのか、登場人物たちの目にはどんな情景が浮かんでいるのかを伝えるために、舞台装置によって森や戦場を表す代わりに、ことばがその役目を果たしたのです。『夏の夜の夢』では妖精女王タイタニアが「ここはまるで真冬」と言い、妖精王オゥベロンが「あそこに堤があり、すいかずらの花が垂れ下がっている」と言えば、観客は舞台にそれがあるものととらえました。

　現代の演者もまた、それらのせりふを、あたかもその場で映像が見えるほどの鮮明さをもって観客が想像できるよう伝えなくてはなりません。そうすれば観客は、オゥベロンのせりふの流れ通りに、頭の中で具体的な絵を思い浮かべることでしょう。オゥベロ

1) Juliet, *Romeo and Juliet* 2.1.199-230

A thousand times good night.
……
Good night, good night. Parting is such sweet sorrow
That I shall say good night till it be morrow.

2) pp.20-21 参照

ンがキューピッドと言ったら観客はキューピッドを思い浮かべ、オゥベロンが花と言ったら観客は花を思い浮かべます。あたかも、おのおのの脳裏に自分だけの映画を映すようにして舞台を観ていたのです。現代の演者もそれを生み出すつもりでせりふを扱いましょう。

Try This
聞き手に情報が届いているかどうかを確かめる

①話者は自分が強い感情を抱いている場所を詳細に描写する。例えば、家族で過ごした思い出の場所や失恋した場所など
②聞き手は描写を深めるための質問を繰り返す
　「そこは何色？」
　「正確にはどれくらいの大きさ？」
　「どんな木？　どんな草？　どんな屋根？」など
③ひと通り話を聞いたら、聞き手はそれを絵に描く
④話者の記憶とどれくらい違うか比べる。話者はその絵を正確にするためにさらに情報を与える
⑤情報を正確にするために話者がどのようなことをしたか、聞き手と話者、あるいはそれを見学していたグループの人たちと検証する

IV ことばと動作

1. ことばには魂が宿る

　日本には言霊という概念がありますが、英語でもことばには魂が宿ると考えられています。呪文や結婚の誓いは、その最たる例です。『ロミオゥとジュリエット』のロミオゥの親友マキューシオゥは、ジュリエットの従兄ティボルトに刺された際、次のことばを3度繰り返します。

　　　どっちの家もくたばりやがれ。[1]

　そして両家とも跡取りを失い、血筋は途絶えてしまいます。ことばであれ、物音であれ、3度繰り返されるものは不吉な前触れと信じられていました。呪詛のことばだけではなく、シェイクスピアのことばはすべて「現実化」するように願いながら使いましょう。相手役は、それを言われたら、まるで現実に何かの行為を受けたかのように受け取ります。

Try This
ことばがもつエネルギーを実体化させる

　相手を強く押すエクササイズですので、怪我をしないよう、ウォームアップをしてから始めてください。

①ペアを組み、1人が上記のマキューシオゥのせりふを脳内に思い浮かべ、その気持ちで、相手の肩を強く押します。押されたほうは、よろけるかもしれません。その身体感覚を覚えておきましょう。
②次に、せりふを使います。肩を押す代わりに、せりふを相手にぶつけるのです。言われたほうは、先ほど肩を押されたときと同じリアクションをとってみましょう。うまくタイミングと息が合えば、言霊の力を信じている2人がいる緊張した場面ができます。

2. ことばと動作

　　　動きをことばに合わせ、ことばを動きに合わせる[2]

　ハムレットがいみじくも言ったように、シェイクスピアのせりふは、ことばと動作が連動するように書かれています。

1) Mercutio, *Romeo and Juliet* 3.1.91-106
A plague o'both your houses.

2) Hamlet, *Hamlet* 3.2.17-18

Suit the action to the word, the word to the action, ...

3) Caliban, *The Tempest*
2.2.116

① I will kneel to him.

4) Macbeth, *Macbeth*
2.1.40-41

I see thee yet, in form as palpable
As this which ② now I draw.

①あの人にひざまずこう。3)

まだ貴様（剣）が見える、まるで（今から抜く俺の剣と）
そっくりだなこれを②さあ、俺も、抜くぞ。4)

①②の部分が、登場人物が行動を起こしている箇所です。シェイクスピアはこうして戯曲の中に演出上の動作を書き込んでいます。これは演者が登場人物の行動を知るには便利ですが、下手をすると、その行動をしながらわざわざ何をしているかをしゃべるという、いささか説明的で、間が抜けている演技になる危険があります。せりふと動作のタイミングはいろいろ試して、流れの良さを見つけてください。コメディや喜劇的な登場人物の場合は、宣言と実際に行う動作との間に時間的なズレをつくれば、観客も相手役も驚くような笑いを生み出せるかもしれません。

Try This
宣言してから行動に移す①

①の「ひざまずこう」というせりふを、まるで神を崇めるように仰々しく宣言してみます。その後、そのせりふの雰囲気のまま座ってみましょう。逆に、ペタンと軽いリズムで膝を折ってみるとどうでしょう？

Try This
宣言しながら行動する②

②の「さあ、俺も、抜くぞ now I draw」は、原文では長い母音がnow, I, draw, と3回つながっています。雰囲気としては、「いち、にの、さん」とゆっくりカウントアップしていくのに似ています。

now で手を腰の剣のほうへ動かし、Iで手を剣の柄にかけ、draw と言う時間を目一杯長くかけて、スーッと剣を抜いていきましょう。

次に、「さあ、抜くぞ」という翻訳を使ってみましょう。日本語の場合は、語尾の「ぞ」を短く言い切ることもできます。語尾を短く言い切ると、剣を抜くスピードが速くなりますね。語尾で多少長めに息を吐くつもりでやってみると、剣を抜くスピードが、英語でのリズムに近づきます。

もちろん、自分に言い聞かせるように言い切ってから、あらためて剣を抜いてもよいのです。いろいろ試してみてください。

V ことばが次の窓を開く

シェイクスピアは、わたしたちが普通にしゃべるときの方法をよく理解してせりふを書いています。何かを考えるとき、人はしばしば次のようなプロセスをたどることがあります。

①切羽詰まった状況では、順序立てては考えられない
②だから、順序立てて考えようとする
③けれど、ある単語を言うことで、別の話のイメージが浮かんだりする
④そして話はいったん、脇道へ逸れる
⑤なんらかの理由でそれに気づき、また話を本筋へ戻す

友達に話しながら考えをまとめていくときは、まず話しやすいところから始め、「そうそう、そういえば」と、瞬間的に思いついたことを付け加えたり、方向転換をしたりしますね。せりふは話しことばですから、この「そうそう、そういえば」という、閃いた瞬間の感覚がとても大事です。

シェイクスピアの言語は、直前に語られたことばによって、新しい思考回路が開かれるのです。あらかじめ準備されていることばはほとんどありません。そして、何かひとこと言う度に、そのことばに触発されて次の思考が展開していくのです。まるでコンピュータのウィンドウが次から次へと開いていくかのようです。ことばは、考えてからしゃべるのではなく、しゃべりながら考える、それがシェイクスピアのせりふのルールとも言えます。相手役がいるときもこの原則は通用します。

もちろん、あらかじめ考えてあったことをしゃべる人物もいます。リチャード三世の冒頭の独白は、かねがね考えていたことをちょうど実行に移したところだ、と宣言しています。

Try This
リチャード三世の思考回路

リチャード三世の冒頭の独白の後半を演じましょう。これは、すべてあらかじめ考えていたことです。今この場で思いつくものではありません。それでも、ことば自体は今この場で紡いでいるのです。計画はある、実行に移し始めている、が、それを誰か（観客）に告白するのは初めて。そこで、どう言おうかと、ことばの選び方を吟味するのです。

第3章 言語表現　V ことばが次の窓を開く　63

リチャード

　俺は策略を立てた、危険な連鎖反応、

　心を惑わせる予言、反乱、そして夢、

　つまり兄貴のクラランスと国王を

　双方、疑心暗鬼にさせて相討ちを狙う。

　国王エドワードは高潔で正義感いっぱい、それが本当なら

　俺は狡猾で嘘つきで謀反人、それまた本当だ、だから、

　今日この日が、クラランスが牢に放り込まれる日、

　そう予言されるようにしたのさ、エドワードの息子のうち

　Ｇがつく者が王を殺す、とな。

　宙を漂う考えよ、この魂に飛び込んでこい：クラランスが来た。1)

1) *Richard III* 1.1.32-41

　自分の口から出たことば自体に触発されて次のことばが出る、という感覚を摑んでいきましょう。連想ゲームで練習します。

Try This
連想のスピードを上げる

①グループで輪になって座る

②誰かが何か単語を言い、順番に連想する単語を出していく

　思いつきのスピードを鍛えるゲームなので、手拍子を入れたり、同じ単語を二度と使ってはいけないなどのルールを作り、速いテンポで単語を投げ入れるよう、プレッシャーをかけます。ミスした人はどんどん輪から外れていき、最後まで残った人が勝者です。

Try This
連想したことばを味わう

①グループで輪になって座る

②誰かが何か単語を言う。周りの人は、その単語を味わいながらゆっくりと静かに発語し、その際に自分の脳内でどんな空想や想像が働くかをそれぞれが味わう

③同じ単語をもう一度全員で言う。さっきと同じイメージか、あるいは何か別の連想が現れたかを確認する。別の連想が生まれたときこそ、想像力がより豊かに働き始めた証拠である

④順番に別の単語を提供しながら、続ける

想像力は、ゆっくりと静かに単語を味わうことで、どんどん鍛えられます。ある単語から引き起こされる連想が、人によって異なることがわかり、また、2度3度と繰り返して言うと、言っている間に違う連想が浮かんでくることにも気づきます。ふだんから文芸作品に親しみ、ことばへの感覚を養ってください。

VI 独白

　シェイクスピアといえば長い独り言、つまり独白があることでも有名です。ハムレットに至っては、七つもの長い独白があります。独白を聞いてもらうには、観客の集中力も必要です。グローブ座は明るい円形の野外劇場ですから、観客の顔は演者から見えていました。観客も向かい側に座っている人の顔が見えましたし、中央の立ち見席はいつも満席で、隣にいる人が何をしているのかもすぐにわかります。これでは観客も気が散るでしょう。しかも鴉（からす）や鳩や犬も入ってきて、ビールも売っている。長い独白をしゃべっているのをただ眺めているだけでは、観客の集中力が切れてもしかたがありません。演者にとってはかなりのプレッシャーです。そこでシェイクスピアの役者たちは、ある方法を使いました。

　観客の顔が見えているなら、直接話しかければいいじゃないか！

　独白は、その登場人物がひどく悩んでいる心理が独り言として表されたものです。映画なら、登場人物が黙っているところを映しながら、録音された独り言を背景に流す手法が使えます。わたしたちは普通、独り言を口に出したりはしませんから。たったひとりで部屋にいるときに、ぽそっと短くつぶやくことはあっても、長々としゃべる人は滅多（めった）にいないでしょう。実は、シェイクスピアの独白は、ひとりでつぶやく独り言ではなく、誰にも言えない今の気持ちを観客に告白しているものなのです。わたしたちが日記を書きながら考えをまとめるのと同じように、登場人物たちは、観客を自分自身の心に見立て、相談するのです。「俺はこうしたいんだけど、君たちは賛成する？」と。

Try This
観客の目を見る

　仲間の演者たちに観客になってもらいましょう。何か質問をひとつ思いつき、観客一人ひとりの目を見ながら、尋ねます。「俺のこと好き？」「昨日は何食べた？」。観客から答えをもらうまで、その人の目をきちんと見ること。答えをもらったら「そうか、俺もだ」のようにシンプルに答えるところまで、目を見ながら行います。

Try This
観客の気持ちとインタラクション

　独白をひとつ選びます。観客の目を見ながら、せりふを話しかけます。

A. 観客はすべてのせりふにいちいち大賛成する
B. 観客はすべてのせりふにいちいち大反対する

　観客からの賛成や反対のことばや雰囲気を感じることで、演者の気持ちや演技も変化します。独白のあらゆる部分で、これは個人対個人の対話なのだ、と演者と観客の双方が感じられるように練習しましょう。

VII 気をつけたいことばとその演技

1.差別語・卑猥語の演技

　通常はしゃべるのが憚られることばもシェイクスピアには多く出てきます。登場人物たちは良識ある素晴らしい人間ばかりではありません。相手への軽蔑や差別をむき出しにする瞬間があります。なぜその登場人物がそれほどまでの気持ちをもつことになったのかを考え、本気でそのことばを発せられるようになりましょう。卑猥なことばも同様です。シェイクスピアの罵詈雑言集は、英語では何冊も本が出ているほどで、英国人はそのリズムと馬鹿馬鹿しい比喩に大笑いしながら感心し、友達同士のしゃれた会話に引用したりします。猥雑さがあってこそ万人が楽しめる、それがシェイクスピアの良さなのです。

2.名前の意味

　日本語にも「名は体を表す」という言い方がありますが、シェイクスピアの登場人物の名前にも意味がある場合が多くあります。名前は登場人物像をつくる大きな要素です。第3部で戯曲を紹介するなかでもいくつか解説しているので参考にしてください。

3.呼びかけ方

　敬語と丁寧語は日本語特有の文化と考えられていますが、実は英語でも、礼儀とことばは密接につながっています。ことに敬称は欠かせません。宮廷内では身分の上下は非常に重要視されたので、下の者は必ず上に対して sir や my lord、lady、madam などを付けました。
　一方で、身分が同等か、明らかに相手を下位とみなしている場合は、相手を馬鹿にするか、あるいは注意を促すつもりでこうした敬称を使うときがあります。

Try This
敬意表現と動作

　次のせりふをいかにも丁寧に、慇懃無礼に、お辞儀を繰り返しながらやってみましょう。

エイブラハム

親指を嚙んだのは俺たちに対してですかね、旦那？

サムソン

確かに親指は嚙みましたよ、旦那。

エイブラハム

親指を嚙んだのは俺たちに対してですよね、旦那？[1]

Try This
形容詞の付いた呼びかけ

どんな様子だったか話してくれ、優しいキャスカ。[2]

シェイクスピアでは相手に話しかけるとき、kind ○○、gentle ○○ など、名前の前に形容詞を付けることが多くあります。翻訳でいちいち「優しいキャスカ」とするのは、黙読するときには気にならなくても発語する演技では流れがスムーズにいかない感じもします。けれど、このせりふでブルータスが gentle という形容詞を付けたのは、まさにシェイクスピアによる演技の演出なのです。ブルータスに話しかけられているキャスカは、その直前の受け答えから察するに、あまり話したがらない様子で、ややぶっきらぼう、もしかしたら怒っているのか、腹立たしい様子です。gentle という形容詞を入れることで、相手に「おまえは親切な男だよな」「まあ、落ち着けよ」などの気持ちで話しかけろ、とシェイクスピアは演出をほどこしているのです。

とすると、その思いだけをもって演技をすれば、翻訳では呼びかけの部分をカットすることができます。翻訳者はその形容詞をせりふとして訳し出さなくても、「なだめすかすように」というト書きと、誰に話しているのかわかるよう、相手の名前を書き込めばよいのです。

原文通りの翻訳

どんな様子だったか話してくれ、優しいキャスカ。

↓

上演用のせりふとしての翻訳

（キャスカに、なだめすかすように）なあ、どんな感じだったんだ？

日本語の文化ではあまり相手の名前を呼びません。「あなた」や「君」という言い方も現代では減っています。翻訳上演の際は、名前で呼びかける部分は必ずしもすべてを言わなくてもよいとわたしは考えます。

もちろん、わざわざ名前を呼びかける意味もあります。原文に当たって、どんな形容

---

1) *Romeo and Juliet* 1.1.42-44

ABRAHAM
Do you bite your thumb at us, sir?
SAMSON
I do bite my thumb, sir.
ABRAHAM
Do you bite your thumb at us, sir?

2) Brutus, *Julius Caesar* 1.2.234

Tell us the manner of it, gentle Casca.

詞が名前と共に書かれているのかをチェックし、その上で呼びかけを入れるか否かを決めることをお勧めします。

Try This
名前や敬称を使って呼びかけるときのリズムによる違い

　相手に呼びかける名前や敬称は、文頭、文中、文尾とさまざまな箇所で使われます。どこに置かれているかに注意して、それに従って効果的に呼びかけを使いましょう。
　文尾に名前や敬称が付いている場合、次の2パターンを試し、その効果の違いを確認してください。

A. 名前や敬称の前で休みを置かず、文章に続けてしゃべるようにする
　　例えば「話してくれよ、キャスカ」→「話してくれよキャスカ」のように、間に休みを入れずにつなげてしゃべる
B. 読点「、」でしっかり1拍「//」置いてしゃべる。例えば「話してくれよ、//キャスカ」

Try This
文中に名前や敬称が挟んであるときのリズムによる違い

A. 前の文章に続けて名前や敬称を言い、その後は半拍置いて続ける。例えば「この天と地の間にはな、ホレイシオゥ、いわゆる哲学などでは……」→「この天と地の間にはなホレイシオゥ、いわゆる哲学などでは……」
B. 名前の前後の読点「、」でしっかり間「//」を置く。「この天と地の間にはな、//ホレイシオゥ、//いわゆる哲学などでは……」

　どこで間を置くかで、登場人物の気持ちや場面の雰囲気が変わります。読点が付いているからといって自動的に間を空けてしまっては、どのせりふも似たような感じのリズムになり、観客は飽きてしまいます。名前や敬称の呼びかけの際は、特に戦略的に読点を使えるようになりましょう。

VIII 原文の魅力

1. 原文は難しくない

シェイクスピアの言語は技巧的で難解とも思われていますが、そうとも限りません。次の名せりふを見てください。

・To be, or not to be; that is the question: 1)　（ハムレット）
・Tomorrow, and tomorrow, and tomorrow 2)　（マクベス）
・It is the east, and Juliet is the sun. 3)　（ロミオゥ）

どれも英語基本単語集のいちばん最初に掲載されるような単語でできています。もちろん作品全体を見れば、シェイクスピアの造語もあれば、今では使われなくなった単語もあり、文法は多少異なります。けれど当時の観客だって学や教養のある人ばかりではありませんでした。シェイクスピアの魅力は、簡単なことばの奥に広がるイメージにあります。それは翻訳からも十分に感じられるはずです。それを見つけて観客に渡すことこそが俳優の仕事なのです。

2. 音が雰囲気をつくる

シェイクスピアのことばの魅力は翻訳でも十分に伝わる一方で、原文でないと十分に味わえない魅力が、ことばの音です。ことばの音が雰囲気をつくり、ことばの音に秘密の意味が込められ、ことばの音がその人物の性格を表すことさえあるのです。ですから演出家はできるだけ原文を音読するとよいでしょう。徐々に戯曲のリズムがわかってきます。登場人物の基本的な性格も、それがドラマの進行によってどう動いていくのかも、音の性質から判断できる場合がとても多いのです。

　　　良いは悪い、で、悪いは良い 4)

舞台は初夏のスコットランド。黒い霧がたち込める天気の悪い日に、スコットランドの小さな地方の領主マクベスは仲間のバンクォーと共にノルウェイに対して華々しい大勝利を収めました。そこで魔女に話しかけられ、見てはならぬ未来を予言されます。そのとき、魔女たちによって呪文のように繰り返されることばがこれです。

fair は、「真っ白く光り輝くほどに美しい」。そこから、一点の曇りもなく、明らかに正しい「良い・美しい・善」という意味。foul は「悪い・汚い・悪」という意味です。魔女は、

---

1) *Hamlet* 3.1.58
（本書p.139参照）

2) *Macbeth* 5.5.18
（本書p.197参照）

3) *Romeo and Juliet* 2.1.45
（本書p.206参照）

4) Witches, *Macbeth* 1.1.10

Fair is foul, and foul is fair,

皆が良いと信じている光り輝く善が実は汚らわしいものであり、悪なのだと言い、一般に悪とされるものが実は善であると言う。なぜこんなことを言うのかについては、文学的にはさまざまな解釈があります。それはさておき、演じるためには、原文のことばの音に注目してみましょう。

単純に意味を置き換えれば、「良い」は good で、「悪い」は bad。それで事足りるのに、なぜ、fair と foul をシェイクスピアは使ったのでしょう。声に出してみるとわかります。

A. Fair is foul, and foul is fair.
B. Good is bad, and bad is good.

まるで違う音ですね。原文通りのAは fair も foul も唇が一切触れ合わず、そのため、音はとても曖昧です。母音も長く、いつ始まり、いつ終わるのか、わかりにくい。一方Bでは、good と bad は始まりの音も終わりの音もはっきりしています。母音に着目すれば、fair と foul に比べると、短い音ですね。Good is bad, and bad is good. は石をコンコンとたたいているような、リズミカルで軽いノリになります。一方、Fair is foul, and foul is fair. は、始まりも終わりも曖昧で、古びた布が風に寒々と揺れているような、あるいは風が枯れた林を泣きながら吹き渡っていくような風景さえ感じられます。唇がだらりと垂れ下がった奇妙な女たちの顔、その唇が震えながら曖昧な音を繰り出す様子が目に浮かびます。いつ始まったかもわからない古い呪文が、風に乗ってどこまでも永遠に続き、不気味な深淵に引きずり込むような音の反復に、マクベスは取り込まれていくのです。

3.鍵になる音

シェイクスピアのせりふには、似た音が繰り返し使われることで効果を生むものもあります。マクベスが国王殺しをするか否か、実行後の結末を秤に掛けて考える箇所を見てみましょう。

If it were done when 'tis done, then 'twere well
It were done quickly.

もしそれができて、できたら、それなら
さっとできればいい。5)

5) Macbeth, *Macbeth*
1.7.1-2

一見するだけで繰り返しの音の多いことがわかります。なかでも特徴的なのはd音。何か行為をするという意味の do が、完了形の done で繰り返されます。マクベスが殺害

する国王の名前はダンカン Duncan。暗殺の直前にマクベスは短剣 daggerの幻影を見、さらに、暗殺の直後に彼が口にすることばはこれです。

I have <u>done</u> the <u>deed</u>.

俺には、できた。[6]

6) Macbeth, *Macbeth* 2.2.14

done the deed という文自体、d, the, d, d と4度も似た音が続きます。マクベス夫人が死亡した知らせを聞いたときにもd音が再び響きます。

She should have <u>died</u> hereafter.

死ぬならもっと後にしてほしかった。[7]

7) Macbeth, *Macbeth* 5.5.16

4. 韻文と散文

シェイクスピアのせりふには2種類のスタイルがあります。ひとつは、詩のような形式をとる「韻文」。もうひとつが、現代語のように普通に書かれている部分で「散文」と呼ばれます。通常、韻文は身分の高い人のせりふ、散文は身分の低い者のせりふとされています。また、韻文をしゃべる人のほうが精神が崇高で品格があり、散文をしゃべる人のほうが庶民的だとも言われます。が、そう簡単に分類はできません。

『ジュリアス・シーザー』第3幕第2場では、同等に身分の高い2人の人間(ブルータスとアントニー)が演説をしますが、高潔なブルータスは散文で語り、アントニーは韻文で語ります。

恋をした者たちは韻文を使うことが多いようです。『ロミオゥとジュリエット』の恋人たちのせりふは韻文で埋め尽くされています。韻文だからといって、2人は技巧的に歌を作っては返すゲームをしているわけではありません。相手との愛に満ちた心が、自然と響き合い、ことばが勝手に詩になっていくだけのこと。決してわざとらしく歌い上げてはいけません。例えば、「あなたのことが大好きよ」という文章は七五調のリズムをもっています。これをリズム重視で七五調で言うのと、自然な愛の気持ちで言うのとではまるで違いますね。

『十二夜』では、最初はつっけんどんだったオリヴィアという若い女伯爵が、隣の城の公爵の従僕に扮したヴァイオラに恋した途端、韻文でしゃべり始めます。表面的には態度をつっけんどんにしたままでも、文体のリズムが変化することで聴衆は彼女の気分が変わったことに気づける仕組みです。

第3章 言語表現　VIII 原文の魅力　73

5.韻文のリズム

8）弱強五歩格と呼ばれる

英語は弱く発音する音と、強く発音する音とでできています。シェイクスピアの韻文では弱い音と強い音の組み合わせが、1行の中に5セットあるのが普通です。[8] ちょうど心臓の音のようなリズムです。『ハムレット』のせりふで見てみましょう。

9）Hamlet, *Hamlet* 3.1.59

<u></u>To be, or not to be; that is the question: [9]

単純に冒頭を弱音、次の音を強音として機械的に下線を付けていき、その数を数えてみると、きれいに5セットでき上がっています。

次に、意味を中心に考え、意味が強いことばに線を引いていくと

To be, or not to be; that is the question:

弱強を交互に繰り返すという原則は崩れますが、1行の中に5セットあることに変わりはありません。どの単語を強く言うかは、演者の解釈にまかせてよいのです。

稀に、1行の中で5セットをしゃべらないうちに文が終わることがあります。その場合は、次の人物がそこを補います。それは、間髪入れずにしゃべるのが原則ですが、ゆっくり間を置いてしゃべることも許されます。そのような、1行が分割されている場合は、ほとんどの翻訳で、次の人物の話し始めがほかの行より下がって書き始められているので、見分けられるでしょう。

Try This
間髪入れずにせりふを入れる

ペアになって練習してみましょう。

Good morning はなんと訳す？

言語は文化に根ざしたものです。Good morning は逐語訳の「良い朝」ではなく、「おはよう」「おはようございます」と訳します。シェイクスピアの翻訳者たちも、辞書とは違うと非難される覚悟と勇気を常にもってことばと接しています。シェイクスピアに限らず、文芸作品には辞書の訳を

そのまま当てはめるわけにはいきません。そこに翻訳の苦労とおもしろさと喜びがあります。演者、演出家はさまざまなヒントを得るためにも、いくつもの翻訳を比べてみることを強くお勧めします。

マクベス	①愛しい妻よ、
	ダンカンがここへ今夜。
夫人	②で、いつお発ちに？
マクベス	
	明日、ご予定では。
夫人	②おお、決して
	その明日に日の目を拝ませてはなりません。10)

10) *Macbeth* 1.5.57-60

①「愛しい妻よ」は、直前のマクベス夫人のせりふを遮るように、すぐにしゃべる
②どちらも、前のせりふの終わりに間髪入れずにしゃべる

第3章 言語表現　VIII 原文の魅力　75

第4章 価値観と精神世界

「ああ、ブラヴォー新世界」
O brave new world [1]

I ルネサンスと十字軍

[1] Miranda, *The Tempest* 5.1.186

　シェイクスピアは1564年生まれ。1616年に52歳で亡くなりました。日本では織田信長が活躍した戦国時代から徳川家康が江戸幕府を開幕したころです。ヨーロッパでは大きな時代のうねりが起きていました。その時代を The Renaissance（再び誕生する）ルネサンスと呼びます。

　ルネサンスは文芸復興と訳され、そのため単に文化や芸術が花開いただけと思われがちですが、実はそれまでのヨーロッパで信じられてきたことが、ひっくり返った大変革の時代です。シェイクスピアは、そのルネサンスの波の中に生きました。それが作品の至るところに反映されています。シェイクスピアを演じるならルネサンスについて知っておきましょう。

　ルネサンスより前を中世と呼び、ルネサンスより後を近世と呼びます。とはいえ、ルネサンスの始まりは中世の真っ只中である11世紀ごろに遡ります。そのきっかけとなったのが、十字軍遠征と呼ばれる社会現象でした。その頃、キリスト教の聖地エルサレムをイスラム教徒が占拠しているというので、ヨーロッパの王たちが大軍でエルサレムへ、聖地奪還に向かいました。その際、キリストのしるしである十字架を描いた旗を掲げたため、これを十字軍遠征と呼ぶのです。

　中世ヨーロッパではキリスト教の教えは絶対でした。キリストが生まれる以前は、文明も文化もなく、人間は動物同然の野蛮な状態にあったと信じられていました。そしてキリスト教会は、考えるのは神の仕事であり、人はただ神を信じ、神から与えられた仕事に専念すればよい、神の教えに従えば天国へ行けるが、背けば地獄行きだと教えてきたのです。現代のわたしたちがあたりまえのように享受している、個人が生きる権利などというものは、中世では誰も考えませんでした。ところが、エルサレムへ向かう途中でギリシャを通過した十字軍は、キリスト教文化をはるかに凌ぐ文明に出くわしてしまったのです。数学、天文学、文学、医学、輝く白亜の殿堂、そして見事な彫刻群。今に

も動き出さんばかりのリアルな裸の彫像を目の当たりにして思ったに違いないせりふが、『テンペスト』にあります。

　　　人間とはなんと美しいものでしょう！ 2)

　キリスト誕生以前にこんなに素晴らしい文化・文明があるではないか。キリスト教会はなぜ、肉体を汚らわしいものとするのか？　肉体あってこその人間だ。人間には肉体があり、心があり、自分で考え、思考を巡らせる力がある。理性があり、知性があり、感情がある。美しい肉体を美しいと思ってなぜ悪い？　笑いたい感情をなぜ神の前で抑えなくてはならない？　神が我らを造ったのなら、神は我ら人間を、肉体も感情も理性もあるものとして、お造りになったのではないか？

　こうして、それまで教会によって刷り込まれてきたさまざまな常識が覆ったのです。数名の旅人が主張しただけなら教会によって揉み消されたかもしれません。世間もそのような文明の存在を信じなかったかもしれません。けれどヨーロッパ中の王と貴族が大軍を率いてこれを目撃したからには、もう止めることはできません。最初の十字軍遠征から300年の長い年月がかかったものの、それまでヨーロッパの常識であった教会至上主義、すなわち「教会万歳」という考え方は、ついに「人間万歳」という考え方に変わっていきました。これがルネサンスなのです。

　ルネサンスのおかげで、社会そのもの、考え方そのものが変わりました。わたしたちは今、その恩恵を受けています。ルネサンスがなければ、今のわたしたちが楽しんでいる音楽も美術も映画も、そして言論や表現の自由さえも、なかったかもしれないのです。ルネサンスがわたしたちの生活に与えた恩恵は計り知れません。

2) Miranda, *The Tempest*
5.1.186

How beauteous mankind is!

II キリスト教

　キリスト教とひとくちに言っても、カトリックとプロテスタントがあり、プロテスタントにもさまざまな派があります。戯曲の舞台がイタリアの場合は、登場人物たちはカトリック色が強いと考えてよいでしょう。『ヴェニスの商人』ではキリスト教徒とユダヤ教徒の対立が描かれています。『リチャード二世』から『ヘンリー八世』に至る英国史劇では、貴族たちがどの宗派に属しているかが鍵となります。それによって登場人物の態度や行動や雰囲気が決まるのです。表向きは政治的な思考で動いているような人物でも、内面の信仰が行動に影響していることもあるのです。

　まず、行動規範となる教えである「七つの大罪 Seven Deadly Sins」を押さえておきましょう。

1. 七つの大罪

・傲慢^{ごうまん}になってはいけない
・激情の虜^{とりこ}になってはいけない
・嫉妬^{しっと}・羨望^{せんぼう}はしてはいけない
・怠けたり堕落^{だらく}してはいけない
・強欲・貪欲^{どんよく}はいけない
・暴食してはいけない
・肉欲はいけない

　『ヘンリー四世』と『ウィンザーの陽気な女房たち』に登場する騎士フォルスタッフは、これら七つの大罪をすべて堂々と犯して平気でいる、憎めない男です。フォルスタッフももちろん七つの大罪のことはよく知っていて、あの手この手で弁解をしながら、それらを破っているのです。周りの良識ある人々は眉をひそめたでしょうし、教会の教えの窮屈さに辟易^{へきえき}している連中は、心の中で喝采^{かっさい}の声を上げたでしょう。

　七つの大罪のほかに、当時の道徳では決して犯してはいけない罪があります。自殺と、嘘^{うそ}と、婚前交渉の罪です。

2. 自殺の罪

　永劫^{えいごう}の掟^{おきて}の銃口が、自殺をする者に

向けられることさえなければ！……　おお神よ、神よ、[1]

　命は神からお借りしているもの、だから神の意志に委ねなくてはなりません。命は神が所有しているのですから、人間が勝手に意のままにしてはいけないのです。戦争や決闘で相手が死ぬのは神の意志ですが、自殺をすれば、神への反逆罪で地獄へ堕ちます。キリスト教が信じるのは、死後の天での復活ですから、地獄へ堕ちるのは最も避けたいところです。ハムレットはそれが嫌で自殺に踏み切れないことを嘆いているのです。ロミオゥとジュリエットは自殺して、当然ながら地獄堕ちのはず。地獄にもいろいろあり、心中をして堕ちる地獄では、当の2人は動けない木に変えられてしまい、二度と会えないのです。[2] 日本で心中というと、死んであの世でご一緒に、とある種の美しさを感じますが、『ロミオゥとジュリエット』は死んでもあの世で一緒になれない、究極の悲劇なのです。『ジュリアス・シーザー』ではブルータスとキャシアスが自殺しますが、あの時代はキリスト教以前なので、地獄堕ちの概念はなかったことをシェイクスピアは知っていて書いたのかもしれません。

3. 嘘の罪

　　あなたは嘘を、ひどい、呪われた嘘を、
　　なんてこと、嘘だったのね、悪意にまみれた嘘。[3]

　エミリアはデズデモゥナの侍女、デズデモゥナはオセロゥの妻です。エミリアの夫イアーゴゥがオセロゥを陥れようとして、デズデモゥナのいちごのハンカチをエミリアに持ってこさせます。エミリアは、デズデモゥナが殺されて初めて、そのハンカチが陰謀に使われたことを知り、夫が嘘をついて自分に罪を犯させたことを呪う、そのときのせりふです。

　嘘はキリスト教徒にとっては、たいへん重い罪です。嘘をつくくらいなら黙っているほうを選びます。裁判ものの映画でよく見かける、法廷で聖書に手を置き「真実を話すと誓います」と言うのは、神に対して約束しているのです。だからこそ、それを破るくらいなら黙秘するわけです。日本のように「嘘も方便」が通用する文化では、嘘に対する罪悪感は薄いかもしれません。けれどキリスト教徒にとって、嘘は最大の罪のひとつ。隠し事を追及する場面では、真実は言いたくないが嘘もつきたくない心理がせりふに表れるものです。エミリアも、陰謀そのものよりも、嘘をついていたことを非難しています。「嘘つき」と罵られると、普通の登場人物なら「嘘」という単語が飛んでくる度に、槍で突かれるような気持ちになるでしょう。イアーゴゥがもしも「嘘」という単語に動じなければ、かなりの悪人であることが観客にも伝わります。一方、自分がいかにひどいこと

1) Hamlet, *Hamlet* 1.2.131-132

2) ダンテ・アリギエーリによる「神曲」地獄篇参照

3) Emilia, *Othello* 5.2.187–188

をしたかに、イアーゴゥが初めて気づく場面にしてもおもしろいでしょう。

Try This
嘘のエネルギーを実体化させる

　タオルや風船、あるいは紙を丸めたボールを用意します。上記のせりふを使って、「嘘」
と言う度に、相手役をタオルや風船でたたいたり、紙のボールを相手に投げつけます。
エミリア役はその単語に苦々しい思いを込め、受けるイアーゴゥ役は、その単語に殴ら
れるような感覚を感じるようにしましょう。

4. 婚前交渉の罪

　　　もしもあなたの愛が名誉に値するもので、
　　　結婚を考えていらっしゃるのなら、明日、教えて、
　　　わたし、あなたの言う通りに行くから、
　　　どこで、何時に、式を挙げるか教えて
　　　そしたらわたしの運命をあなたの足元に投げ出して、
　　　世界の果てまで、あなたに付いていく。[4]

4) Juliet, *Romeo and Juliet* 2.1.185-190

　中世のキリスト教は快楽を禁じていました。性行為も快楽のためにするのはいけませ
ん。しかし聖書には、子孫を繁栄させることが神の意志だとも書いてあります。この矛
盾をどう解くべきかは大問題でした。そして、教会側は、結婚という契約を結んだ上で
子孫繁栄の手段として性行為をするなら罪にはならない、だがそれでも性行為そのもの
に快楽を感じてはいけない、と解釈することに落ち着きました。

〈1〉結婚のルール1

　・結婚は本人同士の約束ではなく、神との契約である

　それを破ると地獄堕ち、つまり離婚は禁止です。家庭内暴力があろうが、浮気があろ
うが、結婚という形式上の契約は維持しなくてはなりません。
　ジュリエットは、処女を奪われて捨てられることだけはないように、まず神の前でしっ
かり契約を交わす必要を感じています。身分の高い女性にとって、これは感情的な問題
以上に、社会における生き残りの問題でした。結婚もせずに処女を失った良家の女性は、
尼僧院に入れられるか、家を追われて売春婦になるかしかなかったのです。『ヴェニスの
商人』のユダヤ人シャイロックの娘、ジェシカも同じ問題を抱えています。

80　　第1部　シェイクスピアのいた時代

〈2〉結婚のルール2

・結婚という契約を神と交わす前に性行為をしてはいけない

　処女信仰は、キリスト教にとっても非常に重要でした。万一、結婚式前に処女でなくなっていたら、その女性は妻となる価値がないとみなされました。身分の高い者同士の結婚初夜では、新婦が処女かどうかのチェックが必ずなされました。『から騒ぎ』や『尺には尺を』も、この問題を扱っています。

　身分の低い庶民や農民にとっては、このルールはまったく当てはまらなかったといってよいでしょう。けれど『お気に召すまま』ではヤギ飼いのオードリーが神の前での誓いを求めています。これは、少しでも身持ちの良い女性として扱ってほしいという気持ちの表れでもあります。

　つまり結婚式も済ませずに性行為をするのはたいへんな不道徳で、ご法度でした。一方、もしも神の前での結婚の契約に不備があれば、結婚は破棄してもよいのです。『お気に召すまま』の道化タッチストーンは、オードリーを口説き落とす際、わざわざ牧師まで呼んできたあげく、独白で「こいつが仲人なら、結婚も法的に正しいとは言えない。ゆえに、後で妻を捨てるには都合がよい」5)とさえ言っています。

5) Touchstone, *As You Like It* 3.3.82-84

5. カトリックとプロテスタント

マライア
　それにあいつ、ときどき、ピューリタンみたいでしょう？

サー・アンドルー
　ちぇ、そうと知ってりゃ犬コロみたいに蹴飛ばしてやったのに。6)

6) *Twelfth Night, or What You Will* 2.3.135-136

　侍女マライアは、執事マルヴォリォゥのことをピューリタン的だと言っています。ピューリタンとは日本語で清教徒。プロテスタントの一派で、純粋を意味する「pure 清い」をモットーとするため、puritans と呼ばれます。ピューリタンは、いつも黒服に身を包み、つば広の帽子をかぶり、ニコリともせず、演劇を敵視している人々で、シェイクスピアにとっては目の上のたんこぶ。人生を楽しむことを知らない人々だと、シェイクスピアはよく彼らを小馬鹿にしています。

1648年ごろのオランダ絵画に見るピューリタンの家族。フランス・ハルス（Frans Hals）、ロンドン・ナショナル・ギャラリー蔵

第4章 価値観と精神世界 II キリスト教

執事のマルヴォリオゥは、決して微笑まず、厳格な様子を装っています。けれど内心は、お嬢様と結婚することを夢見る、浅はかで妄想癖のある男。表向きは信仰深いのに内面は動物的本能を抑え切れない人間です。その表と裏を、シェイクスピアはピューリタン的だと揶揄(やゆ)したのです。

そもそもプロテスタントとは、ローマ教皇庁をトップとするカトリック教会が強欲で堕落していることに腹を立てた人たちが、それに反抗（プロテスト）したところから始まりました。その違いは教会の装飾にも見てとれます。カトリック教会は、正面に十字架に架けられた立派なイエスの像、左右には聖母マリアをはじめ聖人たちの像や絵画、黄金(きん)の燭台(しょくだい)などがあり、色鮮やかに内部(いろど)を彩っているのが普通です。他方、プロテスタント教会にあるのは小さな十字架だけで、内部はスッキリしています。プロテスタントという宗派があるわけではなく、カトリックではないキリスト教の宗派をまとめて便宜上、プロテスタントと呼びます。英国国教会もピューリタンもバプティスト派も皆、プロテスタントの一派です。プロテスタントのなかでも、ピューリタンは聖書の教えの通り、清貧を最上の美徳とし、人々の罪を一身に背負って十字架に架けられたキリストのことを常に考え、七つの大罪の教えを極端なまでに守って行動していました。娯楽、快楽を禁じた七つの大罪に照らせば、演劇はたいへん罪深いものであったのです。

当時のイングランドでは信仰の自由は保障されており、国内にはカトリックも大勢いて、主流派のプロテスタント（英国国教会派）と水面下で対立していました。

実は廃止されていた修道院

尼僧院に行け
(Hamlet, *Hamlet* 3.1.123)

尼僧院 nunnery（ナナリー）とは、女性だけが入る修道院のこと。上記のせりふは「尼寺へ行け」という翻訳が有名です。ただ「行く」のではなく、修道女になれ、という意味ですね。絶望したハムレットがオフィリアに向かって放つこのせりふは、叫ぶように演じられることが多いようですが、原文に「！」は使われていません。演技の多様性が可能なところです。

『ロミオゥとジュリエット』でも修道院は重要な役割を果たします。修道院 monastery（モナストリー）はカトリック教会の聖職者の修行の場。男性だけに許され、修道院内に女性は入れません。レナート・カステラーニ監督の映画版では、ジュリエットは修道院の中に入れず、2人は鉄格子越しに結婚の誓いを交わします。

実は尼僧院、修道院ともに、シェイクスピアのいた当時のイングランドにはもはや存在しませんでした。修道院はカトリックの仕組みに属するもので、プロテスタントにはありません。エリザベス一世の父親ヘンリー八世は、カトリックから離れたとき、修道院解散令を発しました。そのため、英国内の修道院はことごとく閉鎖に追い込まれたのです。シェイクスピア存命当時の観客は、国内に点在する、廃墟と化した石造りの建物を思い出しながら「修道院」や「尼僧院」ということばを聞いていたのでしょう。

III 妖精と亡霊と神々

❶オゥベロン

❷タイタニア

❸インドの子供

❹パック

❺牧神パンの石像（画家の想像）。どの妖精たちも妖怪たちも等しく愛と性の戯れを謳歌している。パンがそれを見守っている

❻美しい妖精ばかりではなく、微笑ましい妖怪たちも楽しんでいる

❼梟に乗って遊んでいる妖精たち。梟は夜の象徴

『夏の夜の夢』タイタニアとオゥベロンの口喧嘩の場面（第2幕第1場）。サー・ジョゼフ・ペイトン（Sir Joseph Noel Paton）、1849年、スコティッシュ・ナショナル・ギャラリー蔵

1年で夜が最も短い夏至の晩に妖精たちが跋扈する『夏の夜の夢』、スコットランドの荒れ地で禍々しい予言を告げる魔女たちが運命を支配する『マクベス』、殺された父親の霊魂がデンマークの城壁の上で息子に話しかけて運命を狂わせる『ハムレット』、無人島に流されたプロスペロゥの治める島の精霊たちが活躍する『テンペスト』。シェイクスピアの作品には、妖精や精霊や亡霊、神話の登場人物[1]があちこちに登場します。彼らはヨーロッパ人にとって古くからの友達です。その土地独自の信仰が生んだものなので、教会からは目の敵にされていますが、教会を一歩離れれば、人々はケルトの神々や伝承を信じながら暮らしていました。シェイクスピアもまた、キリスト教の信仰とは別に、自然を畏怖し、大切にする素直な気持ちをもっていました。

『ロミオゥとジュリエット』では、ロミオゥの親友マキューシオゥが、夢に出てきた妖精女王マブの話を41行に亘って語ります。[2]ロミオゥはこの夢の話を聞いてから、ふと、己の身に何か恐ろしいことが降りかかってくるのではないかとの予感に怯えます。『ウィンザーの陽気な女房たち』では騎士フォルスタッフが、妖精に化けた村人たちに散々からかわれますが、それは騎士ともあろう者が妖精や迷信を信じ切って怯える姿がおかしいからです。

1) ギリシャ神話の神々については『クラシカル・アクティング』付録1参照。わかりやすい一覧表がある

2) *Romeo and Juliet* 1.4.55-95

God か Gods か

シェイクスピアは、キリスト教以前などの世界を描く作品では、多神教の神々を扱っています。『夏の夜の夢』など、イングランドにとって異国情緒豊かな国を舞台とする作

品でよく見られます。その場合は、一神教のキリスト教的な道徳に縛られていない世界での物語であることを意識してください。現代の日本はキリスト教的な道徳に囚われて〔とら〕いない文化ですから、むしろ自由な世界をつくりやすいかもしれません。キリスト教的道徳にぎっちり縛られている作品、例えば英国史劇や『ロミオゥとジュリエット』など、圧力と束縛の強い、自由な空気感のない世界をどう観客に伝えていくかのほうが、日本人にとっては難しいともいえます。衣装や舞台美術がそれを助けてくれるでしょう。

Try This
Godの世界──身分制や社会の決まりなど束縛と圧力の強い世界を表現する

『オセロゥ』や『ヴェニスの商人』など、キリスト教的意識の強い戯曲の舞台装置を自分たちでデザインしてみましょう。色彩は、黒、赤、濃紺、鉄、銀、金など重厚感のあるものを使い、扉や壁なども高く作り、装飾も上のほうに重さのある大きめの彫刻類を施すと圧迫感が増し、動かしがたい秩序がその場に存在することを示せるでしょう。直線で空間を区切っていくと、行動が支配されている世界という印象を与えます。神への祈りのことばが多く使われる英国史劇では、十字架も欠かせません。

衣装も、黒や金、赤といった、威厳を感じさせる色、そして重さのある素材を使いましょう。男性は黒いマントやロングブーツがあるとそれなりに見えます。例えばそのなかに1人、異素材の人が紛れ込むと、その登場人物が秩序に収まり切らない人であることを表現できます。『ロミオゥとジュリエット』のジュリエットはその好例です。『お気に召すまま』は厳しい支配の城の世界と、自由な森の世界を行き来して物語が進行します。場所の変化は、せりふでわかるように書かれています。舞台装置を作り込む場合は、場面転換をスムーズに行えるように工夫しましょう。

演技に役立つ、祈りの方向

キリスト教文化では、神は天に住まうもの。嬉しい喜びの感情は感謝の祈りとして、痛みや悲しみは癒しの祈りとして、苦しみや怒りは「なぜ自分がこんな目に遭わなくてはならないのか」との問いかけとして、ほとんどの感情は天へ向かいます。日本人は心と腹の中にある感情を隠そうとするのか、ほとんどの感情を下を向いて演じてしまいがちです。キリスト教文化では顔は天を仰ぐ〔あお〕ことを覚えておきましょう。舞台の上で顔が上を向くのは、観客にとっても顔がよく見え、ことばがよく聞こえ、とても有効なのです。

第 4 章 価値観と精神世界　III 妖精と亡霊と神々

第5章 人間界と秩序

「まったく馬鹿だよ、人間は!」
Lord, what fools these mortals be! 1)

I 愛と社会規範

1) Robin, *A Midsummer Night's Dream* 3.2.115

「人間、こうであらねばならぬ」とのキリスト教のモラルにがんじがらめだった人々も、ルネサンス時代にはかなり自由にものを考えるようになってきました。が、キリスト教のモラルはやはり人々の心に深く根付いています。シェイクスピアのドラマは、古くからのしきたりを守りたい人と、それに縛られることを嫌う人との間の確執から成っているといっても過言ではありません。

演技をする場合、登場人物のそれぞれが、社会のモラルをどうとらえているか、その違いを出すのが大事です。また、当時のマナーである立ち居振る舞いの約束事を演技できちんと体現できる必要があります。モラルは考え方に、マナーは行動に現れます。登場人物をつくるときは、それを念頭に置きましょう。きちんと列に並んだり、目上の人には敬語を使うということはマナーとして登場人物も教わっています。けれど、それを実践するかどうかは、社会のモラルを重んじるかどうかという、本人の精神性に関わってきますね。

シェイクスピアの登場人物には、マナーは破ってもモラルのある人（例えば後のヘンリー五世で、放蕩に耽っていた若きハル王子）、マナーは重んじるがモラルを軽視する人（例えば慇懃無礼な殺人者リチャード三世）などがいます。マナーは破っても大した問題はないかもしれませんが、モラルを破ると社会秩序が崩壊するのです。モラルとは心のあり様の問題であり、世界の秩序そのものを示すと言ってもいいでしょう。周りの登場人物たちがマナーとモラルの問題をどうとらえているかを演技で表すことができれば、現代の観客にも、その物語の背景にある社会秩序がよく伝わります。

Try This
マナーとモラルの違いを知る

　数名のグループに分かれ、紙を数枚用意します。各グループがもっているモラルは、その紙を大事にすること。マナーは、それを大事に扱うこと。ゲームのルールは、「グループ内で、その紙をくしゃくしゃにしないように最後の1人にまで丁寧に手渡していく」です。

　ゲームの前に、参加者はくじ引きをします。「鬼」と「いたずらっ子」のくじを入れておきます。誰が「鬼」や「いたずらっ子」を引いたかは内緒にしておきます。「鬼」は表向きのマナーを大事にしますが、陰でモラルを破壊します。「鬼」は、紙が手元に来たときに、くしゃくしゃにしてよいのです。「いたずらっ子」は表向きはマナーを守らない傍若無人さを見せますが、実際はモラルを大事にします。「いたずらっ子」は、紙が手元に来たときに「へー、そんなに大事なの、ふん」と言います。

　誰もが、とても丁寧に、優雅に、優しく、その紙がどんなに大事か、架空の物語を付け加えて、相手に渡してください。例えば「この紙はわたしが生まれたときに女王様からいただいたものです」など。受け取った相手は、「この紙は、あなたが生まれたときに女王様からいただいたものなのですね、大切にします」と言い、次の人に「この紙はある人が生まれたときに女王様からいただいた大切なものです。わたしは100年間、この紙を金庫に入れて守ってきました。今、これをあなたに託します」のように、物語を付け加えていきます。次の人は、覚えている限りでよいので、そこに自分の物語を加えて次の人に託していきます。「鬼」は大事な物語を「○○という大事なものなのですね、大切にします」まで言ってから、紙をこっそりくしゃくしゃにしてしまいましょう。いたずらっ子は「へー、そんなに大事なの、ふん」と、口で言っても、実際は、とても丁寧に大事な物語を加えてその紙を次の人に託します。

　マナーを破ってもモラルが破られない場合、どんな空気や気分が生まれるでしょう。マナーを大事にしてもモラルを破る人がいる場合は、どうでしょう。それらの反応を、作品の場面づくりに生かしてください。

第5章 人間界と秩序 I 愛と社会規範

II 人間界の秩序

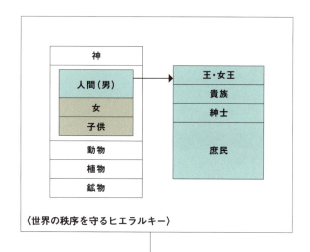

〈世界の秩序を守るヒエラルキー〉

シェイクスピアの作品において、人間界の秩序は、天から命じられた王権と、秩序を守るヒエラルキーで成っています。

王位は神から授かったもの。ですから、正式な継承者以外は王位を継いではなりません。このルールは度々破られますが、それでも、死ぬまで王冠を守るのが王の務めでありました。もしも暴力によって王冠を奪うなら、新しく王位に就いた者は、自らの血筋の正当性を示さなくてはなりません。ちなみに『リチャード二世』の主人公は、死ぬ前に自ら王位を降りた唯一の王です。彼は神から与えられた職務を放棄した、王にあるまじき恥ずべき存在と考えられました。

1. 司令塔としての理性

人間の体にもヒエラルキーがあります。頭は、理性という司令塔。心の部分は道徳や情愛など、よい意味での人間らしさ。腹から下腹部は性欲や食欲・怠惰といった動物的な部分。そして文明化された人間、つまり教養ある人間は、理性という司令塔によって、動物的な行動を制御できると考えられていました。『ウィンザーの陽気な女房たち』の主人公フォルスタッフは、鹿の角をつけ、夜の森で人妻がやってくるのを待ちながら、「動物だからこういうことができるんだ」という趣旨の弁解をします。[1] 動物になったからには、理性も吹っ飛び、肉体の欲求を抑える必要もないからです。

肉体の各部分が意思をもっているとも考えられました。例えば人の悪口を言ったとき、「理性が舌をコントロールできずに、舌が勝手にしゃべった」ととらえるのです。誰かを殴るのも、「理性が右腕をコントロールできず、右腕が反乱を起こして相手を殴った」ととらえます。ハムレットは第5幕第2場で、自分が殴りかかった相手であるレアティーズに、それは「ハムレットの狂気のせいで、本来のハムレットがしたことではない。ハムレット自身こそ、狂気に支配されていい迷惑だ」という趣旨のことを言っています。「狂う」とは、本来の身分に従って求められる常識的な立ち居振る舞いを公の場で遂行できないことを意味します。リチャード三世も『オセロゥ』のイアーゴゥも、反道徳的で非常識な行動を起こしますが、公の場ではあくまでも身分に従った振る舞いをしているために、周囲からは狂っているとみなされません。けれどハムレットは、人目もはばからず「靴下は半分ずり下がり、シャツの胸もはだけたまま」[2] 歩いていたので、オフィリアは彼を狂っていると思うのです。

1) *The Merry Wives of Windsor* 5.5.1-14

2) *Hamlet* 2.1.79-81

『ウィンザーの陽気な女房たち』が喜劇の理由

『ウィンザーの陽気な女房たち』は、騎士フォルスタッフが同じ文面の手紙で複数の人妻を口説こうとし、侮辱されたと感じた人妻たちに懲らしめられる物語です。本来、下位の者が上位の者を懲らしめるのは反逆の疑いをかけられるかもしれない危険なことです。が、この戯曲では、上位の者があるまじき行為をしたために、下位の者が上位の者を懲らしめるので、観客は安心してそれを受け入れることができます。

この喜劇にはもうひとつ、重要なヒエラルキーの逆転があります。立派な男、そのなかでも騎士という上流階級が堕(お)ちていく過程です。

フォルスタッフが最初に受ける懲らしめは、男としてのもの。洗濯籠(かご)に自ら入り、知らずに川に捨てられてしまいます。洗濯籠は女性の役割の象徴です。川に捨てるのは、汚物浄化を思わせます。まるで死体を捨てるようでもあり、男としてのフォルスタッフが死んだことを象徴するようです。次の懲らしめのときは、フォルスタッフは自ら女に変装し、結果として魔女呼ばわりされ、庶民にたたきのめされます。そして最後の懲らしめでは、自ら鹿に変装し、子供たちの持つ蠟燭(ろうそく)の火で焼かれてしまいます（火を近づけられるだけで軽い火傷程度ですが）。男として死に（川に捨てられる）、女に堕ち、動物に堕ち、水地獄、針地獄、灼熱地獄をすべて味わう騎士フォルスタッフ。ポイントは、フォルスタッフが騎士というプライドをかなぐり捨てて、笑い者にされて構わない状態にいそいそと堕ちていく点です。当時の観客は、社会全体の道徳とモラルを肌で感じていたため、素直にこの状況を「ウケる」と感じ、気楽に大笑いできたのです。

Try This
身体各部に感情を宿す

体の一部が意に反して行動することを演技に生かすエクササイズをやってみましょう。

グループでも、1人でもできます。名刺大のカードをたくさん用意して、体の各部分の名前をひとつずつ書き込みます。左の小指、右膝の裏など、細かく具体的に書きましょう。体の各部分が30箇所ほど書けたら、それを箱や袋に入れます。次に、感情や気分のことばを同じように名刺大のカードに書き込みます。「嫉妬(しっと)に燃える」「もの悲しい」「落ち着いた」などわかりやすいものから、「ひなびた」「震える水のような」などの芸術的表現まで、多種多様に自由に書いてください。それを、体のカードとは別の箱か袋に入れます。

そして両方の箱からカードを1枚ずつ引きます。すると、例えば「興奮した左足首」のような組み合わせができます。では、「興奮した左足首」を持ちながら、歩く、座る、電車に乗っている、読書をする、台所仕事をする、などの設定で、演じてみましょう。設定もあらかじめいくつか紙に書いておいてもよいですね。グループで練習する場合は、それぞれが別の体の部位と感情とをもち、相手と出会って挨拶をするなど、せりふなしの練習もできます。

せりふなしでのエクササイズに慣れてきたら、相手と一緒に旅行をする、研究をする、問題を解決しようとする、などの設定でことばを交わし、即興で場面をつくってみましょ

う。意図とは別に体の一部になんらかの感情や気分があると、それは思考にどんな影響を与えるでしょう？

　最後にシェイクスピアの作品のどの場面や独白でもよいので、それを使って練習しましょう。シリアスな独白でもコミカルになってしまったり、逆にコミカルな場面なのに非常にシリアスになったりしますが、それも合わせて楽しんでください。最終的に、体のある部分が理性に対して反乱を起こすという概念を演じられるようになります。

2.長子相続の弊害

　『ハムレット』の弟国王クローディアス、『リチャード三世』のグロスター公リチャード、『お気に召すまま』の弟公爵フレデリック、とシェイクスピアの悪役には弟が多いですね。実は、当時のイングランドでは遺産は長子相続。いちばん上の兄だけが、すべてを継ぐことになっていました。弟たちは財産も土地もない状態で放り出され、しかたがないので、貿易商として七つの海へ繰り出したり、実業家となったり、金持ちの女性と結婚したり、などの手段で食いつないでいくのです。権力も富も自動的に手にした兄を横目で眺め、自分のほうこそ後継ぎにふさわしいのに！　と兄を追い落としたくなる弟の気持ちは容易に想像がつきます。悪役を演じるときは、その悪役本人が悪に手を染めるには、もっともな理由があることを発見しましょう。

3.騎士道精神

　上の立場の者は、下の立場の者を守るのが道徳的だとされました。いわゆる騎士道精神です。庶民は貴族に逆らってはいけませんが、貴族は庶民を搾取したり、庶民に無理を強いてはいけないのです。女性はあらゆる男性に逆らってはいけませんが、一方男性は女性を守らなくてはなりません。が、このルールもまた、度々破られました。『ウィンザーの陽気な女房たち』では、騎士のフォルスタッフが庶民の人妻を寝取ろうという、騎士にあるまじき行為に出たことで、庶民からこっぴどくやっつけられます。

　シェイクスピアの登場人物を演じる際に役に立つ、騎士道精神に基づく行動のルール10点を挙げておきます。[3]

・目上の者には、sir、lady、my lord など、敬うことばを付けて話しかけること
・目上の者には丁寧にお辞儀をすること
・困っている人がいたら、相手の身分に関係なく手を差し伸べること
・男性は女性の行動を助けること（ドアを開ける・椅子に腰掛ける際の手助けなど）
・女性と国王を守るために命を賭けるのを厭わないこと

3) 騎士道精神と行動については、アンドレア・ホプキンズ『図説　西洋騎士道大全』（松田英ほか訳、東洋書林、2005年）、ブルフィンチ『中世騎士物語』（野上弥生子訳、岩波文庫、980年）などがお勧め

・やたらに喧嘩しないこと
・礼節を重んじること
・愛国心を示すこと
・約束を破らないこと
・誓いを破らないこと（約束よりも重要）

4. 女性という不思議な存在

　英語の man という単語には「男」の意味と「人間」の意味があります。けれど woman という単語には「女」の意味があるのみで、「人間」の意味はありません。女性は「不完全な人間」とされ、男性よりも下位に置かれます。また、男性の目には不思議で理解不能な存在と考えられていました。これを理解しておくと、女性の登場人物の行動の意味や周りの人物のとるべき反応が想像しやすくなります。世界の秩序を崩してはなりませんから、女が男の立場になってはいけません。『十二夜』の主人公ヴァイオラや『お気に召すまま』の主人公ロザリンドが少女であるにもかかわらず少年に変装し、最終場面で変装を解く際には非常に注意深くなっている点に気がつきましたか？　女性が男性に成り代わるのは、世界の秩序を乱す、大きな罪だったのです。

　女性は、その立場に応じて4種類に分類されました。母親（mother）、妻（wife）、淑女（lady）、そして女（woman）です。母親は聖母マリアに通じる慈愛の象徴で、性とは無関係。淑女も処女マリアに通じる象徴で、性とは無関係。そして妻は夫の子孫を残すべき大切な道具であり、性の対象でした。せりふで、相手の女性に向かって「女（woman）」と呼ぶときは、相手の女性に対して敬意をあまりもっておらず、彼女に対し、男である自分より低い身分であることをわきまえろ、との意味を強く出しています。

　　俺のものは俺のもの。
　　俺の妻は俺の財産で資産。俺の館、
　　俺の使用人、俺の土地、俺の納屋、
　　俺の馬、俺の牛、俺のろば、何がなんでも俺のもの 4)

　　意志薄弱、それが女──5)

　　女の胸が
　　俺の心にある愛情ほどの強い情熱を
　　抱き続けられるわけがない：どんな女の心も
　　これほどのものを

4) Petruccio, *The Taming of the Shrew* 3.3.101-104

5) Hamlet, *Hamlet* 1.2.146

抱けるほど大きくはない。保持する力がないのさ。
哀しいかな、女の愛情は食欲程度だ、
腹で消化するのではなく、舌先だけ、
食いすぎて、胃がもたれて、最後は吐き気。
俺は違う、海のように腹をすかせ、
海のように消化する。比較なぞするな、
女が抱ける愛情と
俺のオリヴィアへの愛とを。6)

6) Orsino, *Twelfth Night, or What You Will* 2.4.92-102

　女性は、ひとりで生きられる一個人とはみなされていませんでした。娘の時代は父親の財産であり、結婚すれば夫の財産とされました。ことに貴族の結婚の際は「持参金」の名目で財産取引の対象となったのです。恋愛よりも家の存続が重要視され、結婚には父親の許可が必要でした。

　嫌いだろうがなんだろうが、わたしには選べないのよ：死んだ父親の遺言が、生きている娘の婿(むこ)選びを縛りつけるなんて。辛いじゃないの、ネリッサ、わたしからは誰も選べない、誰も断れないなんて？7)

7) Portia, *The Merchant of Venice* 1.2.22-26

　女性たちが唯一、自由に人生を謳歌(おうか)できるのは、男性の身分を受け継いだときです。すなわち、夫に先立たれたときと、父親が亡くなって身分をそのまま受け継いだときです。いずれの場合もその莫大(ばくだい)な財産を狙って、常に男たちが結婚相手(つまり財産の管理者)候補として周りに集まってきたことでしょう。エリザベス一世がまさにその状態でした。未婚のまま女王になった彼女の周りには、イングランド支配者としての財産と権力と身分を得ようと、夫候補が世界中から訪れたのです。『十二夜』のオリヴィアは、父が亡くなり、兄も亡くなり、従って伯爵(Countess)を名乗っています。オリヴィアが常に喪服を身に着けていたのは、喪に服している間は夫を選ばなくてよいとの理由もあったのかもしれません。『ヴェニスの商人』のポーシャや、オリヴィアの周りに集まってくる放蕩(ほうとう)貴族たちは、もしかしたらエリザベス一世の周りに財産目当てで集まる男たちを揶揄(やゆ)して描かれたものかもしれません。

5. 愛について

　俺を許してくれるだけの愛は、もうもっていないのか8)

8) Cassius, *Julius Caesar* 4.2.173

　『ジュリアス・シーザー』では、立派な武将同士であるキャシアスとブルータスの間で、何度も loveという単語が交わされます。これを単純な性愛のことばととらえてはいけ

ません。英語の love にはたくさんの意味があります。恋人同士の愛、親子の愛、夫婦愛、家族愛、兄弟愛……。love の概念はとても崇高なものです。キリスト教の love は本来、見返りを期待しません。立派な人間同士が愛し合うのは人類愛にも通じる、当然のこと。man が人間のなかでいちばん偉いとする男性中心の社会では、男同士で「愛し合う」のは人間の最も崇高な姿として、きわめて正しいとも考えられていました。シェイクスピア作品には女性が男性に扮する筋立てが度々現れますが、男性同士の友愛と男女の恋愛とが絡み合うことで、おもしろい効果が生み出されるのです。

一方で、女性に対する love は男同士の友愛よりも格下だとみなされました。女性への愛は性の欲望に直結し、動物的で、崇高ではないと考えられました。女性への愛に溺れるのは男らしくないことだったのです。それゆえロミオゥはロレンス修道士に戒められ、オセロゥはデズデモゥナへの嫉妬に苦しみます。

III 暮らし

1) Cassius, *Julius Caesar*
1.2.96

Think of this life;

この暮らしを考えてみろ；1)

シェイクスピア作品の登場人物の多くは、王侯貴族ら身分の高い人々です。そこに商業に従事する庶民や、森に住む羊飼いたちが加わります。いずれにせよ、日本人のわたしたちにはなじみのない暮らしですね。当時の王侯貴族の居住空間を知れば、しぐさや行動、そしてせりふの意味がわかりやすくなるでしょう。

1. 城と宮殿

城と宮廷の場面のとき、気にしてほしい点がいくつかあります。

〈1〉窓からの風景、窓の高さと位置

椅子やドアから窓に行くのは、窓からの風景を見る必要があるからです。ヘンリー四世が眠れぬ夜に悩むとき、のんびりと眠る平民のことを考える場面があります。そのことばを言う前に、ヘンリー四世が窓辺に行き、高い窓から城下の灯りが消えていくのを眺め、城門の灯りの下で物乞いが布をかぶって丸くなるのを目にしながらしゃべれば、せりふに現実味と真実味が増します。2)

2) 詳しいエクササイズは
pp.349-350 参照

〈2〉夜の照明と、照らされる範囲

マクベス夫人が、マクベスが階上から下りてくるのをひとり待つ場面があります。彼女は、灯りに照らされる範囲で待つでしょうか、それとも身をひそめるように、灯りの当たらない場所で待つでしょうか。夜の城内では、灯りの位置と照らされる範囲に気を遣うと真実味が増します。3)

3) 詳しいエクササイズは
pp.193-194 参照

〈3〉城壁——城壁の上への階段、城壁の高さ、そこからの風景

『ハムレット』は城壁の上から芝居が始まります。そこからは何が眺められるのでしょう。ふだんそこに行くのは見張りの軍人だけです。ハムレットのような王太子やホレイシオゥら文官は、気分転換のためになら行くかもしれませんが、あまりなじみのある場所ではないはず。昼間はどのような風景なのか、夜はどのような雰囲気なのか。照明は蠟燭だけの時代ですから、夜は本当に暗かったのです。

〈4〉部屋と部屋の位置関係

二の間にお泊まりなのは？4)

4) Macbeth, *Macbeth* 2.2.17

『マクベス』で言及される「二の間」とは、国王の居室の隣りの部屋を意味します。国王の次の位の人が泊まる部屋ですから王太子たちが寝ています。マクベスは国王ダンカンを刺殺しに行くとき、2人の王子が目を覚ましたと言っています。ということは、ドアは開いていたのでしょうか？　誰の部屋がどこにあるのかはかなり重要なポイントです。以下で紹介する城や宮殿のフロアプランを参考にしてください。

〈5〉庭園と敷地と建物の関係

『から騒ぎ』や『十二夜』、『ロミオとジュリエット』では、庭園と屋敷との関係が大事です。舞台上ではただ舞台装置を変えるだけかもしれませんが、屋敷と庭園とを行き来する動線や距離を想像しておくと、演技に真実味が生まれます。

Try This
フロアプランを描き、想像で動いてみる

下記に挙げるフロアプランを参考にして、上演する戯曲の屋敷の地図と街の地図、そして屋敷のフロアプランを描いてみましょう。そこから見える風景もインターネットで画像を探し、演じる際の想像の基にします。フロアプランが描けたら、椅子やベッド、机などもできるだけ描き込みます。写真を貼ってもよいでしょう。もちろんそのためには、数多くの西洋絵画に触れたり、映画を観る必要があります。

絵が描けたら、その絵の中で活動していると想像して、登場人物たちの日常の暮らしを即興で演じてみます。ベッドから起きて窓を自分で開けるのは庶民。王侯貴族の場合は、窓は召使が開けます。食事室へ行く、お祈りに礼拝堂に行く、散歩に行く、馬に乗りに行く、読書をするなど、行動のテーマを決めてもよいでしょう。

2.実際の城と宮殿

〈1〉ウィンザー城

5) イングランドに初代国王が誕生した時代

11世紀のノルマン・コンケスト5)の頃から建っている城。城（キャッスル）は戦闘用の砦(とりで)としての役割が第一。古くからあるウィンザー城は英国中の城の原型とも言えるので、この俯瞰(ふかん)図は参考になります。ただし創建当初はもっと小規模でした。天守閣へ上がる外階段や、巨大な円筒型の屋上、数多くの塔が見張り台から続いている様子、また大砲保管塔などは『ハムレット』の冒頭の場面を思い起こさせます。

ウィンザー城外観

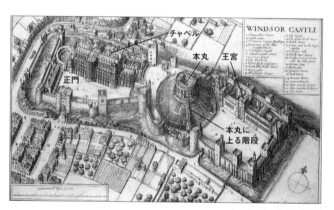

ウィンザー城の俯瞰図

〈2〉ウォリック城

ウィンザー城と同様、ノルマン・コンケストの際にウィリアム征服王が築城した、たいへん古い城です。内装や建築様式は中世の雰囲気を色濃く漂わせています。シェイクスピアの出身地ストラトフォード・アポン・エイヴォンに最も近い城ですから、シェイクスピアもよく目にしていたことでしょう。

ウォリック城外観

〈3〉ハンプトンコート宮殿

城（キャッスル）が戦闘目的を第一とするのに対し、宮殿（パレス）は平時の居住が第一の目的です。ハンプトンコートはヘンリー八世が、エリザベス一世の母親アン・ブーリンと共に改装をしたもの。エリザベス一世は、母を死刑にした父親の住んだこの城を好まず、近くのリッチモンドに別の宮殿を構えていました。けれど、この大ホールは600名を収容できるため、海外の使節をもてなす際の宴会場として使っていたようです。『夏の夜の夢』で街の職人たちが描写するホールの様子は、この大ホールそのもの。エリザベスの次の国王、ジェイムズ一世はここを好み、シェイクスピアも国王一座のメンバーとして、この大ホールで何度も上演をしました。俳優としても出演したことが知られています。

ハンプトンコート外観

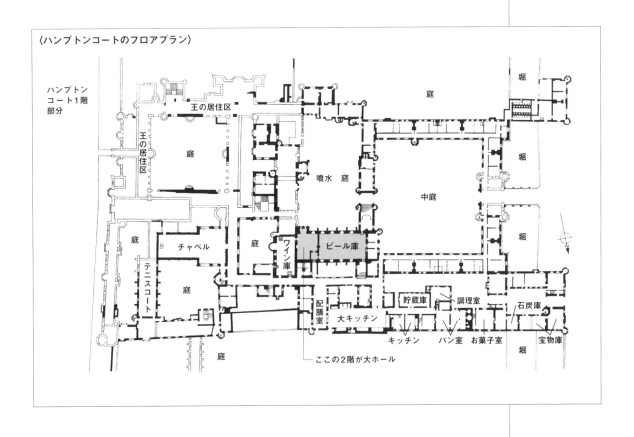

第5章 人間界と秩序 III 暮らし　97

3. 教会と聖堂

シェイクスピアの歴史劇に欠かせないのが教会です。当時の人たちが慣れ親しんでいた場所ですから、どういったものかを把握しておきましょう。

カンタベリー大聖堂

英国国教会の総本山。創建は6世紀にまで遡ります。どの教会もほぼこの様式に則っていると考えてよいでしょう。

・聖堂は基本的に、真上から見ると十字架の形をしている
・身廊には通常、参拝者が座る椅子が置かれる
・僧院の中庭は修道院生活の中心
・聖歌隊エリアには街の有力者も座る

カンタベリー大聖堂外観

カンタベリー大聖堂内陣

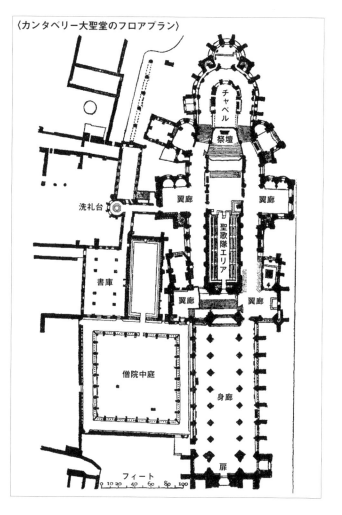
〈カンタベリー大聖堂のフロアプラン〉

4. 水と食生活

　イングランドのほとんどの街は川沿いに生まれました。街ではその川から水を引き、共同の泉をもつのです。庶民は毎朝、そこから1日に必要な水を汲み、家に運んで調理などに用いました。歯磨きや洗顔は調理後の残り水で行う程度。入浴と洗濯はほとんどしませんでした。可能な限り水を無駄にしない生活が身についていたのです。街を離れた森や村では、もちろん水はもっと豊富にありました。

　イングランドの当時の食生活は、身分と経済環境によってさまざまでした。基本は、食事は朝、昼、晩の3回。貧しい人たちはパンとチーズと水、農地で作る根菜、そして森や畑で罠にかかりやすい鶉、どこでも採れる林檎、蜂蜜、川や海の魚、貝など。男性の飲み物は水で薄めた白ワイン。ハーブの種類も豊富でした。竈に入れるだけで調理ができる、肉と野菜のローストやパイは、それが焼ける間にほかの調理や別の作業ができたので便利でした。貧しいとはいえ、食生活は充実していそうです。

　経済力のある貴族はさらに豊かな食生活をしていました。孔雀や白鳥もテーブルに載り、デザートもいろいろな種類がありました。ハンプトンコート宮殿の調理室には、何十種類ものハーブが種類ごとに皿に入れられて置かれていたほか、調理する具材ごとにオーブンや調理場が異なるなど、食に大いに気を遣っていたのがわかります。

　当時のロンドンは今よりずっと小さく、せせこましいところでした。道幅は馬車がやっと1台通れる程度。ほとんどの道は土のままで、雨になればひどいぬかるみでした。

　一方、街の中の幹線道路には石畳が敷いてありました。石畳は馬車が通りやすいように舗装され、中央には溝があります。これは馬の落しものが落ちる位置にあり、雨が降れば流されるように考えられたものです。ちなみに人間の落しものは、家の中で専用のバケツに集められ、それが満杯になると道路に向けて捨てられました。下を誰かが歩いていようとお構いなし。歩行者はいつも上も下も注意していなければなりません。雨が降らないと道路上に落ちた糞尿は流されることもないので、そのままです。さぞひどい悪臭だったことでしょう。

当時のロンドンがそのまま残っているといわれるカンタベリーの街並。2階部分のほうが道路にせり出しているのは税金対策のため。1階の面積で税金が決まるので、1階の面積は狭く2階の面積は広くとった

5.科学と暮らし

　ルネサンス以前は、人間の生死は病気も含め、神の領域でしたから、病の治療は教会の仕事でした。薬は修道院の中庭で育てた薬草（ハーブ）から作られ、民間療法は魔女の術とされました。『ロミオゥとジュリエット』には2種類の薬が登場します。修道僧ロレンスの作る、ジュリエットを仮死状態にする薬。そして貧しい薬屋からロミオゥが買う劇薬。ロレンスは最初に登場する第2幕第3場で、修道院の周囲で薬草を集めながら、薬草は使い方次第で毒にも薬にもなると語ります。残念ながらロレンスが良かれと思って渡した薬は、結局は若い2人の死の原因となってしまいます。

　ルネサンスがやってきて、人間には考える力があると知った人たちは、創造主（神）の技に少しでも近づこうと、世界の仕組みを科学的に解明する試みを始めました。錬金術、天文学、薬学、医学、解剖学……。『テンペスト』の主人公プロスペロゥが魔術を操れるようになったのは、科学を徹底的に研究した学者だったからです。『ロミオゥとジュリエット』で薬屋が毒薬を調合して売っているのも、落ちぶれた錬金術師を思わせます。

第2部
基本となる演技術

「稽古しよう」
Rehearse your parts. [1]

　第1部では、シェイクスピアの生きた時代を軸に知識を増やし、その応用の仕方を学んできました。ここでは、現代の演技術をどのようにシェイクスピア上演に生かしていくかをお伝えします。

1) Quince, *A Midsummer Night's Dream* 3.1.68

第1章 せりふを生きる

「気持ちのこもらぬことばは天には届かぬ」
Words without thoughts never to heaven go. 1)

1) Claudius, *Hamlet* 3.3.98

2) p.56参照

　シェイクスピアの上演で最も重要な仕事はことばを聞かせること。2) 演者はせりふに込められたものを知る必要があります。大きな盛り上がりを見せる感情的な場面や、日常ではありえない詩的なことばもナチュラルに聞かせられるようになりましょう。

1.せりふを生きる

　舞台の上でのせりふは、その場で相手の心に何かを生み出すために書かれています。ただ思ったことを口にしているだけではありません。相手を動かしたい、相手にこうしてもらいたい、聞いてくれ、その思いがことばになっているのです。せりふを理解するためには、せりふの背後にある思考、理由や気持ちを理解しましょう。そこには、今これを言わなくてはならないという強い思いがあります。

Try This
しゃべる必要を相手に感じさせる

　シェイクスピア作品の場面から、任意の2人の会話の部分を取り出しましょう。どうしても言わなくては、との必要を感じるまで自分のせりふをしゃべってはいけません。けれど観客に待ちぼうけを食らわせてもいけません。互いに、相手がしゃべる必要を感じるまで積極的に働きかけます。自分のせりふを繰り返したり、相手の目をのぞき込んで返答を促したりして、相手にしゃべらせるようにしましょう。

　これは、こちらからの働きかけが強ければ、相手がきちんと反応してくれることを確かめるエクササイズですが、一方で、相手役からの働きかけがなくては演技ができないようでは困ります。せりふを言わずにはいられない衝動がもてるかどうかは、今向き合っている問題を本気で解決したい気持ちがあるかどうかにかかっています。これは台本読解に関わってきますので、第2章124-126ページで詳しくひもときます。

Try This
自分のことばにしてみる

　翻訳されたせりふが今の自分のことばとかけ離れているようなら、自分が納得できる口調に直してみます。

「気持ちのこもらぬことばは天には届かぬ」
　↓
A.「気持ちが入ってないんだから、俺の言ってること、神様には届かないよね、そりゃ」
B.「気持ちが入ってないんだから、こんなこと言っても神様に届くわけないじゃん」

　語尾が違うだけで気持ちのあり様が大きく変わりますね。身分の高い人物のことばの翻訳は、どうしても「こもらぬ」「届かぬ」と武士のような口調になりがちです。そのままではどのせりふも画一的になる危険がありますが、翻訳のせいにしてはいけません。自分の日常語のレベルに直して練習し、登場人物の気持ちに徐々に近づいていきましょう。そして内面の真実を摑んだら、現代語口調のトーンを元の翻訳語に適用するのです。そうすれば、その翻訳の口調を登場人物の日常語として操れるようになります。

2.せりふを味わう

　RADAやロイヤル・シェイクスピア・カンパニーでは、シェイクスピアのせりふを口にするとき、ことばの一つひとつをまるで食べ物を味わうかのように、舌や口の中の感覚も気持ちも脳も総動員しながら言うものだと教えています。「ことばを味わい」ながらしゃべる感覚を摑むと、不思議なことにきちんと観客に届くものなのです。それを信じて練習しましょう。

Try This
名詞と形容詞を味わう

①好きな食べ物の名前を言ってみましょう。それらを味わうかのように。「林檎」「チョコレート」「肉」。味を思い出し、その気持ちを乗せます。
②慣れてきたら、感情のことばを言ってみましょう。気持ちを十分に乗せて言います。「嬉しい」「楽しい」「好き」「嫌い」「大嫌い」「危ない」「ひどい」「すごい」。
③次に直接「味わう」ことのできない自然界のものの名前を言ってみます。「空」「星」「月」「太陽」「海」「小川」「滝」「湖」。それらのことばを言うとき、自分がよく知っている風景をイメージし、その風景の中にいるときの気持ちを丁寧に乗せます。語感によっ

て異なる印象や記憶が喚起されますので、「お空」「お星様」などバリエーションも加えましょう。

④最後に、それら自然界のものの名前に形容詞を付けます。「抜けるように青い空」「満天の星」「銀色の涙に濡れた月」「嫉妬深いお日様」「燃える太陽」「青く深い海」「荒々しい波の音を轟かせる海」「春の小川」「陰気な小川」「清々しい滝」「静かな湖」「朝靄の漂う湖」。

　シェイクスピアのせりふの多くが、このような、自然界のものにさまざまな形容詞が付いたものです。形容詞の一つひとつにイメージがあることを大事に味わいながら、ことばを紡ぎましょう。唇や舌、口の中の空間をきちんとしっかり使って言うことを忘れずに。

3.せりふの意図

　上述したように、一つひとつのせりふには、そのせりふによって相手に何かをしてほしいという意図があります。例えば、友達の前で「あー、疲れた」と言うとき、その友達に「おつかれー」と言ってほしいですね。「君、そんなことで疲れたの？」と言われると、自分が欲しかった答えとは異なるので、驚き、腹さえ立ってきます。

　よくできた台本のせりふには、相手に働きかける意図がしっかりあるものです。なぜ言うのか、誰に言うのかを納得していなければ、せりふになりません。それを発見し、演じていきましょう。さもないと、ただ声を出しているだけになってしまいます。一方、どのことば（単語）がどんな意図で使われているのかがわかってくると、気持ちとことばがぴったりと一致します。登場人物たちは自分の置かれた状況をわかってもらうために、それらのことばがどうしても必要なのです。ことばの力を信頼して、ことばがあなたの口から自由に迸り出るようにしましょう。

Try This
しゃべる必要性を感じる

　シェイクスピアのせりふを選びます（短くてもよい）。そこに書かれている単語をひとつ選び、どうしてもこの単語でなくてはならない、との気持ちで、カギカッコを付けたつもりでしゃべってみましょう。

　例えば『ロミオゥとジュリエット』から、「あれは東、だからジュリエットは太陽だ」というせりふなら、「東」または「太陽」という単語にカギカッコを付けることができます。

　　あれは「東」、だからジュリエットは太陽だ。

あれは東、だからジュリエットは「太陽」だ。

　どちらも可能ですね。その単語に特別な思いを乗せて言ってみましょう。
　難しい単語が頻出する会話の際も、登場人物はあえてその単語を選んでいるのです。機械的な単語の羅列にならないように注意しましょう。

4. シェイクスピアの選んだことばに敏感になる

　シェイクスピアのせりふには、同じ単語が繰り返されたり、反対の意味を表すことばが使われたり、対比が並べられたり、二重の意味があったり、などの特徴があります。それを見つけましょう。
　見つけるだけならただの分析ですから、それを演技にしなくてはなりません。登場人物がなぜその単語を使うことにこだわるのか、その心理を探りましょう。いくつかの例を挙げて考えます。

①同じ単語の繰り返し

　登場人物がその単語にこだわってさまざまな意味を探っているときに使われます。ロミオゥなら「星」、マクベスなら「時」など。同じ単語を繰り返すなかで、登場人物自身が思ってもみなかった意味を見つけて驚いた瞬間などが、演技のポイントになります。

②対比や反対の意味が含まれることば

　登場人物が、あるものを常識的に見た後で、その状況が常識外であることに気がつくときなどに使われます。『ヘンリー四世』の騎士フォルスタッフに対して「酔っ払いの」という形容詞が付くのも、この種類だと思って構いません（騎士は酔っ払いであってはいけないので常識外である）。このせりふを言うときには、呆れ果てたり、驚いたり、対象を馬鹿にしたり、あるいは必要以上に対象をおだてるなどの気持ちを加えた表現が考えられます。
　ハムレットの To be, or not to be も対比のせりふです。論点を対比させながら検証していかねばなりません。「生きるべきか死ぬべきか」「生か死か」といったことばのリズムのみに引きずられず、きちんとその内容を考え、吟味しながら単語を選び、ことばを紡いでいくハムレットを演じましょう。

③対句

　対句はシェイクスピアのせりふのなかでも取り扱いがかなり難しいものです。翻訳でことばの音のおもしろさを出しにくい場合もあるので、対句になっている意味が薄れてしまうのです。対句は、たいていの場合、登場人物の頭の回転が早く、相手を言い負かそ

第1章 せりふを生きる　105

うとしていたり、逆に相手に寄り添う気持ちを打ち出したりするときや場面の最後で使われます。

Try This
対句の意図を掴みとる

『ヴェニスの商人』を見ながら、日本語でどう対応していけばいいか、考えます。

SHYLOCK

    I'll be with you.

ANTONIO   Hie thee, gentle Jew.

    The Hebrew will turn Christian; he grows kind.

BASSANIO

    I like not fair terms and a villan's mind.

ANTONIO

    Come on. In this there can be no dismay.

    My ships come home a month before the day.[3]

3) *The Merchant of Venice* 1.3.176-180

シャイロック

    では、後ほど。

アントニオゥ   じゃあな、お優しいユダヤ人殿。

    （バッサニオゥに）あのヘブライ人はいずれキリスト教徒になるぞ；なかなか親切になってきた。

バッサニオゥ

    悪党の心で甘いことば、気に入らないな。

アントニオゥ

    もういいって。この件に関しちゃ何も心配はいらん。

    俺の船は期限切れのひと月も前に帰ってくるんだから。

すべての行の最後の単語に注目してください。

    you / Jew

    kind / mind

    dismay / the day

と音が同じものがペアになっていますね。

シャイロックのことばに対してアントニオゥが対句で応じるのには、アントニオゥがシャイロックの提案に乗ったことを楽しんでいる気持ちが表れています。それに対して、バッサニオゥがアントニオゥに対句で答えるのは、アントニオゥの立場を心から心配し

ている気持ちの表れです。アントニォゥは最後に自らの2行も対句で終わらせており、バッサニォゥの役に立ててがぜん張り切り、浮き立つような気持ちになっていることがわかります。そのことを意識して3人で練習してください。

　もちろん、これが悲劇の登場人物の暗い気持ちの表現になることもありますので、対句だからといって、必ずしも浮き立つ気持ちを表すわけではありません。けれど、対句は、脳の働きがなんらかの理由で通常よりも早くなっていることの表れだと理解すると、演技に生かすことができます。

④多重の意味をもつことば

　多重の意味をもつことばは、実にシェイクスピアらしいもののひとつなのですが、翻訳ではなかなか表わせないのがもどかしいところです。皮肉や嫌み、真逆の意味、性的な隠語など、いろいろです。

　簡単な例として、『お気に召すまま』[4)]を挙げます。

　シーリアは、落ち込んでいるロザリンドに向かって次のように言います。

　　Therefore, my sweet Rose, my dear Rose, be merry.

　　だからお願い、わたしのかわいいローズ、わたしの大事なローズ、笑って。

　ローズはロザリンドの名前の短縮形です。が、もうおわかりのように「薔薇」という意味もありますね。英語圏の観客ならすぐに「美しい薔薇」なのに「萎れている薔薇」とふたつの顔を持つロザリンドをイメージします。

　ある単語に別の意味があるかどうかは翻訳者に確認する以外に方法がありませんが、それが見つかった場合は、声音を変えたり、視線や眉毛の動かし方なども変えて、実は別の意味もあるのだと示唆しましょう。

Try This
皮肉と嫌みをことばに込める

　シェイクスピアのせりふをひとつ取り出し、①から④のように演じましょう。練習なので、皮肉を言っている場面を選ぶ必要はありません。

・シンプルに、皮肉や嫌みを込めずに演じる
・相手を嘲笑(あざわら)うことを強調して演じる。ことばにカギカッコを付けたり、カタカナ表記でしゃべるつもりになったり、ことばに強調線を引くつもりで、など自由に想定しながら。表情を豊かに

4) *As You Like It* 1.2.21-22

・相手に対して、あなたにはわたしの言う意味がわからないでしょうねぇ、と意味を
曖昧にぼかして演じる
・観客に、お客様にはわたしの言う意味はわかりますよね、と伝えるつもりで演じる

　練習しているうちに、ことばに慣れてしまわないように注意してください。また、上
記のエクササイズは、ふたつ以上の要素を入れずに練習します。留意点・集中すべきポ
イントをひとつに絞ることで、どこが違うのか、どこを意識すればよいかがわかってき
ます。

5.経験と感情の泉を豊かにする

Try This
共感力を育てる

①とても楽しかった、疲れたなど、自分が強い感情を抱いたときの経験を、グループで、
あるいはペアになって相手に細かく描写します。それについて知らない人に、自分が
いかに心を動かされたかを語りましょう。
②聞き手は、感情と経験の詳細を知るために質問を繰り返します。「何が楽しかったの？
それがなぜ楽しいの？　実際には何が起きていたの？」など。
③感情を表現しようとすると、現代人は「なんか、もう」や「とにかく」「みたいな」「と
いうか」などと単調な表現で話を終わらせがちです。けれど「なんか、もう」という言
い回しひとつをとっても、そこには多様な意味があります。「なんか、もう」などの表
現が出てきたら、別の言い方をするとどうなるのかを質問しましょう。
④話者が表現に行き詰まってしまうなら、話者の視点を感情から経験に移します。「な
んか、もう」という気持ちが生まれる前はどんなことが起きていたのか、「何か音がし
た？　どんな音？」など、経験を思い出させる質問をします。「そのとき、誰かいた？
どんな人？　あなたはそのとき、どう動いたの？」などです。
⑤話者が表現に行き詰まったら、擬音を加えてもらいましょう。「戸を閉めた」という経
験は、「パタン」となのか「バタン」となのか。それによって、動作と心の状態がわかっ
てきます。

　このエクササイズで、話者も聞き手も、それを見ている人も、経験の描写には感情が
強く結びついていることがわかるでしょう。また、質問されることによって、これだけ
は言わないと、との気持ちが生まれ、その気持ちがどんな表現を導くのかにも気づくこ
とができます。悲しい悲惨な経験を登場人物として演じようとすると、つい悲しい悲惨
な顔と心をつくりがちですが、実際は感情を抑えながら話すものだということもわかり

ます。

これらすべてが、シェイクスピアの演技に通じます。演出家がただ「本を閉じて」と行動を指示したとしても、さまざまな「本の閉じ方」があり、それが登場人物のそのときの気持ちと密接につながっているのです。登場人物に対する共感力や、その表現方法は、日常の些細（ささい）な経験や感情を記憶して溜めておくことで培われます。

6.感情と知性のバランス

非日常のドラマを描くシェイクスピアですから、登場人物たちの感情も非日常的です。登場人物たちはとても知性的ですが、だからといって感情のコントロールができる、理性的な人物というわけではありません。理性を追求するルネサンスの代表格のようなハムレットでさえ、「俺は短気で」と自分で認めているように、すぐに理性を忘れてしまいます。しかし、理性は感情に吹き飛ばされても、知性は感情と共存できます。むしろ、感情の爆発をことばという知性によって抑え込もうとしているのがシェイクスピアの登場人物たちだと言えます。

7.せりふのペース

シェイクスピア作品の上演時間はたいてい長いものです。せりふをゆっくり言いすぎると時間が足りません。けれど早口ではせりふの良さが伝わりにくいのも事実です。リハーサルでは可能な限りたっぷり時間を使い、せりふと登場人物の内面が一致してきたら、徐々にスピードを上げていくのがよいでしょう。また、せりふ自体のスピードは速くしすぎず、せりふからせりふへ移る間（ま）を短くしていくよう意識してください。

同じものが続くと人間は飽きます。勢いでもっていこうとせず、リズムやテンポ、速度、音の高低など、ことばのバリエーションの豊かさで観客を飽きさせないように努めましょう。

8.せりふの練習――基礎中の基礎

せりふの内容や気持ちがわかってきても、いざそれを伝える際に舌足らずだったり、早口すぎたり、単語の音が明確でなければ、舞台でことばがよく聞き取れないという致命的なことになってしまいます。日常会話では構わなくても、劇場空間では、ことばの発語そのものに気を遣わなくてはなりません。そのためには、口内の「筋トレ」が必要です。

Try This
口内の筋力トレーニング──発音練習

舌・唇・顎のすべてを意識して、微細な動きまで意図的にできるようになりましょう。

①顔全体の筋肉を、手や指を使って顔の上からほぐします。

②五十音を練習します。基本の五つの母音を使い、子音を当てはめていきます。例えば「あ」と言ったら、口を「あ」の状態で開けたまま、「か」と言おうとする。のどの中や舌はどのように動くか、できるだけゆっくり動かして筋肉の動きを把握しましょう。「か」と言えたら、その口の状態のまま「さ」と言おうとします。舌の動きだけでできるのか、顎を動かす必要があるのか、などを検証しましょう。

③②で五十音すべての発音の仕方を認識したら、「あいうえお」と母音が変化する際にはどのように筋肉が動くかを調べます。「かきくけこ」など、同様に。

アルファベットで意識するとわかりやすいでしょう。

a, i, u, e, o

k-a, k-i, k-u, k-e, k-o

s-a, s-i, s-u, s-e, s-o ……

始まりの子音の生まれ方と、その子音から次の母音への移行で、口内の筋肉がどのように動くのかを微細に研究しましょう。[5]

5) このエクササイズは、外国語の発音習得にも役に立つ

Try This
口内の筋肉トレーニング──単語練習

①短い文章を用意します。「嫉妬は緑の目をした怪物」[6]を例にしてやってみましょう。

②文章を単語に分解します。「嫉妬・は・緑・の・目・を・した・怪物」

③各単語を順番に五十音に分解します。「し・っ・と」。「し」の音はどう始まるか、そこから「っと」へはどう変化するのか、「っと」から「は」を発音するには、口内でどんな動きがあるのかを、ゆっくり声に出しながら調べます。

④単語をつなげて文にしてみましょう。一つひとつの単語を音として口の中で味わうように発語する練習をすること。

6) Iago, *Othello* 3.3.170

ひとつの単語から次の単語へ移行する際に、舌・唇・顎がどう動くのかを緻密に研究すると、さまざまな表現を意図通りに演じられるようになります。

口内を自由に操る練習を繰り返しながら、次はそれと同時に、ことばをイメージと合

わせる練習をしましょう。

Try This
イメージやアクションを相手に伝える

①『マクベス』第1幕第5場マクベス夫人のせりふ（本書181ページ）か、『ヘンリー四世
　　第二部』第3幕第1場ヘンリー国王のせりふ（本書348ページ）を用意します。
②単語を発音する前にイメージをつくる必要はありません。言いながら、そのイメージ
　　が形づくられていくのを心身で感じること。
③それを文章にする際は、全体として言いたい内容をしっかり摑み、そのうえで各単語
　　を発語しながら自分の気持ちが動いていくのを敏感に感じとるようにします。
④その文章を使って相手に対して何をしたいのかを明確にします。これが、演技の要で
　　「アクション」と呼びます。シェイクスピアに限らず、ほとんどのせりふには意図（ア
　　クション）があります。
　　例：挑発に乗ってほしい、同情してほしい、謝ってほしい、賛同してほしい、行動を起
　　こしてほしい、出ていってほしい、こちらへ来てほしい
⑤意図を明確にしたら、相手に行動を起こさせるつもりで言ってみましょう。

　このエクササイズは、あなたがどんな気持ちになるかを素直に経験するよう心掛けて
行います。本心を隠しながら言うとどうなるでしょう？　本心をさらけ出して言うとど
うなりますか？　表現の違いが演技の多様性を生みます。

9.せりふと感情

　シェイクスピアの登場人物たちは、アップダウンの激しい感情を経験します。その際、
演者が陥りやすい危険がふたつあります。ひとつは、感情をつくり出そうと必死でがん
ばってしまう危険。もうひとつは、感情は抑えるものだと思い込み、ただ無感情・無感
動になってしまう危険。感情とは本来、自然に生まれるもので、つくり出すものではあ
りません。登場人物は、自然に生まれた抑えがたい感情を、どうすれば抑えられるのか
わからずに困っているのです。それが暴力として表現されるときもありますし、涙にな
るときもあります。シェイクスピアでは多くの場合、ことばになります。演者が悩むべ
きは、演者として感情を生む方法と、登場人物として感情をどうにかしようとする衝動
とを、どうやって両立させるか、なのです。では、やってみましょう。

第1章 せりふを生きる　111

Try This
ネガティブな感情を解放する

　少人数で行う、時間をかけるワークです。

①ペアを組みます。2人とも、厚みのあるクッションかタオルを持つこと。1人（A）が、とても辛かったこと・悲しかったこと・腹が立ったことなど、ネガティブな強い感情をもった経験を思い出しましょう。

②それについては話をしなくてよいので、たっぷり時間をかけて、思い出しましょう。もう1人（B）は、Aが感情を思い出すまで待ちます。Aは、感情を解放すべきかどうか迷ったり、あるいはこの相手にはそんな感情を出したくないと感じているかもしれません。BはAから距離を置き、そっとひとりにしておきます。けれど、常にAを見守っていましょう。

③Aが感情を味わい始めたら、さらにそっとしておきます。静かにすすり泣き始めるかもしれませんし、喚き始めるかもしれません。床や物をたたくかもしれません。そんなとき、クッション（タオル）が役に立ちます。本気で床をたたいたら手の骨が折れるかもしれないので、Aはクッションをたたきつけたり、クッションを蹴飛ばしたりすることで感情をそこにぶつけましょう。

④Aが感情を味わい終わったな、と感じたら、Bは手をパンとたたいて、相手を現実に引き戻します。

⑤それから「何があったの？」と尋ねます。Aは少しずつ答えるでしょう。Aが黙ってしまうようなときには、もう一度シンプルに「何があったの？」とだけ尋ねます。

⑥しばらくそれを続けた後、Aの感情を発散させる引き金になったものは何か、尋ねます。誰かの表情だったのか、ことばだったのか、されたことだったのか、ものに関わることだったのか、など。

　普通、人は過去に味わったネガティブなことを思い出さないようにして生きており、このようにそれを人前で追体験する機会はありません。よって、このエクササイズは難しいと感じられるでしょう。けれど役者として仕事をしていくためには、とても貴重な経験となりますので、時間をかけてゆっくり進めてください。自らのネガティブな感情を、安全で安心できる場所で追体験しておくと、シェイクスピアの怒涛のような感情に出くわしたとき、それを理解する糸口が見つかりやすくなるでしょう。どのような思考回路が働いたのか、何が引き金になってそのような感情をもつに至ったのか、なぜ今になっても解決されていないのか、解決されていない心理状態とはどのようなものなのか、慣れてきたら少しずつことばにして書き出していくのもよいでしょう。

Try This
温かい感情を解放する

　グループで輪になって行います。ファシリテイターがいるのが望ましいのですが、いない場合はリーダーを1人決めます。

①あらかじめ、自分の大切にしているものを稽古場に持ち寄ります。手紙や指輪など。稽古場に持ってこられないものは写真で構いません。ただし、携帯端末の中にある写真ではなく、印刷してあり、手に取り、胸に抱きしめられるようになっていること。携帯端末を胸に抱きしめるとすれば、それはその携帯端末自体が思い出深いものである場合に限ります。

②1人ずつ、その思い出の品を見せながら、それにまつわる思い出と共に、なぜそれが自分にとって大事なのかを語りましょう。語っている本人が泣き出したり、聞いている誰かが泣き出すこともあるので、その場合は、そっとしておくこと。

③ファシリテイターは、全員が話し終わってから、数人に感想を聞きます。特に泣いた人に対して、泣き出したのはなぜか、引き金はどこにあったのかを尋ねてみましょう。

　このエクササイズは、泣くことが目的ではありません。温かい記憶が、どれほど本人と、聞いている人の心を動かすかを、実体験するためのものです。ことに愛情の記憶は、しばしば非常に強い感情を引き起こします。過去の思い出が重要な鍵となる『冬物語』や『ペリクリーズ』ではそのような心の動きが欠かせません。また、大事なものを扱う、その扱い方に感情や気持ちが乗り移ることもわかるでしょう。ある物体を扱うように台本で指示されているときは、ほとんどの場合、その物体とその登場人物との間に深い感情的・心理的・経験的なつながりがあるものです。

　感情というものは、制御しようとしても、ふとしたことが引き金となって飛び出してきます。シェイクスピアを演じるなら、ありもしない感情を、おざなりの喜怒哀楽のありふれた色で塗りつぶしてごまかそうとせず、どこから、なぜ、どんな経緯で、その感情に至ったのかを常に分析しましょう。

　分析を演じることはできませんが、一方で、分析がなければ、どの感情も同じ色で塗られたつまらないものになってしまう危険があります。

10.感情はことばに任せる

それにしても、シェイクスピアの登場人物たちは、子供を殺されるだの、殺人だの、普通の人がなかなか経験しないことを経験しています。したこともない経験の気持ちを、どうやって摑めばよいのでしょう?　それを助けてくれるのが、実はシェイクスピアのことばなのです。

Try This
母音を大事にして感情の違いを表現する

①感情が動いていそうなせりふをひとつ選びます。例えば、ジュリエットの「おお、ロミオゥ、ロミオゥ、なんのためにあなたはロミオゥ?」[7] などです。

7) *Romeo and Juliet* 2.1.75

②まずは「おお」に注目。恋に落ちていて「おお」と言うだけです。恋に落ちているとはどういうことでしょう?　とても嬉しいことがあったときの「おお」、憧れの人に会ったときめきを感じている「おお」、でもその人には二度と会えないかもしれない「おお」。いろいろな「おお」をやってみましょう。

③「ロミオゥ」と名前を言うときも同様。かわいく話しかける、試しに小声で発音だけしてみる、疑問符を付けて言ってみる、叫んでみる、1音ずつ長く伸ばしながら言ってみる、など。

④「なんのために?」と言うときは、「そうじゃなければよいのに」との思いを感じながら言います。その際、「なんのために」のすべての母音一つひとつを意識して発語しましょう。母音は気持ちを感情を表現するための大事な要素です。

11.せりふに抑揚をつける

せりふの抑揚は、観客をこちらに引き込むためにとても大事です。抑揚がなさすぎると、平坦で飽きてしまいます。抑揚が人工的で大きすぎると、わざとらしくなってしまいます。バランスよく抑揚をつけること、それを意識してください。

Try This
音の高低を使う

日常でも、わたしたちは、案外、音に高低差をつけてしゃべっています。日常会話での音の幅にも敏感になりましょう。

①「すごいじゃないですか」を、抑揚をたっぷりつけて言ってみましょう。音の高低の幅

を、自分の日常の会話よりも大きくします。わざとらしいくらいに。
② シェイクスピアのせりふをひとつ選びます。暗いことばや悪に関わることばの音はできるだけ低く、明るいことばや喜び、美しさに関わることばの音はできるだけ高い音で言ってみましょう。

12. せりふの練習──まねる

　映画になったシェイクスピア作品を原語で観ましょう。繰り返し観れば、それだけで世界でも一流のシェイクスピア俳優たちの演技を学ぶことができます。本書に挙げた一思考一呼吸の法則や、せりふの高低などを彼らがどのように使っているかが如実にわかります。瞳の使い方や腕の使い方など、すべてが参考になります。
　その役者が演じている通りにまねをしてみましょう。英語の息遣いやタイミング、抑揚を日本語での演技でも適用してみるのです。初めは違和感があるかもしれませんが、ぜひその気になって、まねをしてください。やがて演技表現の幅が広がります。ただし、最終的には、誰かのふりをせず、誰かの真似をせず、自分が本当にその気持ちや状況を感じ、信じた上での表現になるよう、追求してください。

第2章 インタラクション

「あなたの気持ちを聞かせて」
Tell me your mind, [1]

[1] Viola, *Twelfth Night*, or *What You Will* 1.5.197

シェイクスピア作品がいかに400年以上前のものだとしても、また、現代はあらゆる演出や演技スタイルが可能だとしても、観客の心を打つのは、やはり登場人物の心の葛藤が人工的・技巧的ではなく、真実のものとして表現されるからでしょう。それを「自然な演技、ナチュラルな演技」と呼びます。この場合、「自然な演技」とは、抑えた演技のことではありません。静かなときは静かに、激昂したときには激昂して、社会生活では控えてしまうような感情の嵐も表現すべきときに表現できる、という意味です。

[2] モスクワ芸術座でチェーホフと共にナチュラルでリアルな演技術を編み出した演出家

このナチュラルな演技を発見する方法を系統立てて演技システムとして構築したのが、19世紀のロシアの演出家コンスタンチン・スタニスラフスキィ[2] です。現代の演技では、たとえシェイクスピアのような古典であろうと、スタニスラフスキィの演技術を避けて通ることはできません。むしろ、シェイクスピアの技巧的に思えるせりふの数々を、現代の観客が、まるで親友の悩みや喜びを聞いているような気持ちになれるくらい、自然なものにしなくてはいけないのです。ここでは、そのスタニスラフスキィの演技術を紹介します。

1.スタニスラフスキィの九つの質問

日本語では登場人物と言いますが、英語ではキャラクター character と言います。登場するのは人間とは限りませんので、便利なことばですね。さて、問題はそこではありません。「登場人物像をつくりましょう」というと、「立派な人物」とか「悪人」とか「未亡人」とか、何かレッテルで表現できる人を人為的につくり上げるような誤解をしてしまいがちです。けれど演技において「キャラクター」というとき、その意味は、「ある事柄に対して、ある反応をする傾向をもっている存在、特質、特性」なのです。ですから、キャラクターをつくり上げるというより、そのキャラクターがどのような反応をするかを深めていく、ととらえましょう。

誰が、誰に働きかけているのか、つまりインタラクションは誰との間でどのように行われているのか。それがドラマの基本です。あなたの演じるキャラクターは、ある特定の相手に対してどのような働きかけや反応を示すでしょう。どんなときにどんな反応を

示す傾向をもつ人なのでしょう。そのヒントは時代や場所にもあります。シェイクスピアの作品に出てくる人物の多くは、16世紀前後のヨーロッパに生きた人です。本書第1部で挙げたシェイクスピアの生きた時代に関する知識とあなたの想像力を総動員して、キャラクターがどのような行動を起こすかを考えるのです。演出で時代設定が現代や未来に変わる場合は、それに合わせてキャラクターを考える必要があります。キャラクターを深めるために、スタニスラフスキィは俳優が自習するべき事柄を挙げています。深みと真実味のある演技には欠かせないものです。

① Where　　それはどこの話か
② When　　それはいつのことか
③ Who　　あなたは何者か
④ What　　あなたは何がしたいのか（行動の目的）
⑤ Why　　あなたはなぜそうしたいのか（行動の理由・最終目的）
⑥ How　　どうやって④（目的）を達成しようとするのか（方法・戦略）
⑦ Why Now　なぜ、今、それをしなくてはならないのか
⑧ Obstacles　目的達成を阻む障害は何か
⑨ Stakes　　目的が達成されないとどうなってしまうのか（危機感）

2. 場所、時と人物

① Where

　場所の名前は演技自体にはあまり関係がありません。演技に必要なのは、それが自分の場所か、誰か別の人の場所か、自分がよく知っているところか、あまり知らないところか、寒いのか暑いのか、狭いのか広いのか、人目につかない場所か、誰に見られるかわからない場所かなど、演技に関わる情報です。

　自分の場所なら好き勝手に振る舞えますし、誰かに侵入されたり勝手な振る舞いをされたら腹が立ちます。誰か別の人の場所なら、遠慮したり、立ち居振る舞いのルールがわからなかったりします。座ってよいのかどうかさえわからないでしょう。

　自分がよく知っているところなら、どんどん進んでいけます。何がどこにあるかも知っているので、行動に安心感や気楽さが表れるでしょう。あまり知らないところだと、何がどこにあるのかも、誰かが潜んでいるのかもわかりませんから、進む速度も注意深くなって遅くなったり、あるいは逆にさっさと通り抜けようと速くなったりするでしょう。

　『ハムレット』のデンマークの城壁の上は、寒くて北風がビュービューと吹いているところです。襟元を覆っても、肩はすくみ、筋肉は縮みます。『ロミオゥとジュリエット』の街中は暑くて埃っぽく、じっとりしています。殺気立つような暑さです。

　狭い場所なら窮屈で閉塞感があります。それが苦手な登場人物もいれば、そのほうが

落ち着く人物もいるでしょう。広い場所は気分も大きく広がり、前向きで明るくなる感じです。一方で、広すぎて自分の依りどころがないように感じ、孤独感やどうしようもない絶望感を感じる人物もいるかもしれません。

　人目につかない場所は、情事や悪事など、見られては困ることをするのにぴったりです。ひとりで考え事を巡らすにもよいですね。けれど、無理やりそこに連れてこられた人物は危険を感じるでしょう。誰に見られるかわからない場所は、隠し事をしている人なら、誰かに心の中を見透かされる危険を感じて注意深くなるかもしれません。

②When

　登場人物の心理に影響を与える時間帯を知りましょう。「気持ちのよい朝」という設定なら、その清々（すがすが）しさはその人の心理に大いに影響を与えています。空腹の時間帯、満腹の時間帯、眠い時間帯、1日の仕事が終わって疲労を感じている時間帯なども、あなたの演じる役柄がどのような心理で舞台に登場するかに影響します。天候も大いに気分に影響しますね。

③Who

　あなたの演じる役柄は物事に対してどのような反応をする人なのか。以下のTry Thisを使って深めましょう。

Try This
先入観を捨てる

　あなたの演じる役柄について、台本に書かれている情報をすべてそのまま書き出します。見た目、行動、気質など、台本内で誰かが確実に言及しているものだけを列挙してください。

　何度も上演され、映画化もされているシェイクスピアの登場人物を演じる場合には、この役柄はこうであるべし、という先入観をもちがちです。まずは台本に書かれていることだけをノートに書き出しましょう。自分について自ら言っているものか、誰かに言われたものかもメモします。独白で自ら語ることは真実ですが、人前で言うなら嘘の場合があります。誰かに言われていることなら、登場人物自身は気がついていない真実の場合もあります。

Try This
好き嫌いのものさしを使う

　ほかの登場人物や物事に対する好き嫌いを考えましょう。オーストラリアの演出家、

オーブリー・メロー（Aubrey Mellor）が提案しているエクササイズです。せりふを伝える相手について、好きか嫌いかを数字で視覚化します。

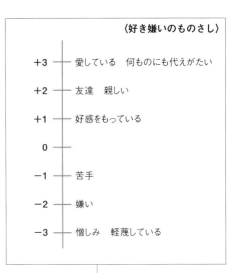

　好き嫌いが「ゼロ」は、相手のことを知らない状態です。相手とのインタラクションが始まり次第、ものさしの数字が動き始めます。最もドラマチックな場面では、会話が進むにつれて数字が変化します。
　このエクササイズは、登場人物の人間関係だけではなく、せりふの抑揚を豊かにするのにも役に立ちます。せりふに出てくる事物について、その登場人物がそれを好きか嫌いか、そのレベルをチェックしましょう。

Try This
登場人物の多面性を知る

　以下の作業をします。グループで話し合いながら行うと、自分では思いもしなかったアイディアや意見が出てくるので、お勧めです。

①自分の演じる役柄には、どのような顔（側面）がありますか？　金持ちのボンボン？　道化者？　恋する若者？　借金の負債者？　正義第一？　友情第一？　恋人第一？　嘘つき？　正直者？　大口叩き？　心配性？
　例えば『ヴェニスの商人』のバッサニオゥは、これらすべての顔をもっています。

②役柄のさまざまな顔が見えてきたら、それを円グラフにします。身分や職業を表す明解な名詞を選びます。どの顔を使っているときがいちばん多いのか、ひと目でわかります。

③ある場面を取り出して、円グラフにある、いずれかの顔で演じましょう。『ヴェニスの商人』でバッサニオゥが、アントニオゥに借金を頼む場面を使い、恋人第一の顔で頼んだり、道化者の顔で頼んだりを試してみましょう。

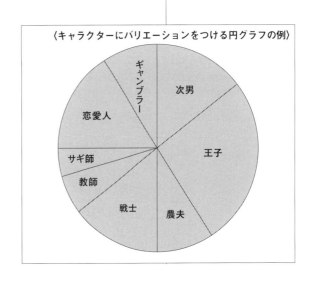

　いろいろなものを試した後なら、使うべき顔がわかってきます。これは「友情第一」の側面で演じるべき、とわかっていても、「恋人第一」の顔で稽古してみることで、なるほど、「恋人第一」だから借金をしたいのだ、との気持ちにも納得がいくでしょう。深層心理に「恋人第一」という思いが生まれれば、役柄の内面が深まります。

スタニスラフスキィの九つの質問について、下記の3~5でさらに詳しく見ていきましょう。⑥のHowは、障害を乗り越えるさまざまな方法です。⑤⑦⑨は、行動を起こす動機です。動機が強いと必死さが生まれ、相手に働きかけ、相手に対応するインタラクションが劇的になり、ドラマが盛り上がります。

3. 目的と障害

④What
⑧Obstacles

それぞれの登場人物の目的をはっきりさせましょう。目的が何かに阻まれ、それを乗り越えようとする力のインタラクションがドラマを生みます。たいていの場合、ある人物の目的は、別の人物の障害となります。例えば『ロミォゥとジュリエット』では、ジュリエットの目的はロミォゥと幸せになることですが、ジュリエットの父親の目的はジュリエットをパリス伯爵と結婚させることです。相手の目的を排除しない限り、自らの目的が達成できないのです。演者が登場人物にどれほど強い目的意識を与えるかで、ドラマの盛り上がり方が変わります。本書第3部で例を挙げて示しますが、すべては演出や解釈によって変わりうるものですから、必ず自分たちで考えましょう。

Try This
障害を乗り越えて目的を達成する

YES / NOエクササイズです。

① AとBの2人でペアを組み、「YES」か「NO」かのどちらかのせりふを割り振ります。双方とも自分に与えられた単語「YES」または「NO」だけで会話します。例えばAが「YES」を与えられたなら、Aは「YES」しか言えないのです。

② 双方ともに、相手に聞いてもらいたい願い事をひとつ決めます。例えばYESの願い事は「あなたの恋人を譲って」、NOの願い事は「私の恋人に手を出さないで」などです。内容は相手にも周りの人たちにも伏せておきます。

③ 与えられた1語のみを使って、相手に願いを聞いてもらいます。「YES」の人は必ず「NO」という障害に阻まれ、「NO」の人もまた「YES」という障害に阻まれます。互いに言葉の抑揚、声の大きさ、発語するタイミング、腕、瞳、笑顔、しかめっ面、背を向ける、逃げる、泣く、土下座する、などあらゆる手段を駆使し、願いを聞いてもらう（目的を達成する）まで、障害を乗り越える方法を探しましょう。

④ 相手の願いに従わざるを得ない、と感じられる瞬間が必ずやってきます。それでも負けずにそれをはねのけ、自分の願いを聞いてもらうほうを優先できるでしょうか？

もしも、もう負けだ、と思ったら「わかった」と言い、このエクササイズをおしまいにします。

　与えられた1語（YESかNO）しか使ってはいけないので、知的に説明するのは不可能です。これは、理性や知性ではなく、相手の心に直接訴えかけるものなのです。いずれ、相手に言うことを聞かせるために必要な作戦や方法を組み合わせて即興で使えるようになるでしょう。それを演技に適用すれば、人間関係やせりふの絡みがグッとおもしろくなります。

4. 理由と方法

⑤Why
⑥How
　各場面での登場人物の目的がわかり、それが何に邪魔されているのかがわかったら、目的を達成する方法を探します。それは台本に書き込まれている場合もあれば、自分たちで考えなくてはならない場合もあります。障害は、避ければいいのか、取り除けばいいのか、破壊すればいいのか、障害となる相手や事象の状態によっても異なります。そして、なぜその方法を選んだか、なぜそうまでして目的を達成したいのか、が、行動の理由です。例えば、次のように考えてみましょう。

・目的　　　　　　　海の向こうの宝がほしい
・障害　　　　　　　海は嵐
・方法の選択肢　　　海に乗り出す、または嵐が終わるまでやり過ごす
・実際に選んだ方法　海に乗り出す
・理由　　　　　　　この程度の嵐なら乗り越えられると考えたから

　「理由」の部分は、演技に真実味をもたせるために必要です。特に観客にわからせる必要はありませんが、こわごわ乗り出すのか、えいやっと乗り出すのか、選んだ理由によって演技が変化するのは確かでしょう。

5. なぜ今、危機感

⑦Why Now
⑨Stakes
　この2点も、登場人物の行動に真実味をもたせるため、そしてドラマの緊迫感を盛り上げるために必要です。上記の例で言えば、「この程度の嵐なら乗り越えられる」と考

えた理由は、「今すぐ宝探しに行かないと敵に先を越されてしまうから」など、⑦「なぜ今」が密接に関わっています。そしてそれは同様に、「その敵に先を越されたら、恋人を奪われてしまう」など、⑨「危機感」にも関わります。これらがあると、登場人物の必死さが伝わり、ドラマが盛り上がります。RADAの元校長ニコラス・バーター (Nicholas Barter) は、「長期間のリハーサルや公演中に演技がだれてしまったり、機械的な繰り返しになりそうなとき、あらためてこれらを考えてみるとよい」と言っています。「自然な演技」をする際、「自然」の意味を誤解して演技が弱々しくなったり、あまりに日常的すぎて気持ちの揺れが少なくなってしまうときにも欠かせません。

3) ステイタスの概念については『インプロ』第2章参照

6. ステイタス[3]

　ステイタスとは、立場という意味です。あらゆるものが、人でも物でも、場所でも、社会的立場 (社会的ステイタスまたはソーシャルステイタス) と内的立場 (内的ステイタス、パーソナルステイタスまたはプライベートステイタス) をもっています。例えば、国王は社会的にいちばん高いステイタスをもっていますが、何か弱みを握られている場合、弱みを握っている人物に対しては内的に低いステイタスを感じます。そう、演技をする上で最も役に立ち、演じていておもしろいのが、内的ステイタスです。ステイタスは、場所に対して、ものに対して、そして人に対して生じます。ことに人に対しては、相手によってまるで異なりますし、同じ相手でも話の内容や相手のしぐさ、状況などによって変化します。ステイタスは、相手より上か下かだけがポイントです。安心するか緊張するかととらえることもできます。

　社会的ステイタスが高い人のなかにも、優しい人と意地悪な人がいます。社会的ステイタスが低い人のなかにも、幸せな人といじけている人がいます。その違いには、パーソナルステイタスの高さと幸福度が影響します。

Try This
ステイタスの10段階を体験する

　部屋の奥に椅子を1脚、用意します。その椅子から10歩ほど離れたところからスタートし、1歩ずつ椅子に近づいていきます。スタートはステイタス1 (いちばん低い)。1歩ずつステイタスを上げ、10歩目でステイタス10 (最高位) として椅子に座ります。

　急がず、着実に、ひとつずつステイタスを上げていきましょう。初めのうちは極端なくらいに腰を落としたり、顎を上げたりして体を使いましょう。何度かやるうちに慣れてきます。1や2では怯え切っていたり、ペコペコとおべっかを使ったりするような感じです。6や7が日常生活に近いと感じる人が多いようです。8、9は10を目指してガッガッしたり、身分が高いことを自慢する感じになるかもしれません。10で椅子に座るとき

は、世界は自分のものという気持ちで最高にリラックスして、その瞬間を楽しんでください。

このステイタスの10段階は、何度も繰り返し練習しましょう。そのうちに、ソーシャルステイタスとパーソナルステイタスのギャップが感じられるようになります[4]。

4）『英国の演技術』pp.136-150参照

Try This
互いのステイタスを察知する

20名以上のグループなら、見学するチームとやってみるチームに分けます。人数が少なければ、その人数で構いません。10枚の名刺大のカードを用意し、1から10までの数字をひとつずつ書き込みます。1がいちばんド、10がいちばん上です。ひとりずつそのカードを引き、自分の番号を誰にも言わずに、その部屋の中で自分の番号のステイタスにふさわしい場所に行きます。そして、ほかの人たちが何番のステイタスをもっているかを探りましょう。互いに探り合うところから、既にインタラクションが始まっています。見学するチームには興味深いものに見えるでしょう。終わったら、その番号を演じていたときの気持ちを互いに話しあいましょう。

Try This
ステイタスの身体表現

ステイタスの高さの違いは、顎（あご）や視線の高さ、相手との距離などに表れます。原則を練習しておきましょう。原則ですから常に例外はあります。

・顎を高くして相手を見る。ステイタスが高くなる
・顎を低くして視線を落とす。ステイタスが低くなる
・顎を低くしても視線を相手にしっかり向けると、ステイタスは落ちない。対抗心を燃やす状態になる
・相手と目が合ったら、1拍置いて視線を逸（そ）らしてみる。上に逸らす、下に落とす、左右に逸らす、の4種類。上に逸らすと、相手よりステイタスはやや上でありながら、相手に対して微（かす）かに後ろ暗いところがある気がするかもしれない。上に逸らすときに息を

〈社会的ステイタスと内的ステイタス ──幸福度と人物像の典型例〉

	社会的ステイタスが高い	社会的ステイタスが低い
内的ステイタスが高い ・ 幸福度が高い	慈悲深い。誰とでも気兼ねなく友人のように接することができる。後のヘンリー五世であるハル王子が代表例	慈悲深い。誰とでも気兼ねなく友人のように接することができる。『お気に召すまま』の羊飼いコリンが代表例
内的ステイタスが高い ・ 幸福度が低い	慈悲深い。自分の幸せより他者の幸せを気遣う。現状は神から与えられた試練であり、義務であるとし、本当の幸せは死後にあると信じている。ヘンリー四世が代表例	恨みが強い。嫉妬深い。相手を引きずりおろしたい。自分はもっと上にいるべきだと信じている。『タイタス・アンドロニカス』のアーロン、『リア王』のエドマンドが代表例
内的ステイタスが低い ・ 幸福度が高い	部下に翻弄されたり、騙されたりするお人好しタイプ。誰のことも信じ切ってしまうところがある。結婚したばかりのオセロゥが代表例	自分にはこの程度が分相応と考え、それでけっこう満足している。『お気に召すまま』の羊飼いシルヴィアスが代表例
内的ステイタスが低い ・ 幸福度が低い	暴力的で、立場を守るためならなんでもする。リチャード三世が代表例	暴力的で傍若無人にふるまうタイプと、怯え切って平身低頭で従うタイプとに分かれるが、根本的には同じ。『テンペスト』のキャリバンや『ヴェニスの商人』のシャイロックが代表例

第2章 インタラクション 123

吸い込むと、相手に対して呆れ果てている感じがするかもしれない。下に落とすと常にステイタスは下がる。横に逸らす場合は、ステイタスを変えないように、けれど内面を悟られないようにという印象になる

演技をしていて、何かつまらない、どうしてよいかわからないときは、このように視線を少し動かすだけで新しい発見が生まれます。

Try This
即興で相手のステイタスを探る

上記のステイタスの番号カードを使います。ペアを組んでカードを引き、そのカードに従って即興をします。互いに相手の番号はわからないので、相手のステイタスを探らなくてはなりません。相手のステイタス番号を感知したら、次はそれに対して自分はどれくらい近寄るか、離れるかを探ります。 無言で立ち居振る舞いだけで行う場合と、会話を使う場合の2種類をやってみましょう。

Try This
ステイタスカードで場面を演じる

場面をひとつ選びます。登場人物の社会的ステイタスはすぐにわかりますが、パーソナルステイタスに関しては番号カードを引いて決め、それを元に演じましょう。台本からパーソナルステイタスが読み取れる場合も多いのですが、ステイタスの番号カードを引くことで、やりとりするせりふの微妙なステイタスの変化が発見できます。

7.台本活用

まず場面を段落分けします。長いせりふも段落に分けます。どこからどこまでが何についての話なのかを摑むと、話の進行がわかりやすくなります。演者が話の進行をしっかり把握していると、観客にもわかりやすく伝わります。

段落分けにはふたつの方法があります。ひとつは、自分の演じる登場人物の視点。もうひとつは、演出家の視点です。演出家の視点は、物語の転換点を見つける視点です。これは、物語を観客にすんなり受け取ってもらうために絶対に必要です。物語の転換点が見えにくいと、観客はただ翻弄された気持ちになり、見終わってから疲れ果て、シェイクスピアは難解だという印象をもってしまうのです。だからこそ演者と演出家は、物語の転換点をしっかり見せていく必要があります。

段落分けには正解がありません。正解のように見えるものがあるだけです。演出家の

解釈、演者の解釈によって段落分けは変化します。どこに転換点をもってくるかで演技
も変わります。

Try This
登場人物の視点での段落分け

　あなたの演じる登場人物の視点で、段落分けをしましょう。ポイントは、その人物の
状態と目的です。その人物の状態が変化した瞬間や、気持ちが変化するポイント、目的
が達成されたり、または邪魔されるポイントで段落を分けていきます。段落には、わか
りやすいタイトルを付けます。「ロザラインに片思い中のロミォゥ」「マキューシオゥに
からかわれるロミォゥ」「仮面舞踏会に忍び込んだロミォゥ」「ジュリエットにひと目惚
れするロミォゥ」「ジュリエットと踊るロミォゥ」「相手が敵の家の一人娘だと知るロミ
ォゥ」「ひとりで庭に入り込んだロミォゥ」といった具合に。

　慣れてきたら、演出家の視点でも段落分けをしましょう。まず、最初にあらゆる登場
人物の、登場と退場のポイントをチェックします。その度に段落が変わります。次に各
段落内で、物語の転換点になるせりふを見つけます。最初はわかりにくいかもしれませ
ん。なぜなら、シェイクスピアは実に巧みに物語を編み上げているので、転換点がどこ
にあるのか、見えにくい場合も多いのです。ですから最初のうちは、なんとなくこの辺
かな、という程度で構いません。そして、段落にはタイトルを付けましょう。

　上述したように、正解はありません。あるとすれば、あなた自身にとって最もわかり
やすいもの、が正解です。グループでやってみるとほかの人の考え方や読み取り方の違
いもわかり、新しい発見があることでしょう。また、この段落分けは、タイトル付けも含
めて、実際に演技をしたり、読解を深めていくと、どんどん変化していきます。それでよ
いのです。

Try This
独白を段落に分ける

　雰囲気一辺倒になりがちな独白を演じるのにたいへん役に立ちます。

①まず独白全体を貫く目的を見つけます。目的が見つからない場合は、なぜその独白を
　せずにはいられなかったのか、理由や衝動を探します。台本に書かれていなければ、
　想像します。
②ひとつの独白のなかでの大きな流れを摑み、独白を大きく三つか四つの段落に分けま
　す。五つ以上に分けられるものもあるかもしれません。
③それから、各段落のなかでの細かい心理の変化をたどります。必ずその変化を通過し

てから、次の段落へ進むように。

④演者としては、次にどんな心理の変化があるかを知っているわけです。が、登場人物はそれを知りません。63ページで述べたように、せりふを口にした途端に新しい窓が開いていくことを意識しながら、先へ進みましょう。せりふが生み出すものを常に新鮮に体験しつつ、せりふが言えるように練習します。練習すればするほど、次に何を言うかを知っていることになりますが、むしろ登場人物として新鮮に受け取るにはどうしたらよいかがよくわかってきます。

第3部
読解方法と表現術

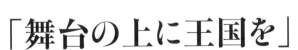

「舞台の上に王国を」
A kingdom for a stage, [1]

1) Chorus, *Henry V* Prologue 3

序章 実演の前に

いよいよシェイクスピアを演じるときがやってきました。第3部ではシェイクスピアの戯曲を悲劇、喜劇、歴史劇の3テーマに分け、合計で11本を取り上げます。全38本ある名作揃いの作品群から11本を選ぶのは困難なことで、読者によっては、なぜあの戯曲が取り上げられていないのか、と納得がいかない部分もあるかもしれません。第1部、第2部で学んだ知識と経験を生かせるよう、以下のポイントを重視して選びました。

・演技術を身につけるさまざまなエクササイズができる
・映画化されており、それゆえ一般の日本人にもなじみがある
・日本人にはとっつきにくくても、英国人には愛されており、シェイクスピアらしさがある

構成は以下のようにしてあります。

WHEN & WHERE
いつ、どこで？

シェイクスピアが想定した時代と場所を示し、現代の劇場での舞台装置の可能性を考えます。

WHO & WHAT
誰が、何を？

登場人物の相関図を示し、各キャラクターの目的と障害[1]を考えます。典型的な衣装について述べる場合もあります。

1) p.120参照

WHY & HOW
なぜ、どのように？

注目したい場面を取り上げ、物語の流れや登場人物の心理の理解を深めます。Try

Thisでは、そのためのエクササイズを紹介します。必要に応じて原文も掲載します。

　ただし、本書に掲げるのはあくまでも一例です。まったく別のとらえ方をする演出家や俳優もいるでしょう。それでよいのです。シェイクスピアの解釈は、ことばもキャラクターも雰囲気も、時代によって、さらには演出家・俳優によって異なってきました。わたしが英国で学んできたのは、文学的・伝統的に「正しい」解釈に囚われすぎない自由な解釈と演出です。本書では、原語の音感による演技のヒントなども含めてお伝えします。

第1章 悲劇

I ハムレット ─ HAMLET

WHEN & WHERE
いつ、どこで？

　12世紀北欧のAmleth（アムレート）王子の伝説が基になったとされる『ハムレット』の舞台は、北国デンマークの断崖絶壁の上に建つ石造りの堂々たるエルシノア城。この城は現存しており、訪ねてみると海峡を隔てて隣の国が手にとるように見える場所にあります。冷たい海風に晒された城壁、城壁の下の海。目と鼻の先にある外国からは敵がいつ攻めてきてもおかしくありません。

　場面はおもに、エルシノア城の城壁、城内の大ホール、大臣ポローニアスの邸宅の前階段または港、ポローニアスの部屋、王妃ガートルードの寝室、平原、墓場などです。せりふを聞けば、そこがどこであるか観客にはすぐにわかるので、大がかりな舞台装置は必要ないでしょう。16世紀の初演当時は、城壁の上に現れる亡霊が直後に地下を自由に行き来する場面や、墓場でハムレットとレアティーズが墓穴の中でつかみ合いの喧嘩をする場面では、ヘル1)を使ったと思われます。『ハムレット』は上演時間が長いので、スムーズな舞台転換を心掛けましょう。

1) 奈落。pp.21-22

　高い城壁と城内、墓穴と地獄を行き来しますので、高さをつくり、舞台の「せり」もしくは「切穴」があると役に立ちます。クローディアスとポローニアスがハムレットの様子を隠れて探り、ガートルードの部屋でもポローニアスは立ち聞きをしますので、カーテンや衝立は欠かせません。観客席から隠れている人物たちが見えるようにするのか、見せないでおくのかを決めましょう。戦争がいつ勃発するかもしれない緊張感を出すために、石や鉄の質感が感じられるものを使うのもよいでしょう。ガートルードの寝室だけは、女性的な魅力に溢れた彼女を表現するために、柔らかさや質感、色を工夫しましょう。もちろんベッドや椅子を舞台に運び込んで構いません。

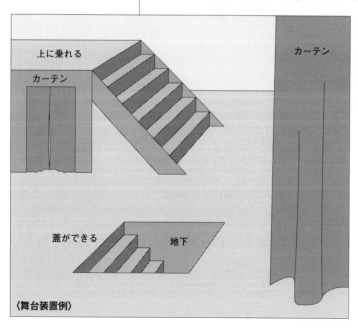

〈舞台装置例〉

WHO & WHAT
誰が、何を？

　ハムレット、レアティーズ、フォーティンブラスの3人は、いずれも父を殺され、その復讐を果たすべき運命にあります。レアティーズとフォーティンブラスは躊躇なく復讐に向かいますが、ハムレットにはなかなかそれができません。

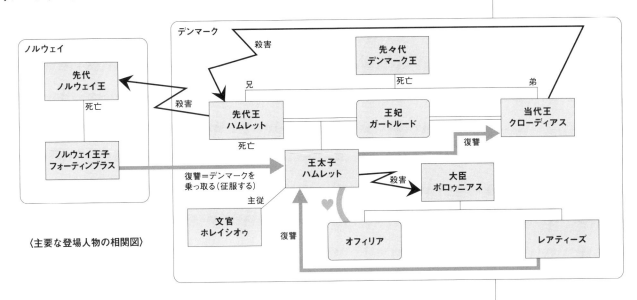

〈主要な登場人物の相関図〉

ハムレット

　デンマーク王太子。物語の始まりにおいては、留学中に父を失い、慌てて帰国して目にしたのは母の結婚、という複雑な状況にあります。生きる意欲を失い、死にたいくらいだと言っています。ところが、死んだ父の亡霊からその死のいきさつを聞かされ、復讐をしてくれと頼まれます。それがハムレットの行動目的となります。その達成を阻むものは、味方がホレイシオゥという親友1人しかいない、心の秘密を誰にも打ち明けられない、殺さなくてはならない相手が肉親であり、母の夫でもあるなどの要素です。けれど、最も大きな障害は、その目的が与えられたものであることです。復讐を「しなくてはならない」と思いつつ、ハムレット自らが「したい」と思っているわけではないのです。

　ハムレットは哲学研究で有名なウィッテンバーグ大学へ留学している設定で、読書が好きな思索家です。にもかかわらず短気で喧嘩っぱやい性格で、それを自分でも認識しており[2]、そしてそれを直したいと願っています。[3]

　典型的なハムレット像は、喪服に身を包み、憂鬱な顔をして、胸には亡き父親の肖像画の入ったペンダントをぶら下げています。けれどオフィリアやガートルードのせりふからは、物語が始まる以前の、つまり本来のハムレットは、生きるエネルギーに溢れた人望の厚い青年だったとわかります。王子ハムレットを演じるときは、悩み苦しんでいるなかにも、本来の姿を垣間見せましょう。

[2] *Hamlet* 3.1.126-129
[3] *Hamlet* 3.2.63-72

クローディアス

　デンマーク王。物語の始まりでは、実の兄を殺害して王位に就き、恋い焦がれてやまない兄の妻をも手に入れた、まさに幸せの絶頂にあります。彼の目的は、その幸せを完璧にすることですが、今、それを邪魔しているのは、せっかくの結婚式に暗い顔をしているハムレットです。クローディアスの最初の目的は、ハムレットと仲良くなることでしょう。ハムレットはクローディアスを毛嫌いしていますから、それが大きな障害となります。けれど、完璧な幸せを阻む本当の障害は、実の兄を殺した事実です。こっそり人を殺すような人間は、自分もまた誰かに狙われているのではないかと怯（おび）えるもの。その怯えがエスカレートして、ハムレットに王位を狙われていると思い込むようになるのです。

ガートルード

　国王の妻という高いステイタスにいて、30歳前後の息子をもつ母親。けれどハムレットが第1幕第2場の独白で描写するガートルードは恋い焦がれる娘のようで、まるで母親らしくありません。また、夫の死の直後に再婚し、再婚相手と床を共にする様子は、かなりの熱々（あつあつ）ぶりです。しかし彼女に『アントニーとクレオパトラ』のクレオパトラや、『タイタス・アンドロニカス』のタモラのような、男性を堕落（だらく）させる悪女の色気は感じられません。ガートルードが男性の腕の中にすぐに飛び込んでしまうのは、ただ単純に守られたくて、父親的な存在を必要としているからかもしれません。ガートルードの人生の目的が、包容力のある男性に守られていたいというものであるならば、誰かを守る母親としての役割は苦手である可能性があります。

　物語の始まりでのガートルードの目的は、息子のハムレットを再婚相手のクローディアスと仲良くさせることです。しかし本当の目的は、ハムレットに対して母親としての威厳を示すことかもしれません。その目的達成を阻むのは、ハムレットが心を開かない、そして、ガートルード自身が再婚に対して微（かす）かな罪悪感をもっているなどの要素が挙げられます。

オフィリア

　ハムレットの恋人。第1部で述べた通り 4)、娘は父親の所有物です。オフィリアは兄レアティーズと2人きりのときはおてんばで生き生きしていても、父ポローニアスと2人きりになると主従関係を強く感じて何も言えなくなってしまいます。第1幕第3場で、ハムレットの自分への愛情表現を伝えても、父に「そんなことを信じておるのか？」と小馬鹿にされたように問い返されると、「どう考えていいものやら、わたしにはわかりません」と自分の判断を信じられなくなってしまいます。

　オフィリアの目的はハムレットと結婚すること。その障害は父親ポローニアス、兄レアティーズ、ハムレットの高すぎる身分、そして最大のものは、ハムレットとの交流を

4) p.92参照

父に止められたことでしょう。自分の気持ちに正直に生きたいという願いと、父に従わなくてはならないという常識とに挟まれて動けなくなってしまうのです。

〈主要登場人物の目的と障害の一例〉

名前	当初の目的	当初の目的の障害	メインの目的	メインの目的の障害	行動傾向 （キャラクター）	行動傾向が 引き起こすもの
ハムレット	再婚した母に、それが気に入らないことをわかってもらいたい	はっきりそう伝えられない性格。母を愛しすぎていること	母の再婚相手を殺して、父の死の復讐を果たすこと	復讐の相手が肉親で、母の再婚相手。殺人を犯すことへの本能的な嫌悪感。したいわけではないこと	短気で突発的な行動をしがち。思索が好きだが、思考がどんどん展開しすぎてしまう	穏やかな性格になりたいがうまくいかず、そのため、悲劇に追い込まれる
クローディアス	今の幸せを完璧にしたい	ハムレットの憂鬱な顔	今の立場を守ること	疑心暗鬼。ハムレットが王位を狙っていると感じている	大酒飲みで宴会好きだが、猜疑心が強く、陰でこっそり行動を起こす	陰の行動を手伝ってくれた人物（ポロゥニアス、ローゼンクランツとギルデンスターン、オフィリア、レアティーズ）をことごとく失う
ガートルード	今の幸せを完璧にしたい	ハムレットの憂鬱な顔	母親としてハムレットをまともにすること	ハムレットが何を考えているのかわからない	包容力のある夫に守られていたい。よって、子供を守り導く母親としての行動が不十分な可能性も	周りの人の死
オフィリア	ハムレットと結婚したい	父ボロゥニアス、兄レアティーズ、ハムレットの身分の高さ	ハムレットと結婚したい	会うことを禁じられた。相談相手がいない。ハムレット自身がおかしくなってしまった	父の命令は絶対。反論できない	あまりのストレスに幼児退行し、溺死
レアティーズ	フランスに留学したい	オフィリアを守りたい	殺害された父ボロゥニアスの復讐	クローディアスの威厳	物事や人を表面だけで信じやすい。派手で明るい	自滅
ホレイシオゥ	ハムレットに亡霊の存在を信じさせたい	ハムレットが信じてくれない	ハムレットを、味方として守り通す	身分のあまり高くない文官として、宮廷の決定に口をはさめない	穏やかで冷静。哲学的。友情に篤く、正直	ハムレットの信頼を得る。ノルウェー王の信頼も得る

WHY & HOW
なぜ、どのように？

「武装して、だと？」
Armed, say you? [5]

5) *Hamlet* 1.2.221-233 (226)

　ハムレットに亡霊の出現を告げにくる親友ホレイシオゥと衛兵たちの場面。衛兵とホレイシオゥの目的は、ハムレットにそれを信じさせることです。行動の目的と障害、心理的な欲求とそれを阻むものとの間での心のバランスや揺れを考えて演じましょう。

第1章 悲劇 I ハムレット　133

ホレイシオゥ

①この命にかけて本当です、

②だから皆でこれは殿下に

お知らせせねばと。

ハムレット

③そうだ、そうだな、諸君：だが胸騒ぎがする。——

今夜も見張りに？

衛兵たち　　　　　　　ええ、もちろん、殿下。

ハムレット

④武装して、だと？

衛兵たち　　　　　　は、武装して。

ハムレット　　　　　　　　　　⑤上から下まで？

衛兵たち

は、頭からつま先まで。

ハムレット　　　　　　　⑥では、顔は見えなかったのだな。

ホレイシオゥ

⑦おお、もちろん見ました、顎あてを上げていらして。

ハムレット

⑧なんと、どんな顔だ？　険しかったか？

ホレイシオゥ　　　　　　　　　　⑨お見受けしたところ

お怒りよりは悲しみかと。

ハムレット　　　　　　⑩顔色は？

ホレイシオゥ

もう、真っ青で。

ハムレット　　　お前を見つめて？

ホレイシオゥ

ただもうじっと。

ハムレット

俺も居合わせたかった。

①「命にかけて」ということばは、当時はとても重いものでした。ホレイシオゥは真剣なのです。亡霊の出現を告げてから、この時点までの間、ハムレットが信じようとしなかったため、より真剣に言わざるを得なかったのです。

Try This
信じがたいニュースを信じさせる

　グループで、1人をハムレット役に選びます。ほかの人は、彼に聞こえないように、何か信じがたいニュースを決めましょう。「お化けを見た」でも「宝くじで1億円が当たった」でも構いません。それから皆で、ハムレット役にそれを真剣な顔で告げに行きます。ハムレット役は、そのニュースを胡散臭いと思って信じないでください。ほかの人たちはハムレットに信じさせようとあらゆる手段を使います。制限時間は2分。

　信じようとしない人に、制限時間内で信じさせようとするので、かなりワイワイ言わねばなりません。それが①のせりふが発せられたときの状態です。周りの人もかなり詰め寄っている状態なので、②を言う理由がわかります。そして「皆」もホレイシォゥのことばをぜひとも信じてもらいたいと、深くうなずく動機ができます。一方、ワイワイと詰め寄られたハムレット役は、「わかった、わかった、ちょっと落ち着いて！」と詰め寄ってくる人たちに言いたくなりませんか？　それが③の「そうだ、そうだな、諸君」です。原文は Indeed, indeed, sirs; もちろん彼らの真剣さに押され、信じる気持ちはかなり強くなっています。それがその直後の「だが胸騒ぎがする」のせりふにつながります。そして亡霊が本当に父親かどうかを確かめる質問が続くのです。

　わざわざ④の質問するのは、亡霊が武装している状態に、ハムレットがなんらかの違和感を覚えたからです。ここでハムレットの論理的な思考回路を考えてみましょう。わたしたちは「幽霊が出る」と聞くと、その場所に何か恨みがあるから出現するのだろうと考えます。それは英国でも同じ。ハムレットは母と叔父との結婚に悔しさと腹立たしさを感じていますから、父王の亡霊が出るのも、さもありなんと思えるのです。武装しているのは、弟を叩きのめしたいと思うほどの気持ちがあるからだと、ハムレットには思えるでしょう。しかし、「武装して」ということばを言った瞬間にその姿が脳内でイメージされ、ある疑問が浮かびます。それが⑤のせりふです。上から下まで武装しているなら、誰も顔を見ていないじゃないか。それを確認しなくてはなりません。

Try This
せりふを異なる心理で言ってみる

　⑥のせりふを異なる心理で言ってみましょう。

・父王と確認できないので、なかばホッとして
・父王と確認できないので、信じかけたぶん、苛立ちが募って

どちらの演技でも通用しますが、問題はなぜホレイシオゥだけが⑦と答えるのか、です。次のいくつかの反応をやってみましょう。

・せっかく信じかけたハムレットの気持ちを萎えさせないために、ホレイシオゥがほかの人が答えるより早く答える

これは、ほかの人たちも亡霊の顔を見ていた場合です。ほかの人も答えようとしましょう。

・衛兵たちは上から下まで武装している全体像としてのイメージは見たものの、亡霊の恐ろしさに、顔まで見る心のゆとりがなかった。答えられないでいるとホレイシオゥが答えてくれた

この場合、衛兵たちが答えられないでいる一瞬の間をつくるとよいでしょう。

・上記と同じ理由で、衛兵たちは顔を見ていないので、ホレイシオゥが見たかどうかを確かめようとし、それを受けてホレイシオゥが答える

この場合、衛兵たちが顔を見合わせてからホレイシオゥの顔を見る時間が必要です。実際の上演ではやらなくても、衛兵たちが答えに窮する瞬間を体験するためにも、稽古場でやっておきましょう。また、衛兵たちも、ホレイシオゥしか見ていない亡霊の表情には興味があるはずです。ハムレットと共に食い入るようにホレイシオゥの報告に耳を傾けましょう。

6) 原文は frowningly で、眉間に皺を寄せている様子

⑧のせりふで興味深いのは、ハムレットが父の顔を「険しいはずだ」6)と思い込んでいる点です。そう思っているからこそ、それを確認するために発した質問ですから。④の解説で述べたように、ハムレットには、父は自分と同じように母上の再婚に怒って悲しんでいるはずだ、だから自分と同じように眉間に皺を寄せて険しい顔をしているはずだ、と信じる深層心理が働いています。ところがホレイシオゥは、⑨と答えます。

ホレイシオゥの答え方にも演技のヒントがあります。接頭辞「お見受けしたところ」の使い方です。このように長い接頭辞を使うときは、「お怒りよりは悲しみかと」と即答できない状態が考えられます。つまり「お見受けしたところ」と言いながら脳内ではハムレットの提示した「険しい」顔かという質問を吟味しているわけです。自分ならなんと表現するかな、と。そして出てきた答えが「お怒りよりは悲しみかと」になります。

ハムレットはその答えに納得がいかないのでしょう、畳み掛けるように顔色を尋ねます。⑩の原文は Pale or red? で、顔色が青白いか、真っ赤かを尋ねているのです。青白い

のは悲しみが強い、絶望的な様子です。真っ赤なのは怒りが燃え上がっている様子ですね。ホレイシオゥの「もう、真っ青で」という答えにハムレットは直接反応を示していません。質問しておいて相手の返答に「そうか」と答えないときは、理性よりも感情が強いのです。演者は「俺も居合わせたかった」に向けて呼吸のリズムを浅く速くしていき、信じがたいことを信じていくハムレットの心理変化の過程を体験しましょう。

Try This
秘密を打ち明ける場所による演技の違い

　この場面の直前にはクローディアスとガートルードの結婚式が挙げられます。しかしこの場面では、結婚式の直後にはふさわしくない秘密が打ち明けられるのです。

・周りにまだ大勢の人がいる設定なら、カーテンの陰や部屋の隅が選ばれるでしょう。グループの複数名に結婚式の招待客となってもらい、のぞき込んだり通り過ぎたりする、というリアリティを入れて演じてみましょう。聞かれてはいけないので、緊張感が高まり、声を大きくできず、ひそひそ声で会話がなされます。

・ハムレットがにぎやかなパーティーから離れ、ひとりになれる場所にいると設定します。親友のホレイシオゥだけが知っている、落ち込んだハムレットがよくいる場所です。ハムレットの自室かもしれませんし、ほとんど人の来ない庭の隅かもしれません。庭で昼寝をしていた父王が毒蛇に嚙まれて死んだ、まさにその場所の可能性もあります。そのような場所なら、声を多少荒げても、誰にも聞かれる心配はありません。

　この場面での衛兵とホレイシオゥを演じる難しさは、身分の差と親近感とを同時に表現しなくてはならない点です。ハムレットは王太子ですが、ホレイシオゥに対して別の場面では「級友 fellow-student」と呼びかけ[7]、信頼と愛情を感じています。しかし、ホレイシオゥにとってはハムレットは未来の国王。王太子殿下にはひざまずいて平身低頭せねばならない気持ちがあるかもしれません。が、実際にひざまずく必要があるのは、国王への正式な謁見のときと、大変な願いごとをするときのみ。王太子は軍の訓練も学校の勉強も友たちと一緒に行い、喜びや辛さを共にしています。衛兵もホレイシオゥもハムレットに対して「殿下 my lord」と敬称を付け、敬意も抱いていますが、かしこまりすぎないので、ハムレットも彼らを信頼するのです。その表現として衛兵とホレイシオゥ役は、次の点に気をつけましょう。

7) *Hamlet* 1.2.176

・猫背になったり、首を前に出したりせず、姿勢を正します。その際に背筋は安定させつつ、固めてはいけない

8) *Hamlet* 3.1.58-92 (58)

HAMLET
① To be, or not to be; that is the question:
② Whether 'tis nobler in the mind ③ to suffer
The slings and arrows of outrageous fortune,
④ Or to take arms against a sea of troubles,
And, by opposing, end them. ⑤ To die, to sleep —
No more, and by a sleep to say we end
The heartache and the thousand natural shocks
That flesh is heir to — 'tis a consummation
Devoutly to be wished. ⑥ To die, to sleep.
⑦ To sleep, perchance to dream. Ay, there's the rub,
For in that sleep of death what dreams may come
When we have shuffled off this mortal coil
⑧ Must give us pause.
......

・ハムレットに対する距離をとりすぎない

・自分たちだけで小さくまとまらない

・顎を上げない。横柄に見えるか、格式張って見えるかのどちらかになってしまう

　この場面は、亡霊の心理を理解するのにも参考になります。戦うつもりで武装してきたのに、その心は悲しみでいっぱい。言うに言われぬ思いでホレイシォゥをじっと見つめるのです。慣れないと、うわべだけの演技になりがちなので、相手役と何度も練習しましょう。亡霊がなぜホレイシォゥに「息子のハムレットを連れてきてくれ」と話しかけないのかは、皆で話し合って決めて構いません。

「現状維持か、現状打破か」
To be, or not to be; 8)

　「生きるべきか死ぬべきか」で有名なこの独白は、ハムレットが自らの置かれている立場を整理しようとしている心の動きそのものです。この独白を演じる鍵は、シェイクスピアのせりふが、口に出した瞬間に次のイメージの扉が開くようにできていることを念頭に置くことです。9) 独白の目的は、今の自分の状態を冷静に眺め、先をどうするかを考

人間は神に比する

　ルネサンスは人間讃歌が可能になった時代です（76-77ページ参照）。ハムレットは人間を素晴らしい！と賛美しつつ、自分はなんと程度が低いのか、と嘆きます。名せりふを味わってみましょう。

ハムレット
大した作品だ、人間というものは！　なんと気高い理性、なんと無限の能力、形も動作もなんと適切で見事、その行動はなんと天使さながら、その理解力はなんと神さながら──この世の美そのもの、動物界の鑑（かがみ）！　それがどうだ、俺に言わせればこれはなんだ、本質は塵（ちり）あくたにすぎないものの寄せ集めか？

HAMLET
What a piece of work is a man! How noble in reason, how infinite in faculty, in form and moving how express and admirable, in action how like an angel, in apprehension how like a god — the beauty of the world, the paragon of animals! And yet to me what is this quintessence of dust?
（2.2.305–310）

　人間を、神に比する理性と美しさをもつと表現した点がとてもルネサンス的です。当時の世俗の観客はどんなに誇らしい思いでこれを聞いたでしょう。一方、聖職者たちはどれほど歯噛みしたでしょう。下手をすれば神を冒涜（ぼうとく）する罪でシェイクスピアの命は危なかったかもしれません。しかし、シェイクスピアは逃げ道をちゃんと用意しています。まず冒頭「素晴らしい作品」という1語で、人間は神がお造りになった作品だと断言し、最後に「本質は塵あくたにすない quintessence of dust」と人間の立場を落とし、聖書の教え「人間は灰から造られて灰に還る Ashes to ashes, dust to dust」をせりふに組み込んでいるのです。これには教会も反論できませんね。

えること。障害は、解決策が浮かんだ瞬間にまた別の問題が見えてしまうこと、そして
オフィリアの登場です。

> **ハムレット**
> ①現状維持か、現状打破か；問題はそこだ：
> ②どちらが立派だ、③耐えることか、
> 怒り狂う運命が投げつける矢弾の嵐を、
> ④それとも武器をとって怒涛の海に立ち向かい、
> それで、挑んで、終わらせるか。⑤死ぬ、眠る──
> それだけ、それに眠ればきれいさっぱりじゃないか、
> 心の痛みも病気も、肉体が避けては通れない
> 悩みは消える──それこそ
> のどから手が出るほど願うべきものなり、だ。⑥死ぬ、眠る。
> ⑦眠る、とすると夢を見るかも。えい、そら、つまずいた、
> だって、死んだあげくにどんな夢に脅かされることか、
> せっかく人生の雑音を振り払ってしまえるというのに、
> ⑧と思うから、躊躇する。

①の原文の to be は、今の状態が続くという意味。原文をよく見ると、「死ぬ die」は、やっと5行目の終わりに登場します。シェイクスピアはこの瞬間まで、観客にもハムレットにも「死」ということばを聞かせない工夫をしています。[10]

以下は、ハムレットがまだ「死」を明確に意識していないという、ジョン・バートンの解釈で演技方法を考えます。

まずハムレットは、あまりにも複雑で大きな問題を、大きくふたつに分けてとらえます。わたしたちが何か決断するときに考えるのと同じで、今のままでもいいのか、いけないのか、どちらが人生にとってより良い結果を生むのかを考えるわけです。ハムレットにとっては、②「立派 nobler」であることが大事なようですね。noble とは、貴族的で気高く、高潔、崇高な、という意味です。

Try This
行動を秤にかける独白の演技

出だしに「現状維持 to be」と言ってから、それとも、と考え始めて「か or」を言い、「現状打破か not to be」と言います。その際、「現状」と「維持」、「現状」と「打破」を分けて、それぞれの意味を考えながら言ってみましょう。稽古のときは本番のペースよりもゆっ

---

9) p.3、pp.63-65参照

10)「死」ということばを先に聞かせる翻訳の場合は、ハムレットが既に死を考えている状態で始まるせりふとして演じる必要がある。例えばローレンス・オリヴィエが主演した映画では、オリヴィエは死を明確に意識したハムレットを演じており、ナイフの取り扱いの演技や断崖絶壁に打ち寄せる波のカメラワークなどでもそれが観客にも伝わるようになっている

くり演じるよう心がけ、すると、なるほどAかBかで自分は悩んでいるのだ、それが問題なのか、と実感できます。

　現状維持と現状打破のどちらかを選ぶなら、選択の基準は、どちらが立派で気高くて崇高か、です。そこでハムレットはそれをもっと具体的に追究しようとします。現状維持は③の状態。現状打破とは④の状態です。首をすくめてその場でじっとして我慢するほうが立派なのか、怒涛の波に立ち向かってすべてに決着をつけるほうが立派なのか。実際にそのような状態を体現しましょう。③のせりふは体を低くして歯を食いしばり、腹を守ろうと首をすくめ丸くなっているような状態で言います。④のせりふは大声を上げ、腕を振り上げて大波に向かって駆け出していくような状態で言います。実際に舞台でそうしなくてもよいのですが、脳内で必ずそれを追体験しながら言えるようになりましょう。

　④のせりふは「終わらせる end them」で終わっています。ハムレットは、このことばを言った瞬間に「終わり end ＝ 死ぬ die」という図式を思いつき、それが⑤のせりふを導きます。それからは思考の連想ゲームが始まるのです。

　終わり end → 死ぬ die → 眠る sleep → 夢を見る dream

　⑥のせりふは、⑤の発見を喜んで、なんだ眠ればいいだけじゃないかと、死ぬのは怖くないことを発見したところです。が、その途端に疑問が生まれます。「死ぬ」と言い直してみると、⑦ですぐに「夢を見る」、ハムレットにとって嬉しくない連想がやってきてしまうのです。そして⑧で、いや、ちょっと待てよと思考を引き留めます。「躊躇する」の原文は pause で、ふと手を止める感じです。

　この独白は次のように終わります。

　　ハムレット

　　（中略）

　　ほら、考えれば考えるほど、みんな臆病者になる、

　　そのせいだ、本来は勇敢な決意の顔色が

　　臆病者のなまっちろい「考えすぎ」病にかかってしまう、

　　だから、偉大な計画もチャンスも

　　うかうかするうちに運命の潮目にそっぽを向かれて、

　　⑨行動する大義名分がなくなってしまうんだ。⑩しっ、静かに、

　　麗しいオフィリア！——女神、その祈りのなかに

　　我が罪のすべてを含めたまえ。

ハムレットは、登場して最初の独白[11]で、「自殺を神が許してくれたら」と願っていますから、自殺願望があることは確かです。けれど⑨のせりふから、ハムレットがここで決意したものは自殺とは限らないと言えるでしょう。そもそも復讐をするとなると、現在の国王の殺害ですから、復讐を成し遂げてもハムレットは反逆罪で死刑になるのです。「偉大な計画」や「チャンス」、「行動する大義名分」には、自殺以上のものがあるように思われます。ハムレットは、行動できる人とできない人との心の違いを解明しようとしているのです。ハムレットはもっと考え続けたかったはずですが、まだ韻文のせりふが完成しないうちに⑩がやってきます。[12] 突然、思考を止めなければいけなくなりました。ですから、⑨のせりふは結論ではありません。次の思考回路へのステップにすぎないつもりで演じましょう。それによって思考を邪魔されたことに対するフラストレーションが、オフィリアとの会話に流れることになります。

Try This
議論が終わっていない状態を演じる

⑨「行動する大義名分がなくなってしまうんだ」を、議論終了のつもりで言ってみましょう。オフィリアの登場の際に「しっ」と言わなくてよくなるのがわかりますね。

同じせりふを言った後、「だから」や「それに」などの接続詞を入れて、議論が続くつもりで、自分でせりふを書いてしゃべり始めます。オフィリア役が、その「ひとり討論」の真っ最中に入ってくるようにしてみましょう。もっと考えたいのに、というフラストレーションが強くなるのがわかりますか？ オフィリアの前で、慌てて、深刻な自分から冗談まじりの自分に切り替えなくてはいけなくなりますね。

この後、ハムレットは、オフィリアまでもが自分をだまそうとしていることに気づいて激怒します。その気持ちとこの独白の流れとが分断しないように気をつけてください。最近はこの独白を冒頭や別の場所にもってくる演出も多いのですが、まずはオリジナルの流れでハムレットの心理を理解しましょう。

「さてお母様、どうしました?」
Now, mother, what's the matter? [13]

ガートルードの性質を基に、彼女の心の動きを追ってみましょう。ともすると2人ともがどなり合うだけの演技を繰り返しがちな場面なので、変化をどうつけていくかが鍵になります。

---

11) *Hamlet* 1.2.129-159

12) pp.73-74参照

13) *Hamlet* 3.4.8-22 (8)

第1章 悲劇 I ハムレット　141

ハムレット

①さてお母様、どうしました？

ガートルード

②ハムレット、あなたのお父様に失礼ですよ。

ハムレット

③お母様、わたしのお父様に失礼ですよ。

（中略）

ガートルード

④なんてこと、誰か話のわかる者を呼ぶわ。

ハムレット

⑤ほらほら、座って。逃がしませんよ。

今、鏡を見せてあげます、

あなたの心の奥底を見透かせるよう。

ガートルード

⑥何するの？　殺すつもり？

助けて、助けて、ちょっと！

　この場面は、母と息子の対立です。母は息子を言いくるめようとし、息子は自分の主張の正しさを母にわからせようとします。互いの目的が互いの障害になっている、ドラ

翻訳比べ

　優れた言い回しを目にすると、自分のことばで、自分の声で表現したくなるもの。それが翻訳者の性分です。あらゆる国のことばで、あらゆる時代に、実に多くの人が翻訳してきたシェイクスピアのなかでも最も有名な一文を、日本人がどう訳してきたか、比べてみましょう。

　世に在る、世に在らぬ、それが疑問ぢゃ。
坪内逍遙

　生か、死か、それが疑問だ。
福田恆存

　このままでいいのか、いけないのか、それが問題だ。
小田島雄志

　生きてとどまるか、消えてなくなるか、それが問題だ。
松岡和子

　生きるべきか、死ぬべきか、それが問題だ。
河合祥一郎

　『ハムレット』第3幕第1場、To be, or not to be; that is the question: の訳文です。翻訳者によって、これだけ異なるのです。翻訳された時点でそこには翻訳者の解釈と演出が入ります。訳によって登場人物の性格まで違って見えますね。

　翻訳する際に、どのイメージを選べば最適な訳文になるか、それが翻訳者を悩ませます。演者と演出家は、翻訳者が苦労して紡ぎ出したことばのイメージを、まずは素直に受け入れましょう。

マの基本のような場面です。ドラマを盛り上げるために、障害を強調しましょう。

Try This
相手を言う通りにさせられないフラストレーション

　ハムレット役は、母親を小馬鹿にした体で部屋に入ります。①の「お母様」とは口ばかりで、まるでそうは思っていないと、はっきりわかるように。

　②でガートルードは、厳しく躾をする母親の役割を果たそうとしますが、うまくいきません。それを表現するために、ツンケンとして腹を立てて、わがままを言うつもりで演じましょう。彼女の言う「あなたのお父様」はクローディアスのこと。

　③でハムレットはガートルードを一切、母親扱いしません。小馬鹿にする態度をよりあからさまにして演じます。ハムレットの言う「わたしのお父様」は亡き父のこと。

　④では、ハムレットがまともに相手をしてくれない（障害を排除できない）ので、躾の厳しい母親としての役割をガートルードはすぐに諦めます。それでもまだ腹が立っているように演じてよいでしょう。

　⑤のせりふは、ハムレットがガートルードを完全に子供扱いしているようです。強い命令形で演じてもよいのですが、ここではまだ大声にしないように。

　⑥のせりふを言うガートルードの怯えの原因はなんでしょう？　ハムレットが懐から鏡を出そうとするのを、剣でも出すのかと誤解したのでしょうか。演出によっては、座ろうとしないガートルードを椅子や床やベッドに無理やり押し倒したり、引きずり落としたりと身体的な暴力を使うときもあります。身体的な暴力のほうが「助けて」の繰り返しが生まれやすくなります。

　この続きで、神前で交わした結婚の誓いを反故にするとは娼婦同然だと、ハムレットに指摘された後の場面を見てみましょう。

「おお、もう何も言わないで!」
O, speak to me no more! [14]

14) *Hamlet* 3.4.38-86（84）

　　　ガートルード

　　　①わたしが何をしたっていうの、
　　　よくもそんな
　　　失礼な口がきけるわね？
　　　(中略)

　　　　　②ああもう、いったいなんのこと、
　　　雷みたいにガミガミどなりつけるなんて？

第 1 章 悲劇 I ハムレット　143

（中略：亡き父の肖像とクローディアスの肖像とを比べて見せられ、中年女が色に狂うとは情けないと散々に言われ）

　　　　　③おおハムレット、もう言わないで！
お前のことばで、この魂の奥底が見えたわ、
見たわ、黒くてべっとりした汚（けが）れ、
　　　　　④もう消せない、消えない。
（中略：ハムレットはことばを止めないでひたすら続ける）
　　　　　⑤おお、もう何も言わないで！
この耳に短剣が突き込まれるようだわ。
⑥もうやめて、いい子だから、ハムレット。

Try This
ガートルードの心理変化を詳細に追う

　①はヒステリックにどなりつけていいでしょう。
　②は、まるで反省をしておらず、ただ、お手上げ状態で演じてみます。
　本人も罪悪感があるものです。自らの行為を悪いと思っていない設定でガートルードを演じると、彼女を責めるハムレットがただの「嫌なやつ」だと観客に思わせてしまいますので気をつけましょう。
　③では、本気でハムレットを黙らせるように演じます。
　ガートルードもこれ以上聞くのは本当に嫌なのでしょう。ただし、反省するのはもう少し後にとっておきます。ここは彼を黙らせるためにとにかく謝っておこうという態度に抑えておきます。「見えたわ、見たわ」と繰り返すところは、「もうわかったから、黙って！」との思いで。そして反省するどころか、④を言います。
　④は、いまさら言われても遅いの、と弱々しくてもよいし、強くはねつけてもよいでしょう。
　してしまったことを叱られると、わたしたちでもどうしようもない気持ちになりますね。ガートルードも同じでしょう。ハムレットが執拗（しつよう）にガートルードの再婚、つまり前夫の弟との快楽にどっぷり浸かっている浅ましさを述べるので、彼女は⑤に至ります。
　⑤は、原文 O, speak to me no more! では長い母音をたっぷり使って嘆きます。この部分だけでも英語で練習してみましょう。母音が長いと、より深い気持ちが実感できるでしょう。15)
　ただし、ガートルードが本気で反省しているかどうかは別です。ハムレットの目的は、母ガートルードに、己の罪悪を直視してもらい、心からの反省と未来への対応を促すことにあります。もしも、その目的が達成されていれば、彼は母と仲直りして部屋から出ていけるはずです。

15) p.19参照

⑥は、甘ったるく唇を尖らせるように演じてみましょう。

　原文は sweet Hamlet。sweet という形容詞を付けて話しかけています。sweet は恋人同士などが愛情を表現するために使います。この後もハムレットは攻撃をやめようとしないのですが、ガートルードが使う sweet に媚びるようななまめかしさが含まれており、それがハムレットをぞっとさせるのかもしれません。ガートルードが実の息子ハムレットに色仕掛けをしているわけではありませんが、ガートルードという女性の立ち居振る舞いの端々に、男性を誘う色気やなまめかしさがある可能性を捨ててはいけません。

「柳が1本、小川の淵に」
There is a willow grows aslant a brook [16]

16) *Hamlet* 4.7.138-155
(138)

　オフィリアが溺死した事実を皆に告げにくるガートルードのせりふです。感情と情景、記憶と想像をことばにする訓練になります。

ガートルード

　①柳が1本、小川の淵に

　白い葉の影をなめらかな水面に映している。

　そこに、②なんだか奇妙な花輪をあの子が、

　金鳳花、刺草、ひな菊を編み込んで、それに紫蘭まで、

　ほら、あのだらしない羊飼いたちが卑猥な名前で呼んでいて、

　③でも無垢な少女なら「死人の指」と呼んでいるあの紫蘭まで。

　そこに、そんな雑草でできた花輪の冠を、ぶら下げようと

　よじ登ったら、やきもちを焼いた小枝が折れたの、

　そして下へ、雑草でできた戦利品と一緒に

　落ちたわ、涙にくれる小川の中へ。服は広く広がって、

　おまけに、④人魚みたいに、服のおかげでしばらく浮かんでいて；

　なのにあの子、ずっと古い小唄を唱えているの、

　悲惨な状況をどうにもできない人みたいに、

　いえ、まるで生まれつきそこにそうしているのが

　当然の⑤生き物みたいに。でも長くはかからなかったわ、

　その服も、水を吸ってすっかり重くなり、

　引きずり込んでいった、哀れなあの子を歌声からもぎ取って

　⑥泥まみれの死の淵へ。

　ガートルードの目的は、オフィリアの兄レアティーズに、オフィリアの死を告げるこ

第1章 悲劇 Iハムレット　**145**

とです。レアティーズは父親ポロゥニアスを殺されたばかりで、そこにさらに悪い知らせを伝えたくない気持ちや、オフィリアの死の原因が自殺なのか事故なのかよくわからないために、どうやって伝えるべきかわからない混乱などがガートルードの障害となります。

　ここに至るまでのガートルードの気分、気持ちもこの場面に影響します。彼女は、ハムレットに寝室で責められ、自分の罪の重さと汚さを直視し、落ち込んでいます。それをクローディアスには告げられません。この場面では、クローディアスはこれまで通りべったりと寄り添おうとしてくるでしょう。それをどう拒んだらよいのか。しかも、死ぬ直前のオフィリアにも、嫌らしいことを言われたばかりで、ガートルード自身、非常に混乱しています。

　そのオフィリアの様子を見に、ひとりで小川のある場所へ行き、オフィリアが死ぬのを手をこまねいて見ていたわけです。それもかなりのショックでしょう。ガートルードは、今見た光景が脳内に鮮明に残っているのに、どこからどう話せばよいかわからず、場所の説明から始めるのです。

　①のせりふに出てくる柳は、失恋の象徴です。失恋して涙を流しながら死んでしまった女性の象徴であり、その足元には涙の川ができるのです。この考え方は西洋ではよく知られていますが、日本人はそのイメージをもっていません。観客には伝わらないかもしれませんが、演者たちは頭の中に浮かべる風景を一致させておきましょう。城の近くの小川なので、城にいる人たちはよく知っている場所かもしれません。

17) 「複雑に編み上げられた」という意味もある。*Hamlet-The Arden Shakespeare*, ed. Jenkins, H., 1982(1990), p.374

　場所を伝えた後、ガートルードは、オフィリアのしていたことを非常に奇妙に感じながら②を言います。原文は Therewith fantastic garlands did she make。ガートルードは確かに「花輪 garlands」とは言っています。けれど、その形容詞は fantastic です。シェイクスピアの時代の fantastic は現代の「素晴らしい」よりも、「ありえない、不思議な、奇妙奇天烈な」という意味が強いので[17]、オフィリアの編んでいる花輪は、いわゆる花輪とは言えないようです。年頃の娘が作る花輪は、もっと穏やかで清楚なものでしょうけれど、オフィリアが作っていた花輪は違います。金鳳花、ひな菊といった、幼い子供が野原で集めるような花と、触れれば刺と毒で指が腫れ上がる刺草という薬草と、そして貞淑な乙女なら絶対に触れないであろう紫蘭で作っているのです。オフィリアの幼児退行、刺が刺さるのもわからないほどの身体感覚の欠如、

〈オフィリアの花輪と
花言葉、オフィリアの状態〉

摘んだ草花	通常の行動	オフィリアの状態	花言葉
金鳳花	幼児期に野原で摘む類の花	幼児退行	恩知らず
刺草	棘があるので触らない	皮膚感覚の麻痺、判断力の欠如	鋭く刺す、苛つき
ひな菊	幼児期に野原で摘む類の花	幼児退行	恩知らず
紫蘭	別名「死人の指」なので、触らない	判断力の欠如、父の死で受けた印象から逃れられない、自分の死への予感	死
	性的なものを連想させるので、触ってはいけないと教育され、触らない	道徳と自制心の欠如、性行為への欲求	性行為、陰嚢

146　第3部 読解方法と表現術

淫らな性欲を制御できない状態、そして死人の指を集めるという尋常ではない狂気が表れています。ガートルード役は、草花の名を口にする際に、それらに対するガートルードの気持ちを明確に表現する必要があります。

Try This
ことばに気持ちを込める

　ものに対する気持ちを表現する簡単なエクササイズをしましょう。「ふわふわのタオル」と「汚い雑巾」などのシンプルなことばを使います。「ふわふわのタオル」は、気持ちがよくて大好きという気持ちで言えますね。「汚い雑巾」は、指で触るのも嫌だという気持ちで言えます。ものに対してあなたが感じている気持ちを乗せると、信憑性が深まり、観客はキャラクターと一緒に、そのキャラクターの視点で物語を経験します。

　では次に花の名「金鳳花」を、「なんであんなもの」「理解できない」という気持ちで言ってみましょう。「あそこ、金鳳花しか咲いてないんだよね」と金鳳花のステイタスを貶めて言ってみましょう。

　「刺草」は触りたくもない草です。「金鳳花」はただつまらない花だったのに対し、刺草は指先の痛みを伴います。それを感じて言ってみましょう。「紫蘭」には長い形容詞句が付いていますから、それを利用して練習します。特に③で「でも無垢な少女なら」と言い替えている点に注目してください。オフィリアは卑猥な意味で花を集めたのではなく、父親の死のイメージのほうで紫蘭を集めたのだろう、と言い替えたいガートルードの思いまでが伝わってくるように。

　④の人魚といえば、優しく美しい美女というロマンチックな生き物を思い浮かべるかもしれませんが、16世紀には、人魚は人を海の中へ引きずり込む恐ろしい生き物だと考えられていました。「人魚」と言うときには、不気味なおぞましい感じをことばに乗せましょう。

　⑤は「生き物」と言っている点に注意してください。原語の creature は、人間でもなく、動物でもなく、何か不可思議な、表現しがたい不気味なもの、ただ「生き物」としか言えないもののこと。[18] ガートルードは、オフィリアが人間でも人魚でもなく、得体の知れない「生き物」のようだった、と言っているのです。これを聞くオフィリアの兄レアティーズの気持ちは想像して余りありますね。

　⑥の原文では to muddy death. と「死 death」という単語がいちばん最後にきています。ガートルードは最後にこのことばにたどり着きます。演じるときは、どうしても言いたくなかったことばを、ついに言ってしまった、というどうにもならない諦めの気持ちで言いましょう。

18) creature は禍々しい意味でも使われる一方、愛情を込めて「かわいい」と言う場合なども (Cassio, *Othello* 2.3.20)

「小さな雀が1羽、パタリと落ちる、そこにさえ神の摂理が働いているのだぜ」

There's a special providence in the fall of a sparrow. [19]

19) *Hamlet* 5.2.156-170
(165-166)

　レアティーズとの剣術試合をもちかけられて、ハムレットが胸騒ぎを覚える場面です。ここでのハムレットの目的は、心配するホレイシオゥの不安を払拭すること。障害は、自分も微かな不安を感じていることです。

> **ハムレット**
>
> 　負けるとは思わないが（中略）①それにしてもこの心臓のあたりが妙な感じだ――ま、どうでもいいが。
>
> **ホレイシオゥ**
>
> 　②だめです、よくはありません、殿下――
>
> **ハムレット**
>
> 　馬鹿らしい、ただなんとなく、女ならこういうのを気に病むんだろうな。
>
> **ホレイシオゥ**
>
> 　③気に入らない気がするなら、その本能に従うべきです。ちょっと行って、ご気分が優れないからと、皆様がお越しになるのをお止めしてきましょう。
>
> **ハムレット**
>
> 　やめろ。迷信に囚われるのは嫌だ。小さな雀が1羽、パタリと落ちる、そこにさえ神の摂理が働いているのだぜ。④今来るなら、後には来ない。後で来るものなら、今は来ない。今来なくてもいずれは来る。大事なのは、覚悟だ。やり残したことが何か、誰にもわからんだろ、だったら、早めにこの世からいなくなっても大した問題じゃなかろう？

Try This
短いせりふのやり取りの中で、気持ちに一気に大きな変化をつける

　①の「この心臓のあたり」とは、原語で heart。場所を言うときには、腕がその場所を先に指し示すものです。せりふを言う前に手を胸のあたりにもっていきましょう。体になにか居心地の悪さを感じ、それから、それをことばで説明するとスムーズな演技になります。そして、そう言いながらも試合場（または宮殿の大広間）へ向かおうと動き出してみましょう。するとホレイシオゥが②のように、慌てて彼を止め、場面に危急性が生まれます。

　③の「気」は原語で mind。ハムレットが「心 heart」を意識したのに対し、「理性 mind」の声に従え、と言っています。ここでのハムレットは、気分が明るくて気が大きくなっ

148　第3部 読解方法と表現術

ている状態を演じる必要があります。そして、死の時が訪れるタイミングはどうにもならないという意味で④を言います。ハムレット役は、ホレイシォゥに言い聞かせると同時に、自らをも説得するつもりで言いましょう。

　第3幕第1場の To be, or not to be で未解決であった問題を、彼はここで爽やかに捨てます。なんという変わり様<ruby>様<rt>よう</rt></ruby>でしょう！　迷いは一切見せずに爽やかに言うのがお勧めです。これからハムレットは死ぬのです。暗い人が死ぬよりも、明るい人が死ぬほうが観客にはショックが大きいもの。死んじゃ嫌！　という気持ちを観客の心にかき立てるように、この時点からどんどん明るくさっぱりとしたハムレットにしていきましょう。

論理と神秘のはざまで

　ハムレットは、哲学や理性では解けないものがあることを承知しています。

ハムレット
いいか、ホレイシオゥ、この天地の間にはな、
哲学なんぞじゃ夢にも思いつかない謎があるんだ。

HAMLET
There are more things in heaven and earth, Horatio,
Than are dreamt of in our philosophy.
(1.5.168-169)

　これは、父親の霊魂と話をした後、恐れおののく親友のホレイシォゥに向けたものです。ウィッテンバーグ大学で哲学を学んでいたハムレットは、この世の中は理性と知性で解決できると学んできたはずでした。けれど亡霊に出会って、そんな考え方は吹っ飛んでしまったのです。この世には、どうにもできないことがある。ハムレットがその事実に打ちのめされた瞬間です。それが、雀が1羽、パタリと落ちるのにも神の摂理があるという、どこか爽やかな悟りに通じていくのはおもしろいですね。

「現状放任でいこう」

Let it be. [20]

20) *Hamlet* 5.2.285-301
（290）

　ハムレットの最後のせりふです。障害は、今にも死にそうな身体の状態ですが、ハムレットの目的はなんでしょう？

ハムレット
　①俺は死ぬんだ、ホレイシオゥ。②哀れな女王様、さらば！
　③君ら、青ざめて震えているじゃないか、
　④こんな場面を見せられて、すっかり黙り込んだな、
　⑤俺に時間があればな——だが残酷な死の将軍に
　しっかり逮捕されては——おお、俺が伝えられれば——

第1章 悲劇 Ⅰハムレット　149

⑥だが、現状放任でいこう。ホレイシォゥ、俺は死ぬ、
お前は生きろ。説明を求める者たちに、俺のこと、俺の物語を
しっかり伝えてくれ。

ホレイシォゥ　　　　　　とんでもない。

⑦わたしだって、古代ローマ人の心をもっています。
この杯にはまだ毒が残っている。

ハムレット　　　　　　　　　　　貴様、男だろう、
杯をよこせ。手を離せ。ちくしょう、俺によこせ。
おお神よ、ホレイシォゥ、なんたる恥さらしな名前を、
俺は残していかねばならんのだ、誰も真相を知らぬまま！
俺のことを少しでも心に留めてくれるなら、
甘い死の誘いに乗るのをしばし遅らせ、
この辛く厳しい世の中にいる苦しみを我慢して
⑧俺の物語を語ってくれ。

（軍楽隊の音が聞こえ、大砲の音も聞こえる）

⑨なんだ戦（いくさ）か、あの音は？

Try This
最後の場面のハムレットの目的を探る

　①は、レアティーズが剣の毒で死んだのを目（ま）の当たりにし、自らの死をはっきりと認識して言ってみましょう。この後まだしばらくしゃべるので、あまり弱々しくなりすぎないように。あたかも自分はまだ元気なのに、自分と同じ病の人が目の前で死んだのを見て、「ああ、自分も死ぬんだな」と漠然と感じるようなつもりで。そう言った後、意識はすぐにガートルードに向かい、②を言います。そして周りを見回して、どうしてこんなことになったのか、さっぱりわかっていない宮廷人たちに③と話しかけます。ハムレットは、ここで彼らの顔を見て、皆が理由をまったく知らず、ハムレットが国王に謀反（むほん）を起こしたと思っていることに気づきます。そして、それがここから先のせりふの目的を導いていくのです。

21) *Hamlet* 5.2.275

　同席の貴族らが「謀反だ、謀反だ」と叫ぶ場面では[21]、国王を刺し殺したハムレットに、謀反人の汚名が着せられたことを、観客にはっきりと聞かせましょう。貴族たちは青ざめ、興奮し、ハムレットを逮捕しようと動き出すかもしれません。ホレイシォゥはそれを止めようと動くでしょう。クローディアスを殺したばかりのハムレットには、「謀反だ」は聞こえていないかもしれません。けれど、③で貴族たちの顔を見て悟るのです、自分が理不尽な非難の的になっていることを。ハムレットは、クローディアスがそもそも前国王を殺した謀反人であると、弁明したいでしょう。謀反人を罰したのだから、こ

れは正義のはずです。けれど、周りの人たちはわかっておらず、④の状態にあります。自分に汚名が着せられていることを認識したハムレットの⑤から先のせりふはすべて、汚名返上という強い目的に貫かれています。第3幕第1場の「現状維持か、現状打破か To be, or not to be」のせりふを見ても、ハムレットが大事にしている価値観は、行いが立派かどうか、なのです。死の間際で自分の行いに汚点が残るとしたら、死ぬに死に切れない。その思いで⑤から先のせりふを言いましょう。

　生きる時間が残っていれば、という悔しさをにじませる⑤を言った直後、ハムレットは⑥の「現状放任」と言います。原文は Let it be 。To be, or not to be に呼応しているせりふですね。どう抗（あらが）っても死ぬと自覚したこのせりふは、悔しさの気持ちと諦めの気持ちの両方を練習し、最もぴったりくるものを選びましょう。

　⑦は、ホレイシオゥが唯一感情的になる貴重な瞬間です。観客には、あのホレイシオゥでさえ我を忘れて感情で動いた、と思わせましょう。が、ハムレットはすべてを知っているホレイシオゥを死なせるわけにはいきません（⑧）。

　そこへ、別の国の軍楽隊の音が聞こえてきます。ハムレット役は大きく演技を切り替えましょう。⑧までは、ホレイシオゥに生きて自分の正当性を語り継いでくれと頼む、衰弱した青年ですが、⑨は国を守る王太子としての顔に戻るべき瞬間です。自らの命の火が燃え尽きようとしているのにもかかわらず、国難に対処すべく立ち上がろうとしましょう。けれど、立ち上がる力はもう残っていません。

「後は静かだ」
The rest is silence. 22)

22) *Hamlet* 5.2.304-313 (310)

ハムレット　①おお、俺は死ぬんだ、ホレイシオゥ！
　　毒にやられて俺の精神までやっつけられそうだぞ。
　　②イングランドからの便りを聞くまで生きられない、
　　③が、伝えておこう、次のデンマーク国王には
　　フォーティンブラスが選ばれるべし。これが俺の遺言だ。
　　そうお伝えしろ、ここで起きた、
　　あれやこれやも。④後は静かだ。
　　おお、おお、おお、おお！（死ぬ）
ホレイシオゥ
　　なんと砕けたか、気高い心も。⑤おやすみなさい、優しい王子、
　　天使たちが舞い降りて歌うなか、どうぞ安らかに。——

　①の原文は O で始まり、ホレイシオゥ Horatio の名の語尾もまた O の音が響きます。

HAMLET　①O, I die, Horatio!
The potent poison quite o'ercrows my spirit.
②I cannot live to hear the news from England,
③ But I do prophesy th' election lights
On Fortinbras. He has my dying voice.
So tell him, with th'occurrences, more and less,
Which have solicited.　④ The rest is silence.
O, O, O, O!　　[He Dies]
HORATIO
Now cracks a noble heart.
⑤Good night, sweet prince,
And flights of angels sing thee to thy rest.——

ことばにならない思いが溢れ出てくる表現です。しかしその直後の②のせりふは、心配しているホレイシォゥに自虐的な冗談のように言ってみましょう。そのギャップがハムレットの人物像を深く豊かにしてくれます。

③はハムレットの国王としての最初で最後の務めです。

Try This
ハムレットによる最後の仕事の理由を探る

・戦でフォーティンブラスの父親を殺したのはハムレットの父親だから、フォーティンブラスへの罪滅ぼしとして、国を譲る
・デンマーク王になるにふさわしい人間はひとりもいないが、誰か統治者が必要だから、たまたま来たフォーティンブラスに国を譲る
・フォーティンブラスはデンマークをずっと狙っていたのをハムレットは知っている。暴力的に征服されるよりは、ハムレットから正式に国王に任命するおふれを出せば、戦を避けられ、かつデンマークとハムレットの高いステイタスも保たれる。フォーティンブラスも国民に対して乱暴狼藉を働かないであろうとの思いで言う

どの理由でも構いませんが、いずれにせよ、しっかりした理由をもっているべきです。

そしてついに最後のせりふ④になります。原文では、s の音が3回重なります。特に silence ということばは、ささやき声だけでも言える単語です。それがいかにも静かで、大気に音と魂が溶けていく様を思わせます。ハムレットは目的を達成していないことに注意して、この演技を追求しましょう。

最後の4回の O, O, O, O! は、死ぬに死に切れないハムレットの思いを伝えると共に、5強音のうち最後の1強音がないので、途中で息絶えたという演技ができます。23) もっとも、この「おお」の繰り返しは、シェイクスピアの筆ではないとも言われており、実際は「後は静かだ」で場面を終わらせるのが通例となっています。

23) pp.73-74参照

Try This
「後は静かだ」の終わらせ方

・生きているのはもういい、終わったという気持ちで安らかに言う
・まだ言いたいことが山ほどあり、それをしゃべるつもりで、「後は」と言ってみる。その直後に、瞬間的に何も聞こえなくなった状態、つまり死の淵に入り込んだのを感じ、その状態を描写するつもりで「静かだ」と言う

ふたつ目の演技はかなりドラマチックな表現になるでしょう。ハムレットが無念の極みにあるとき、その肉体が突然生きるのをやめ、目も見えず音も聞こえない世界に入り込んでしまう感じです。この場合は、その後の「おお」の連呼は使わず、無言の間を入れてから、ホレイシォゥの⑤に続けるとよいでしょう。

　⑤は、大勢の天使たちが舞い降りてきて、美しい歌声でハムレットを包み込むイメージをしっかりもって言いましょう。死を悼み、死後の安寧を祈る最も美しいせりふのひとつですが、ホレイシォゥ役は歌いすぎないように。ハムレットのために祈るように言うのです。「おやすみなさい」は、第3幕第1場の「現状維持か、現状打破か To be, or not to be 」の独白で、ハムレットが死ぬのは眠るのと同じだと言ったのを思い起こさせます。

　この後、フォーティンブラスが城に乗り込んできます。フォーティンブラスがホレイシォゥの話を聞いてどんな態度をとるかによって、戯曲全体の後味が大きく左右されます。暴君の時代が来るのか、新しい希望をもてる時代が来るのか。観客に最後に与える印象は、フォーティンブラスが最後のせりふを冷たく言うか温かく言うかで、決まるのです。

II ジュリアス・シーザー ─── JULIUS CAESAR

WHEN & WHERE
いつ、どこで？

　紀元前のローマが舞台です。ローマはシーザーの時代に版図を広げ、各地方に部隊が置かれました。マーク・アントニーはシリア、エジプト、地中海地域を、キャシアスはスペインとシリア地方を、ブルータスはガリア地方を、それぞれ総督として治めていました。シェイクスピアは1世紀に書かれたプルターク著『英雄伝』を基に、この戯曲を書きました。第3幕まではローマ市内、それ以降は遠く離れたマケドニアの平原が物語の舞台となります。

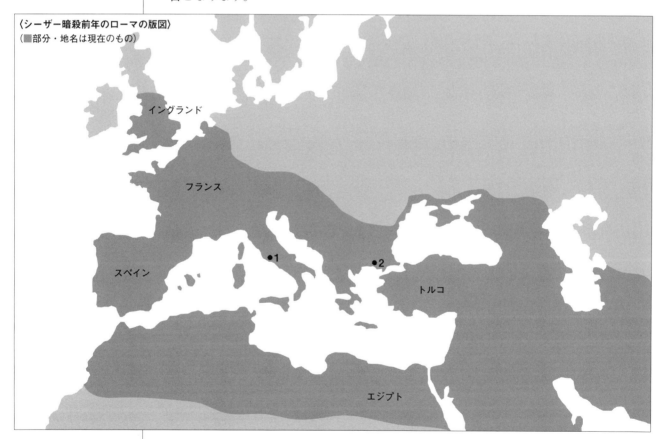

〈シーザー暗殺前年のローマの版図〉
（■部分・地名は現在のもの）

1　ローマ
劇中第3幕までの舞台（紀元前44年2月14日から3月15日）

2　マケドニア東部フィリッピ
最後の合戦が行われた場所（紀元前42年10月23日）

1 ローマ市の城壁

城壁内にはジュリアス・シーザーの時代の遺跡も多く残る

2 ポンペイ劇場

紀元前44年3月15日にシーザーはここの回廊で殺害された。当日の元老院議会が開かれた場所。劇場の名はシーザーが殺した武将ポンペイに由来する。ポンペイの支配圏はスペイン方面。キャシアスはポンペイ派だった

3 フォーラム

ブルータスとアントニーの演説が行われた広場

4 テヴェレ河

タイバーともティベルとも呼ばれる

〈ローマ市街路図〉
四方八方からの道路が、ローマの中心地に集まってくるのがわかる

5 ルペルカル祭壇

劇はルペルカル祭の日（2月14日）から始まる。ルペルカルはローマの象徴である狼の祭り。選ばれたランナーが沿道の女性の体に鞭で触れると、その女性が妊娠すると言われる豊穣の祭り

　場面は、ローマ市内の沿道、ブルータスの屋敷の庭、シーザーの屋敷のホール、元老院の議場、ローマ市内の中央広場、マケドニアの平原であるフィリッピです。第4幕からはマケドニアの平原だけが舞台ですが、それまではめまぐるしく場所が変わります。

　沿道や中央広場は一般市民も行き来する、公の場所。誰がいつ通ってもおかしくありません。祭りのパレードが行われる昼の広い空間と、嵐の夜に陰謀を企む者たちが連絡を取り合う路地や柱の陰のような空間が必要です。中央広場には演台や、シーザーの遺体を安置する場所をとりましょう。冒頭と演説の場面では、劇場の客席を使う演出もあります。

　屋敷はその所有者のプライベートな空間です。ブルータスが屋敷で考え事をしているのは夜。ブルータスの屋敷を、果樹園としている版もあります。果樹園は目の高さ以上の木が等間隔に並び、葉を広げている場所。誰かが来ても夜は顔がよく見えないのですが、塀に囲まれている安心感があります。一方で、シーザーの屋敷の場面は昼。部下が迎えに来たり、召使に命令を出すほか、外の人との交流が簡単にできる場所です。

　元老院の議場は格式の高い、侵しがたい威厳のある場所です。ローマふうの背の高い

列柱がある階段式の半円劇場のような空間のイメージです。暗殺などありえない厳重な警備が敷いてある演出もよいでしょう。

フィリッピを含めマケドニアの平原は、大きな軍隊が四つ（ブルータス、キャシアス、アントニー、オクタヴィアス）、距離を置いて陣地を取ってなお、広すぎるほどです。劇場では客席も含めて、上手前方と後方、下手前方と後方の4箇所を入口とし、誰がどこに陣取っているのかがわかると観客もついてきやすくなります。

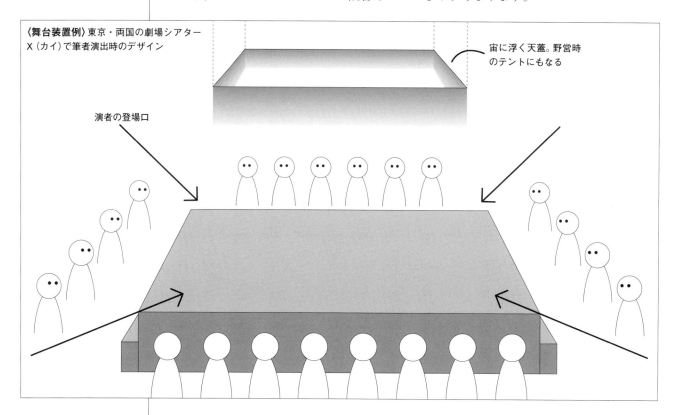

〈舞台装置例〉東京・両国の劇場シアターX（カイ）で筆者演出時のデザイン

この演出では、エピソードのほとんどが衆人環視のなかで進み、四方八方から人が集まってくる状況を考えた、下から見上げる土俵形式の舞台にしました。登場人物は四角い舞台の4つの角から客席の間を縫って登場します。シーザーの華やかな行列が客席を通り登ってくる様がどこからもよく見え、統治する側とされる側の差がはっきり出ます。暗殺の場面ではパニックになる群衆が舞台下を駆け回り、戦場の場面でも客席部分をフルに活用しました。

舞台面には黒いツヤツヤとした素材に銀と赤の絵の具を散らし、血塗られた宇宙の歴史のなかに生きているという意味合いを出しました。舞台の上には天蓋を吊り、ラストシーンで向き合うアントニーとオクタヴィアスの頭上から、戦勝を祝う赤い紙吹雪を降り注ぎました。それは血に濡れた砂の地面の上の歴史、血なまぐさい未来の示唆でもあります。

また劇場内の壁4面のすべてに、21世紀までの歴史上の独裁者や強力な政治家たちの

似顔絵を立体効果のある大理石色の絵の具で描き、肖像画として飾りました。

　普通の額縁舞台[1]で上演する場合は、カーテンもしくは紗幕に柱を描き列柱に見えるようにしたり、天蓋を吊るして野営用のテントを表すなど、吊り物を多用すると場面転換がスムーズです。舞台は広さと奥行きを出すために八百屋舞台[2]を使ってもよいでしょう。

[1] 客席側から見て、舞台が額縁に囲まれた絵のように眺められる、最も一般的な劇場形式のこと

[2] 傾斜舞台のこと

WHO & WHAT
誰が、何を？

　タイトルロールのシーザーは、戯曲なかばの第3幕第1場で殺されてしまいます。後半は罪悪感に苛まれるブルータスをめぐるドラマになっています。軍人や市民など群衆の場面が多いのですが、前半だけに登場する人物も多く、1人の俳優が前半と後半で2役以上を演じ分ければ、15人ほどで上演できます。

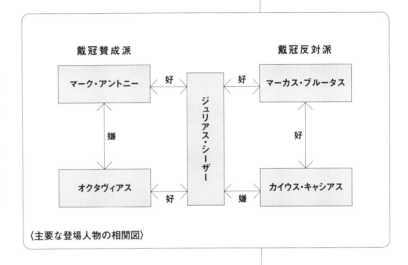

〈主要な登場人物の相関図〉

ジュリアス・シーザー

　強大な影響力をもつ政治家で武将。国王として戴冠する一歩手前の55歳です。史実では背が高く、人望厚く、クレオパトラをはじめ数多くの女性と浮名を流し、はるかイングランドまで遠征し、ロンドンの基を築いたつわものです。けれどシェイクスピアの描くシーザーは、気が短く、迷信深く、傍若無人で尊大。演じるときは背筋を伸ばし、動作をゆったりとさせて高いステイタスの威厳とゆとりを表現しましょう。忘れてはならないのが、彼がもつ遊び心です。かわいがっているアントニーや妻のカルパニアらに対してお茶目で子供のような一面を見せる場面をつくっておきましょう。

　シーザーの目的は、国王として全ローマに君臨すること。外的な障害はそれに反対する人が元老院にも市民にもいること、そして内的な障害は彼がとても迷信深いことです。殺された後は、その復讐のため、ブルータスの前に亡霊として現れます。亡霊としての恐ろしさを表現するほうが、生きているシーザーを演じるよりも難しいかもしれません。

シーザー戴冠賛成派

マーク・アントニー

　ガリア戦でシーザーと共に戦った武将であり政治家。シーザーにかわいがられている40歳。音楽や芝居が好きで明るく、大酒飲みで女好き。頭の回転も、変わり身も速く、弁が立ちます。シーザーを心から愛し、忠誠を尽くします。

彼の当初の目的は、シーザーを国王にし、いずれ自分が後継者に指名されること。シーザーが暗殺されてからは、その復讐を果たし、そしてローマに君臨すること。高い野心と強大な軍隊、回転の速い優れた頭脳をもつ彼は、インドからヨーロッパ、エジプトに至る広大なローマのトップに立ちたいと思っています。その障害は、頼りにしていたシーザーの死、年が若いくせに優秀なオクタヴィアスです。

オクタヴィアス

　18歳の武将。史実ではシーザー暗殺事件後に彼の遺書に基づいて後継者となり、以来、シーザーと名乗ります。戯曲の中ではそれには触れられていませんが、未来の初代皇帝の片鱗をうかがわせるよう、年上のアントニーに対し、ことば少なにまっすぐで動じない視線を送りましょう。笑顔は見せても構いませんが、年上に対して怖じけず気位高く演じると、大物ぶりが表せます。

　オクタヴィアスの目的はローマの初代皇帝になること。その障害はマーク・アントニーです。

シーザー戴冠反対派

マーカス・ブルータス

　武将で政治家。ガリア総督。シーザーの厚い信頼を得ている41歳。史実では何度かシーザーに反発する行動をとっており、その度にシーザーの恩赦を受け、命を救われています。まるで息子同然にかわいがられていたことを思うと、ブルータスの行動は、正義の名目で行われた、父親への反抗ととらえることもできます。ただしふだんはとても誠実でまじめ、静かで落ち着きがあり、誰からも頼りにされる男です。

　ブルータスの目的はローマの民主政治を保ち続けること。その障害はシーザーです。その障害を取り除いた後、つまり暗殺の後、アントニーたちに追われるようになる、芝居後半の目的は、ローマに生きて英雄として戻ることでしょう。

カイウス・キャシアス

　武将で政治家。史実では生年不詳ながら、シーザー暗殺の年には16歳の息子がいたことがわかっています。シーザーのせりふから、痩せて飢えた風貌、芝居や音楽が嫌いでにこりともしない皮肉屋とされます。ブルータスを心から信頼しており、戯曲後半はブルータスからの親愛の情に飢えている様子です。

　キャシアスには、正義の民主主義の維持という表向きの目的のほかに、そりの合わないシーザーを排斥してブルータスと共に政治の中枢につきたい気持ちもあるでしょう。障害は、シーザーに疑われていること、ブルータスの気持ちが自分の気持ちと同じようには動かない点です。

妻たち

シーザーの妻カルパニアとブルータスの妻ポーシャ。2人の目的は共に、夫の身の安全確保です。障害は、夫が自分は大丈夫だと思い込んでいること。2人の違いは、カルパニアが夫を外へ出さないようにするのに対し、ポーシャは夫と運命を分かち合いたいと強く思っていることです。カルパニアの目的は夫の死によって砕け、彼女は二度と戯曲に登場しません。ポーシャの場合は、夫が心置きなく戦場で戦えるよう、自分がローマで反ブルータス派の捕虜とならないように自害します。

WHY & HOW
なぜ、どのように？

「帰れ、帰れ、ごろつきめら」
Hence, home, you idle creatures, [3]

3) *Julius Caesar* 1.1.1-9 (1)

冒頭で登場人物が群衆を追い払うこの場面は、第1部の17ページで述べたように、劇場の舞台まで上がってきた観客を追い払う効果ももっています。登場人物の職業も、いかにもシェイクスピアの暮らしていたロンドンにいる人たちらしいものです。舞台にいる人が観客なのか役者なのかわからなくなる効果を狙い、その後の演説の場面では、劇場にいる観客全員が劇の登場人物だと思わせる仕掛けになっています。

フラヴィアス

①帰れ、帰れ、ごろつきめら、家に帰れ！
今日は休みか？　なに、知らんのか、
貴様らつまらん職人どもは、仕事日には
己の職業札を着けずに
出歩いてはいかんのだぞ？　——②答えろ、おまえ、商売は？

木工職人

へえ、旦那、木工職人で。

ムルルス

皮の前掛けは、物差しは？
一張羅など着やがって、なんのつもりだ？——
③貴様、そこの、商売は？

第1章 悲劇 II ジュリアス・シーザー　159

Try This
群衆の一人ひとりに個性をもたせる

　カッとなって反論する人、こそこそ逃げ出す人、怯えて黙ってしまう人、偉そうに悠々と自分の権利を主張する人、などのキャラクターカードを作り、グループの中でくじを引き、役を決めます。それから何か楽しい計画を話し合ったり、笑い合えるゲームをしましょう。フラヴィアス役とムルルス役は、グループが楽しんでいる瞬間を選んで突然割り込み、①のせりふを言います。決めておいた役割の通り、グループの人たちは反発したり逃げ出したりしましょう。②でフラヴィアスとムルルスは木工職人を捕まえます。木工職人もキャラクターカードに従ってせりふを言います。カッとなって反論する人かもしれませんし、こそこそ逃げ出したところを捕まえられた人かもしれません。③は別の人ですので、その人もキャラクターカードに従って反応をします。

　こうしたエクササイズを重ねて、リアルなキャラクターを摑む練習をしましょう。群衆役は本番でも出演直前にキャラクターカードで役を決めて演じてもよいくらいです。

Try This
反対派であることを表現する群衆場面

　フラヴィアスとムルルスは役人でありながら反シーザー派。民衆たちはシーザー派です。のちにフラヴィアスたちはシーザー派に捕らえられ死刑になります。反シーザーであるのは危険である点も、演出家は表現しなくてはなりません。

　フラヴィアスとムルルスのほかに、見回りの役人でシーザー派を数名用意します。シーザー派の見回りは、ルペルカル祭を楽しんでいる様子でゆったりと笑顔で歩き、祭りを楽しむ民衆たちと親しみ深く会話をする状態をつくりましょう。そこへ、反シーザー派のフラヴィアスとマルルスが登場し、シーザー派の見回りの前では卑屈な愛想笑いでやりすごします。そしてシーザー派が行ってしまうとすかさず豹変し、民衆を蹴散らしにかかりましょう。大声を上げすぎるとシーザー派の役に見つかってしまいますから注意が必要です。1人が民衆を捕まえている間に、もう1人はシーザー派の見回り役が行ってしまった方向を警戒しましょう。

「あいつは死なねばならん」
It must be by his death. [4]

　第2幕第1場は、キャシアスからシーザーの戴冠を阻止するよう働きかけられた後の夜、庭に出たブルータスがお小姓のルーシャスを呼び起こすところから始まります。ルー

---

[4] *Julius Caesar* 2.1.10-15
(10)

BRUTUS
①It must be by his death.
②And for my part
I know no personal cause
to spurn at him,
③But for the general. He
would be crowned.
How that might change
his nature, ④there's the
question.
⑤It is the bright day that
brings forth the adder,
And that craves wary
walking. Crown him: that!

シャスとはラテン語のルチアの英語読み。光という意味です。心の奥底にあるものを照らし出す光を求めるブルータスの深層心理を表します。シェイクスピアの活躍していた時代は、小学校教育にラテン語も含まれており、多くの観客が、ルーシャスとは光の意味だとわかっていたと思われます。[5] けれど現代の観客は、たとえ英語圏の人でもそうとわかる人は多くないでしょう。ですから、それを伝えるには、ルーシャスが登場する際、常にランタンや蠟燭(ろうそく)など、光を発するものを持っている方法もあります。また、ブルータス役は、ブルータスが心に闇を抱えていて、光の力でその闇を追い出したいと願っている状態を演じる必要があります。ルーシャスはブルータスに希望や明るさ、正しい行いに目を開かせる、光の役目です。ルーシャスが眠ったり、その場にいないときには、ブルータスの心では闇の力が強くなるのです。次の独白は、ルーシャスがブルータスの寝室に明かりを灯し(とも)にその場を離れたときのものです。

5) Stephen Greenblatt, *Will in the world : How Shakespeare became Shakespeare,* New York: W.W. Norton, 2004, pp.25-28

ブルータス

①あいつは死なねばならん。②もちろん俺としちゃ
個人的には、やつを蹴り倒す理由はない、
③が、これも民衆のためだ。あいつは王になるだろう。
それであの気質がどう変わるか、④問題はそこだ。
⑤蝮(まむし)は晴れた日に出る、
だからこそ歩くときは油断ならん。やつに王冠：そこだ！

この独白を『マクベス』の第1幕第7場の独白、および『ハムレット』第3幕第1場の独白と比較してみましょう。マクベスもハムレットもブルータスも、国のトップにいる重要人物を暗殺しようという共通の目的をもっています。独白そのものの目的は、実行に向けて心理的な障害を取り除くことです。

①を原文で見ると、マクベスと同様、大きな計画を it と小さなひとことに矮小化(わいしょう)し、曖昧にし、直接的な言及を避けています。[6] ④の原文はハムレットの that is the question によく似ています。[7] ただしハムレットは結論をどう導くかという疑問から始め、マクベスは仮定を述べながら結論を探すのに対し、ブルータスは先に結論を出し、その結論に自分を導くための理由を探していきます。

6) p.186参照

7) p.139参照

Try This
自分の心の中の反対要素を消していく

ブルータスが己の良心の呵責をひとつずつ消していくエクササイズをしましょう。
白と黒のカードを1枚ずつ用意し、黒には赤い文字で「シーザーを殺す」、白には黒い文字で「シーザーを殺さない」と書き、黒いカードの下には黒いマントを、白いカードの

第1章 悲劇 II ジュリアス・シーザー　161

下には白いマントを吊るします。黒と白は離れた場所に設置し、グループの人たちは白い側に固まっていましょう。

①のせりふは黒いカードを見ながら言います。②のせりふは白いカードを見ながら言います。③はまた黒いカードを見ながら言います。④で黒いマントに手を伸ばし、⑤からは黒いマントを着て、白い側にいるグループの人たちを1人ずつ説得して、黒い側に連れてきてください。説得されるほうは納得するまで黒に移動しません。

本番ではその感覚を使って観客を説得していきます。

「皆、歓迎する」
They are all welcome. 8)

8) *Julius Caesar* 2.1.94-97（97）

CASSIUS
①This is Trebonius.
BRUTUS　②He is welcome hither.
CASSIUS
①This, Decius Brutus.
BRUTUS　② He is welcome too.
CASSIUS
①This, Casca; Cinna, this; and this, Metellus Cimber.
BRUTUS
②They are all welcome.

ブルータスが蝮としてのシーザーを卵のうちにぐしゃりと潰すと決意したところへ、暗殺の首謀者キャシアスが同志を連れてやってきます。彼らの訪問を告げるルーシャスは「どうしても、どなたのお顔も、そのお心もわかりませぬ」と言いますが、それは光でさえも陰謀者の心を照らし出せないという暗喩（あんゆ）です。

キャシアス
　①こちらはトレボニアス。

ブルータス　　　　　　　②我が家に歓迎する。

キャシアス
　①こちらは、ディーシャス・ブルータス。

ブルータス　　　　　　　　②やはり歓迎する。

キャシアス
　①こちらがキャスカ；こちらがシナ；でこちらがメテラス・シンバ。

ブルータス
　②皆、歓迎する。③

Try This
原文の人称代名詞を演技に組み入れる

①でキャシアスが仲間を紹介し、②でブルータスがキャシアスにうなずき、③でキャシアスが彼らに入れと指示を出します。扉を使って、彼らがまだ扉の外にいる設定で1人ずつ招き入れてもよいですし、既にすぐそばまで通されていて、ブルータスにさらに近寄ってよいとの合図にしてもよいです。そして、全員がブルータスに近寄ります。

ブルータスの言う②の「歓迎する」は、すべて３人称が主語になっており、直訳だと「彼のことは歓迎する」「彼らのことは歓迎する」になります。つまり、彼らに直接挨拶しているのではなく、彼らを紹介するキャシアスに答えているのです。

「議事堂の方角、まっすぐこっち」
The Capitol, directly here. [9]

9) *Julius Caesar* 2.1.100-110 (110)

　キャシアスがブルータスを引き離して２人だけで話をしている間に、今しがた仲間と認められたばかりの５人の会話があります。

ディーシャス
　①こっちが東か。陽はこっちから昇るのかな？

キャスカ
　②違うな。

シナ
　③おお、悪いがね、君、当たりだ；向こうの雲が
　白っぽく光っているのは陽が昇る証だ。

キャスカ
　おふたりとも、間違いを認めろよ。
　④こっち、この剣が指してるほうから、陽は昇るのさ、
　はるか南寄り、
　まだ若い青年期の季節だからな。
　あとふた月もすりゃ、もっと北寄りで
　お日様は火を噴くさ、だから、真東は
　議事堂の方角、まっすぐこっち。

　どちらが東かを手持ちぶさたに話している場面ではありません。登場人物の精神が乱れているとき、シェイクスピアはよく、方向や聴覚などの感覚の乱れをせりふで示します。ここで彼らが物理的な方向感覚を失っているということは、全員が精神的に同じ方向を目指していない可能性を示します。トレボニアスとメテラス・シンバはひとことも発しません。その演技は演者に任されています。

第 1 章 悲劇　II ジュリアス・シーザー　163

Try This
革命への恐怖と期待を表現する

　まずは、東と議事堂の場所を決めます。ディーシャス役は陽が昇る前の肌寒さを感じながら①を言いましょう。これから勝負に出る恐ろしさと肌寒さを一体化させるのです。また、キャスカは皮肉屋です。ディーシャスを小馬鹿にしているのは、ディーシャスより年上だからかもしれません。シナは皮肉屋のキャスカが気に入らなくて③を言います。キャスカは④の「こっち」と言いながら剣を抜きます。照明が当たって剣がきらめく角度まで計算してください。キャスカの言う「真東」を本当に陽の昇る東と考えるのではなく、世界は新しい日の出を迎えて新しくなる、それをするのは青年期にいる若い俺たちだ、との象徴的な意味でとらえましょう。

　次の2種類を演じ分けて練習します。

・剣を高く掲げ、逸（はや）る心と自由を約束する新しい世界への期待に胸をふくらませながら
・陰謀と暗殺という暗い雰囲気を意識しながら

　いずれも通用しますが、暗殺を実行に移すまでの緊迫感や、暗殺後の腰が抜けたような様子とのギャップを十分に出せるとよいです。

　また、トレボニアスとメテラス・シンバ役の存在の仕方にも3種類が考えられます。

・ほかの3人の会話に参加しつつも、どちらの側にもつけない状態
・ほかの3人の会話に参加しつつも、自分の意見はあえて言わない状態
・ほかの3人の会話に参加するどころではなく、ブルータスとキャシアスが何を話し合っているかに気が向いている状態

　これらを使い分ければ、登場するときや、その後の居方（いかた）に個性の違いが表れます。

「3月の15日になったぞ」
The ides of March are come. [10]

10) *Julius Caesar* 3.1.1-35
(1)

　3月15日に気をつけろ、と予言者の忠告を受けたシーザーが、その当日、俺の勝ちだと言わんばかりに予言者に告げるせりふで始まる第3幕第1場。シーザーと一緒にいるのはアントニー、そしてブルータスやキャシアスらです。アントニーらシーザー派の取り巻きたちとシーザーの威風堂々たる雰囲気、反シーザー派の緊迫感溢（あふ）れるせりふの応

酬には、映画のカメラを次々に切り替えて映し出すのにも似た演出が必要です。

シーザー

①3月の15日になったぞ。

予言者

あい、シーザー、まだ過ぎ去ってはおりませぬ。

アーテミドラス

②シーザー万歳！　この書簡をご覧くださいまし。

ディーシャス

トレボニアスが何やら緊急のお願いが

あると申して、これ、この書類を。

アーテミドラス

ああ、シーザー様、わたしの書簡をまず先に、

③シーザー様の御身に関わること。こちらを、偉大なるシーザー。

シーザー

我らの身に関わることならば、なおさら、最後だ。

アーテミドラス

猶予はなりません、シーザー、今すぐ。

シーザー

なんだ、気が変なのか？

パブリアス　　　　　　　　　　こいつ、どけ。

キャシアス

は、往来で願い事か？

議事堂へ来い。

（シーザー一行、元老院に入る）

ポピリアス

④先生方の本日のご計画のご成功をお祈り申し上げます。

キャシアス

なんの計画だ、ポピリアス？

ポピリアス　　　　　　　　　　お邪魔いたしました。

（そこを離れ、シーザーのそばへ）

ブルータス

⑤ポピリアス・レナはなんだって？

キャシアス

俺たちの本日のご計画のご成功をだと。

まさか、ばれたのか。

ブルータス

⑥見ろ、あいつシーザーのそばへ行った。目を離すな。

キャシアス

キャスカ、急げ、出し抜かれるかもしれん。――
ブルータス、どうする？　ばれたなら、
キャシアスかシーザーか、二度とここから出られないのはどっちだ、
しくじったら俺は自害する。

ブルータス　　　　　　　　　　　　キャシアス、しっかりしろ。

ポピリアス・レナが話しているのは俺たちのことじゃない、
⑦ほら、笑顔だし、シーザーも顔色ひとつ変えない。

キャシアス

トレボニアスは心得たもんだ、ほら、ブルータス、
マーク・アントニーを引き離しにかかったぞ。

（アントニーとトレボニアス退場）

ディーシャス

メテラス・シンバはどこへ行った？　急がせろ、
シーザーに嘆願書を出しに行かせるんだ。

ブルータス

もう用意している。メテラスに寄り添って援護しろ。

シナ

⑧キャスカ、最初に手を上げるのはおまえだぞ。

シーザー

⑨ではよろしいか？　さて、シーザーと配下の元老院が
是正すべき不都合は、何かあるか？

メテラス

最高・最強・最善のシーザー様、
メテラス・シンバが畏み奉り
申し上げます。

Try This
陰謀者たちの緊迫した心理を表現する

　①を言うシーザーは、肩で風を切る取り巻きたちを従えて元老院へ向かっています。その入口辺りに予言者がいます。予言者は威厳のある仙人ふうの老人にしてもよいですし、みすぼらしい物乞いにしてもよいでしょう。威厳ある仙人の予言さえ聞かないシーザーなのか、それとも物乞いの戯言に少し怯えた自分を馬鹿馬鹿しく思って相手を見く

166　第3部 読解方法と表現術

びって言うのか。予言者の風采（ふうさい）からも、シーザーのキャラクターをつくれます。

　いずれにせよ、シーザーは勝ち誇ったように、ほら見ろ、俺は無事だと示します。予言者役は、次のせりふの「まだ過ぎ去ってはおりませぬ」を、さらにシーザーの肝をじわっと冷やすつもりで言ってみましょう。

　②の場面は、元老院へ向かうシーザー一行に対し、市民は誰でも嘆願書を渡せる状況であることを説明しています。人数を用意できる場合は、シーザー一行の通る沿道に大勢の群衆を配し、それぞれが嘆願書を手にして、シーザーに取り上げてもらうべく振り回して呼びかけている、それをシーザー一行の通行の妨げにならないように警備兵が縄を張って通路を確保している、といった状況がつくれると理想的です。

　ところがその縄をくぐり抜けて市民アーテミドラスが飛び込み、シーザーの面前までやってくるのです。予想外の事態に暗殺者たちは慌てます。その次のディーシャスのせりふは、シーザーがアーテミドラスの書簡などを取り上げて自分たちの計画が台無しにならぬよう、シーザーの視線を自分たちのほうに向けるために言います。アーテミドラスの前に割って入ってもよいですし、アーテミドラスがシーザーの左から嘆願書を出すなら、ディーシャスはシーザーの右側から嘆願書を出すなどして工夫します。

　③のせりふは暗殺者たちが、自分たちの計画がバレたか、とギョッとするところです。けれどすぐにシーザーが次のせりふを言うので、胸をなで下ろすでしょう。パブリアスとキャシアスは、できるだけ速やかにアーテミドラスをどかせようとしましょう。

Try This
敵か味方かがわからない人物の演出

　元老院に入ると一般市民たちの邪魔がなくなり、静かになります。そこへ元老院議員のポピリアスがキャシアスら暗殺者たちに向かって、④「先生方（議員先生、という意味で）の本日のご計画のご成功をお祈り申し上げます」と言います。ポピリアスはシーザー側か暗殺者側か、この時点ではわかりません。わからないほうが観客もキャシアスと同様にドキドキします。「本日のご計画」とは、シーザーを国王に任命するか否かという議題のことですが、暗殺者たちは陰謀のことと誤解するのです。

・ポピリアスがシーザー派で、キャシアスをよく思っていない設定で演じてみる。シーザーの国王任命議題に、キャシアスたちは反対票を投じると予想し、それがうまくいくはずがないと伝えるべく、皮肉たっぷりに言う
・ポピリアスはキャシアスを特に悪く思っているわけではなく、シーザーが無事に国王に任命されるといいですね、と友好的にキャシアスに話しかける。キャシアスは冷たく厳しく睨（にら）みつけるように反応し、仲間の暗殺者たちも一瞬ギョッとして彼に首を向ける。それでポピリアスは、何か悪いことを言ったのかと驚き、「お邪魔いたしました」

第1章 悲劇 II ジュリアス・シーザー　167

とその場を離れる。

Try This
観客の視線を誘導する

⑤から先は観客の視線を、しゃべっている暗殺者側と、暗殺者が気にしているシーザーの様子とに、うまく振り分けます。観客の視線をシーザーたちに向けるべき箇所は、⑥、⑦です。

映画ならカットを入れ替えて観客に見せたいところだけを見せられるのですが、舞台では、観客はどこを見てもよい自由があります。一方で混雑した場面では、どこに注目するべきかのガイドラインを観客に与える必要があります。以下にいくつか方法を挙げます。

・会話の当人たち以外は、動きをストップモーションまたはスローモーションにする
・会話の当人たちを舞台前面にもってきて、ほかの人たちを背後に配置する
・全員を歩かせ続け、メリーゴーラウンドのような効果をつくり、せりふのある人物たちが舞台前面に来たときに、せりふが聞こえるようにする
・会話の当人たちだけにスポットライトを当て、ほかの人たちは非現実的な色彩の照明の中に埋める

Try This
特定の人物がしゃべる理由を際立たせる

⑧を言うシナとキャスカに、ここで焦点が移ります。シナがわざわざキャスカにそう言わなくてはならないのは、キャスカが「最初に手を上げる」心の準備ができていなさそうだからです。ここまでの観客の視線はおもにブルータスとキャシアスに向いていますから、このせりふの直前に視線を一気にキャスカにもっていかなくてはなりません。

例えば、直前のブルータスのせりふでキャスカ以外の全員が、舞台奥側のシーザーのほうを見るようにし、客席に対して背中を向けましょう。観客から見える顔はキャスカだけ、そして彼はブルブル震えています。それにシナが横目で気づき、⑧のせりふを言います。

これは一例ですが、こうするとなぜシナがこのせりふを言わなくてはならないのかが観客にわかり、物語を停滞させません。下を向いて震えていたキャスカが、奥にいるシーザーのせりふ⑨で顔を上げ、そちらへぐるっと振り返り、そこから全員が舞台の両脇へざーっと開いていき、シーザーが奥から前へ歩いてくるようにすると、映画のカメラが動いているかのような躍動感を与えられるでしょう。

「え、ブルータス?」
Et tu, Bruté? [11]

キャスカ

①手よ、俺の代わりに口を利け。

(暗殺者たちはシーザーを刺す)

シーザー　　　　　　　　　　　　②え、ブルータス?——では落ちろ、シーザー。

(死ぬ)

シナ

③自由だ！　解放だ！　独裁は死んだ！

走れ、宣言しよう、④走り回って町中に叫ぼう。

キャシアス

誰か中央広場の演台に行け、そこで叫ぶんだ、

⑤「自由だ、解放だ、我々は釈放された！」

Try This
アクションとせりふの音を組み合わせる

　暗殺の瞬間のせりふは①だけです。あとはせりふではなくアクションで見せます。

　①のせりふは、原文だと下線で示した短い三つのリズムでできています。speak で懐に隠していた剣を抜き、hands で振り上げ、me でシーザーを刺しにいきます。me の母音を長く伸ばして走るほどの距離があってもよいですし、振り上げた腕を下ろすだけの間にしてもよいです。でも、わたしたちが使うのは日本語ですね。「さあ、行くぞ、やあ！」のようなリズムです。前半で自分の手を勇気づけてから、「利け」で刺すようにしてみましょう。

　②で、シェイクスピアは最後の一撃をブルータスに任せ、名セリフ「え、ブルータス?」をラテン語にしています。短いふたつの音 et, tu, は、まるで「え、ちょ（…っと）…」と言うほどの間です。英語にすれば and you ですが、長い音 you を使うよりも効果的で、短い息がさらに止まるほど驚くシーザーの動揺が表れています。その後、長い母音を3回（fall Caesar）発してシーザーは倒れます。巨大な怪物がうめき声を発してスローモーションで倒れていくようですね。日本語でもそれを試してみましょう。

　③から後のせりふには「！」が多用されています。けれどそれは大声で叫ぶという意味ではありません。ひとことに込める気持ちがそれほどに大きいことを示しているだけです。ささやき声でも言えるはずです。

---

11) *Julius Caesar* 3.1.76-80 (76)

CASCA
① Speak hands for me.
[They stab Caesar]
CAESAR　　②Et tu, Bruté?——Then fall Caesar. [He dies]
CINNA
③ Liberty! Freedom!
Tyranny is dead!
Run hence, proclaim,
④cry it about the streets.
CASSIUS
Some to the common pulpits, and cry out
⑤ 'Liberty, freedom, and enfranchisement!'

Try This
シーザー暗殺直後の様子

　③④のシナのせりふを、腰が抜けた状態で言ってみましょう。偉大な人物を卑怯にも不意打ちで殺した直後です。目の前は血の海、シーザーはぴくりともしません。無我夢中で刺した後の放心状態です。目は見開かれ、息は上がり、全身の力が抜け、暗殺者たちも床に座り込んでいきます。例えば、ブルータスとキャシアスだけが立って残っていると、2人の別格さを表現できます。③は、目の前の信じられない光景に、声にならないかのように言ってみましょう。③の三つのことば「自由」「解放」「独裁は死んだ」を使って、徐々に気持ちを上げていき、④のせりふにつなげてください。例えばひとこと目の「自由だ」は、自由になったことが信じられない気持ちでポツンと（けれど「！」を生かすために息はたっぷり使う）言い、ひとこと言うたびに、それを実感していくのです。

　⑤は自由の喜びに溢れた歓喜のスローガンとして叫んでよいでしょう。キャシアスが迷いなく喜びの声を上げる唯一のせりふです。

「ああ、許せ、鮮血を流し続ける大地の一部よ」
O pardon me, thou bleeding piece of earth, [12]

12) *Julius Caesar* 3.1.257-278（257）

　一方、マーク・アントニーは自宅へ逃げ戻っていました。そして召使をブルータスの元へよこし、自分に害を加えないなら味方につくと告げてから、ここへ命乞いに現れます。アントニーにとってシーザーは父や兄同然に慕っていた存在でした。なのにシーザーを殺した相手に向かって、敬愛の念を示し、握手を交わすのです。暗殺者たちの手はシーザーの血にまみれていて、もしかしたらその剣の切っ先をアントニーに向けているかもしれません。ブルータスら一行がアントニーにシーザーへの追悼の辞を述べることを許してから退場し、アントニーがひとりきりになった場面を見てみましょう。命の危険から解放され、ひとりきりで初めてシーザーの遺体と向き合うところです。

　　マーク・アントニー

　　　①ああ、許せ、鮮血を流し続ける大地の一部よ、
　　　屠殺場の肉屋どもに迎合する、意気地のない俺を許せ。
　　　歴史の荒波の生んだ最も気高い男の
　　　残骸だ、これは。
　　　この価値ある血を流した者の手に災いあれ！
　　　②この傷口を前にして、俺は予言する――
　　　なんたる傷口、物言えぬ口が真っ赤な唇を開き

俺の舌に代わりにしゃべれと訴えているようだ——

③人間の肉体なんぞ呪われろ；

家族も市民も歯をむき出し合って

全イタリアが苦しめばいい；

血と破壊が蔓延（まんえん）すれば、

身の毛もよだつことにも慣れ切って、

④戦（いくさ）の手で赤ん坊が八つ裂きになるのを見たところで

母親どもはにっこり微笑むだけだろう、

残忍極まりない所業の数々に⑤嘆きの息の根も止まれば；

そこへシーザーの魂が、復讐を求め、

熱い地獄の毒気を撒（ま）き散らす盲目の女神を引き連れて、

この世界に向けて、王者の声で一喝

「ぶちのめせ」と、戦の犬を解き放てば、

⑥さすがにこのおぞましい所業も天にまでにおうだろう、

埋めてくれと嘆く、腐った人肉（じんにく）の臭気と共に。

Try This
息で場面を盛り上げていく

　①は「ああ」で始まりますが、最初から表現のすべてを出し切らないようにしましょう。読点「、」でぶつ切りにせず、できるだけ流れを意識して句点「。」までひとつの息を使います。かといって早口にならないように。「鮮血を流し続ける大地の一部」は遺体となったシーザー、「屠殺場の肉屋ども」はブルータスたちであることをしっかり念頭に置き、「迎合する、意気地のない俺」は、直前の場面で平身低頭、愛想笑いさえ浮かべながら命乞いした己の姿をはっきりと思い出し、苦々しい後悔と己への蔑（さげす）みと共に言いましょう。

Try This
映像のように場面を表現する

　②から先はすべて「予言」であり、大量の息が必要です。ひと息で言うのは無理なので息継ぎの箇所を工夫します。②を言うとき、アントニーの脳裏には全世界がシーザーの復讐のために血みどろになって崩壊していく絵が浮かんでいます。それをあたかもカメラが映像を切り取って映し出していくように語りましょう。

　まず、「傷口」。とても具体的かつ目の前にある最も残酷な部分に視点を定めます。それから③「人間の肉体」であるシーザーの身体全体。次に最も小さな社会構成単位であ

る「家族」、そして家族の集まりである「市民」たちが歯をむき出し合う光景が「全イタリア」に及ぶことを、クローズアップから一気にカメラを引くような気持ちで伝えましょう。それからカメラは、歯をむき出し合っている状態がエスカレートして「血と破壊が蔓延」し、「赤ん坊が八つ裂きにな」っているのを母親が「にっこり」して見る絵を映し出します。それを人に見せるつもりで言いましょう。

④と⑤の「戦の手」「嘆きの息の根」は共に、「戦」と「嘆き」を擬人化していますので、それをイメージします。そこへ地獄の底から霧が吹き上がってシーザーが現れ、最も獰猛な犬を解き放つ光景になります。演者はアントニーが見ている絵を鮮明に見なくてはなりません。

⑥は復讐を誓うように言ってはいけません。アントニーは、今の世界が崩壊してほしいと思ってはいるものの、意気地のない自分自身には無力感を覚えています。自分には力がないので、神よ頼む、と天を仰ぎ見るのです。⑥はむしろ、それまで怒りに満ちて予言した数々に対して、「とは言ってみたものの、天は俺たちを見捨ててるんだよな」と泣き崩れるくらいの思いでいます。この直後にオクタヴィアスの到来が従者によって告げられ、その会話の中でアントニーは「いや、ちょっと待て、俺の追悼演説で市民の心を動かせるかやってみる」と初めて思いつくのです。その瞬間を生かすために、この⑥は無力感に打ちのめされて言いましょう。

「友達のみんな、ローマのみんな」
Friends, Romans, countrymen, [13]

13) *Julius Caesar* 3.2.74-108 (74)

中央広場に出てきたブルータスは、「しまいまで静粛に聞きたまえ。ローマ人よ、同胞諸君、愛する人々よ、わたしの言い分を聞け Be patient till the last. Romans, countrymen, and lovers, hear me for my cause, 」と演説を始めます。シーザー暗殺の知らせにパニックに陥っている群衆に対して「ローマ人よ Romans 」と話しかけるのは、「君たちはローマ人だろう、ローマ人としての崇高な誇りと自覚をもて」と言っているのです。例えば日本が国家的危機に陥ったときに「あなたは日本人でしょう？」と言われるのと同じで、個人としてのあなたよりも、お国のために尽くすあなたであれ、との意味が強まります。ブルータスの演説は群衆に、個人の感情を捨てるよう促すものでした。理性で考えれば、国家のためにブルータスのしたことは正しいと、群衆は思い込んだところです。そこへアントニーが現れます。シーザーへの反感をむき出しにしている群衆の中をかき分けて進むアントニー。シーザー派のアントニーが、興奮した群衆によって八つ裂きにされてもおかしくない状態です。

マーク・アントニー

①友達のみんな、ローマのみんな、同胞のみんな、聞いてほしい。

僕14)はここにシーザーを埋めに来た、褒め称えに来たわけじゃない。

（中略）

気高いブルータスが

仰った通り、シーザーは野心家だった。

それが本当なら、嘆かわしいことにシーザーが悪い、

そして嘆かわしいことに、シーザーには相応の報いが下されたわけだ。

ここに、ブルータスとお歴々の許可を得て――

ブルータスは立派な方、

だからお歴々も皆、立派な方、その方たちの許可を得て――

②シーザーへの弔辞を述べさせていただきます。

③シーザーは友達だった、僕に対しては誠実で公正だった。

しかしブルータスはシーザーが野心家だったと仰る、

それに、ブルータスは立派な方だ。

シーザーがローマに連れてきた大勢の捕虜、

捕虜解放で得た身代金は国家の金庫を大いに潤した。

これが野心家のすることに見えるか？

④生活に苦しむ人々の泣き声に、シーザーも涙した。

野望は情け容赦のないものじゃないか。

けれどブルータスはシーザーが野心家だったと仰る、

それに、ブルータスは立派な方だ。

みんな、ルペルカルの祭りの日を覚えているだろう、

僕が3度も捧げた王としての冠を、

シーザーは3度とも拒絶した。あれが野望か？

けれどブルータスはシーザーは野心家だと仰る、

それにもちろん、ブルータスは立派な方だ。

ブルータスの仰ったことに反論する気は毛頭ない、

僕はここで、知っていることを話すだけだ。

みんなかつてシーザーを愛したじゃないか、理由があったはずだ。

じゃ、シーザーの死を嘆かない理由はなんだ？

⑤おお、判断の神は非道な獣の下に逃げ去ったのか、

人間はもはや理性を失った！

⑥すまん、みんな。

僕の心はシーザーのいるあの棺の中に往ってしまった、

この胸に戻ってくるまで、すまん、しゃべれない。

14）アントニーはステイタスを低くして「僕は」と語りかける翻訳にした

第1章 悲劇 Ⅱジュリアス・シーザー　173

①の最初のせりふの原文は、Friends, Romans, countrymen, lend me your ears です。国家のほうが人間性よりも重要だとするブルータスに対し、アントニーが、群衆にかけるひとこと目が Friends である点に注目してください。彼は自分を攻撃しかねない、敵の状態にある相手に対し、「君たちは友達だよ」と伝えようとしているのです。アントニーは国家への忠誠や理性よりも、人間らしい心を呼び覚ませと群衆に訴えているのがわかります。ブルータスが「俺の理由を聞け hear me for my cause」と命令を下すのに対し、「耳を貸してほしい lend me your ears」と懇願をする点からも、2人の態度の違いがわかります。原文が短い単語ばかりなのでつい「友よ、ローマ人よ、同胞たちよ、耳を貸せ」と短めのことばで訳したくなってしまうのですが、アントニーが友情を求める低姿勢を翻訳に込めました。

②までに興奮した群衆を鎮めるのにかなり骨を折り、ようやく弔辞の本文に入ります。ここでやっと群衆が静かになるように演出しましょう。アントニー役も、ことばのトーンを正式な弔辞の始まりとしてしっかり変えて演じます。

③からは、群衆の反応を考えましょう。ここでも「友達」という単語が出てきます。友達を亡くした者のことばは、聞く者の心を動かします。アントニーはここで一瞬悲しみにくれる姿を見せた後、いやブルータスは正しいと健気（けなげ）に強がります。これが群衆をほろりとさせるのです。

そして④の、「泣」くということばで群衆の深層心理に悲しみが呼び覚まされ、そして「みんなかつてシーザーを愛したじゃないか」で、昔の記憶が揺さぶられます。群衆は悲しみと懐かしさを伴った、恩義と愛の記憶を思い出します。⑤では、ブルータスの言う通り理性で判断したはずなのに、実は、ブルータスという野蛮な獣によってだまされてしまったのか、と考え始めます。15) そして、⑥で崩れ落ちるアントニーの姿に、自分たちの非道さを見せつけられた気持ちになるのです。

15) 野蛮なという英語は brute。ブルータスという名前の綴りは Brutus。アントニーはあたかも、ブルータスという名前の元は「野蛮な」であるかのように群衆心理に働きかけている

Try This
アントニーはどこまであらかじめ考えていたのかを探る

何もかも計算ずくで、人はこうすればこう動く、と最初から計画して演じてみます。

例えば「群衆の気持ちを理性よりも同情にもっていき、それによってこちらを向かせよう」と強い目的意識をもち、演じます。球技では、この球を打ち込めば相手はどう出てくるだろうか、と思いながら真剣勝負をしますね。それと同じように、相手がこう返してくるのではないか、と予測してせりふを投げ込むのです。最初から自信たっぷりに持論を展開すると八つ裂きにされてしまいますから、最初は注意深く、「ブルータスは立派な方」という相手の気持ちを酌（く）みながら、殺気立つ群衆をなだめるところから始めます。ひとつ間違えると殺されかねない危機感を忘れずに。

「ああ、理性あるみんな」
O masters, 16)

16) *Julius Caesar* 3.2.122-130 (122)

　注意深く群衆心理を操作していくアントニーですが、先走ってつまずきそうになるときもあるのです。

　　マーク・アントニー

　　①ああ、理性あるみんな、②もしここで僕がみんなの心をかき立て
　　暴動と反乱を起こさせたら、
　　ブルータスを裏切り、キャシアスを裏切ることになる、
　　おふたりとも、ご存じの通り、立派な方々だ。
　　③あの方たちを裏切る気はない。それくらいなら
　　死人を裏切る、僕自身を、君たちを裏切る、
　　とにかく立派な方々を裏切るようなことはしたくない。
　　④ところでこの書簡だ、シーザーの封印がある。
　　ご自宅の書斎で見つけた。遺書だ。

Try This
アントニーのことばに賛成できない群衆

　①の冒頭の原文 O masters は、相手を一人前の立派な、理性ある男とみている証で、敬意を示す話しかけ方です。「君たちは立派な人間だ」と自尊心を民衆にもたせる効果がありますが、アントニーは、まだ彼らがその気になっていないうちに「暴動と反乱」と言ってしまいました。アントニーの悲しむ姿にいくら心を動かされたとはいえ、まさか自分たちが行動を起こそうとはまだまったく思っていない、そんなときに「暴動と反乱を起こ」すということばを聞いたら、一般市民としてはどうでしょう？　民衆役の中に、こわごわ顔を見合わせる人、そんなものへの加担は絶対にごめんだと帰ろうとする人や、怒り出す人を入れてみましょう。アントニー役はその空気を読み、しまった、早すぎた！と思ったらすぐに③を言います。それでも群衆は帰ろうとしましょう。④のせりふが生きてきます。

「もしも涙があるのなら」
If you have tears, 17)

17) Julius Caesar 3.2.167-195 (167)

　遺書で群衆を引きつけ、シーザーの遺体を囲ませることに成功したアントニーの正念

場はここからです。この場面もまた映画のカメラを動かすような意識で演じましょう。アントニーが使う1人称も、民衆の気持ちを摑んだと確信するこのせりふから翻訳を「俺」に変化させました。原文の英語の1人称は変化しないのですが、日本語の場合は相手との関係や気分で1人称は大きく変化しますので、それを使い分けます。

マーク・アントニー

①もしも涙があるのなら、今こそ流す準備をするがいい。

②このマントには見覚えがあるだろう。思い出すよ、

シーザーが初めてこれを身に纏ったときのこと。

夏の夕暮れだった、シーザーの野営のテント、

ネルヴィに大勝利した日だ。

③ほら、ここをキャシアスの剣が突き抜けた。

ごらん、悪意に満ちたキャスカの切り裂き様。

④あれほど愛されたブルータスの刺し貫いたのはここだ；

その呪われた刃をエイと引き抜いたとき、

シーザーの血がそれを追った様を思え、

戸口の外へ一気にどっと迸り出る、まるで

この残虐非道なたたきっぷりはブルータスかと確かめに走ったようだった——

ブルータスは、そう、シーザーの天使だった。

⑤ご覧あれ、おお神々よ、シーザーはどんなにブルータスを愛したことか！

これこそが、最も残虐非道な傷口だ。

なぜなら、気高いシーザーは自分を刺した男を見たとき、

反逆者のどの剣よりも強力な、恩知らずという怪物に、

やられたのだから。すると逞しい心臓も張り裂け、

⑥そしてぐらりと傾くと、マントはふわりとシーザーの顔を包み、

そのままポンペイの彫像の足元へ、

滾々と血を吹き出しているそこへ偉大なるシーザーは崩れ落ちた。

⑦ああ、崩れた、崩れ落ちたとも、同胞諸君！

あのとき俺も、君も、みんな、みんな崩れ落ちたのだ、

流血の反逆行為が勝利の凱歌を揚げた、あのときに。

⑧ああ、やっと泣くのか、なるほど君らにも

悲嘆にくれる心があるのか。美しい涙だ。

優しいんだな、僕らのシーザーの衣服を見るだけで

泣くのか？　⑨それならこれを見ろ。

⑩ご自身だ、ご覧の通り、反逆者どものせいで損傷が激しいが。

Try This
群衆心理をドラマチックに操作する

　①で、群衆は息をのんで待ち構えます。けれどアントニーはシーザーの遺体をすぐに見せるのではなく、シーザーのマントの思い出を語り始めます。②の「夏の夕暮れ」ということばの響きに、勝利の後の、肩の荷が下りた兵士たちの幸せな絵のイメージを乗せて語りましょう。

　③でマントの切り裂き跡が示されますが、これはすべてアントニーの創作です。アントニー自身はあの瞬間に居合わせませんでした。迫力を出して言ってもよいのですが、せりふにはまだ先があるのでクライマックスにならぬよう、ここはまだ何げないほうが効果的かもしれません。

　④で、ブルータスにすべての憎悪を集めるため、ブルータスの一撃とする傷口の血を擬人化します。群衆が場面を思い描けるよう、ことばを急がないことです。

　⑤はアントニーが天を仰ぐところです。これで群衆の気持ちをまたもち上げ、次のクライマックスへつなげましょう。

　⑥の表現は、原文では、h と f の音を多用して、そこだけ異次元のような柔らかい雰囲気になっています。情景をスローモーションで描くつもりで言ってみましょう。

　そして⑦で一気に嘆きを爆発させます。次の「あのとき俺も、君も、みんな、みんな崩れ落ちたのだ Then I, and you, and all of us fell down,」は、原文の最後の音 down のところで、観客全員を指差しながら、苦悶の叫びが急降下してくるような効果を使うのです。日本語でも「あのとき」の文のトーンを低音に下げていきましょう。

　⑧で言われるように、このとき群衆は涙している必要があります。それをきちんと見渡す間をとってから⑧を言いましょう。

　⑨で一気にマントをはぎ取ります。①でマントがはがされるのを待ち構えていた群衆は、ここではそれすら忘れて泣いていますから、不意の驚きが生まれます。⑩は群衆の驚きを消さないよう、静かに言うのもよいでしょう。

　戯曲後半で、マケドニアに舞台が移ってからは、権力を掌握したいアントニーとオクタヴィアスの対立、ブルータスとの友愛を取り戻したいキャシアスの葛藤、己のしたことを正当化できないブルータスの苦悩などが表現されます。厳しい戦時下の「軍人」を肩書だけで演じないよう、細心の注意を払ってください。

III マクベス ── MACBETH

〈英国の主要諸島全図〉

WHEN & WHERE
いつ、どこで？

　舞台は11世紀のスコットランド。北のハイランド地方と南のロウランド地方の間では争いが起き、イングランド、ノルウェイなどとも覇権争いが続いていた時代です。その頃の実在のスコットランド王がモデルです。

　ハイランドに住むハイランダーはカトリック系、ロウランドに住むロウランダーはプロテスタント系で、気性が異なります。ロウランダーはハイランダーを蔑視する傾向にありますが、ハイランダーはプライド高い勇猛な戦士として知られています。

　場面は、戦で荒廃しきった丘陵地帯、マクベスの城内、城門の外、魔女の集合場所、マクダフの邸内、イングランドの某所ですが、大半はマクベスの城内です。外からの客が集う大広間と戦場を兼ねる広いスペースに、階上へ続く階段、ちょっとしたアルコーブ[1]を舞台装置に入れ込んでおきましょう。実際にシェイクスピアがこの戯曲を上演したと思われるハンプトンコート宮殿の大広間[2]は、部屋の中央に巨大な囲炉裏があり、玉座を設置する奥の壁の裏には別の部屋や階段、そしてアルコーブがあります。

　そこに『マクベス』らしさを加えましょう。『マクベス』は音が支配する戯曲です。こおろぎや梟の鳴き声。石造りの城内に響く、扉をたたく音。マクベスは王子たちの寝言に驚き、忍び歩きに耳を澄ませたかと思うと、脳内でこだまする叫び声に脅かされます。周り中に声や足音が響き、誰かに聞こえるかもしれない、いつ誰に見つかるかわからないという恐怖感、自分の声が倍増されて天や地獄からの声にも聞こえる感覚を観客にも感じてもらいましょう。効果音で表現してもよいのですが、戦争中の男たちの重苦しい世界、スコットランドの荒涼たる寒さを、鉄板や石などの重く冷たい素材を組み合わせた舞台装置を作って表現するのもお勧めです。

1) 壁のくぼんだ部分で、花を生ける程度の狭いものから祈祷のできる祭壇を設置できる広さのものまでいろいろある

2) p.97の図参照

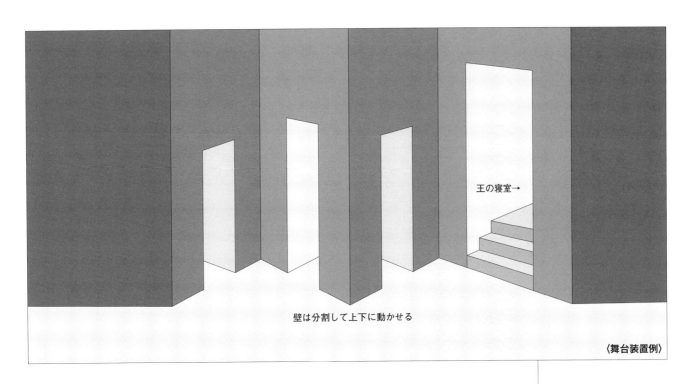

〈舞台装置例〉

壁は分割して上下に動かせる

　舞台装置例では、誰がどこからやってくるかわからない、魔女がすっと消えることができる、などの設定のために壁をジグザグに置きました。素材は鉄板です。出入り口は回転扉にしてもよいですね。もちろん、切穴(きりあな)を作ってもよいです。

WHO & WHAT
誰が、何を？

マクベス

　スコットランドの一地方領主として、国王ダンカンに忠実に仕え、絶大な信頼を得ている有能な戦士。それが物語の冒頭で魔女の予言を受け、国王になる野心を燃え上がらせます。けれど彼の目的は、正直な男として万人の信頼を得て、かつ妻と幸せに暮らすことです。国王になるのは妻を喜ばせる手段のひとつにすぎません。妻を喜ばせたいとの思いから、あるまじき行為に走り、その結果、「正直な男」という究極の目的を永遠に逃(のが)してしまった。そのため自暴自棄になり、疑心

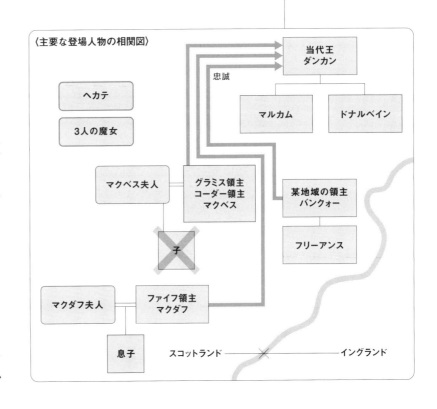

〈主要な登場人物の相関図〉

第1章 悲劇 III マクベス　179

暗鬼になり、周囲の信頼が砂のごとく崩れていく。そして、妻を喜ばせることもできなくなってしまいます。

　妻が死んだとき、彼の生きる目的は、彼に残された唯一のものである玉座を守ることのみとなります。けれどそれは、彼が失った目的の残滓のようなものでしょう。このキャラクター設定がセンチメンタルすぎるなら、「自分の行為を正当化する」ことが彼の目的だととらえてもよいと思います。ただ、マクベスの興味深いところは、悪人になり切れない弱い部分をもつ点なので、「正直な人間として皆に愛されたい」という心の奥底の望みを忘れないでください。

マクベス夫人

　善良な夫をそそのかし、悪事に手を染めさせる悪妻の典型とされるマクベス夫人。けれど悪妻と決めつける前に、彼女の目的を考えてみましょう。マクベス夫人の目的は、夫を国王にし、王妃の身分をもつことに見えます。けれどもしそうだとしたら、彼女はなぜ、夫が国王であるにもかかわらず最終幕で狂気に陥り、死んでしまうのでしょう。『ジョン王』第3幕第4場に「わたしは狂ってなんかいない。ああ、狂えさえしたら、何もかも忘れられるのに」というコンスタンスのせりふがあります。まさにマクベス夫人は夜間に狂うこと（夢遊病）で罪悪感から逃げられたのでしょう。けれど昼間は逃げ場がないのかもしれません。そして現実を直視できず、死にました。マクベスの「なんだあの叫び声は」[3]から、叫ばずにはいられない状況を侍女たちが目撃したのでしょう。おそらく自殺だと思われます。夫が人望を失い、まもなく敵に敗けるだろう状況下です。安全で安心できる生活がないのを絶望しての死です。とすると彼女の人生の目的は、安全で安心できる暮らしを送ることかもしれません。戦、戦で夫の身の安全をいつも心配していなくてはならない毎日から、何の心配もない暮らしがしたい、それが夫を国王にするという目標につながっていったとも考えられます。

3人の魔女

　劇は彼女らの呪文で始まります。魔女に目的はあるのでしょうか。マクベスの破滅？　だとしたら、なぜマクベスを破滅させたいのでしょう？　打ち続く戦乱でマクベスに夫や子供を殺された女たち、との設定にしてもよいでしょう。それなら、マクベスがバンクォーの亡霊を見るときや、あるいは最終景でマクベスが死んでいくときなどにひそかに登場させ、事の顛末を目撃させる演出もできます。人のもつ欲望に働きかけ、その破滅を見るのを楽しむだけのキャラクターでも構いませんし、ひとたび目をつけられた人間は二度と逃れられない、人知を超えた不可思議な運命の力の象徴としてもよいでしょう。その場合は、原作で指定されている場面以外では登場させず、目には見えなくても彼女らの不思議な力が働き続けている感覚を観客に感じさせるよう、音楽や音響で示すことができます。

3) *Macbeth* 5.5.7

スコットランドの領主たち

　彼らの目的は、己の城と家族を守ることです。ダンカン王が生きていたときは、攻めてくる外国に対して団結する必要がありました。が、ダンカンの代わりにマクベスが国王になったときには既に領主たちはマクベスに疑いをかけており、それはバンクォーの死でさらに高まります。うかうかしていると自分もマクベスにやられてしまうかもしれないとの不安から、敵国イングランドと一緒になってでもマクベスを倒す行動に出るのです。

WHY & HOW
なぜ、どのように？

「嗄れ声の鴉のお告げ」
The raven himself is hoarse [4]

　　　マクベス夫人
　　①嗄れ声の鴉のお告げ、
運命の扉を開けてやってくる、ダンカンが
この城壁の下へ。②頼む、精霊、
人間に宿る力よ、わたしを男に変えろ、
脳天からこの足のつま先に至るまで
残忍な力で満たせ。この血をどろりとさせ、
後悔の念が入り込む道を塞げ、
人間らしい情けが首をもたげて
この意志が揺らいだり、なだめられたりはせぬぞ、
結果を招く前には。③来たれ、この乳房に、
そして白い乳を毒に変えろ、そなたら血に飢えた鬼たちよ、
どこにいるかは知らぬが、目に見えぬその姿で
この世の悪にその手を貸せ。④来い、暗黒の夜、
地獄の湯気で世界を覆い隠せ、
この鋭いナイフが自ら作る傷口も見えぬよう、
さもないと闇の毛布を透かしてのぞき見て
天が叫ぶぞ、「待て、待て！」

4) *Macbeth* 1.5.37-53 (37)

LADY MACBETH
①The raven himself is hoarse
That croaks the fatal entrance of Duncan
Under my battlements. ②Come, you spirits
That tend on mortal thoughts, unsex me here,
And fill me from the crown to the toe top-full
Of direst cruelty. Make thick my blood,
Stop up th'access and passage to remorse,
That no compunctious visitings of nature
Shake my fell purpose, nor keep peace between
Th'effect and it. ③Come to my woman's breasts,
And take my milk for gall, you murd'ring ministers,
Wherever in your sightless substances
You wait on nature's mischief. ④Come, thick night,
And pall thee in the dunnest smoke of hell,
That my keen knife see not the wound it makes,
Nor heaven peep through the blanket of the dark
To cry 'Hold, hold!'

マクベス夫人は夫からの手紙を読みながら登場し、国王を始末する残忍な計画を思いつきます。このせりふは、悪魔的・魔女的にドロドロとしゃべってもよいのですが、わたしは、ここに含まれる女性的なことばのイメージをとても興味深いと思います。

②の「わたしを男に変えろ」「人間らしい情け」、③の「この乳房」などのことばからは、マクベス夫人が本来は情けと乳房をもっている存在、つまりとても女性らしい優しさに溢れているはずの人と感じられます。「乳房」「乳」「情け」は彼女が本来もっている母親的な慈愛の性質の象徴です。同時に、豊満な胸やベッドを連想させるので、肉感的でセクシーな「女」を感じさせます。さらに④の「毛布を透かしてのぞき見て」からは、恐怖に怯えるか弱い女性が、外で起きている凄惨なできごとを毛布をかぶって震えながら目撃しているイメージが浮かびます。優しく、か弱くてセクシーな、男性にとっておそらく理想的な女性が、なんとかしてこの残酷な仕事をやり遂げなくては、そのためには悪霊の力を借りなくてはならない、と自らに言い聞かせるせりふにもできるのです。

Try This
女性が長いせりふをしゃべる場合の息とイメージ

最初の思考は①の文ですが、次の思考である②の長さに注目してください。一思考一呼吸の原則に沿ってしゃべろうとすれば、相当な肺活量が必要です。息継ぎはして構いませんが、思考を途切らせず、次から次へとイメージが沸き起こる流れを大切にして演じます。②で「男に変えろ」と言ってから、これほどたくさん祈らなくてはならないのは、心理がなかなかそこにたどり着けないからです。③で乳房の話になるのは、自分の体の柔らかさに、心の優しさを感じてしまったからです。④で毛布の話になるのは、残酷なことは見たくない、怯える自分がいるのを知っているからではないでしょうか。

Try This
体感に触発されて何かを思いつく

③の文に入る直前で、両手を胸の前に合わせてみましょう。自分の腕が乳房に当たります。そのとき、乳房の存在とそのどうしようもない柔らかさにショックを受けるようにしましょう。それが③の文を引き出してくれます。

ちなみに「乳 milk」のイメージは、暗殺を躊躇するマクベスを叱咤激励するときにも繰り返されます。「乳」は「父」と音が同じです。翻訳者は「白い」「甘い」などの形容詞を付けて「乳」であることが聞き手にわかるように工夫しますが、演技で胸を意識するなど演じ方にも気をつけます。

Try This
原文の単語のイメージを生かす

　原文の②、③、④は呼びかけの Come で始まります。どこかにいる何かに自分のそばへ来るよう呼びかけの動作をしてみましょう。その表現を使って、日本語でも演じてみます。

　④では最後の「待て、待て！」でぷっつりことばが途切れます。原文は Hold, hold! で、手綱を引き締めるときにも使う言い回しです。文章の意味は「どうか天の神様が「待て」と叫びませんように」ですが、holdは、はやる自分の心の手綱を引き締めるようにも聞こえます。怖いけれどやらなくては、の気持ちで始めたせりふは、最後の「待て」に至るまでに徐々に息を上げていき、待て、落ち着け、と自らに言い聞かせずにはいられないところまでもっていくよう演じましょう。

Try This
マクベス夫人と魔女の違いをつくる

　残酷な行いも平気な魔女さながらに、毒気に満ちた気分でしゃべってみましょう。そうすると②の「後悔の念など入り込ませるな」などのせりふをいう必要はないと感じられるでしょう。ですから、たとえそのように言い始めたとしても、善と悪との間で葛藤することを忘れないでください。さもないと冒頭に登場する魔女と同じになってしまい、マクベス夫人の存在が際立たなくなってしまいます。

　次に、先述したとおり、血腥い行いをするために女性らしい部分を捨てなくてはならないとわかっていても、怯えたり、弱気になる女性として演じてみましょう。

Try This
マクベス夫人が国王暗殺を思いつく理由

　このマクベスの心情について、ここに挙げたせりふの直前の、マクベスからの手紙の場面を使って練習しておきます。翻訳はここには挙げませんのでお好みのものをお使いください。

　マクベス夫人が国王ダンカンに対して、殺したいほどの恨みをもっていると仮定しましょう。例えば、マクベス夫人によると彼女は子供を亡くしています。その原因にダンカンが関わっていた、など、観客にはわからない理由で構いません。さらに、自分は世が世なら王妃になっていたはずなのに、と悔しさをもっていてもいいでしょう。マクベス夫人は第2幕第2場12-13行で、国王ダンカンが父に似ていなかったら自分の手で始末していたはずだ、と言っていますから、王家の家系にいるのはマクベスよりも彼女のほ

うです。自分には王妃になる十分な権利がある、国王ダンカンを殺したいほど憎んでいる、この2点があるのです。けれど普通なら、そんなふうに思うのははしたない、そんなことを考えてはいけない、と自らを制し我慢するものです。マクベス夫人もそうなのです。ところがマクベスからの手紙が、心の奥底にしまい込んでいたそれらの恨みやフラストレーションをつつき出していきます。

　その過程を組み立てて、マクベスからの手紙を読み上げる練習をしましょう。禍々しい計画を思いついたら、「いやいや、そんなことを考えてはいけない」と自らに言い聞かせる時間をもつのです。そう思う前後に、「そうよ、わたしは王の血筋なのに、どうしてこんなところで我慢しなくてはいけないの」、あるいは「ダンカンは本当に憎らしい。神が許してくれるなら殺してやりたい」と考える時間を入れながら、演じてみましょう。

Try This
相手のことばに触発されて何かを思いつく

　マクベスからの手紙を読み終わると、メッセンジャーが「死ぬほど息を切らしてalmost dead for breath」、国王ダンカンがこの城にやってくる知らせを持ってきます。[5]「死ぬ dead」という短いことばを聞いたとき、鈍器で殴られたような衝撃を受けると考えてください。それがマクベス夫人の脳内を打った後、鴉の不吉な嗄れ声が追い討ちをかけるように聞こえます。マクベス夫人はそれを「国王を殺すべし」と受け取ります。

　音によって脳がショックを受ける様子をグループで体感してみましょう。マクベス夫人役に対して、メッセンジャーが「死ぬほど息を切らしてやってきました」と言ったら、グループでささやくように「死ぬ」と繰り返します。マクベス夫人の耳元までやってきて「死ぬ」とささやいてもよいです。大勢がこのことばを繰り返しながらマクベス夫人に近づいていき、覆いかぶさるように彼女を囲んでしまいましょう。それから、鴉の声を担当する人が、ひと声、低めの嗄れ声を投げ入れます。

　このような、音のエクササイズはすぐに慣れてしまって効果が薄れるので、最初の体感を忘れずに、リアリティを追求しましょう。

Try This
女性としての怯えを乗り越える

　では、あらためて181ページのせりふを演じてみます。想像を絶する行為を運命に命じられてしまった恐怖に怯えながらも、いや、これはやらなくてはならない、男にならなくては、との思いで。「やりたくない」ではなく、「怖いけれどやらねば」という気持ちです。

　自分の女性らしい優しさがブレーキをかけてくる状況を体感してみましょう。女性3

5) *Macbeth* 1.5.35

人がひと組になり、3人で1人のマクベス夫人をつくります。真ん中の1人は、このせりふを言う本人、両側の2人はそれを止める「良心」役です。2人の「良心」役は、優しく強く「そんなことはしてはダメ」「お願い、そんなことしないで」とその耳に語りかけ、説得しましょう。本人のせりふの切れ目を待たなくてよいです。むしろ、本人にこのせりふをしゃべらせないつもりで、「それはいけない」「あなたは女なんだから」と諭し続けてください。本人役は、それらのことばに意志を揺さぶられ、つまり何度も説得されそうになりながら、このせりふを言い切るようにします。稽古場の奥をスタート地点、稽古場のドアをゴール地点と決めて、本人役はせりふを言いながら、ゴールへ歩いて向かいます。良心役たちは、本人の両腕やボディを引っ張り、引き止め、元へ引き戻そうとしながら、説得のことばをかけ続けましょう。

「もしそれができて」
If it were done [6]

マクベス

①もしそれができて、できたら、それなら

さっとできればいい。②この暗殺で

その結果が絡み取れるなら、

やつの最期で成功を摑み取れるなら：そう、この一撃が

すべてで、すべてが終わるなら、③ここで、

そう、時の浅瀬のこちら岸で、

未来を飛び越えてみせる。④が、それでも

裁きは現世で下される、つまり

血腥い企みを企てれば、逆に

発案した本人に害が及ぶものだ。公平な手をもつ正義は

毒の入った杯を当の本人の

唇に向けよと命じる。⑤あの男は二重の信頼でここにいる：

ひとつ、俺はやつの身内で家臣、

そんなことができるはずがない：ふたつ、城主として、

殺人犯に対してドアを閉ざすべきで、

刃を手にするべきではない。それにそうだ、このダンカンは

生まれながらの王たる温和な人物、

一点の曇りもない、⑥ゆえにその高貴な徳が

天使のようにラッパのごとき大音声で嘆くだろう、

極悪非道の罪を呪って、

---

6) *Macbeth* 1.7.1-28 (1)

MACBETH

①If it were done when 'tis done, then 'twere well It were done quickly. ②If th'assassination Could trammel up the consequence, and catch With his surcease success: that but this blow Might be the be-all and the end-all, ③here, But here upon this bank and shoal of time, We'd jump the life to come. ④But in these cases We still have judgement here, that we but teach Bloody instructions which, being taught, return To plague th'inventor. This even-handed justice Commends th'ingredience of our poisoned chalice To our own lips. ⑤He's here in double trust: First, as I am his kinsman and his subject, Strong both against the deed; then, as his host, Who should against his murderer shut the door, Not bear the knife myself. Besides, this Duncan Hath borne his faculties so meek, hath been So clear in his great office, ⑥that his virtues Will plead like angels, trumpet-tongued against The deep damnation of his taking-off, And pity, like a naked new-born babe, Striding the blast, or heaven's cherubin, horsed Upon the sightless couriers of the air, Shall blow the horrid deed in every eye That tears shall drown the wind. ⑦I have no spur To prick the sides of my intent, but only Vaulting ambition which o'erleaps itself And falls on th'other. ⑧How now? What news?

7) 乗馬ブーツの踵に後ろ
向きに付ける金具で、それ
を馬の腹に強弱をつけて蹴
り入れることで、馬を御す
る道具

8) pp.72-73参照

すると哀れみが、生まれたての裸の赤ん坊の姿で、
疾風を乗り回す、あるいは翼の生えた子供の天使として
目には見えない大気の早馬(はやうま)にまたがって、
その恐ろしいできごとを世界中の目に吹きつければ
溢れる涙に風さえ溺(おぼ)れるに違いない。⑦俺には拍車7)がない、
この気持ちの横腹にけしかける拍車が、そしてあるのはただ
むやみに飛び跳ねる野望だけ、それも空回りして
向こう側へ落ちてしまう。

⑧やあ、どうした？何か？

Try This
原文の音の強さを日本語に生かす

　マクベスのせりふは、原文で聞くと d の音が鍵になっていることを第1部で説明しました。8) d は舌を口内で打って発音しますね。それを発音するときの気持ちは、日本語の「ちくしょう」や「くそ」などの男性的な「悔しい」気持ちに近いと思っていいでしょう。t も舌打ちの音ですが、d はそれよりも重く暗く、じんわりと発音します。このせりふ全体で d 音で始まることばに下線を引いてあります。日本語の該当することばにも下線を引きましたので、そのことばを発するとき、重く暗くじんわりと言うように演じてみましょう。マクベスのこだわっている気持ちが実感できると思います。

Try This
マクベスの気持ちの動きをたどる

　マクベスがまず①で、国王暗殺という大陰謀を「それ it」という最小の単語に矮小化(わいしょうか)している点に注目してください。暗殺の企みを、些細(ささい)なことにしてしまうのです。
　ビー玉を1個、あるいはティッシュペーパーを小さく丸めて、親指と人差し指でつまめるくらいの大きさにします。これが「それ」で、国王暗殺という大陰謀です。「それ」を右手に載せたり左手に載せ換えたりしながら、このせりふを演じてみましょう。
　付け加えると、①の「それができて」の箇所は、原文では受動態で語られ、まるで「暗殺が終わってしまえばなあ」と、誰かによってその行為が為される事象だけを見ようとしているようです。そんな気持ちで始めてみましょう。

Try This
マクベスが脳内に描くビジュアルイメージを明確にする

②で使う単語「絡み取る」「摑み取る」、③の「時の浅瀬」「こちら岸」などのことばは、原文では川と魚取り網にまつわるイメージです。稽古場を川に見立て、壺や宝箱を置きます。広いネットか網を用意して、それを網で絡めて引き上げるつもりで、せりふと合わせ、その網を広げて投げてみましょう。ずっしりと宝が詰まったものを水中から引き上げる重さを感じるのも忘れないように。それから、その宝箱を高々と掲げて「やったぜ！」とジャンプをして喜びます。それが「こちら岸で未来を飛び越える」イメージにつながるでしょう。

Try This
良心と悪意の心の揺れを体感する

④は現世の裁きです。マクベス役を裁く裁判の場面をつくってみましょう。裁判官役は「マクベスには罰として毒を飲ませよ」と宣告します。マクベス役は死刑執行人役に押さえつけられ、毒の入った杯を口元に当てて無理やり飲まされます。実際に体に触れるなら、怪我をする恐れがあるので、危険な場面を振り付けられる専門のコーチの下で行ってください。そうした人がいない場合は、マクベス役の体には触らずに、杯を持った死刑執行人がマクベスを壁際にじっくり追い詰めていきながら、恐怖心を感じさせます。

⑤は、人里離れた暗く寂しいところで、悪人や野獣が家に入らないよう、戸閉まりをしっかりするイメージをもって言いましょう。

Try This
ことばのもつ視覚的要素を実感しながら言う

シェイクスピアのことばによる状況描写に実感を込める練習として、⑥をことば通りに演じてみましょう。数人のグループで行います。マクベスがちょうど国王を刺したところにしたいので、稽古場の真ん中に枕（＝国王）を置きます。グループは、中央にマクベスと枕を残し、それを遠巻きにして、マクベスに対して背を向けて座ります。また、稽古場の高い位置には天使役を置きます。マクベスは、枕を棍棒で思いきりたたきましょう。その瞬間、天使役が実際にラッパを吹き鳴らすか、「マクベスがダンカンを殺したぞ」と叫びます。背を向けていた周りの人たちは、そのことばでぐるっと振り返り、中央にいる棍棒を手にしたマクベスを睨みます。

それから全員が立ち上がり、マクベスの周りを駆け回り、「マクベスが犯人だ」「マク

ベスが殺した」「マクベスは殺人犯だ」などと叫びましょう。

それから、ピタッと止まり、恨めしい顔、蔑む顔、非難する顔、汚いものを見る顔をしてマクベスを見つめ、四方八方からゆっくりと彼に近づき、押し潰さんばかりに彼に詰め寄っていきます。

Try This
実体験を積む

⑦を実感するために、ゆとりがあれば乗馬に行きましょう。最近はインターネットでいろいろ調べられますが、馬の背の高さ、そこにまたがる実感、落ちるかもしれない不安など、体験しておくに越したことはありません。他人や自分を傷つけるものでない限り、できるだけ多くのことを体験しておくのも演者の義務と言えます。

Try This
観客に悩みを打ち明けるつもりで

以上のエクササイズを終えてさまざまなことが腑に落ちたら、次は、この独白全体をつなげてやってみます。観客になるグループを用意し、悩みを友人に打ち明けるつもりで、観客に対して「君ならどうする？」と問いかける練習をしましょう。観客役は、マクベスの背中を押すつもりで「大丈夫だよ、やれるよ」と反応しましょう。

マクベスは②で「やつの最期」「この一撃」として、人を殺す場面を念頭に置いています。キリスト教では、死後に天国行きか地獄行きかを決める裁きがありますから、現世で良い行いをしなくてはなりません。けれどマクベスは③で、現世での成功のほうが大事だから、未来（自分が死んだ後）のことは気にするものか、と言います。観客役はここで大いに拍手してみましょう。マクベスは「人殺しくらい、俺にもできる」と自信をもちましょう。

その後④で突然、先の「Try This 良心と悪意の心の揺れを体感する」で経験した、現世の裁きの恐ろしさを思い出します。そして、裁きそのものが現世で行われたらどうする？　と観客に尋ねます。

⑤は、頭の中を整理するつもりで始めましょう。後はこれまでのエクササイズで経験したさまざまな気持ちに想像力を足して膨らませていくだけです。

最後の⑦は、腹立たしく言ってもよいし、打ちひしがれて言っても構いません。ただ、それまでのせりふの洪水とは異なる空気感を感じましょう。大切なのは、このせりふの最後が韻文の行の途中で終わっている点です。⑧でマクベス夫人が登場するので、そこから先は彼女に話しかけるせりふなのですが、それはつまり、気持ちの整理がついていないうちに彼女がやってきたことを示しています。マクベス役は、まだ話したいことが

あるつもりで、観客に話の続きをしようとしてください。そこへマクベス夫人役が突然目の前に現れるのです。

　以下のマクベス夫人とマクベスのやりとりは、長いので3分割し、2人の心理変化をどう演じるかをそれぞれ考えます。

「では、希望はただの酔っ払い?」
Was the hope drunk......? [9]

9) *Macbeth* 1.7.35-44 (35-36)

　　マクベス夫人　　①では、希望は

　　　ただの酔っ払い?　②それで居眠り?

　　　で、真っ青になって飛び起きて

　　　見た夢に震え上がって?　③今からわたし、

　　　あなたの愛もそんなものかと思うわ。④あなたは怖いのよね、

　　　行動と勇気と望みとを自分の中で

　　　一致させるのが?　⑤手に入れたくはないの、

　　　人生の宝とみなす王冠を、

　　　それとも⑥そのまま臆病者として生き、

　　　「やめておこう」と「やってやろう」を行ったり来たり、

　　　⑦あなたは意気地なしの猫なの?

Try This
マクベスをその気にさせていく流れをたどる

　マクベス役は1文ごとに、彼女から視線を外すか、背を向けてください。夫人はできるだけ、彼の顔を見てしゃべるように努めましょう。

　まず①でマクベス夫人が、この恐ろしい計画に「希望 hope」という明るい単語をあてていることに注意。hope と原文で発音したときの口の中の広さは、開いた口がふさがらないショックの状態と近いものがあります。そんな表情で始めます。

　②酔っ払うことは、軍人にとって、かなり情けない姿。マクベスを小馬鹿にし、それによって彼を怒らせようとします。

　怒らせた後の③は、恋人同士、夫婦同士の会話ととらえてみましょう。相手が従ってくれないときに「もうわたしのことなんか愛してないんだ」と拗ねた経験はありませんか?　どんなに緊迫した状態でも、2人が熱く愛し合っている夫婦であるのを忘れずに。また、マクベス夫人を色気に溢れた女性として演じます。

第1章 悲劇 IIIマクベス　189

あなたの愛が信じられない！　と背中を向けたら、④でくるりと振り返り、あなたの本心がわかるのはわたしだけ、と伝えます。相手を小馬鹿にするように言ってもよいのですが、そうすると、すべてのトーンがマクベスをひたすら小馬鹿にするだけになりがちで、観客はマクベス夫人を憎んでしまいます。もちろんそのような演出もあるのですが、マクベス夫人に関しては、行動の理由の正当性、そして同情と共感を観客の心に訴えてほしいと思います。相手の愛を信じ切っている人が「知らない！」と拗ねた後で、「だけどそりゃ怖いよね、わかる」と、相手の頑なな心に共感するのはよくあること。そのつもりで演じてみてください。

そして⑤は励ましです。金メダルの一歩手前で、国民の期待という重圧に耐えられず、心の奥でもうこの辺でいい、と思い込んでいるスポーツ選手に「怖いよね、わかる。でも希望まであと一歩だよ、できるさ。欲しくないの？　金メダルだよ」と励ますコーチのように。

次の⑥は鞭のひとことです。軍人にとって「臆病者」のひとことほど痛いものはありません。④も⑤も成功しないので、腹を立てた夫人が、一気に作戦を変更したのです。それでも動かないので、さらに追い討ちをかけるように⑦へ。さすがのマクベスも、猫にされてはたまりません。もうやめてくれ、俺は男だ、人間だとの気持ちで彼女を黙らせようとしましょう。

10) *Macbeth* 1.7.47-59

場面は続きます。10)

マクベス夫人　①ではなんの獣だったの、あのとき
この計画を打ち明けたあなたは？
②そうできたあなたこそ、男の中の男；
③だから、今以上になるためには、ただの
男以上を目指さなくては。④時と場所は、あのとき
整わなかった、あなたは整えようとしたのに。
それがにわかに整ってきたのよ、なのに今
やめるですって。⑤わたしもお乳をあげたことがある、だから
わかるの、赤ちゃんの柔らかい愛らしさは。
⑦わたしなら、その子が乳房に吸い付く笑顔を見ながら、
この乳首をその歯のない歯茎からもぎとって
脳みそを抉り出したたきつけるわ、そうすると誓ったならば
立てた誓いは守りますとも。

Try This
長いせりふの連なりに流されず、気持ちや行動を次々に切り替える

　以下に示す心理の切り替えを演じ、いろいろなバリエーションが成立することを知りましょう。

　マクベスが直前に、そんな悪事をするのは人間ではない、と言ったのに対し、①で、ではあなたは人間以下の獣だったのか、と返します。彼のことばを逆手に取るつもりで。

　②は、かつて男らしい男であった姿をマクベスに思い出させるように。

　③は、子供を励まし、待っているごほうびを見せるつもりで。叱りつけてもよいのですが、明るい良い未来が待っている前提で励ましてみましょう。

　④は、昔は自分から努力したのに、今はできないの？と尋ねています。ちなみに「あのとき」が何を示すのかは台本には書かれていませんので、演者は2人で話し合って決めておく必要があります。

　⑤は、行の半ばで一気に方向転換するたいへん難しい箇所です。その動機として、もしもマクベス夫人が、夫が行動に出られない理由を突然思いついたのだとしたら、どうでしょう？　マクベスが殺そうとしているのは身内です。大切な人を殺したくない、その気持ちは自分にもわかる、それを示そうとしたのではないでしょうか。夫人にとって、どうしても殺せない相手は、自分の子供です。どうしても殺したくない気持ちはわたしにもわかる、とマクベスに共感を示した後で、それでも約束は守ると伝えようとしましょう。赤ん坊のイメージを突然持ち出すには、マクベス役の協力も必要です。③と④のせりふを使って、マクベスを自分の胸に抱きしめましょう。マクベスの頭を乳房に感じ、それを子供にお乳を与えるイメージと結びつけ、そこからせりふを言うのです。マクベスもまた、夫人の伝えようとするイメージをより鮮明に受け取れるでしょう。甘く柔らかいイメージをマクベスが体験した直後に、⑦を聞けば、マクベスは、よりはっきりと彼女の勇気に励まされるのです。

　こんなに柔らかくか弱く見える女性である妻でさえ、いったん誓ったならどんなに残酷な行為でもやり遂げるという、マクベス夫人の覚悟を実感してマクベスの心は揺らぎます。続く2人のやりとりから、マクベスの心理の動きを探りましょう。[11]

11) *Macbeth* 1.7.59-82

　マクベス　　　①もし俺たちがしくじったら？

　マクベス夫人　　　　　　　　　　　わたしたちが、しくじる！
　　ただ勇気のねじをしっかり巻き上げるだけ、
　　そうすればしくじりはしません。②ダンカンが眠ったら——
　　長旅の疲れ、すぐにぐっすり、眠りに
　　落ちるはず——2人の侍従は

③わたしがワインで歓待しておくわ、

それなら記憶という番人も、

たちまち蒸発、さすがの理性の器も

ただの蒸留器と化すでしょう。そして浴びるほど飲んで

豚のように眠りに溺れれば死んだも同じ、

どう、あなたとわたしで遂行できないはずがない、

護衛のないダンカンだもの？　どう、濡れ衣を

スポンジ頭の侍従たちに着せるの、そう、罪を着せるの、

わたしたちの偉大な殺戮の、どう？

マクベス　　　　　　　　　　④男の子ばかり産み出したまえ、

恐れを知らないその剛毅さなら

必ず男ばかりを産めるはず。⑤どうだろう、

その寝ぼけた2人に血を塗りつけておくのは、

それから短剣もやつらのを使うのは、ならば、

侍従の仕業と受け取られよう？

マクベス夫人　　　　　　　　⑥誰が違うと思うかしら、

わたしたちとしては悲嘆の叫びを上げてみせればいい、

「王が死んだ」と、でしょう？

マクベス　　　　　　　⑦腹は決まった、弓を引き絞るように

体中の力を、残忍な離れ業に集中してみせる。

⑧行こう、時の世を善人の顔で欺こう。

偽りの顔で偽りの心を隠しておこう。

Try This
マクベスの心理の変化をたどる

　①は原文では we という1人称複数形を使っています。これは夫婦2人を表す「我々」という意味と、君主が「わたし」を表す意味とがあります。英語で聞く観客は、マクベスはもう国王になったつもりで言ったな、と解釈してもよいですし、「俺たち2人とも破滅だぞ」と妻に忠告を与えているのだな、と解釈してもよいのです。日本語で演じる場合は、その両方を試してみて演出を決めましょう。

　マクベス夫人は同じせりふをおうむ返しに繰り返します。呆れ果てて。

　②で具体的な執行計画を立てるからには、その前のことばで夫が耳を傾ける気になったことを確信しているはずです。マクベス役は、②の前には夫人の話を聞くつもりになりましょう。

　このせりふの最も大きな転換点は、③の「わたしが」です。マクベス夫人はそれまで

「あなたは」という主語で話しかけていました。あなたはだめだ、あなたはなぜやらない、と。ここで初めて彼女は主語を「わたしは」に変え、自分もまた計画実行に加担すると伝えるのです。俺ひとりでやらされる、と思っていたマクベスは、愛する妻も一緒にやってくれると知ります。このとき初めて彼女の顔をはっきり見てください。その後は「あなたとわたしで」と、二人三脚の仕事であることが明確になります。そしてマクベスは彼女の勇気に舌を巻き、尊敬の念をもって④を言います。

　夫人も行為に加担すると知ったマクベスは勇気百倍、自分もアイディアを加え始めます。⑤、⑥と2人で作戦を練り上げていく共同作業へ移りましょう。まるでマクベスと夫人は、何か楽しい計画を嬉々と話し合っているかのようです。残虐さを意識的に忘れようとし、楽しくて役に立つ計画を話し合うつもりで。それがこの場面です。

　⑦はマクベス役ひとりの宣言にならないように、夫人に向かって「よし、わかった」と言います。弓を引き絞るように体中の力を一点に集める状態を感じてください。

　⑧の退場から暗殺まで、2人はいつも一緒に退場します。片時も離れては生きていけない様子をここで示すことによって、たとえ国王になっても片方がそばにいなければそこに幸せはないことが伝わります。

「見張りを酔わせた酒でわたしも大胆になれた」
That which hath made them drunk hath made me bold. [12]

12) *Macbeth* 2.2.1-8 (1)

マクベス夫人
①見張りを酔わせた酒でわたしも大胆になれた。
同じ酒でわたしにも火がついた。②あっ、しーっ！——
あれは梟の金切り声、死刑執行人が鳴らす運命の鐘、
恐ろしいおやすみの挨拶だこと。③あの人、そろそろだわ。
扉はすべて開けてある、酔っ払った見張りも召使も
役目そっちのけで、いびきをかいてる。眠り薬をたっぷり入れたもの、
生と死が競い合って
生きてるか死んでるかさえわからないはず。

Try This
状況と心情の関係を探る

　設定は、夫人がひとり、夫が暗殺を成功させて戻ってくるのを待っているところです。周りからの刺激が必要ですのでグループで行います。場所はどこでしょう？　この場面の最後のせりふから、[13] ここは夫人の私室ではなく、どうやら城の中の廊下や広間など、

13)「私たちの部屋へ戻りましょう Retire we to our chamber」（Macbeth, 2.2.64）

第1章　悲劇　Ⅲマクベス　193

ほかの人がいつ来てもおかしくない場所です。電気のない時代の真夜中ですから、階段の下辺りにひっそりと小さな蠟燭が灯っているだけです。稽古場を真っ暗にして、小さな蠟燭を点けましょう（火事には十分気をつけてください）。蠟燭やランプがどれほど狭い範囲しか照らせないかがわかります。夫人は夫が下りてくる階段の下に様子をうかがいに行きましょう。周りで見ている人たちは、たまに何か音を立てます。その度に夫人は暗闇に姿を隠しましょう。

①は、大胆な行為をした上、それがまんまと成功し、彼女も少し酔っているので気が大きくなっています。おどおどせず、堂々と登場してみましょう。そこへグループの誰かが梟の鳴きまねを入れ、ぎょっとしたのが②です。このようなエクササイズは自然に任せてもなかなかうまくいきません。梟の声を聞いたらギョッとして息をのむ、と決めて演じましょう。「あっ」と大きめの声を出し、それから自分の立てたその声を静めるために「しーっ」と言います。

英語では、梟の金切り声は Who?（誰だ？）に聞こえるのです。うまく悪事を働いてきていい気になっているところへ「誰だ！」と言われ、見つかってしまった、と焦った瞬間です。人ではなく、梟だと確認してから、気を落ち着かせましょう。そして③のせりふ、自分がした行為を順序立てて思い出し、落ち度がなかったどうかを確かめます。

Try This
せりふに書かれていない場面を演じておく

マクベス夫人がこのせりふを言うまでどんなことがあったか、それを即興で演じてみましょう。

国王ダンカンの部屋の扉に2人の見張りを置いて、状況を再現します。夫人はその2人が部屋を守っているところへ行き、酒を勧めます。見張りは絶対に酒を受け取らないつもりでいましょう。制限時間を決めてもよいです。もしかしたらマクベス夫人は少し色気を使う必要もあるかもしれません。見張りを酔わせるのが想像以上に大変であれば、このせりふの始まりでは、かなりほっとしていることでしょう。

14) *Macbeth* 2.2.14-27

この後、マクベスが下りてきます。14)

マクベス
　①俺には、できた。音を聞かなかったか？
マクベス夫人
　梟が叫んでこおろぎが鳴いて。
　あなた、何か言った？
マクベス　　　　　　　　　いつ？

マクベス夫人	今。
マクベス	下りてくるときにか？

マクベス夫人

ええ。

マクベス

②あっ！——二の間にお泊まりなのは？

マクベス夫人

ドナルベイン。

マクベス ③この哀れな様。

マクベス夫人

馬鹿なことを、哀れな様とは。

マクベス

④眠っているくせに、1人が笑い出し、もう1人が叫ぶんだ、「人殺し！」
それで2人とも目を覚ましてしまった。俺は立ったまま耳を澄ませた。
2人は祈りを唱え、互いに挨拶を交わし
そしてまた眠った。

マクベス夫人 ④そういえば2人とも一緒の部屋に。

マクベス

1人が叫ぶ「神のご加護を」、すると「アーメン」ともう1人が、
この首吊り役人の手を持つのを見透かしたように。
その恐怖の声を聞きながら、俺には言えなかった「アーメン」が、
⑤せっかく2人が唱えているのに、「神のご加護を」と。

Try This
暗殺後の2人の様子を表現する

　マクベスが登場した瞬間のマクベス夫人の心情をいろいろ試してみます。マクベスが下りてくる階段のほうを注目して待っているなら、彼がしゃべる前に駆け寄るでしょう。背を向けていれば、彼の声に驚き、それから振り返るでしょう。

　マクベス役は、人を刺し殺したばかりの状態を服装やメイクで準備しましょう。返り血で血まみれな夫に夫人はギョッとするでしょう。夫とは思えない異様な雰囲気が漂っているはずです。夫人は夫が浴びた大量の返り血のにおいを嗅いだ経験がないはずです。夫人は、振り返り、駆け寄っても、その強烈なにおいの夫に触れられないかもしれません。その状態で、この場面を演じてみてください。可能なら、肉屋へ行き、血を洗い流す前のにおいを経験しておくのもよいでしょう。

　①のひとことめで短く事実を報告した後、マクベスは音について尋ねます。夫人は、

15) pp.73-74参照

記憶を正確にたどろうとしながら、混乱して尋ね返します。②に至る弱強五歩格15) の1行の中に2人のせりふが混在し、考える間もなくことばを交わしています。相手の話を聞こうとせず、意識をそれぞれ別の何かに向けてやってみましょう。

　②はマクベスが何かに驚いて突然、「あっ」と声を上げる様子を示しています。原語のHark は相手を静かにさせるときに使う単語で、夫人が梟の鳴き声を聞いたときに上げた「あっ」と同じことばです。そのまま隣の部屋に寝ているのが誰かを尋ねるのですが、夫人が答えても、マクベスはそれを聞いていません。質問をした後、すぐに自分の血まみれの手に意識が集中して③を言うわけですから、思考を切り替える必要があります。そのためには「二の間にお泊まりなのは？」のせりふで視線がいく方向を手で示すと、血まみれの手が自ずと目に入ります。

　④のせりふにリアリティをもたせるために、マクベスの行動を再現しましょう。石の階段を、足音を立てないように気を遣いながら、そっと上っていきます。国王の部屋の扉の前では、妻が酔わせた護衛が2人、いびきをかいて眠っています。本当に眠っているのかどうかを確認する時間をもちましょう。それから扉をくぐるのですが、まず王子たちの寝室を通り抜けなくてはなりません（王子の寝室を通った後、見張りのいる王の部屋の扉前に来ることにしてもよいです）。王子たちが寝入っているかどうかを確認しながら、壁に沿って、2人を起こさないように進みます。その瞬間、王子役の1人が突然笑い出し、次の瞬間にはもう1人の王子が「人殺し！」と叫びます。それから2人は、むくっと起き上がりましょう。マクベスは壁際の暗い場所で、じっと息を殺して待ちます。体を起こした王子たちは「神のご加護を」「アーメン」と言い、また寝ます。王子たちが「アーメン」と言うとき、マクベスも一緒にそれを唱えようとしてみましょう。

　体験をマクベスが今こうして逐一話すのは、血まみれの手を見たマクベスの脳裏に、暗殺の瞬間がフラッシュバックしてきたためと思ってよいでしょう。手には人間の肉と骨を切り割った感触が残っています。錯乱状態の頭を整理するために、経験を正確に思い出そうとしているのです。

16) *Macbeth* 2.2.33-41

　その過程でマクベスは別の体験を思い出します。16)

マクベス

　なんだか叫び声が聞こえた、「もう眠るな、
　①マクベスが殺したのは眠りだ」──②無垢の眠りを、
　眠りをだ、もつれた煩いをほぐして撚り直してくれるもの、
　日々の命の死出の旅、辛い仕事の後のひと風呂、
　傷ついた心の塗り薬、偉大なる創造主がふるまう2皿目、
　命の饗宴の最大の滋養──

マクベス夫人　　　　　　　　　　　　何が仰りたいの？

マクベス

まだ叫びが「もう眠るな」、館中にこだまする、

「グラミスは眠りを殺した、だからコーダーは

もう眠るな、マクベスはもう眠るな」

Try This
原文の音のイメージを日本語で活用する

「もう眠るな」の原文は Sleep no more 。長い母音の繰り返しは、取り返しのつかない行為を嘆く心からの叫びに聞こえます。「もう眠るな」の「もう」と語尾「な」を長く使い、嘆きの「ああ」に聞こえるようにしましょう。

①でマクベスは、自分の行いは、自分の眠りを殺したも同然だと悟ります。そして、失ったものの大きさに愕然(がくぜん)として、②を言います。これは大事なものや大事な友達を失い、その大切さを思い出して嘆くときと同じです。

「明日、また明日、また明日が」
Tomorrow, and tomorrow, and tomorrow [17]

17) *Macbeth* 5.5.16-27
(18)

MACBETH

マクベス

（妻の死の知らせを受け取り）

死ぬならもっと後にしてほしかった。

①そのことばにふさわしいときもあったはずだ。

②明日、また明日、また明日が

じりじりと忍び寄る、③毎日毎日

④書かれてしまった最後のひとことを言うときをめがけて、

なのに⑤昨日というものは皆、馬鹿者どもの

埃まみれの死出の旅路を照らすばかり。⑥消えろ、消えろ、短い蠟燭。

⑦人生は歩き回る影にすぎない、哀れな役者、

己の持ち時間だけ、舞台の上でじたばたし、

⑧後はもうしゃべらない。人生は

⑨間抜けの語る物語、騒々しい憤りでいっぱいで、

⑩なんの意味もない。

MACBETH

She should have died hereafter.
① There would have been a time for such a word.
② Tomorrow, and tomorrow, and tomorrow
Creeps in this petty pace from ③ day to day
④ To the last syllable of recorded time,
⑤ And all our yesterdays have lighted fools
The way to dusty death. ⑥ Out, out, brief candle.
⑦ Life's but a walking shadow, a poor player
That struts and frets his hour upon the stage,
⑧ And then is heard no more. It is a tale
⑨ Told by an idiot, full of sound and fury,
⑩ Signifying nothing.

部下が次々と逃亡し、敵方へ寝返っていく、最愛の妻も死んだ、その知らせを受けたマクベスのせりふです。

第 1 章 悲劇 III マクベス 197

①の「とき time」がマクベスのキーワードになり、それが3度繰り返される②「明日 tomorrow」につながっていきます。実は「明日」はこの戯曲の隠れたテーマです。第1幕第4場でマクベス夫人が手紙を読んだ直後にマクベスが戦場から戻り、夫人に国王の来訪を告げると、夫人はマクベスに、国王の滞在はいつまでかと尋ね、マクベスは「明日」と答えるのです。夫人は「その明日に日の目を見せてはなりません」と答えます。つまり、国王にとって明日はない、と告げたのです。

その通り、国王ダンカンには明日は明けなかったのですが、同時に、自らの眠りを殺したマクベスにも長い長い眠れぬ夜が待っていたわけです。夜は死の時間です。18) 人間は夜に一度死んで、朝に新しい自分として生き返る、と考えられていました。眠りを殺したマクベスにはそれができません。まるで永遠の夜に閉じ込められたように感じ、「明日」がいつか明けるはずだと虚しい願いを胸に日を重ねていくのです。

なんとかして這い上がろうとするとき、人は皆、明日には良くなる、と自分に言い聞かせるものです。②でマクベスは、「明日 tomorrow」を繰り返しながら、ダンカンがこの城に来た日と、それから今に至る時間を追体験しているようにも思えます。その足取りの重さ！　「また and」を言うたびに、持ち上がらないほどの重い脚をズリッと引きずり上げるように演じてみましょう。19) 彼の心の重さがわかります。③の「毎日毎日 day to day」も同様です。

④は最後のひとことまで決められてしまっている己が運命を知った、悔しさと無力感の溢れるせりふです。人間は、どうせ運命が書いたせりふをしゃべらされるだけの役者でしかない、その諦めのイメージが生まれ、⑧への伏線となります。

⑤は「昨日」、つまり思い出の擬人化です。「昨日」という名前の亡霊が、己の行く先を背後から照らしている図が浮かびます。「死出の旅路を照らし出す」イメージから、⑥の蠟燭が導き出されます。そこから⑦という考えが浮かびます。背後から「昨日」に照らされれば、行先の足元に見えるのは、当然、自分の影ですね。それは「哀れな役者」。実体のない、運命も演じる時間も、しゃべることばさえ決められている役者なのだという抗えない絶望感にマクベスは囚われています。

⑧では「もうしゃべらない heard no more」と語ります。「もう眠らない sleep no more」に使われていた嘆きの音 no more が再び使われるので、観客にそれを思い出させるように演じましょう。

⑨の「間抜け」の原文は idiot で、馬鹿にして吐き出すように言う音ですから、日本語で「間抜け」というときにもそのように言ってみましょう。最終行⑩は、弱強五歩格の原則で読むと、強音が5音のうち強音が3音しかなく、最後の「ない」は原文で nothing と消え入るように終わります。本来ならば必要な残りのふたつの強音は静寂。マクベスの深い深い絶望を演じる箇所です。

18) ハムレットも、死ぬのは眠るのと同じことと述べている。pp.139-140 参照

19) 弱強五歩格で読むと and にも強拍が来る。弱強五歩格については pp.73-74 参照

198　第3部 読解方法と表現術

Try This
数種類の気分を使って演じ分ける

　このせりふはとても有名でかっこいいので、つい、暗いかっこよさだけで演じがちです。それを避け、マクベスが抱えている心の闇を生かしつつ、せりふの内容とマクベスの気分の変化を、より重層的にしていく必要があります。そのため、入口となるエクササイズをやってみましょう。

①このせりふで使えそうな気分をいくつかリストアップする。例えば以下など。

・自暴自棄な気分
・破壊的な気分
・男泣きしたい気分
・哀れで惨めな気分
・茫然自失な気分
・己を嘲笑したい気分

②まず、それらのうちのどれかひとつを使って演じる。
③次に、別の気分を選んで、やはりその気分だけで演じる。こうして次々に異なる気分を取り上げて演じると、単語や文節によって、ある気分ではふさわしく使えるが、別の気分ではうまくいかないなどの箇所が見えてくる。
④演じた後にそれらをチェックし、単語や文節ごとにふさわしい気分を台本に書き込む。変化をつけるためなので、同じようなものが並ばないようにすること。
⑤最後に、書き込んだ気分を使って演じてみる。使うべき気分が台本に書き込まれていると、複雑な変化も構造的に組み立てられ、微妙な違いをより明確に演じ分けられるようになる。

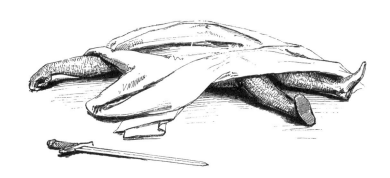

IV ロミオゥとジュリエット — ROMEO AND JULIET

WHEN & WHERE
いつ、どこで？

　　この戯曲に関してシェイクスピアは、冒頭で、いつ、どこで、誰が、何をして、どうなった、をすべて語っています。

1) *Romeo and Juliet*, Prologue

CHORUS
Two households, both alike in dignity
　①In fair Verona, where we lay our scene,
　②From ancient grudge break to new mutiny,
　③Where civil blood makes civil hands unclean.
From forth the fatal loins of these two foes
　④A pair of star-crossed lovers take their life,
Whose misadventured piteous overthrows
　Doth with their death bury their parents' strife.
⑤The fearful passage of their death-marked love
　And the continuance of their parents'rage –
Which but their children's end, naught could remove –
　Is now the two-hours' traffic of our stage;
⑥The which if you with patient ears attend,
What here shall miss, our toil shall strive to mend.

2) シェイクスピアの生まれる数十年前まで、イングランドは内紛続きで国土も人心も著しく疲弊していた

コーラス

　ふたつの立派な旧家がありました、
　　①花の都のヴェロウナが、その舞台、
　②昔々の因縁が新たな抗争を引き起こし、
　　③街中の者どもがその手を血で洗っておる始末。
　いがみ合う仇同士の腹から生まれた
　　④宿命の星に魅入られた恋人同士、己の命を自ら奪う、
　その哀しい運命の歯車は、2人の死をもってして
　　ようやく親同士の諍いを地に葬り去るのでございます。
　⑤死の刻印を押された、凄まじき恋の旅路、
　　怒りに任せた親同士の流血沙汰は止まず──
　それは我が子の命が果てぬ限り、何ものも止められぬのです──
　　その様をこれから2時間、この舞台でお届けします；
　⑥辛抱強く耳をお傾けくださるならば、
　うまく表現できないことも、繕うように努めます。1)

　①の場所を示す「花の都」という導入の文句で、楽しく豊かな生活が真っ先にイメージされ、そして当時最先端の都市、イタリアのヴェロウナの名がイングランド人の憧れを誘います。けれど、その憧れのイメージは②で即座に逆転。争いが絶えない状態③は、薔薇戦争時代のイングランドそのもの。2)遠く離れた夢の街の話ではなく、観客に「まるでわたしたちの話だ」と興味をもたせます。「誰が何を」を伝える④では「星」「命」「運命」ということばを使って、ロマンチックな雰囲気に、やや哀愁の込もったトーンを加えます。⑤は「なぜ、どのように」で、「2時間」と上演時間まで教えます。最後の2行⑥は観客へのお願いです。静かにしてくれたらがんばります、とお願いされては、観客はおとなしく耳を傾けるしかないでしょう。

16世紀当時のイタリアは、ミラノやナポリ、フィレンツェ、ヴェネツィア（ヴェニス）、ボローニャなど、いずれもそれぞれの都市が別々の国家として独立しており、城壁を越えれば違う国。法律も異なりました。けれどティボルトを殺したロミオゥが追放されるマンテュア（現代のマントヴァ）はヴェロウナから44キロ、車なら40分、馬車でも半日の距離です。モンタギュー夫妻が旅行に出かけるくらいですから、ロミオゥにとってもまったく知らぬ土地ではありません。それでもロミオゥは、引き離されたことを、まるで殺されるかのように嘆くのです。一瞬でも引き離されることに我慢ができない若い恋の情熱の愚かさを理解するためにも、マンテュアがすぐそばにあることは観客にしっかり伝えましょう。

〈イタリア全土の地図〉

　場面は、街の広場、街の通り、キャピュレット家の屋敷（父の部屋、母の部屋、大広間、ジュリエットの部屋とバルコニー、庭）、修道士ロレンスの庵、マンテュア、キャピュレット家の霊廟、とめまぐるしく変化します。ドアやカーテンを多用し、スムーズに場面転換ができるようにしましょう。

第1章　悲劇　Ⅳロミオゥとジュリエット　201

この舞台装置例では、相対するふたつの扉の上には、それぞれの家の旗をぶら下げ、よくわかるようにします。中央部分は、街の広場にも、舞踏会の大広間にもなりますし、また大階段は地下墓地への階段にもできます。大広間になったときは、モンタギュー側の扉は、別の部屋へ通じる廊下にしたり、開け放してティボルトが悔しがる場所にしてもよいでしょう。階段下の小さな扉をくぐって入ると、ロレンス修道士の庵内部になります。大階段の上にジュリエットのバルコニーをつくりましたが、階段が窓に向かわないので、そこからは登れない苛立ちが表現できるでしょう。斜線部分には紗幕をかけておき、ジュリエットの室内を表現するときはバルコニーが見えないようにします。ロミオゥは客席へ降りることでヴェロウナを去るという演出もできます。

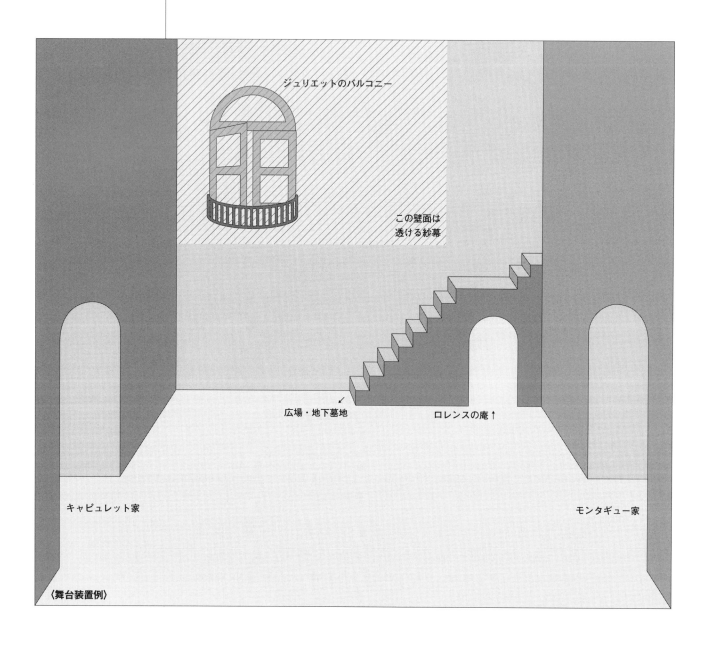

〈舞台装置例〉

WHO & WHAT
誰が、何を？

ロミオゥとジュリエット

　モンタギュー家の一人息子ロミオゥと、キャピュレット家の一人娘ジュリエット。お互いに名は知っていますが、相手を見たこともないまま憎い仇だと吹き込まれて育ちました。ロミオゥはロマンチックで夢見がち、ジュリエットは現実的で行動的であることが、せりふの端々から読み取れます。2人の目的は同じで、一緒に暮らすことです。登場人物を表現するときは、変化を演じるのがポイントですから、この基本的な性格を頭に入れながら、次の変化をたどるようにしましょう。

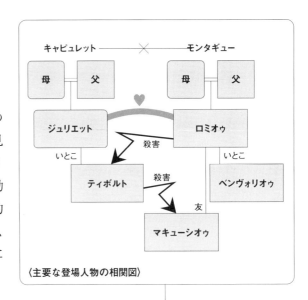

〈主要な登場人物の相関図〉

ロミオゥ

　恋わずらいで萎れた花のようになっている→ジュリエットに会い、積極的で行動的になる→ティボルトを殺してしまって自暴自棄になる→萎れて自暴自棄になった末、行動的となり、自殺する。

ジュリエット

　母の言うなりの人形→ロミオゥに会い、積極的で行動的になる→ティボルトを殺されロミオゥが追放になり、自暴自棄になる→現状を見つめ、物事を前に進める勇気を取り戻す→ロミオゥの死を知り、現実的に考えることを忘れて自暴自棄になり、自殺する。

ティボルト

　ジュリエットのいとこ。英語圏に伝わる古いおとぎ話の中に、九つの命をもつという猫の王が登場します。その名がティボルト。殺しても死なない猫ティボルトを念頭に置き、猫のような動き方や、突然爪をむき出す気性を使って演じましょう。ティボルトの目的は、ロミオゥを追い払うことと考えてよいでしょう。

ジュリエットの乳母

　歯がほとんどない、と自ら宣言している[3]ことから年寄りと思われがちですが、ジュリエットにお乳をあげることができたわけですから、ジュリエットの母と同年代の可能性もあります。乳母には、お乳はあげずにお世話だけをする人もいますので、演出によって切り替えて構いませんが、その前に、両方のタイプで演じ分けてみるとよいでしょう。その際、お乳をあげた乳母のほうが、より親近感が強くなります。乳母の目的は、ジュリエットを幸せにすることです。

[3] *Romeo and Juliet* 1.3.15

キャピュレット夫妻

　ジュリエットよりも若い歳で出産したというせりふを信じれば、キャピュレット夫人はまだ27歳くらいです。けれど夫がこれ以上跡取りは増えそうにないとパリスにこぼしていることから、もう子供は産まれないことがわかります。なぜでしょう？　夫人は病弱？　子供が欲しいのにできないならば、夫人は子供が産めないことに対して申し訳ないという気持ちが強いでしょう。それとも夫が不能？　それなら夫人の夫へのフラストレーションが強くなります。夫人が、ティボルトの死に際して、ロミオゥを殺さなければ気が済まないと嘆くことから、ティボルトと夫人の間にただならぬ関係があるとする演出もあります。夫妻の目的は、お家の存続です。

名の音が暗示する性格

　モンタギュー家側の主な人々は、名が o という感情のこもりやすい長い音で終わります。キャピュレット家の人々は、名が t で終わります。何事も断定したり区切りを明確につけたいような気分の生まれる音です。

モンタギュー	Montague
ロミオゥ	Romeo
ベンヴォリオゥ	Benvolio
マキューシオゥ 4)	Mercutio

キャピュレット	Capulet
ジュリエット	Juliet
ティボルト	Tybalt

4) マキューシオゥは正確にはヴェロウナ大公の身内であり、モンタギュー家の人間ではないが、ロミオゥ側で行動しているのでここに入れる

　はっきりとして短くけじめをつけるような音で終わる名をもつキャピュレットの一族と、曖昧でいつまでも物事にけじめをつけられないような音で終わる名をもつモンタギューの一族が折り合うはずがないことがよくわかります。バズ・ラーマン監督の映画でも、名の音の違いをそれぞれの家の特質にし、ティボルトたちは黒い革ジャケットと革靴、ヒゲをきれいに刈り込んだかしこまったスタイル。ロミオゥたちは、アロハシャツをひらひらさせて、身のこなしも緩いスタイルで演じられました。日本語で演じる場合も、モンタギュー一族の名は、語尾の「オ」を短く発音しすぎないよう、伸ばし気味に言うのが望ましいと思われます。

WHY & HOW
なぜ、どのように？

「グレゴリー、俺はもう」
Gregory, on my word, [5]

5) *Romeo and Juliet* 1.1.1-17 (1)

サムソン

グレゴリー、俺はもう石炭運びの下っ端は嫌だ。

グレゴリー

だな。下っ端は<u>運び屋</u>に過ぎんからな。

サムソン

つまりよ、<u>運ぶからには</u>、<u>こいつを抜いてやる</u>ぜ。

グレゴリー

おう、<u>生きてるうちは</u>、<u>首を襟からちゃんと出して</u>おこうぜ。

サムソン

<u>俺は手が早いんだ、その気になりゃ</u>。

グレゴリー

おまえは<u>その気になる</u>のに<u>時間がかかる</u>だろ。

サムソン

モンタギューの犬を見ると<u>その気になる</u>ぞ。

グレゴリー

<u>その気になって動かすのはかき混ぜる</u>ってことだ、<u>男らしく立つ</u>ってこった、おまえの場合は<u>その気になっても</u>、走って逃げるのが落ちさ。

サムソン

あそこの犬を見りゃ、俺は<u>その気になって立っちゃう</u>ぜ。<u>壁に向かって突き飛ばしてやる</u>、相手がモンタギューなら、<u>男だろうが女だろうが</u>。

グレゴリー

そりゃおめえ、てめぇを腰抜け、みんなの奴隷って証明するだけだぜ、だって<u>壁際に寄るのは意気地なし</u>だけだからな。

サムソン

それもそうだ、へへ、女は<u>か弱き壺</u>、その<u>壁を突かれちゃう</u>んだな；だから俺はモンタギューのやつらを壁から押しのけて、<u>やつらの女の壁をぶち破ってやる</u>ぜ。

第 1 章 悲劇　IV ロミオゥとジュリエット　205

Try This
卑猥なことばを笑いに変える

　下線部は卑猥な意味をもつ単語です。これらのせりふで観客を一気に舞台に集中させる練習をしましょう。2人の男性が、手に細長い棒状の風船を持ちます。それを股間で振り回したり、相手をたたいたり、相手の風船をたたいたりします。

　その直後に、場面は大乱闘になり、この街がいかに危険に満ちたところかがわかります。そこにロミオゥとジュリエットが登場すれば、2人はまるで、喧嘩と暴言にまみれた世界に場違いに咲いた小さな花のように見えるに違いありません。そのために、ここで最低な卑猥な場面をつくる必要があるのです。

「あれは東、だからジュリエットは太陽だ」
It is the east, and Juliet is the sun. 6)

6) *Romeo and Juliet* 2.1.44-74

ロミオゥ
①しっ、②あの窓を破って漏れ出る光は？
①あれは東、②だからジュリエットは太陽だ。
昇れ、美しい太陽、嫉妬深い月を殺してしまえ、
（中略）
②あれは僕の憧れ、おお、僕の恋人。
おお、それをわかってくださったら！
①あ、何かしゃべる、②いや、何も言わない。だから？
あの瞳が語る；それに僕は応えよう。①
②厚かましすぎるな。話しかけられているわけじゃないのに。①
②天上のすべての星の中でも最も美しいふたつが、
急ぎの用事で出かけるから戻ってくるまで
代わりに光っていてくれと、あの瞳に頼んだかのようだ。
（中略）
①ほら、頬杖をつくあの手。
②おお、あの手を包む手袋になりたい、
そうすればあの頬に触れられるのに！
ジュリエット　　　　　　　　　　　　　　ああ、もう。
ロミオゥ　　　　　　　　　　　　　　　　②しゃべった。
①おお、輝く天使よ、せめてもうひとこと；君は
僕の頭上にあってこの夜を輝かせる、

206　第3部 読解方法と表現術

翼ある天からのお使い、
②君が空を行くとき、人は目を白黒させて
仰天して見上げるのだ、
①ゆったりと流れる柔らかな雲にまたがり
大気の胸の間を悠々と漕ぎ渡っていく姿を。

Try This
背後にあるものを独白で観客に伝える方法

　観客の視線を、自分（ロミオゥ）とバルコニーとを行き来させましょう。映像なら、カメラが見るべき場面を切り取って見せてくれますが、舞台の場合は、演出によって観客の視線を見るべきものに向ける必要があります。いくつか方法があります。

・それまでしゃべっていた人物がある方向を向けば、観客はそちらを見る
・照明の効果を使う
・人間は動くものを見てしまう、という原則を使う

　このせりふでは、ロミオゥが見る方向が決め手となります。ロミオゥがずっとバルコニーを見てせりふを言っていると、観客はロミオゥを見ずにバルコニーしか見ないことになってしまいます。その意味でも、ロミオゥが観客のほうを向いてしゃべるのが大事なことがわかるでしょう。
　例として番号をふり、ロミオゥがバルコニーのほうを向く箇所と観客のほうを向く箇所を明示しました。①はバルコニーを見る、②は観客を見る、です。②では観客より上の天上に向かって言う箇所をつくってもよいでしょう。

Try This
ロミオゥの期待と落胆に差をつける

　間に挟まるジュリエットのせりふを、ロミオゥはどんなふうに受け取るでしょうか。

・ロミオゥが彼女を見ているときにジュリエットが言う
・ロミオゥが観客のほうを向いてバルコニーには背を向けているときに聞こえてくる

　ロミオゥと観客の視線が既にジュリエットに向いているときにしゃべる設定なら、ジュリエット役は、唇を開いて息をたっぷり取り入れ、ロミオゥにも観客にも、今か今か、という期待感をたっぷりもたせましょう。なのに出てくることばは「ああ、もう」だけ、

というおもしろさが生まれます。ロミオゥが観客のほうを向いているときに突然聞こえてくるものなら、それを耳にしたときのロミオゥの衝撃の表情がよく見えます。どちらの場合でも、この場面は笑えるものになって構いません。むしろ大いに笑ってハッピーな気分を盛り上げましょう。後の悲劇への転落がいっそう悲しくなります。

Try This
観ているものを観客に報告するように演じる

　舞踏会の後、広い庭でジュリエットを見つけたロミオゥのこのせりふはつい独り言にしがちですが、独白の原則を使い、観客に向けてしゃべってみましょう。

　このせりふの直前に、ロミオゥは自分をからかう友達の悪口を言いますので、まずそれをやります。観客に告げ口するように即興で「ひどいでしょ、あいつら？　俺は俺なんだからね」という感じで悪友の文句を並べ立てましょう。その途中で、誰か仲間の役者にパンと手をたたいてもらいます。それが窓を見つけた合図で、そこからは、せりふを使います。ロミオゥ役は観客に「しっ」と言い、後のせりふをすべて、観客に質問したり、観客に答えを言ったり、とまるでテレビのレポーターが、背後で起きていることをいちいちカメラに向かって実況する感じです。実際に舞台で行うかどうかは演出家に任せますが、背後のバルコニーを見上げては前の観客に話しかける表現を練習しておけば、いつも観客のことを忘れずに物語を伝えられるようになります。

7) *Romeo and Juliet* 2.1.75-91 (75)

「おお、ロミオゥ、ロミオゥ、なんのためにあなたはロミオゥ?」
O Romeo, Romeo, wherefore art thou Romeo? 7)

ジュリエット

①おお、ロミオゥ、ロミオゥ、なんのためにあなたはロミオゥ？
お父上を捨て、その名前もやめてほしい、
そうしないと仰^{おっしゃ}るのなら、それでもわたしを愛してくれるなら、
わたしがもうキャピュレットをやめる。

ロミオゥ

もう少し聞こうか、それとも今、答えるべきか？

ジュリエット

だってわたしの敵は、その名前のほうだもの。
あなたはあなたに変わりはない、モンタギューでなくても。
じゃあモンタギューって？　手じゃない、足じゃない、
腕でも、顔でも、その他

人間の体のどの部分でもない。ああ、違う名前になって！
②名前には何があるの？　薔薇と呼ばれるものは
違う名前になっても、その甘い香りは変わらない。
ならロミオゥもそう、ロミオゥと呼ばれなくたって、
愛しいあの人がすでにおもちの完璧さは、そのまま、
肩書なんかなくても平気。ロミオゥ、③たたき落として、お名前を、
それで、名前の代わりに――どうせ名前はあなたじゃないんだから――
わたしのすべてを受け取って。

ロミオゥ　　　　　　　　　　　　受け取りましょう、おことば通りに。

Try This
「おお」の演技

　①のせりふのポイントは、ことばにできないほどの深い思いが込められた O の音が繰り返されることです。原文は O Romeo, Romeo, wherefore art thou Romeo? で、O の音がいくつもありますね。これが、ジュリエットの心のときめきを表しています。日本語で「ロミオゥ」と言うとき、「オ」を短く止めずに、甘いため息が流れていく感じで言ってみましょう。

　ちなみに、②の原文は What's in a name?　ディズニー映画『ライオンキング』でも使われた、英語圏では子供でも知っているせりふです。ジュリエットにとって、ロミオゥの名はそのまま「敵」という肩書になります。肩書も名も無意味だ、とも言っているわけで、世界の秩序に疑問を呈する、危険なせりふでもあります。③は反抗する若者として、世の中の常識なんてくそくらえ、というつもりで言いましょう。

「あんな壁、恋の軽やかな翼でひとっ飛び」
With love's light wings did I o'erperch these walls, [8]

8) *Romeo and Juliet* 2.1.94-118 (108)

ジュリエット
　①誰、　夜の闇に乗じてわたしの秘密を、
　立ち聞きしたのは？
ロミオゥ　　　　　　　　名前では
　表せません、僕が何者かは。
　僕の名前は、②愛しい聖者様、僕にとっても汚らわしいもの、
　あなたの仇の名だからです。
　書いてあるだけのものなら、引きちぎってしまいたい。

第 1 章 悲劇　IV ロミオゥとジュリエット　209

ジュリエット

③この耳はまだいくらもその口から漏れることばを

飲み込んではいないけど、その声色には聞き覚えが。

ロミオゥじゃない、モンタギューの？

ロミオゥ

どちらでもありません、美しいお嬢様、あなたが嫌なら。

ジュリエット

どうやってここへ、ねえ、なんのために？

果樹園の高い壁は登るのも大変、

死んでしまうわ、ここにあなたがいると、

うちの家の者に知られれば。

ロミオゥ

④あんな壁、恋の軽やかな翼でひとっ飛び、

石ごときが恋を閉じ込められるものですか、

恋に可能なことは、恋はやりのけてしまうのです。

だからお宅の家の者は、僕を止められません。

ジュリエット

（うちの家の者は）あなたを見つけ次第、殺すのよ。

ロミオゥ

大変だ、君の瞳のほうが怖い、

やつらの剣が束になって襲いかかってくるよりも。僕を優しく見てください、

もう敵ではありません。

ジュリエット

わたし、絶対に嫌よ、あなたが見つかったりしたら。

ロミオゥ

夜の闇がマントになって僕を隠してくれている、

それに君が愛してくれないなら、⑤見つかったっていい。

Try This
バルコニーのジュリエットの自然な反応

　ジュリエットは自室のバルコニーで、誰にも聞かれていないつもりで、月に向かって話していましたから、下から男の声がしてギョッとします。窓から強姦魔が忍び込むような危機を感じるかもしれません。①は、バルコニーの下へ向かって身を乗り出すよりも、身を守るように体を硬くして後ろへ引く感じで言いましょう。

　そして②で、この夜の舞踏会で聞いたキーワード「聖者様」に気づき、信じがたい気持

ちで③を言います。声だけで相手を認識するのですから、夜の闇でまったく相手が見えていません。

目に見えない人を確認するエクササイズをしましょう。ジュリエット役は目を閉じ、仲間の役者は普通に彼女の名を呼びます。ジュリエット役は、自分の名を言ったのが誰なのかを当てましょう。耳を澄ませてそれが誰かを聞き取ろうとするとき、どんな動きをするかがわかったら、それをこの場面で使います。

④のロミオゥのせりふでは love が4連発されます。ここではまだ若く燃え上がる情熱が先走る感じで「恋」と訳しましたが、もちろん「愛」としてもよいのです。「恋」「愛」という音に溢れる想いを乗せるときも、勢いで言わないように注意し、短い音ですが、たっぷり言うようにしましょう。

⑤の原文は let them find me here で、「彼らに見つけられましょう」という意味です。ロミオゥの情熱的な側面を表現するために、立ち上がって大声で周りに聞かせるような「構うもんか、見つけてくれ」という訳にしてもよいでしょう。

「でもさよなら、見栄っ張りのわたし」
But farewell, compliment. [9]

9) *Romeo and Juliet* 2.1.127-136 (131)

ジュリエット

①夜の仮面がこの顔を隠してくれているかしら、

うぶなほっぺた、こんなに赤くなってしまった、

今夜の独り言をまさかあなたに聞かれてしまったなんて。

②嘘だといって見栄を張ろうかしら、③嘘なの、嘘なのよ、

さっきの話は：④でもさよなら、見栄っ張りのわたし。

⑤わたしを愛してる？　⑥わかってる、「もちろん」と仰るわね、

信じるわ。⑦だけど、お誓いになったとしても

それさえ嘘になるかもしれない。恋人たちの誓いは、

ゼウスも笑い飛ばすというし。⑧おお、優しいロミオゥ、

本当に愛しているなら、心を込めて宣言して：

Try This
ジュリエットが自分の気持ちを認める過程

最初から「好き」一色で演じてもおもしろくありません。ひとりきりの場面ではありませんが、短い独り言が多いため、観客が置いてけぼりになる危険がある難しい箇所です。独り言の部分を観客に向かって言ってみましょう。

①仮面舞踏会で出会ったときは仮面のおかげで、相手から顔を隠しておける安心感が多少はありました。今は素顔なので、何か隠すものが欲しいという気持ちです。②は思いついて観客に。そして心を決めて③をロミォゥに。そして嘘だと言った後に、そんなことをして心を偽っている場合ではないことを悟り、④は観客に宣言。⑤はもちろんロミォゥに。相手の気持ちを信じられないという思いで言ってもよいですし、相手の気持ちが嬉しいという気持ちで言ってもよいです。⑥は、相手の言い出すことが突然怖くなって、先に自分で遮（さえぎ）ります。⑦でふと不安になり、観客へ打ち明けます。⑧はその不安を打ち消すように、ロミォゥに。

「なんて甘くて切ない別れ」
Parting is such sweet sorrow 10)

10) *Romeo and Juliet* 2.1.215 -230 (229)

ジュリエット

あなたを呼び戻したわけを忘れちゃったわ。

ロミォゥ

思い出すまでここにいさせてください。

ジュリエット

じゃあ、忘れたままでいる、あなたにそこにいてほしいから、

あなたと一緒にいるのがどんなに嬉しいかってことだけ思い出してる。

ロミォゥ

じゃあ、あなたが忘れている間、僕はずっとここにいる、

ここ以外の家を忘れてしまおう。

ジュリエット

①もう夜が明ける。お帰りにならなくちゃ——

わたしったら、まるで飼ってる小鳥をいじめるいたずらっ子ね、

この手からちょっと放ってやったかと思うと、

足かせをつけた哀れな囚人にするみたいに、

結んだ絹糸をぐいっとたぐって、すぐに手元に戻してしまう、だって、

②小鳥の自由気ままさが羨ましくて仕方がないもの。

ロミォゥ

僕はあなたの小鳥になりたい。

ジュリエット　　　　　　　　　　　　なんて優しいの、わたしだってそうよ。

③だけどあなたを殺してしまうかもしれないわね、かわいがりすぎて。

④おやすみ、おやすみなさい。なんて甘くて切ない別れ、

おはようを言うまでおやすみなさいを言っていたい。

Try This
明け方の別れを爽やかに

①では、朝の到来を表現しなくてはなりません。それまでの甘い会話のトーンを、このひとことで変えます。それまでロミオゥと微笑み合っていたジュリエットは、バルコニーから下を向いています。ここで、朝の空気に吸い込まれるように顔を上げて、それからこのせりふを言ってみましょう。

ちなみに、フランコ・ゼッフィレッリ監督の映画ではこのバルコニーで2人が抱き合えるような状況をつくっていますが、このバルコニーは高い場所にあり、縄ばしごがないと登ってこられません。隔たれたその距離を乗り越えて想いが通じ合うことをシェイクスピアは表現したかったのではないかと思いますので、2人きりで触れ合うのは結婚式後のバルコニーまでとっておいて、ここでは触れ合わない設定でやってみましょう。近づけない、というもどかしさが大事なのです。②はジュリエットが自分は籠の中の鳥であることを実感しているせりふです。近づけないもどかしさに加えて、自分は外へ出ていけないというフラストレーションをストレートに表現しましょう。

③はこの2人の未来を想起させる不吉なことばです。遊び心たっぷりに、けれど、やや凄みをつけて言ってもよいでしょう。観客の脳裏にこのことばが残るように伝えてください。

④は原文で sorrow（哀しみ）と morrow（朝）の脚韻を踏むことで、この場面の終わりが伝わる仕組みになっています。[11] 加えて、このバルコニーの場面全体で限りなく繰り返される「おやすみなさい」は good night ですから、この場面の間中ずっと、観客の耳には「良い夜」ということばが響き続けることになります。当時は、昼の野外劇場でお日様を燦々と浴びながら演じているので、これは夜の場面であると繰り返す必要もあったのでしょう。現代の劇場で、月光と夜を照明で表現できるときも、ただの挨拶にならぬよう、楽しい、すてきな、嬉しい夜だという気持ちをロミオゥと共有するつもりで言いましょう。

11) シェイクスピアのいた時代の詩には、同じような音をもつ単語を文尾にもってきて、脚韻の音遊びを楽しむ形式がある。脚韻を二つまたは四つ並べると終わりというスタイルが多い

「走れ、走れ、焔の蹄の馬たちよ」
Gallop apace, you fiery-footed steeds, [12]

ジュリエット
①走れ、走れ、焔の蹄の馬たちよ、
　フィーバスの住まいへ。フェイトンのような
　駆者ならもっと鞭を打って西へ西へと
　馬を駆り、あっという間に夜をもたらしてくれるのに。

12) *Romeo and Juliet* 3.2.1-31 (1)

JULIET
①Gallop apace, you fiery-footed steeds,
Towards Phoebus' lodging. Such a waggoner
As Phaëton would whip you to the west
And bring in cloudy night immediately.

②Spread thy close curtain,
love-performing <u>night</u>,
That runaways' eyes may
wink, and Romeo
Leap to these arms untalked
of and unseen.
Lovers can see to do their
amorous rites
By their own beauties; ③
or, if love be blind,
It best agrees with <u>night</u>.
④Come, civil <u>night</u>,
Thou sober-suited matron
all in black,
And learn me how to lose
a winning match
Played for a pair of stainless
maidenhoods.
⑤Hood my unmanned
blood, bating in my cheeks,
With thy black mantle till
strange love grown bold
Think true love acted simple
modesty.
Come <u>night</u>, come Romeo;
come, thou day in <u>night</u>,
For thou wilt lie upon the
wings of <u>night</u>
Whiter than new snow on
a raven's back.
⑥Come, gentle <u>night</u>; come,
loving, black-browed <u>night</u>,
Give me my Romeo, and
when I shall die
Take him and cut him out
in little stars,
And he will make the face
of heaven so fine
That all the world will be
in love with <u>night</u>
And pay no worship to the
garish sun.
⑦O, I have bought the
mansion of a love
But not possessed it, and
though I am sold,
Not yet enjoyed. ⑧So
tedious is this day
As is the <u>night</u> before some
festival
To an impatient child that
hath new robes
And may not wear them.
⑨O, here comes my Nurse,

②幕を下ろしてちょうだい、愛を演じる夜よ、

走り去る馬たちが瞬きするわずかな間に、ロミォゥが

ひっそりこっそり、この腕の中に飛び込んでこられるように。

恋人同士は愛の儀式をするくらい十分見えるもの、

2人の美しさが輝いているから；③それより、恋が盲目なら

夜とは相性が良くてあたりまえ。④早く来い、誠実な夜、

黒づくめの気難しいおばさま、

勝つと決まっているゲームに負ける方法を教えてね、

鉄のように固く守ってきた初体験が2人分も賭かっているの。

⑤男の人を知らないこの血が、頬を染め上げるのを、

おまえの黒いマントで隠して、そしたら味わったことのない愛が大胆になって

真実の愛の営みはただ単純で慎み深いものだとわかるはず。

夜よ来い、ロミォゥよ来い；夜の昼間よ、来い、

だって昼間は夜の翼に乗っているもの、

鴉の背中に降った新しい雪より、もっと白く光りながら。

⑥優しい夜よ、来い；愛しい、黒い顔の夜よ、来い、

わたしのロミォゥをちょうだい、わたしが死んだら

ロミォゥを連れ去って切り刻んでたくさんの小さな星にして、

そしたらロミォゥは天の顔をみごとに輝かせるわ、

すると世界中が夜に恋をして

けばけばしい太陽なんかに見向きもしなくなるでしょう。

⑦おお、わたしは愛の館を買ったのに、

まだ住んではいない、つまり、わたしは売られたのに、

まだ喜びを味わってもらっていない。⑧ほんとになんて退屈な一日、

お祭りの前の晩の駄々っ子みたい、

新しく良い服を買ってもらったのに

まだ着せてもらえない。⑨おっと、ばあやだわ、

Try This
性への憧れと恥じらい

　この日の朝、結婚式を秘密裡に挙げ、今からロミォゥと肉体的に結ばれるのをバルコニーで待つジュリエットの独白です。

　①のフィーバスは太陽の神、フェイトンはその馬車の駆者。東から西へ天を走る太陽の馬車などのイメージは、ギリシャ神話の絵画などを見て脳内でイメージを再現できるようにしておきましょう。

②はウィンクをする短い間に、ロミオゥが一瞬で飛び込んでくるように、という意味。夜は恋人たちが愛を交わす時間ですが、それは見せびらかすものではありません。普通、舞台は幕が上がって本番が始まるものですが、ここでは本番のために幕を下ろして自分たちを隠す、逆転のイメージです。

愛の行為をしたい、暗くしたい、暗いと見えないかもしれない、いや2人が互いの愛で自ら輝いているから大丈夫、愛は夜の暗さと相性が良い[13]、という意識の流れを摑んで③を言いましょう。

④は、夜を支配する黒づくめの夜の女王を、気難しい家庭教師のイメージにつなげています。これは、はしたないことをしてはいけません、とたしなめる厳しい家庭教師に、あえて、愛の行為の仕方を教えてください、とお願いしているのです。⑤で「初体験」と言った瞬間にドキドキして頬が赤らみます。快楽のための性交は恥じるべき罪だとするキリスト教的道徳観を思い出しましょう。[14] けれど、それを振り払います。ジュリエットの、性行為のマナーを知りたいという未知の体験への怯えと憧れとが混在しているのがよくわかります。

⑥幸せの絶頂にあるジュリエットが使う禍々しい「死」「切り刻んで」ということばに、ジュリエットの破滅的な傾向が見え隠れします。ここではもちろん幸せに言ってください。

⑦でトーンを変えましょう。「あーあ」という感じですが、自分の状況を「つまり」と評するなど、冷静なところも見せます。⑧は、12歳くらいの少女が5歳くらいの少女に、「あなた、はしゃぎすぎよ」とたしなめるオトナぶりっ子をするように言ってみましょう。待ちくたびれている自分のことを少しかわいく思うのです。

⑨は韻文の行の途中ですので、乳母の到着は突然であることがわかります。演技のために、⑨がないなら（誰も来ないのなら）⑧の続きをどうするのか、考えておきましょう。

13) 愛を運ぶキューピッドは目隠しをして、盲滅法に矢を放つ。恋は盲目、よって暗闇と相性が良いというわけ

14) p.80参照

Try This
せりふを急がず、思考を巡らせる時間を持つ

せりふは急いではいけません。稽古の初期には必ず、1文ごとに次の文章の内容を思いつくための時間をとります。次を思いついたら、しっかりと息を入れ替え、新しい思考として言いましょう。書かれてあるせりふを「思いつく」のはなかなか難しいのですが、そこで役に立つのが息の使い方です。ひとつのせりふを言い終わったら、きちんと1拍待ち、それから、いつも何かを思いついたときにするように、息を取り入れてみましょう。最初は機械的になりがちですが、息と内容を合わせるようにしてください。そして本番に向けて、思いつくための時間をどんどん短くしていきましょう。

ちなみに、原文には「夜 night」に下線を引いておきました。韻文の行末にくる night

が多く、全体に踊るように軽やかなリズムをつくっています。日本語でもそのようなウキウキ感をことばに込めてみましょう。

「ひいやりした不安に血の気も引いて」
I have a faint cold fear thrills through my veins [15]

15) *Romeo and Juliet* 4.3.14-57

ジュリエット

さようなら。いつまた会えるのか。

①ひいやりした不安に血の気も引いて

熱い命さえ冷え切ってしまいそう。

呼び戻して、慰めてもらおう。

ばあや！──ばあやに何ができるだろう？

②この不気味な一幕はわたしのもの、わたしひとりで演じ切る。

おいで、薬瓶。③もしもまったく効かなかったら？

明日の朝には結婚？

嫌、嫌、絶対にだめ。おまえはここにいて。

（と短剣をそばに置く）

④もしもこれが神父様の陰謀で

こっそりわたしを殺してしまうための毒だったら、

ロミオゥと先に結婚させてしまった上に

次の結婚を執り行うなんて不名誉を避けるために？

ありえそうなことだわ──でもそんなことありえない、

神様にお仕えする方だもの。

⑤じゃあ、お墓に納められて、

目が覚めてしまったらどうなるの、ロミオゥが

助けに来る前に？　⑥ほら、恐ろしいのはそれ。

丸天井のお墓の中で窒息するんじゃないかしら、

おぞましい墓の口の中には、息のできる新鮮な空気も通わない、

そこでそのまま死ぬんじゃないかしら、ロミオゥが来る前に？

⑦それとも、生きて目覚めたとしても、どうなるの、

例えば、死と夜の恐さに、

場所の恐ろしさが一緒になって押し寄せてくる──

霊廟ですもの、古い古い昔からの

何百年分もの先祖代々のお骨が

びっしりと詰まっている；

そこに血まみれのティボルトが、この世を去ったばかりのみずみずしさで、
死装束に包まれて腐りかけている；そういえばあそこは、
夜のある時刻になると亡霊たちが集まってくるとか——
ああ、ああ、それにどうなるかしら、
早くに目覚めてしまったら——むかつくようなにおい、
土から引き抜かれるマンドラゴラが上げるような金切り声に、
そうよ、聞けば狂うというその声を聞いて本当に狂ってしまったら——
おお、目が覚めて、気が変にならないかしら、
おぞましい恐怖に取り憑かれて、
おじい様の骨を取り上げて狂ったように弄んだり、
生々しい傷跡のティボルトを死装束から引きずり出したり、
その狂気に任せてさらに古いご先祖様の骨を
振り上げて、この狂った脳みそをたたき割ってしまったら？
⑧おお、見て！　あれはティボルトの幽霊、
自分を刺したロミオゥを探している、
長い剣の切っ先を向けて。待って、ティボルト、待って！
⑨ロミオゥ、ロミオゥ、ロミオゥ！　この薬。あなたに乾杯。

Try This
心理とことばの一体化

①は原文を参考にしましょう。

> I have a faint cold fear thrills through my veins
> That almost freezes up the heat of life.

　f、th、r、v という唇が合わない音を多用しています。怯え切ってガタガタ震え、唇をしっかり合わせられないのです。寒さに震えている状態を思い出してもよいです。息をたっぷり使って、唇を合わせずにしゃべってみてください。独白ですから「ばあや」と「おいで、薬瓶」以外は観客に話しかけます。

　②は、飛び込み台に立ってみる感じです。飛び込もうとしても、恐怖心から迷いが生まれますね。③、④、⑤と、迷いが生まれる度に、それを理性で論理的に払いのけようとします。これは、理性が働いて論理的に考えられるからそうしているのではなく、そうでもしないと恐ろしさにうろたえるだけになる自分を感じて、なんとかして頭を働かせようとしているのです。

　⑥で「そのまま死ぬんじゃないかしら」と自分の迷いの理由に思い至りますが、⑦で、

第1章 悲劇　Ⅳ ロミオゥとジュリエット　217

それより恐ろしいのはあそこで目覚めることだという恐怖に取り込まれていきます。それに押し潰されて、とうとう⑧でティボルトの幽霊を見るほどになるのですが、そこに至るまでに恐怖心のレベルを徐々に上げていくように調整しましょう。最初から恐怖心を全開にして演じないように。

⑨は狙われているロミオゥに、「気がついて！」と呼びかけるように始めてもよいです。けれどロミオゥは気がつかない。ティボルトは迫る。ティボルトを止めるためには、薬を飲んでティボルトのいる死の世界へ行かなくてはならないという気持ちで。

Try This
叫びたい気持ちと、周囲に聞こえてはいけない状況とのバランスを取る

まず、大声でしゃべります。次に、その叫びたい気持ちをしっかりもちながら、ひそひそ声で練習します。グループで練習できるなら、ジュリエット役が大きな声を出した瞬間に皆でじろっと彼女を睨むなどします。観客に気持ちを訴えるべき独白ですから、ジュリエット役は、グループの数名に、必死で問いかけてみましょう。

「おお、運の良い短剣」
O happy dagger, [16]

16) *Romeo and Juliet* 5.3.161-169 (168)

ジュリエット

①これは？　②愛しい人の手が握り締めているこれは小さなコップ？
毒、なのね、時を止める終わりをもたらしたのは。
ああ、ひどい！——飲み干してしまったのね、一滴も残ってない、
わたしが後を追おうにも？　あなたの唇にキスを。
③もしかしたら唇に毒が残っているかもしれない、
そしたらわたしも死ぬことができる。
④唇が温かい。

見張り　　　　どこだ。どこへ行った？

ジュリエット

あ、人が？　早くしなくちゃ。⑤おお、運の良い短剣、
ここがおまえの鞘！　そこで、錆びつけ、わたしを死なせて。

Try This
ジュリエットの死に際のリアリティ

　ロミオゥが死んだこともその理由も、さっぱりわかっていないところから始めましょう。

　このせりふに入る前に、ロミオゥの位置を決めます。ジュリエットの乗せられている台やジュリエットの体の上か、それとも台の下で、ジュリエットからは見えないのか。ジュリエットはロミオゥを発見しても、死んでいるとは思わず、迎えに来て疲れて眠っているだけだと信じましょう。喜びです。ところが、揺り動かしても起きてくれません。死んでいるのを理解するまでにたっぷり時間をかけ、リアルな反応を追求しましょう。

　①でコップを発見する前の動きも決めます。偶然、視界に入るのか、手に触れるのか。真っ暗、もしくはかなり暗い霊廟の中ですから、視界に入るよりも手に触れるほうが自然かもしれません。①は疑問形ですから、彼女はまだそれが「コップ」だとはわかっていません。

　②のやや長めのせりふは、ロミオゥがかたく握り締めている指をほどきながら言ってみましょう。そうすれば最後にコップが見えるところで「コップ?」と言うことができます。

　③は、独白の約束では観客に向かって言うべきところですが、ロミオゥに優しく話しかけても観客はついてきてくれるでしょう。

　④は最大の嘆きの瞬間です。あと一瞬早く目が覚めていれば、という取り返しのつかない後悔。あらゆる悲しみはこの瞬間までとっておいて、ここで爆発させるように、戯曲全体でのジュリエットの気持ちを整理し直してください。

　⑤で短剣に向かって「幸せ者」というのは、本来はロミオゥだけが入るべきこの体におまえは入ることができる、というエロティックな意味も含まれますが、それよりも伝えたいのはひとりぼっちの孤独な絶望です。恋人同士が死ぬのは、「死んであの世でご一緒に」という日本語の言い回しから、天国でのハッピーエンドが待っているように思われますが、それは日本の心中物語でのこと。ロミオゥとジュリエットは、死んでもあの世で一緒にはなれません。なにしろカトリックの2人にとって自殺は大罪。何層もある地獄の自殺組の階に送られ、木にされてしまうので相手を探しに行けず、二度と会えないのです。[17]

　ロミオゥのいないこの世界に絶望し、剣だけをお供に奈落の底へ堕ちていく、どうしようもない天への怒りを観客が感じたならシェイクスピアの意図通りでしょう。

17) ダンテ「神曲」地獄篇第
十三曲地獄第二圏

Try This
心理変化のグラフを使う

　この戯曲を例にして、芝居をドラマチックかつ変化に富んだ構成にするために、演出家や俳優が使うと便利なグラフを紹介します。

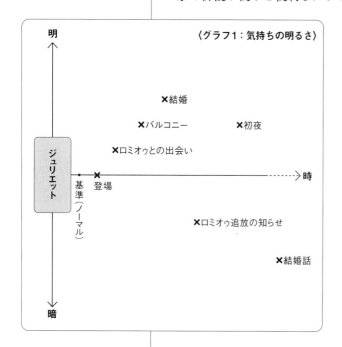

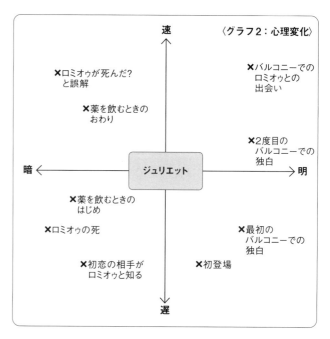

　登場人物の心理について、明るいか暗いかを時間軸の流れで摑むグラフです。どれくらい明るいか、どれくらい暗いかがひと目でわかり、演技の目安になります。例としてジュリエットの気持ちをチェックしてみました。(グラフ1)

　気持ちが明るいか暗いかに加え、場面のスピード感を考えます。ゆったりとした明るさ、ワクワクする明るさ、じんわりと抑えた暗さ、走り出したいような不安、などを摑むことができます。ジュリエットの心理分布を見てみましょう。(グラフ2)

　挙げたのはいずれも一例ですので、演出家と相談しながら、あるいは自分なりにグラフを作ってみてください。

第1章 悲劇 Ⅳロミオとジュリエット 221

第2章 喜劇

I 夏の夜の夢 —— A MIDSUMMER NIGHT'S DREAM

WHEN & WHERE
いつ、どこで？

　タイトルの Midsummer は夏至のこと。夜が最も短くなる一夜には妖精が踊り回るという伝承が基になっています。

　場所はギリシャのアテネ。アテネを英語読みしてアセンズと表記するのが一般的です。アテネはルネサンスを象徴するはるかかなたの国ですが、実際にシェイクスピアがイメージしているのはイングランドの森です。そこでは妖精たちの喧嘩のせいで、人間界の季節が狂ってしまい、強風が吹き荒れ、大地は水浸し、薔薇の花に霜が降りる寒さです。また、アマゾン国との戦争が終わったばかりで、アセンズ国も疲弊しているという現実を忘れずに。戦争と厳しい自然。コメディなど起こりようもない設定です。

　物語は、結婚を反対されている男女が結婚の許しを父と大公に願うところから始まります。これはコメディだという先入観に囚われると、駆け落ちする恋人たちの気持ちを、遊園地にでも出かけるような、現実味のないものにしてしまう危険があります。が、反対されるなら死をも厭わない、切羽詰まっている2人の真剣さが必要です。さらに宮廷は死刑がたやすく執行される恐ろしい場所であり、だからこそ観客は、恋人たちが最後に救われたとき、ああよかった！　と胸をなで下ろすのです。

　舞台は、アセンズの公爵シーシアスの城、アセンズの森の中、アセンズの街の職人たちの集会場です。妖精の目から見たサイズの森と、人間の目から見たサイズの森とを分け、客席を森に見立てて駆け回っても楽しいでしょう。

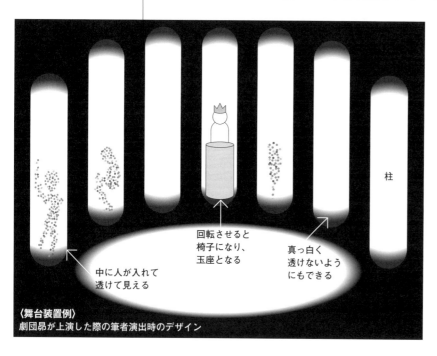

〈舞台装置例〉
劇団昴が上演した際の筆者演出時のデザイン

舞台装置例は、照明で全体をカラフルに染められるように、また、「今は夏だというのに冬に逆戻り、花に霜が降りている」というタイタニアのせりふから、舞台は凍った感じの白い床です。また、ギリシャのアテネのイメージから、円形劇場と、それを取り囲むギリシャふうの柱をモチーフにしました。柱は城の回廊の柱にもなり、森の木々にもなり、くるりと回転させれば玉座にもなり、ラストシーンでは、貴族たちがこの柱の椅子に腰掛けて職人たちの芝居を見物します。この柱は空洞で、中に入れます。内側から光を当てれば、妖精たちがそれぞれの柱の中で眠っている様子などが、透けて見えるようになっています。内側が光り、透けて中が見えるコンセプトでタイタニアの輿（こし）も作りました。人力車の形で、幌（ほろ）をかぶせてしまえば、その中でタイタニアがボトムといちゃついている様子が透けて見えます。また、タイタニアの「周りにはいつも夏がかしずいている」[1] ため、幌の中は花が咲き誇っているようにしました。凍った白い森は、タイタニアとオゥベロンが仲直りをすると、どんどん緑になっていき、花びらが舞ってきて、白い地面をカラフルに彩（いろど）る仕組みになっています。それはそのまま王宮での結婚式のフラワーシャワーになり、華やかな王宮でのラストシーンを飾りました。

1) *A Midsummer Night's Dream* 3.1.147

WHO & WHAT
誰が、何を？

タイタニア

　妖精女王。タイタニアは、ギリシャ神話の巨大な神、タイタン（Titan）の女性名。金属のチタン（titan）も同じ語源でしょう。ちなみに妖精女王は、fairy queen。エリザベス一世は当時、「公正で美しき女王 Fair Queen」と呼ばれていましたが、その fair に y が付いただけです。当時の観客は fairy queen と聞けば、すぐにエリザベス女王を連想したに違いありません。キャラクターをつくる際はエリザベス女王を参考にしましょう。タイタニアの究極の目的は、夫も含め妖精界すべてと自然界の楽しい存続、そして人間界の夫婦の幸せと繁栄を維持することです。けれどこの戯曲内での目的は、夫に謝罪させ、浮気癖を直してもらうことでしょう。

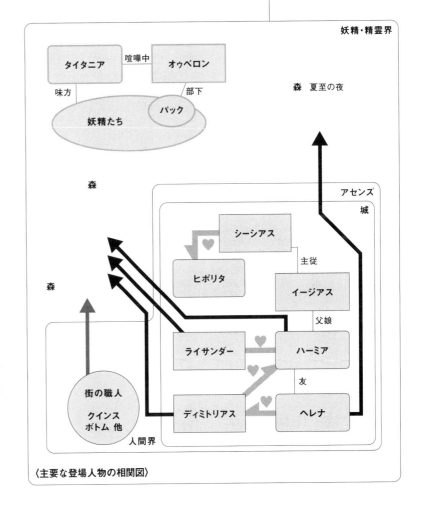

〈主要な登場人物の相関図〉

第2章 喜劇 I 夏の夜の夢　223

オゥベロン

　妖精王。タイタニアの夫で浮気者。人間界の恋愛を司っているようです。シーシアスとヒポリタの結婚を寿ぎにアセンズまでやってきました。彼の仕事は、目の前の人間たちの恋が成就するのを祝福することです。この戯曲内での目的は、彼をないがしろにする妻に謝罪させ、浮気癖を大目に見てもらうことでしょう。けれどタイタニアを眠らせた状態でしか意趣返しできない、弱腰の夫です。タイタニアとの喧嘩の直接の原因は、タイタニアが人間界から手に入れてきたインドの子供 Indian boy。なぜインドの子供なのか、との疑問に関してはコラムに書きましたが、納得のいく演出をするのは難しそうです。むしろ、どうでもいいことを奪おうと喧嘩している、と観客に受け取られるくらいで構わないでしょう。

タイタニアが連れているインドの子供が象徴するもの

　英国が世界の海へ進出してインドを手にしたのは、ちょうどエリザベス一世の時代。小さな島国の女に、巨大な宝の山インドが独り占めされたわけです。インドの子供とは、エリザベスが握っているインド、つまりいまだヨーロッパ的な文明開化をしていない、子供の状態である国を象徴しているのでしょう。好きなように教育できる子供の状態にある宝の山インドは、ヨーロッパ中の権力者や商人たちが、のどから手が出るほど欲しがっていました。

　エリザベス女王の夫になれば、インドも含めた強大な権力と莫大な富が手に入ります。一方、エリザベス女王のほうは誰かと結婚すれば、その誰かの支配下に入ってしまいます。エリザベスが一生結婚しなかったのは、父王ヘンリー八世の娘として生まれて以来、自分の意志はないも同然で運命に翻弄されたあげく、やっと手にした「自分の考えで物事を決める権利」を奪われたくなかったからとも考えられます。

パック

　オゥベロンの手足となって動く妖精で、パックは通称です。世の人間に悪さをするときはホブゴブリンと呼ばれ、人間によくしてあげるときは、ロビン・グッドフェロゥと呼ばれます。ホブゴブリンは毛むくじゃらの小男で、不気味な妖怪です。一方、ロビンとは胸が赤いこまどりのことで、幸せを運ぶ鳥とされています。彼はその両面をもっており[2]、オゥベロンに付き従う忠実なしもべです。タイタニアには大勢の妖精が付いているのに、オゥベロンにはパック1人だけ。パックの目的は、自由気ままに遊んで楽しく暮らすことでしょう。第一の妖精はパックに「あなた、もしかしてパック？」と尋ねています。パックは、この妖精とは初めて出会うのか、それとも素性を隠して何かに化けている状態で出会うのか、考えておきましょう。初めて出会う妖精に「もしかしてパック？」と尋ねられているのなら、パックは妖精界の有名人で、パックに出会った妖精は、サインでももらいたいくらいなのかもしれません。

2) 台本の人物名には「ロビン」と書かれている

ヘレナ

アセンズに住む娘。ディミトリアスに恋する少女でハーミアの親友です。紀元前にトロイア戦争を引き起こした絶世の美女ヘレンに通じる名前ですが、自分が醜いからディミトリアスに嫌われたと思い込み、蹴られてもまとわりつく犬のようにディミトリアスにしつこくします。背が高くてかわいげがないと思われていると勘違いして、子犬のようにかわいく見せているのかもしれません。彼女の目的はディミトリアスの愛を取り戻すこと。

ハーミア

アセンズに住む娘。ライサンダーと駆け落ちをする少女でヘレナの親友。自分が幸せなら他人も幸せだと思い込む、勘違いさんです。背が低く、色白ではないのを気にしています。ヘレナとハーミアは、背の高さだけではなく、物事への反応もすべて違います。どの場面でも基本的に異なる反応をするようにしましょう。ハーミアの目的は、ライサンダーと幸せな結婚をすることです。

ディミトリアス

アセンズに住む若者。ハーミアに恋する青年でライサンダーの親友です。元はヘレナの恋人でした。突然ハーミアに鞍替えした背景には、ハーミアの財産を狙っているという隠れた理由がありそうです。ハーミアの父にたいそう気に入られていますから。ディミトリアスの目的は、ハーミアに気に入ってもらい、そして無事に結婚することです。

ライサンダー

アセンズに住む若者。ハーミアに恋する青年でディミトリアスの親友。財産がなく身分も低いという理由でハーミアの父から結婚を反対され、駆け落ちを決意します。ライサンダーの目的は、ハーミアと幸せな結婚をすることです。ディミトリアスとの肉体的な違いはほとんど記されていません。双子のようにつくることもできますし、まったく異なるタイプにつくってもいいでしょう。一般的には、ディミトリアスは精悍なちょいワルタイプ、ライサンダーは文学青年タイプで構成されることが多いようです。

シーシアス

アセンズの大公。[3] アマゾン国を襲い、そこの女王ヒポリタを手に入れました。シーシアスの目的は、ヒポリタに心を開いてもらった上で幸せな結婚をすること。若い恋人たちの意見を聞こうとしたり、なんとか物事を丸く収めようとするあたりが、とても好ましい大公です。1人の演者がオゥベロンとシーシアスの両方を演じ、互いが分身のようになる効果を狙う配役もあります。

3) 正確には大公は grand duke であるが、シェイクスピアはすべて duke としている。「公爵」というとその上に最高権限をもつ国王がおり、それぞれの地域ごとに公爵が複数存在する印象が生まれる。「大公」の場合は、大公が最高権限をもってその国（地域）を治める。『夏の夜の夢』ではシーシアスが最高権限をもっているため、大公と訳した。福田恆存訳も「大公」としている

ヒポリタ

　アマゾン国の女王。ヒポリタの名の語源は、手綱を付けていない馬で、御するのが大変です。ヒポリタの目的は、シーシアスとの結婚を嫌がっているか、願っているかによって異なります。

　シーシアスとの結婚を嫌がっている場合、ヒポリタの心には滅亡した自分の国、自分の民の姿が浮かんでいることでしょう。女王として君臨していたヒポリタが、誰かの支配下に入らなくてはならない屈辱を感じるのは当然です。ヒポリタは、劇の初めには目的をもっていないように見えます。奴隷となったように思い、生きる目的も意義も失ってしまった状態です。ところが劇の終盤、朝の森に狩に出てきたところで、シーシアスと飼っていた猟犬の自慢をし、その場面では既に仲が良くなっているのがわかります。無目的で登場した後、何を経て楽しい結婚生活を待ちわびる気持ちになったのか、演出で表現する必要があります。

　もうひとつの考え方は、シーシアスとの結婚を願っている場合で、アマゾン国が征服されてしまったのではなく、アセンズの大公と結ばれれば、ふたつの国家が合体して強大になると考え、これからは2人で国をよくしていこう、と意気高らかに登場します。ハーミアの結婚が反対されるのを見て、シーシアスの処分に不満を抱くのですが、朝の森で皆の結婚が認められたので、機嫌を直し、幸せいっぱいに結婚式に臨みます。シーシアスと同様、1人の演者がヒポリタとタイタニアの両方を演じることもよくあります。

街の職人たち

　芝居を演じるのが大好きな男たちです。それぞれの名に意味があるので、その特徴を摑んで演じましょう。

ボトム

　名前の意味は底。尻。ただし彼は仕立て屋です。職業柄おしゃれに気を遣っているはず。大柄な印象ですが、下品にならないようにしましょう。

クインス

　意味はマルメロ（木瓜（ぼけ）、花梨（かりん））。劇作家ですから、シェイクスピアの分身と考えてもよいでしょう。

フルート

　意味は横笛。何かをされれば笛のように高く長い声を発するキャラクターにしてもよいですね。台本に書かれていないところでも、いくらでも反応してよいのですから。楽器は演奏者の意のままに音を奏でることから、周りに翻弄される性質を表します。[4]

4)『十二夜』に登場するヴァイオラも、楽器ヴィオラ・ダ・ガンバに例えられ、好きなように操られる

スナウト

意味は突き出た鼻。豚や猪のような鼻。いつも何かを嗅ぎ回り、鼻を突っ込む性格です。何に対してもまずにおいを嗅ぐ癖があってもよいでしょう。

スナッグ

意味は居心地の良いところでの居眠り。のんびり屋さんで、いつも眠そうにしているかもしれません。少し小太りでも。

スターヴリング

意味は、餓えて痩せこけている状態。スナッグとは正反対のキャラクターでしょう。いつも何か食べ物を持って、がっついていてもよいです。

身分の低い職人や芸人を演じる際の注意

『ハムレット』にも旅芸人の一座が王宮で上演をする場面がありますが、街の職人や旅回りの芸人といった身分の低い者たちが国王の前で上演する機会があるのは素晴らしいですね。これらの役を演じるときは、それがどれほど光栄であったか、よく考えるべきでしょう。ことに『夏の夜の夢』では、観客にウケるためのドタバタが勝りすぎて、最高権力者の前で演じているという状況を、俳優も演出家も忘れがちです。この場面がドタバタになってしまうのは、権力者の前でうまくやろうとして登場人物たちが緊張しすぎたせいなのを忘れてはいけません。

WHY & HOW
なぜ、どのように？

「さあ、美しいヒポリタ」
Now, fair Hippolyta, [5]

5) *A Midsummer Night's Dream* 1.1.1-19 (1)

戯曲は、結婚式を控えたシーシアスとヒポリタの会話から始まります。

シーシアス

①さあ、美しいヒポリタ、我らの婚礼のときが
迫ってきた。②幸せな昼があと4回、それで
新月がやってくる――が、おお、どうやら
③古い月がまだ居座っている！　この願いを
叶える気がなさそうだ、まるで継母がいつまでも
息子に財産を渡そうとしないのと同じだ。

ヒポリタ

④4回の昼なんてすぐに夜に溶けていく、

4回の夜もすぐに夢と消え去る：

⑤そして月が、銀の弓の腰を

天に向かって新たに曲げて、我らの厳かな

夜の儀式を見守るでしょう。

シーシアス　　　　　　　　⑥行け、フィロストレイト、

アセンズの若者たちを焚きつけて、楽しい祝いの準備をさせろ。

悲しく落ち込んだ気分はもうおしまいだ。

悲哀なんてものは葬式に出してしまえ——

青ざめた顔は我らの婚儀にはふさわしくない。

⑦ヒポリタ、わたしは剣を持って君を口説いた、

君の愛を勝ち取ったものの、かなり傷つけてしまったな。

だが結婚においては、調子を変えて——

華やかで、喜ばしい祝いにしたい。

Try This
せりふ初めの「さあ」の言い方

シーシアスの ①「さあ」は、原文では、Now。「ナウ」の母音「ア・ウ」は、口を大きくて開けて発話する力強い単語だとされます。[6] 日本語でも、「さあ」のひとことで観客全体を引き込むつもりで大胆に言いましょう。

Try This
ヒポリタが婚礼を待ち望んでいる場合の演技

ヒポリタが婚礼を待ち望んでいる設定を試しましょう。

②は幸せな恋人時代を過ごそうとワクワクした気分、③はヒポリタと笑い合うためのウキウキした冗談になります。④のヒポリタも、婚礼の夜が待ち遠しくてたまらず、2人の息はぴったり合っています。⑤は、月が腰を折ってお辞儀をしているように見え、婚礼を誓う優雅でたおやかな挨拶のようだというイメージです。そうするとシーシアスは、矢も盾もたまらず、⑥でフィロストレイトに婚礼の支度をせっつきます。世の中が暗い顔をしているのを知っているので、そんなものさっさと脱ぎ捨てさせろ、と明るく機嫌よく急かします。

6)『リチャード三世』も、冒頭のNowで始まるのが戯曲のスタートにドライブをかける大事なポイントとされている

Try This
ヒポリタが婚礼をあまり望まない場合の演技

　次に、ヒポリタが婚礼をあまり待ち望まない設定を試しましょう。シーシアスはできるだけ気持ちを明るくしようとして②を言います。③の「古い月」は、ヒポリタが過去を引きずっている状態を言い表します。ここにはヒポリタの浮かない顔が必要です。シーシアスはその顔を見て、軽い冗談で気持ちを浮き立たせようとしてください。けれどヒポリタはそれに乗らず、結婚なんてやだな、自分が自分の主人でいられるのもあとわずかか、と残念な気分で④を言います。そして⑤の「腰を」「曲げて」は、新しい主人に対して忠実なしもべになります、という意味で、敗北感と義務感だけで言ってみましょう。
　そこでシーシアスは困ってしまい、⑥のようにフィロストレイトに命令をするのです。戦で疲弊した世間を明るくすれば、ヒポリタの気も明るくなるだろう、と。言い方は多少乱暴ですが、傷ついた人々に、もう辛い日々にはならないと示そうとする、指導者としての一面を表せます。シーシアスの⑦は心からのことばです。これからの未来をつくっていこうと真剣に伝えてください。一方で、⑥のシーシアスは、もう少し暴君に仕立てても構いません。言うことを聞かないヒポリタに対して腹を立て、それをフィロストレイトにぶつけます。「なんでもいいからとにかく街を明るくしてこい、なんだって国中暗い落ち込んだ顔をしてやがるんだ」とイラついて命じてもよいでしょう。その場合、ラストシーンで良き主君となる変化を大きく出せます。

「さて諸君、これがせりふだ」
But masters, here are your parts, [7]

7) *A Midsummer Night's Dream* 1.2.91-97（91-92）

　街の職人たちは、結婚式で芝居を披露するつもりです。

> **クインス**
> 　さて諸君、これがせりふだ、誠心誠意、腰を折って額ずいてお頼み申し上げるから、明日の晩までに覚えてくれたまえ、そして公爵家の森で会おう、街から1マイルと離れておらん、月明かりの下で稽古をする。街でやると人目につきすぎる；俺たちがやってることがばれたら、アイディアを盗まれちまうからな。

Try This
クインスを困らせる職人たちで場面を盛り上げる

　クインスという男は、作家でプロデューサーで演出家です。明晩までにせりふを憶え

ろとの命令に職人たちは文句を言いましょう。それに対してクインス役は平身低頭、お願いしてください。夜の森で稽古をするという提案にも、職人役の人たちはたっぷり文句を言ってください。クインスを困らせれば困らせるほど、この場面はおもしろくなります。この場面は、絶対にこの台本を外へ漏らしたくないクインス、絶対に公爵の前で大喝采を浴びたいボトム、賞金がないともう生きていけないくらい困っているフルートなど、欲求を極端に、そして強くもって演じましょう。

「それを娘たちは「浮気草」と呼んでいる」
And maidens call it love-in-idleness. 8)

8) *A Midsummer Night's Dream* 2.1.155-168 (168)

アセンズの森の中で、オゥベロンがパックに向かって言うせりふです。

オゥベロン
> そのとき俺には見えたんだ、お前には見えなくてもな、
> 冷たい月と地上の間を飛ぶ
> 弓に矢を番えた_{つが}キューピッドの姿。狙いは
> 西の空の玉座に座る美しい金星、
> やつは恋の矢をびゅんと鮮やかに放った、
> 幾千万もの心を射抜くほどの勢いで。
> が、若いキューピッドの炎のような矢の勢いも
> 清らかな月のみずみずしい光に潤され、
> 輝く女帝はしらっと立ち去った、
> 少女のような純真さで物思いに耽りつつ。_{ふけ}
> それはともかく俺はな、その矢が落ちた先を見逃さなかった。
> それは西の小さな花の上――
> ミルクの白さのその花；いまや恋に傷つき紫に――
> それを娘たちは「浮気草」と呼んでいる。

Try This
情景を伝える話者の気持ち

　情景を伝えるにも、話者の気持ちが必要です。「ここに椅子がある」と言うとき、その椅子が大事な思い出のある椅子なのか、とても邪魔な椅子なのかで、言い方が変わりますね。このせりふも、オゥベロンが好ましいと思うものと残念に思うものとを理解して演じ分けると、観客にもわかりやすくなります。やってみましょう。

まず単語カードを作ります。せりふから絵に描ける単語を取り出しましょう。「冷たい月」「地上」「弓」「矢」「キューピッド」など。それらの単語カードを1枚ずつ手に取り、その単語を言いながら、そこから想起するイメージに集中します。それがはっきりしたら、文章にして、一つひとつのイメージを連想しながらゆっくりとしゃべります。発したことばによって、魔法のようにことば通りのものが出現する。ことばに魔力をもたせるつもりで練習しましょう。すべての文を練習し終わったら、登場人物の気持ちを考えますが、先に日本人にはあまりなじみのないキューピッドと金星について解説します。

・キューピッド＝恋心に火をつける子供の天使。目が見えないので、放った矢がどこに当たるかは誰にもわからない
・美しい金星＝愛と美の女神

　これを踏まえて、このせりふをしゃべってみましょう。金星を星ではなく美女と考えます。オゥベロンは夜の空を飛ぶキューピッドを見つけ、その矢が金星を狙っているのを見て、ついに金星も恋に落ちるか、とワクワクします。矢の勢いの強さにオゥベロンは興奮しますが、その矢が届く前に、月の光線が清い水のごとく矢に降りかかり、その熱い炎を冷ましてしまいます。残念、金星は立ち去ってしまいました。「少女のような純真さで」と言うオゥベロンは悔しいのです。恋の矢に当たったばかりの金星が、狂おしい恋をして淫らに（みだ）なっていくのが見たかったのでしょう。
　全体がたどれたら、演じる際にわかりやすいよう、オゥベロンの気持ちの流れを整理します。

「あんなところにキューピッドが」という楽しい驚き
　↓
「なんと狙いは金星か」との期待に満ちた驚き
　↓
矢に向かって「行け行け！」と応援する気持ち
　↓
月の冷たい光線が矢の炎を消してしまうのを見て「そ、そんな！」と落胆する気持ち
　↓
金星が立ち去って、悔しさの入り混じったがっかりする気持ち

　内容だけを伝えるなら、西に赤い花がある、と言うだけで済むのです。けれど当時の観客は、オゥベロンの情景描写を聞きながら、オゥベロンの気持ちになって、そのせりふの流れ通りに絵を思い浮かべ、それによって、装置もない舞台の上に、その場所や様子を想像して楽しみました。これができれば現代の観客も、シェイクスピア作品のこと

ばの量に圧倒されずにおもしろさに引き込まれていくでしょう。

「そうだ、あそこに堤がある、タイムの花が咲き乱れ」
I know a bank where the wild thyme blows, 9)

9) *A Midsummer Night's Dream* 2.1.249-258 (249)

オゥベロンは、喧嘩中のタイアニアに魔法を使った復讐を画策しています。

オゥベロン

①そうだ、あそこに堤がある、②タイムの花が咲き乱れ、
桜草が伸び、菫が風にそよいで、
それを覆う自然の天蓋は、うっとりするすいかずら、
甘い麝香いばら、野薔薇でできている。
そこでタイタニアはしばしば夜を眠って過ごす、
花の香りに酔い、踊り疲れて、花の揺り籠に揺られて眠る；
③そこでは蛇が、エナメルの皮を脱ぎ捨てる、
それが妖精にはちょうどよい着物になるのだ；
そのとき、この花の汁を瞼にひと垂らし、
④忌まわしい想いがむらむらと沸き起こるようにしてやろう。

Try This
ただの情景描写を興味深いものにする

　堤とは川辺の盛り上がったところ。このせりふは、タイタニアがよく寝床にしている堤がどんなところなのかを伝える描写です。これを、観客にとってより興味深いせりふに仕立てましょう。

　オゥベロンがタイタニアへの復讐を考えていると、それにぴったりな時と場所を思いつきます。それが①です。

　タイタニアとオゥベロンの最初の喧嘩のときは、季節がすっかり狂ってしまい、夏なのに寒いのですが、②の描写にあるように、タイタニアの周りだけはいつも初夏のようです。オゥベロンはそれが羨ましいのでしょう。その羨ましい気持ちをそれぞれの植物の名を発するときに使います。まずは、タイムの花、桜草、菫、すいかずら、麝香いばら、野薔薇がどんな花なのかを調べましょう。植物園に行ってじかに見てにおいを嗅いできてください。そして、いちばん好きなものを選んだり、一つひとつに何か思い入れをもつようにします。どの花も、ただの花ではなく、タイムの花の精、桜草の精など、擬人化されたものとしてとらえます。もしかしたらこれらの花の精のなかにはオゥベロンの恋

232　第3部 読解方法と表現術

人もいるかもしれないなど、それぞれの花とオゥベロンとの関係を濃くするような想像
をします。この花はかわいいから好き、あの花は香りが良いから好き。どの花にも良さ
があり、オゥベロンはどの花も捨てがたいのだと思って、それぞれの花の名前を言いま
しょう。自分が大好きな花の精たちの下にはタイタニアが眠るので、オゥベロンは彼ら
(花の精たち)に近寄れないのです。

③は不思議なせりふですね。蛇の脱ぎ捨てたエナメルの皮を着れば、オゥベロンは見
張りの妖精に気づかれずにタイタニアに近づけると考えたのではないでしょうか。ある
いはそれを囮(おとり)に使って、見張りの妖精の気を逸(そ)らすこともできます。これは演出で視覚
的に表現できます。例えば、タイタニアが眠っている場面に見張りの妖精を置きます。
そこへ蛇がやってきて着物を脱ぐかのごとく脱皮します。見張りの妖精はそれが欲しく
てその皮を狙います。が、その皮は去っていく蛇の尻尾(演者の脚)にまとわりついて舞
台袖へ消えていくので、見張りの妖精もそれを追いかけていなくなってしまいます。ま
たは、その皮を纏(まと)って気持ちよくて寝入ってしまったり、オゥベロンがその蛇の皮を纏っ
て見張りの妖精に近づき、脅して追い払う、などが考えられます。

オゥベロンがなぜ④のような復讐を考えたかはわかりません。人間なら絶対に考えつ
かないことですが、妖精にとっては最も効果的な復讐なのかもしれません。皆で話し合っ
てバックストーリーを作るのもおもしろいですね。

「森じゅう駆けずり回ってきたけれど」
Through the forest have I gone, 10)

10) *A Midsummer Night's Dream* 2.2.72-89 (72)

パックが魔法をかけるために森の中でライサンダーを探す場面です。

パック
　①森じゅう駆けずり回ってきたけれど、
　アセンズ人には会わず、ひとりも、
　その目に塗って試したかった、この花の
　恋の魔法の力の程を。
　②夜かつ静寂。③誰これ？
　アセンズ人か、これ。
　こいつがあれか、王様の言ってたやつ、
　アセンズ人の娘を嫌ってるってやつ──
　ああこっちにその娘、ぐっすり、
　寝てるのは汚い地べた、じっとり。
　なんてこった、遠ざけられて、

恥知らずの人でなしに、避けられて。

④こいつめ、待ってろ、その目にな、

魔法の力を浴びせるぞ、たっぷりな。

目が覚めたら最後、恋煩(わずら)い、

そしたら二度と眠れない。

⑤だから起きろよ、俺がいなくなったらな。

さて行こう、オゥベロン様の元へだな。

Try This
身体表現で夜の森を伝える

　翌日は新月ですから、細い三日月がしょんぼり浮かんでいるだけ。足元はほとんど見えません。舞台は平坦でも、登場人物たちは森のでこぼこした地面を歩いているのです。パックだけがすいすいと歩けるのだとしたらおもしろいでしょう。バンジージャンプのようにゴムを体に固定し、舞台上から吊って宙を飛んできても効果的です。

　①は観客への説明です。そして、夜の静けさをじんわり感じてから②を言いましょう。どうやってライサンダーを見つけるのか、が問題ですが、パックなら暗闇でも見えるのかもしれません。においでわかるのも、人間以外の生物らしいでしょう。気づいたら③で怯(おび)えて飛び上がってもよいですね。ハーミアのにおいを嗅いだり、ライサンダーを非難して蹴飛ばしたり、道徳や常識に囚われないパックの性質を表現しましょう。

　魔法を最初にかける④では、魔法をかけられるライサンダーの動きをおもしろい非人間的なものにしてみましょう。

「ここでしゃべんなくちゃいけねーの、俺?」
Must I speak now? [11]

11) *A Midsummer Night's Dream* 3.1.2-96 (83)

街の職人たちが芝居の練習をしている場面です。

クインス

　ほれ、ほれ；ここは稽古にはお誂(あつら)えむきだ。この芝生が舞台、さんざしの繁みが楽屋、さ、本番なみに公爵の御前(ごぜん)のつもりで、演技してみるんだ。

　（中略）

フルート

　①ここでしゃべんなくちゃいけねーの、俺?

クインス

決まってるじゃねえか、おめえだ。②なあ、わかってくれよ、ピラマスは確かにいなくなった、だがそれは、物音を聞いたので、その正体を見に行ったのだ、な、だからまたちゃんと出てくるから、な。

フルート

光り輝くピラマスは、百合（ゆり）のように白い肌、

　　その色は茨の茂みに咲き誇る、薔薇の花のように真っ赤なの；

元気溌剌（はつらつ）、勇気のほどにわたし、鳥肌、

　　馬の中の馬のように疲れることを知らないの：

わたし、待つわ、ピラマス、おバカの前で。

クインス

③「おハカの前で」だ、畜生メ！――おっと、そこはまだしゃべるとこじゃねえ。ピラマスに答えるせりふだ。おめえは自分のせりふをいちどきに全部しゃべっちまったのかよっ、ったく、きっかけも何もあったもんじゃねえ。――ピラマス、出てこい：出とちったぞ：④それ、「疲れることを知らないの」。

フルート

おう。

Try This
クィンスとフルートの人間関係を明確にする

　フルートは声変わり前の少年ですが、ヒゲが生えかかってきて反抗期に入っています。ふてくされた、わがままな少年が①と言うのを、優しいおじさんが②で一所懸命なだめている様子です。フルートは、「決まってるじゃねえか」と言われて怒り、台本を投げ捨ててしまってもよいでしょう。③では稽古があまり進まないので、クインスがついイライラして怒ってしまいます。今度は叱られたフルートがしょぼんと拗（す）ねて座り込むなど、反応を変えましょう。すると④は泣きべそをかいているフルートに、クインスは「それ」と励ますように言えるでしょう。

「そなた才色兼備よのう」
Thou art as wise as thou art beautiful. 12)

12) *A Midsummer Night's Dream* 3.1.140-193（140）

　オゥベロンの復讐で魔法の花の汁を目にかけられたタイタニアは、やはり魔法で頭をろばの頭に変えられたボトムに恋をします。

タイタニア

そなた才色兼備よのう。

ボトム

いや才も色もそれほどじゃなくてですね：ま、才があるなら、せめてこの森を抜け出せる才があれば十分なわけでですね。

タイタニア

①この森を抜け出すなど、よもや考えなさるな。

そなたはここに残るべし、否が応でも。

②わらわはそこらの精霊とは異なりたるもの：

夏の季節に常に付き従われておる；

な、わらわはそなたを愛す。ゆえに共に来い。

③妖精の付き人を数多用意して進ぜよう、

な、あの子らに大地の懐深くから宝石を持ちてこさせん、

歌も歌わせん、花の褥にて眠りを貪れるぞ；

④な、命短き汚らわしきその身を清めて進ず、

そなたは宙を飛ぶ精霊のごとくなりぬべし。

（中略）

来たれ、こやつに付き従いて、わらわの庵に案内せい。

　⑤月が、どうやら、目に涙を溜めておる、

月が涙を流すとき、花という花、泣きそほる、

　乙女の操が乱暴に奪われるのを嘆き悲しみ。

⑥妖精よ、愛しいこやつの舌を縛れ；そして黙らせ連れてこい。

Try This
タイタニアの恐ろしさを表現する

　タイタニアがボトムに近づくときは、女郎蜘蛛などボトムが怯える姿をしていてもよいですね。タイタニアが人間ではないと、ボトムはすぐに気づくことができます。①では、逃げ出そうとするボトムを止める何か恐ろしい方法を考えましょう。魔術をかけて動けなくする、触れてもいないのに体をひっくり返す、蜘蛛の糸の精が蜘蛛の網を投げて捕らえ、あげくグルグル巻きにしてしまう、などです。ボトム役は大いに怖がりましょう。タイタニアはその誤解を解くつもりで②を言います。ボトムはうんと言いません。そこで、タイタニアは楽しい提案③をします。それでもなおボトムがうんと言わないので、タイタニアは④を提案します。⑤の1節は、ヒポリタとシーシアスの冒頭の月にまつわる会話を思い出させます。「操が乱暴に奪われる」との危険なことばも、タイタニアがエロティックな喜びを期待しながら言えば、非人間的でおもしろいでしょう。それでもろ

ばにされたボトムが恐怖のいななき声を上げれば、⑥で、タイタニアは彼に声を上げさせないようにします。ボトムはほかの妖精への応対も忘れないように。

「おお、ヘレン、女神」
O Helen, goddess, [13]

13) *A Midsummer Night's Dream* 3.2.138-147 (138)

　森の中で、ライサンダーとディミトリアスの目にも魔法の花の汁がかけられます。目覚めたディミトリスの前にはヘレナがいました。

ディミトリアス

　①おお、ヘレン [14]、女神、妖精、完璧の極み、神のごとき美の化身！
　②愛しい人、その瞳を何と比べたらよい？
　クリスタルも濁って見える。③おお、熟れた唇、
　ふた粒のチェリーがキスしているよう、人の心を誘う！
　あの穢れなき白銀の白さ——まるでトーラスの高嶺の雪が、
　東の風に扇がれている——それさえも鴉の黒さに見える、
　④君がその手を高く上げてみせれば。おお、キスを、
　この穢れなき白さの姫君に、至福の紋章に！

14) ディミトリアスは目の前にいるヘレナをすかさず「ヘレン」と呼び、ギリシャ神話に登場する美女になぞらえている

ヘレナ

　ああ、悔しい！　ああ、ひどい！　なるほど
　ぐるになってわたしをからかおうって魂胆ね。

Try This
魔法の花の威力を表現する

　魔法の花の威力について観客は、既にライサンダーの例を目撃しています。ディミトリアスにも魔法が成功するかどうかに注目を集めるためには、うまくいかなかったかもしれないと思わせる一瞬を入れましょう。花の汁を目に垂らされて目覚めたディミトリアスですが、ヘレナを見てもすぐに反応しないなど、観客が「あれ？」と思った瞬間に①を入れます。ヘレナを、大げさで薄っぺらい芝居に感じられるほど熱烈に口説きましょう。②、③では、ことばの通りにヘレナは自分の瞳、唇と触れていきます。そして、④の前にディミトリアスをたたくつもりで手を振り上げましょう。その手を見てディミトリアスはタイミングよく④を言えるでしょう。

第2章 喜劇 Ⅰ夏の夜の夢　237

15) *A Midsummer Night's Dream* 3.2.184-278 (184)

「なんであたしを置いてけぼりにしたの？」

But why unkindly didst thou leave me so? 15)

　魔法をかけられ、結婚を誓ったハーミアではなくヘレナに恋してしまったライサンダー。ヘレナはからかわれていると怒り、ハーミアも何が起きているのかわかっていません。

ハーミア
　　①なんであたしを置いてけぼりにしたの、意地悪ね？

ライサンダー
　　愛に追い立てられたのだ、だろ？

ハーミア
　　あたしからライサンダーを追い立てるなんて、どんな愛？

ライサンダー
　　ライサンダーの愛だ、それが俺を急き立てる：
　　絶世の美女ヘレナ、その存在は夜を輝かせる
　　空に光る何千という炎の瞳よりも強く。
　　なんだって俺を追いかける？　わからないのか、
　　俺はね、君が嫌になったの、だから逃げ出したの、わかる？

ハーミア
　　②心にもないことを。ありえません。

ヘレナ
　　③まあ、この人もぐるになってるのね。
　　やっとわかった、あなたたち3人揃って
　　あたしをいじめようっての。——
　　（中略）

ライサンダー
　　行くな、優しいヘレナ、話を聞いてくれ、
　　僕の愛、僕の命、僕の魂、美しいヘレナ。

ヘレナ
　　おお、最高！

ハーミア　　　　　（ライサンダーに）ダーリン、からかうのはおよしなさいな。

ディミトリアス
　　そうだ、そうだ、からかうのはよせ。
　　（中略）

ライサンダー

ヘレナ、愛してる：命にかけて本当だ。

（中略）

ディミートリアス

俺はこんなやつより、もっと愛してる。

ライサンダー

④なにをっ、抜け、証明してみせろ。

ディミトリアス

よし、来い。

ハーミア　　　ライサンダー、どうするつもりなの？

ライサンダー

⑤どけ、色黒の山姥{やまんば}。

（中略）

⑥こいつを憎んでいても、傷つけることはできない。

ハーミア

え、　憎む、そんなひどいことってある？

憎むって——なぜ？　おお、ね、何があったの、ねえ、ライちゃん？

⑦あたしはハーミアでしょ？　あなたはライサンダーでしょ？

あたしは今もきれいなはずよ。

あなたが愛してくれた夜と同じに、あなたがいなくなった夜と同じに。

あれ、つまりあなたがいなくなったのは——って、おお、うっそ、まさか——

本気、ってこと？

Try This
ハーミアの気持ち

　真っ暗な森で置いてけぼりにされたハーミアはそれを、眠りに入る前に彼を拒んだせいではないか、だから逃げられた、と心配になっているはずです。となると、①で彼を見つけてからは、必要以上に甘えるでしょう。だからこそライサンダーのことばを、ただ拗ねている冗談だと思い、②を言うのです。ディミトリアスもそれはありえないと一緒になってライサンダーを笑いましょう。ライサンダーはそれをさらに笑い飛ばします。3人が大笑いする場面になるので、ヘレナの③が生きてきます。

　④は剣を抜け、の意味ですから、場面は危険性を帯びてきます。『ロミオゥとジュリエット』のティボルトが刺される場面に近い緊迫感は、この戯曲がコメディだからといってわざとらしくせず、リアルに表現しましょう。

　⑤「色黒の山姥」の原語は Ethiope で、エチオピア人のこと。黒い肌の色を蔑視するせりふですが、ハーミア役に衝撃を与えるためにきついことばで訳しました。それにとど

めを刺すのが⑥です。原文では「憎んで hate」という、憎悪を表す単語が使われます。このことばを実生活で誰かに直接言う機会は滅多にありません。ですからハーミアは今度こそライサンダーの本気を信じるのです。

　⑦では、ハーミアは「あたし」「あなた」をしっかり指で差しながら、事態を把握して演じましょう。

Try This
4人の喧嘩の練習方法

　この場面全体はとても複雑で、せりふを言いながら動きを考えると、なかなか先へ進めません。また、どんなに大騒ぎをしても、せりふの背後の繊細な心理をきちんと浮かび上がらせなくてはなりません。動きを決める前に、椅子を6脚用意して、パックやオゥベロンも含めて座り、攻撃する相手や、注目している相手を指差しながら、場面の中で何が起きているかをまず明確にしましょう。

　この場面の直後に娘同士の大喧嘩が始まります。その間、青年たちはどうしているのかも、この指差しのエクササイズを使い、互いが今何に注目しているのか、別のことに気をとられるのは可能かなどを考えます。パックやオゥベロンが青年たちのそばで木の葉や虫に化けていたずらを仕掛けたりして彼らの気を引き、その間は娘同士の喧嘩と青年たちを別空間に分ける演出も考えられます。

「が、俺たちは別の種類の精霊だ」
But we are spirits of another sort. 16)

16) *A Midsummer Night's Dream* 3.2.379-396 (389)

　早くみんなの魔法を解いてやらなくては、とパックはオゥベロンを急かします。

パック
　①妖精の大将、そいつぁとっととやってのけなけりゃ、
　②ほら、夜の女神を乗せた龍が雲を切って猛スピードで、
　それにあっちには暁の女神オーロラのお先触れが光る、
　③あれがやってきたから、あっちこっちさ迷い歩く亡霊どもも、
　徒党を組んで教会の裏の墓地へ帰ってゆく；襲われて野垂れ死んだり
　洪水に流されて、懺悔の暇なく地獄堕ちした魂たちは
　蛆虫だらけのベッドにとっくに帰りましたよ、
　お日様に照らされるのを恥ずかしがって。
　④お天道様に顔向けできない身を自ら隠して、

暗い眼をした夜に付き従わなくちゃならない運命。

オゥベロン

⑤が、俺たちは別の種類の精霊だ。

俺なんかな、朝の恋人、暁の女神とよく遊んだもんさ、

森番のように林の中を歩き回ってな、

東の門が、炎の唐紅に染まり上がると大きく開き、

海の王者ネプチューンに恵みの陽光をさーっと差し込ませ、

エメラルドの海がキラキラと金色に輝く、そんな時刻までも。

⑥が、それはともかく、とにかく急げ、遅れるな;

日が昇る前に片は付くさ。

Try This
パックの目的と障害

①で、早くしなくては、とオゥベロンにわざわざ言うわけですから、オゥベロンは案外のんびりしているようです。パックはオゥベロンに時間がないことをさらに②で伝えます。夜の女神は西へ猛スピードで進んでいき、東の空から暁の女神の来訪を予告する光が見えてくる。パックの目的としては、もう時間がないから無理ですとオゥベロンを説得しようとするかにも見えます。③でパックが言いたいのは、「みんなもう帰っちゃいましたよ、俺たちだってお日様の光を浴びたら溶けちゃいますよ、帰りましょうよ、俺たちのいるべき時間帯は夜なんですから」です。④では、仕事をしたくない気持ちを隠し、「残念です」とでも言うつもりで舞台袖へ引っ込む方向へ歩き出してもよいでしょう。それをオゥベロンは⑤で、自分たちは亡霊のような暗い陰鬱な存在とは違うから大丈夫、とパックを引き留めます。オゥベロンは、森の向こうにある海の、その夜明けの荘厳な美しさを存分に伝えましょう。そして⑥で呆れ返っているパックをけしかけ、「がんばれよ」と肩をたたいて送り出しましょう。

「ボトムの夢」
Bottom's Dream [17]

17) *A Midsummer Night's Dream* 4.1.198-215 (212)

魔法を解かれ、ボトムはろばから人間の姿に戻りました。世にも稀なる夢を見た、とボトムは言います。

ボトム

①俺のきっかけがきたらひと声かけてくれれば、答えるぜ。俺の次のきっかけは

「素晴らしきピラマスよ」。ヤッホー。ピーター・クインス？　ふいご直しのフルート？　いかけ屋のスナウト？　スターヴリング？　②くっそー！　逃げちまったのか、寝込んだ俺を置き去りにして？——③世にも稀なる幻を見たもんだ。夢を見たんだ、人間様の思いもつかない夢を。この夢を解釈しようなんてやつは人間じゃねえ、ろば並みのバカだ。④確か俺はあれだ——へん、俺がなんだったか言えるやつがいるもんか。確か俺はあれで、確か俺にはあれが——⑤うんにゃ、確か俺には何かが付いてたなんて、おせっかいにも教えてくれようなんてやつは人間じゃねえ。⑥人間の目が聞いたこともない、人間の耳が見たこともない、人間の手が味わったこともない、その舌が把握したことも、その心臓が報告したことも、金輪際ないぜ、俺様の見た夢はよ。お、ピーター・クインスに頼んで、この夢をバラードにしてもらおう。題は『ボトムの夢』でなくちゃな、だって、ボトム、夢の底にぼっとむ（ん）て夢だもの、俺はそいつを殿様の前で演じる芝居の最後のほうで歌うんだ。ひとつ気合を入れて、もっと優美な芝居にするために、シスビーの臨終のときに歌ってやろう。

Try This
人には言いたくない恥ずかしいことを思い出したとき

　①は、物語が一段落して、観客がボトムの存在を忘れていたところから始めてもよいでしょう。ボトムは何が起きたのかをすっかり忘れて、のんびり伸びをしながら起き上がりつつ言うもよし。突然ばっと飛び起きて言うのもおもしろいでしょう。②は、周りに誰もいないのをきちんと確認してから言います。いなくなった仲間に向かってどなる場合と、独白として観客に訴えかける場合とがあります。

　③から劇場全体の空気感をがらっと変えましょう。急がず、大きく息を入れてゆっくり始めます。④から先は、なかなかことばに出せないのは、言うと馬鹿に思われると、恐れているせいかもしれません。ことばに表せない「何か」を、どうことばにしようか迷っているとも考えられます。「確か俺はあれだ」の繰り返しに入る前に必ず一瞬止まって、タイタニアの様子が脳内にフラッシュバックする瞬間を待ちましょう。本番に向けて、その止まっている時間を短くしていきます。

　⑤を言う前に、自分がろばだった体験を実感として思い出します。そしてそれを大きく否定してください。けれどひどく混乱しているので、ありえないせりふ⑥を言います。ボトムが夢と現実を手で触って確かめる過程をたどりましょう。通常の精神状態なら、目が見る、耳が聞く、と言うべきところを目が聞く、耳が見ると言ってしまうあたりは、俳優がせりふを間違えたな、と観客に思わせるくらい混乱した状態であるべきです。

「我らはただの影法師」
If we shadows have offended, [18]

戯曲は、全員が舞台から退場した後にパックがこんな挨拶をして幕を閉じます。

パック

> 我らはただの影法師、
> もしもご機嫌損ねましたら：
> 考え方をちと変えて、
> うたた寝してたら見た夢と；
> 取るに足らないこの話、
> 夢と思えば腹も立たない、
> 皆さん、お叱りはご勘弁。
> 許してください、次はがんばる。
> わたしはパック、正直者です、
> この身に余る運に恵まれ、
> 蛇の毒舌、免れましたら、
> 改善できます、近々必ず、
> わたしはパック、嘘はつかない。
> それでは皆様、おやすみなさい。
> お手を拝借、友達ですもの、
> 次の舞台で、御礼をします。

Try This
パックとしての存在で拍手をいただく

すべての妖精たちが飛び去った後、箒を持って掃除をしながらパックはしゃべります。箒はとても魔術的な道具と考えられています。お清めの道具でもあり、馬や何かに化けたりもし、自分の代わりに働いてくれるものでもあります。パックにはここだけ箒を持たせるのではなく、オゥベロンやタイタニアのパーティーの後始末をするために、常に持ち歩いている設定でもよいかもしれません。

登場したら、まず客席を眺めまわし、ため息でもついて、どうもすいません、という気持ちを表しましょう。ただし、本当に謝るわけではなく、「まいっちゃいましたね、こりゃ。でも俺たち、影なんで」と軽く言い訳をする程度です。それから、「あ、夢だと思えばいいんじゃないですか？」というふうに提案します。もちろん、さまざまな拍手のいただき方があります。仲間を観客に見立てて、いろいろ試してください。

---

18) *A Midsummer Night's Dream* Epilogue

ROBIN

If we shadows have offended,
Think but this, and all is mended:
That you have but slumbered here,
While these visions did appear;
And this weak and idle theme,
No more yielding but a dream,
Gentles, do not reprehend.
If you pardon, we will mend.
And as I am an honest puck,
If we have unearnèd luck
Now to scape the serpent's tongue,
We will make amends ere long,
Else the puck a liar call.
So, good night unto you all.
Give me your hands, if we be friends,
And Robin shall restore amends.

II ヴェニスの商人 ── THE MERCHANT OF VENICE

WHEN & WHERE
いつ、どこで？

　舞台はシェイクスピアが生きていた当時のヴェニス。ヴェニスは当時のヨーロッパで最も自由な共和国でした。宗教は何を信じても自由。法の下では全員平等で、悪事をすれば大公でも罰を受けます。ほかのヨーロッパ諸国と違い、キリスト教徒以外も自由に商売ができ、性的な遊興や賭博もお咎めなしなので、大勢の外国人が住みつきました。けれどユダヤ人だけはゲットーに押し込められたのです。あまりにも狭い空間しか与えられなかったので、ユダヤ人たちは建物をどんどん上に建増ししていきました。

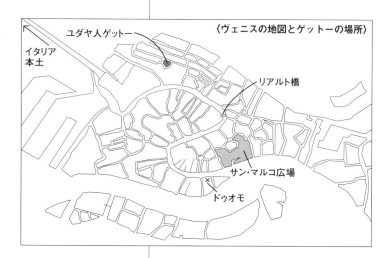

〈ヴェニスの地図とゲットーの場所〉

　海に浮かぶ島状のヴェニスの中に小さく割り当てられたゲットー。

　シャイロックの住んでいた部屋も、運河を挟んで自由なキリスト教徒たちの住むエリアを眺められる場所にあったかもしれません。

　ヴェニスの商人アントニォゥは世界を股にかける貿易商です。現代の会社なら月商で数千億円以上の規模でしょう。

〈アントニォゥの貿易拠点〉

1.ヴェニス　2.パデュア　3.ジェノヴァ　4.トリポリ
5.イングランド　6.リスボン　7.メキシコ　8.インディア

トリポリからインディアは、アントニオゥの船が出航した貿易港。裁判に呼ばれる優秀な法学者はパデュアからやってきます。他にも、バーバリー、アルゴスという架空の地も言及されます。また、ポーシャの住むベルモントは、美しい山という意味で、想像上の小島。

　物語の場面は、アントニオゥのよく行く場所、シャイロックが商売をする場所、シャイロックの家の中と外、ヴェニスの港、ポーシャの家の中と庭、ヴェニスの裁判所などです。キリスト教徒たちの享楽的な華やかさと、ユダヤ人の家のひっそりした物悲しさと、さらにはポーシャの家の女性的な柔らかさとの3種類の雰囲気を舞台装置に表現しましょう。

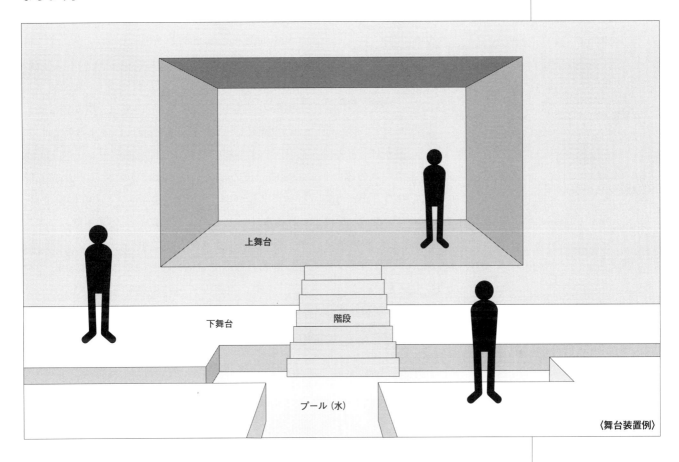

〈舞台装置例〉

　舞台装置例では、青い空や星空など、広い天空が必要な場面と、法廷やポーシャの室内など、豪華で閉ざされた空間の両方を表せる大きな窓を舞台奥に配置します。その手前にメインの舞台、さらにその下に運河や海を表すプールを置きます。プールは実際に水が入るといいですね。ミニチュアの船を浮かべられます。あるいはポーシャの邸宅の庭にあるプールにもできます。人間が高さの違う舞台面にいることで、お互いにそれぞれの領域があり、同じ土台に乗っていないことの象徴にもなります。

WHO & WHAT
誰が、何を？

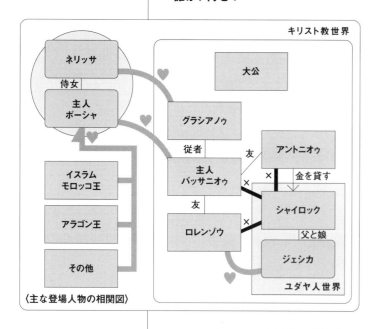

〈主な登場人物の相関図〉

1) もちろん、演出としてそこに視点をおいてもよい

シャイロック

　裕福なユダヤ人の高利貸し。シェイクスピアが生きていた当時の英国には、ユダヤ人はいませんでした。1290年、イングランドのエドワード一世が、世界で初めて国家からユダヤ人を締め出すユダヤ人追放令を出して以来、誰もユダヤ人を見たことがなかったのです。とすると、イングランド人にとってユダヤ人は、鬼や妖精など伝説やおとぎ話の「人を捕って喰う人の形をしたもの」と同じ感覚だったのではないでしょうか。シェイクスピアが描いたのは、現実のユダヤ人というよりは、閉じ込められて自由を奪われている、血に飢えた鬼なのかもしれません。その鬼は、他人には恐ろしく残酷ですが、自分の肉親には涙するのです。

　シャイロックは確かに「迫害された者」ではありますが、20世紀のホロコーストの視点や反ユダヤ主義の視点のみからこの戯曲や彼の存在を見てはいけません。[1] 出自だけで社会から阻害された者がどういう行動をとるかは、どんな人種でも、どんな国家でも、どんな村でも変わりません。学校でわけもなくいじめや村八分にあった経験をもつ人もいるでしょう。わたしたちの誰もがシャイロックになりえるのです。

　一方、ユダヤ人というポイントを忘れてよいわけではありません。ビジネスの仕方や家族のあり方、友人との付き合い方など、当時のユダヤ人独特の思考を知って演じる必要がありますし、シャイロックはユダヤ人であることを誇りに思っているはずです。ユダヤ人的とは何かについては、さまざまな見方があるのでここでは詳細に触れませんが、演じる上で押さえておきたいのは次の点です。

・住む土地を追われた民族という宿命を抱えている。よって、土地以外のつながり（血のつながり、同じ信仰）が大事。特に娘のことは、目の中に入れても痛くないほどかわいがる傾向がある。わがまましほうだいな若い女性のことを「ユダヤの姫君 Jewish princess」と言うほど
・土地に固執しなくてもできる仕事（銀行業など）に従事し、土地から追い出されても持ち歩ける財産（金・宝石）を大事にする
・ユダヤの唯一神ヤーヴェの教えは自分たちこそが守っているという信念をもち、そこから派生したキリスト教とイスラム教のことは邪道でけしからんと考えている

シャイロックの目的は、娘のジェシカを幸せにすることです。お金を稼ぐのも、すべて娘のためです。アントニオゥへの復讐が人生の目的になってはいけません。娘がキリスト教徒にさらわれて堕落していく噂にショックを受け、キリスト教徒全体への復讐をはかる、そのターゲットがたまたま、自分を毛嫌いしているアントニオゥに過ぎないと考えましょう。

ジェシカ

シャイロックの娘。キリスト教徒のロレンゾゥと駆け落ちをします。裕福なユダヤ人の娘として高価な衣服や宝石で飾り立てられたお人形のようではあるものの、家に閉じ込められっぱなしで、キリスト教徒たちの明るく華やかで楽しい音楽のある世界に憧れています。この戯曲内での目的はロレンゾゥと結婚することですが、究極の目的は、自分のしたいことを自由にできる世界に生きることでしょう。

ポーシャ

ベルモント島を所有する資産家の娘。父を亡くし、莫大な財産と召使しかいない離れ小島ベルモントで、たったひとり、求婚者が来るのを待つだけの生活を強いられています。話し相手は侍女のネリッサだけで、教養と財産はあふれるほどもっていても、それを分かち合える人がほかにいません。彼女の目的は、熱い恋に落ちてその人と幸せな結婚をすること。バッサニオゥに金を貸したアントニオゥを救おうとするのは、誰かの犠牲の上では幸せにはなれないと感じているからです。

バッサニオゥ

ヴェニスの放蕩貴族。計画性がなく、浪費癖があり、嘘もつく、かっこいいだけでどうしようもない青年です。ポーシャが彼のどこに惹かれたのか、ポーシャ役とバッサニオゥ役はよく話し合いましょう。もしかしたらバッサニオゥのどうしようもなさが、ポーシャの母性本能をくすぐった可能性もあります。彼の目的は、ポーシャと結婚して裕福で幸せになることです。結婚するための金を貸してくれたアントニオゥを救いたいという強い思いはありますが、それは目的ではありません。

アントニオゥ

世界を股にかけるヴェニスの商人。大富豪です。彼は落ち込んだ状態で登場します。親友バッサニオゥが恋をしたせいで置いてけぼりにされた気分だからという考え方が一般的です。一方で、若い頃に起業して一代で巨万の富を築き上げた実業家と考えるとどうでしょう？　金もうけに必死に生きてきて、ふと気がつくと婚期を逃し、守る家族もいない、金以外に自分には価値がない事実に、はたと気がついたとも考えられます。金の亡者でここまでたたき上げできた点では、シャイロックと同じ。それを認めたくなく

て、いっそうシャイロックを憎むのかもしれません。アントニオゥの究極の目的は、誰かの役に立って自らの存在意義を感じたい、というものでしょう。

WHY & HOW
なぜ、どうやって？

「いや、なぜこうも暗い気分なのか、俺にもわからん」
In sooth, I know not why I am so sad. [2]

2) *The Merchant of Venice* 1.1.1-110 (1)

アントニオゥ

①いや、なぜこうも暗い気分なのか、俺にもわからん。
おまえたちもうんざりだろうが、
どこからどうしてこんなものに取り憑かれたのか、
どこの何から生まれたものか、
俺だって知りたいさ；
おかげで知恵も回らん、
俺だってこんな俺様にお手上げだ。

サレリオ

心が海の上で翻弄されているんですよ、

（中略）

アントニオゥ

いや、そうじゃない。俺の財産は安心だ、
投資は分散が原則、
船も積荷も取引先もひとつではない；全財産が
今年限りということにはならないようにしてある。
だから俺が暗いのは商品のせいではない。

ソラニオ

じゃ、恋煩い。

アントニオゥ　　　馬鹿言え。

ソラニオ

恋煩いでもない？　じゃあ、暗いのは
明るくないからだな、
笑って、跳ねて、俺は明るいぜ、
だって暗くないからねって言ってみちゃどうです。

（中略、友人のバッサニオゥがグラシアノとともにやってくる）

アントニオゥ

俺は世の中を世の中として見ているだけだ、グラシアノ——

ここは舞台さ、誰もがひと役演じなくちゃならん、

で、俺のは暗い役ってところだ。

グラシアノ　　　　　　　　　　　　　　あっしは道化がいいな。

笑い皺[じわ]大歓迎、

辛い悩みで心を冷やすより

酒で腹をあっためますわ。

（中略）

　　　　　　　　ではこれにて。

続きはお夕食の後にでも。

（中略）

アントニオゥ

またな。俺もおまえに調子を合わせてしゃべるようにするよ。

Try This
登場人物の目的を演じる

　登場人物のその時々のムードは、醸し出すもので、演じるものではありません。演じるべきは登場人物のその場での目的です。相手に何かをわかってもらう、行動を変えてもらう、その目的意識をもって場面に臨むからこそ、ドラマがおもしろくなるのです。落ち込んでいるムードを醸し出すアントニオゥが①のせりふを言う目的はなんでしょう？　いくつか考えられます。挙げてみましょう。

・一緒にいる友達に「自分は落ち込んでいる」とわからせるため
・一緒にいる友達に「放っておいてくれ」と伝え、ひとりにしてほしいため
・一緒にいる友達に「なぜこんなに落ち込んでいるのだ？　何かヒントをくれ」と助言を求めるため
・一緒にいる登場人物に「この落ち込んだ気分をどうにかして浮き立たせてくれ」と明るい交流を強く求めるため

　さまざまな目的を思いついたら、演じるものをひとつ決め、それを演じます。例えば、自分が落ち込んでいることをわからせるために演じるなら、ひどいため息と共に、友達の見ている前で頭を抱えてみたり、座り込んでみたり、あからさまにそれを見せようとするでしょう。放っておいてほしいなら、友達に背を向けて、立ち去ろうとするでしょう。落ち込んでいる理由のヒントが欲しいなら、友達の顔をはっきり見て相談をもちかけるように言うでしょう。心を浮き立たせてほしいなら、無理に明るくふるまうかもしれま

第2章 喜劇 Ⅱ ヴェニスの商人　249

せん。

　これが、登場人物の目的を演じる、という意味です。

Try This
登場人物の目的と雰囲気を組み合わせる

　常に演じるべきは目的です。一方で、目的を演じるだけだと、ほかの登場人物との違いを出せなくなる危険があります。そこで役に立つのが個々人の醸し出す雰囲気です。儚げ、夢見がち、など雰囲気を表す言葉をいくつか挙げ、それにさまざまな目的を組み合わせて使いましょう。その場面では何がふさわしいかが見えてきます。3)

　これは、アントニォゥが「落ち込んでいる」雰囲気一色で演じてしまうつまらなさから脱却するためのエクササイズです。最初は「放っておいてくれ」だったのが、あるせりふでは「ヒントをくれ」に変わるかもしれません。一所懸命自分を明るくしようとする友に付き合って少しは明るくしてみようとするかもしれません。「落ち込んでいる」にもさまざまなやり方があり、そこに目的を設定して相手にどのように絡んでいけばよいかを発見しましょう。

3) p.119の登場人物の多面性を知る Try This も参照

「わしゃ夕食に呼ばれたぞ、ジェシカ」
I am bid forth to supper, Jessica. 4)

4) *The Merchant of Venice* 2.5.6-56

　　シャイロック
　　　①どこだ、ジェシカ、おい！

　　（中略）

　　ジェシカ
　　　②呼びました？　なんでしょう？

　　シャイロック
　　　わしゃ夕食に呼ばれたぞ、ジェシカ。
　　　③そら、鍵だ。④だが、なぜ行かにゃならんのだ？
　　　⑤友情の証のはずがない。ただのお追従さ、
　　　憎しみをもって呼ばれてやる、
　　　キリスト教徒との食事には。わしのかわいいジェシカ、
　　　留守をよろしく頼む。⑥実に気が進まない。
　　　きっと何かよくないことが起きるに違いない、
　　　なにしろ、金袋の夢を見たんじゃ、夕べ。

　　（中略）

⑦なに、今夜はマスカレードか？　よく聞け、ジェシカ、

扉は全部きちんと錠を下ろせ：鉦太鼓やら

馬鹿野郎どもの金切り声が聞こえても、

おまえはバルコニーに出たりしちゃいかんぞ、

表に首を出してもいかん、

顔を塗りたくったキリスト教徒のど阿呆どもを見るんじゃない、

我が家の耳を閉じろ——窓を閉めるんじゃ。

⑧脳足りんどもの馬鹿騒ぎは決して

厳粛な我が家に入れてはいかん。ヤコブの杖にかけて

今夜は出かけたくないものだ。

だが行かねばならぬ。

（中略）

　　　　　⑨さ、ジェシカ、おまえは家へ入れ。

たぶん、わしもあっという間に戻る。

言いつけを忘れるな。ドアは全部錠を下ろせ。

しっかり締めて、しっかり守る——

倹約家の心得その一だぞ。（退場）

ジェシカ

⑩永遠にさようなら：運が良ければ、

わたしは父を、あなたは娘を、なくすのだわね。

Try This
何度も名を呼ぶ理由を探す

　一連のこのせりふで、シャイロックはジェシカの名を連呼しています。いつも娘の名を呼ぶのは、娘を支配していることを示すためでしょうか、それともいつも娘と会話していたいので呼ぶのでしょうか。①で、何度も名を呼ぶのに一向にジェシカはやってきません。ジェシカがいつも忙しいので、いつもこうして何度も呼ぶのか、それとも、今日に限ってジェシカがまるでやってこないのかで、言う気分と言い方が異なります。

　呼んでもジェシカが来ないのはいつものこと、という設定で演じてみましょう。シャイロックはうつむき加減で近視眼的にどなり散らすだけ、お金にしか興味がなく、したがって娘の、ふだんとは異なる様子に気がつかないままです。娘が家にいて、言いつけを守るのは当然だと高を括っていて、娘の気持ちには無頓着です。⑦、⑧、⑨のせりふは、キリスト教徒憎しの一色で、娘には頭ごなしの命令口調。娘が駆け落ちをした後に嘆くのは、娘が金目のものを盗んで出ていったから。娘のことなどどうでもいい、金の亡者シャイロックが生まれます。裁判の最後でアントニオゥがシャイロックに対して「娘に

財産を残す」と宣言しても、苦々しい顔をするだけでしょう。自分の命を守るためだけに「わかりました」と答えるさもしい男、最低の父親ができあがります。観客は誰もシャイロックに同情しないでしょう。

　では、いつもは呼べばすぐに来るジェシカという設定ではどうなるでしょう。ユダヤ人は娘を溺愛する傾向がありますから、そのような父親として演じてみます。何度呼んでも来ないので、シャイロックは不審に思うはずです。また人形ごっこでもしているのか？　とイライラはするでしょう。けれど、具合でも悪いのか？　とふと不安になるかもしれません。やっとジェシカが現れればホッとして、彼女の顔を見ると、かわいくて、出かけたくなくなってしまいます。④です。キリスト教徒との食事よりも娘と一緒にいる1分1秒が大事。娘を置いて出かけなくてはいけない、食事に誘ってくれたキリスト教徒が憎いくらいです。そして、かわいい娘に、安全で幸せな人生を送ってもらいたいという目的で、いろいろなアドバイスをするのが、⑦、⑧、⑨です。愛する娘を守っていたい、それがしっかりここで表現できれば、ジェシカの駆け落ちにショックを受けてジェシカを罵るシャイロックには、観客から共感や同情さえ寄せられるでしょう。このようなシャイロックなら、裁判の最後にアントニォゥが「娘に財産を残す」と宣言すれば、心から感謝を感じるでしょう。そして、娘のためなら改宗さえも厭わない、娘のために自我を完全に捨てられる理想的な真の父親シャイロックを表現できるはずです。愛の力の偉大さに、わたしたちはシャイロックいじめの構図を忘れ、なんて素晴らしい物語だろう、とシンプルに感動できるでしょう。

Try This
ジェシカがすぐに登場しない理由を探す

　②と答えるジェシカの気持ちを摑むために、直前のジェシカの状況を再現しましょう。ジェシカは今から恋人と駆け落ちをするところです。

　この計画はいつから立てていますか？　父シャイロックが出かけるのは知っていますか？　シャイロックが夜に出かけるのは普通ですか？　金庫の鍵を預けられるのは普通ですか？　どこから逃げ出すのが最も安全ですか？　どんな危険がありますか？　ロレンゾゥが迎えに来るのは何時ですか？　彼は時間通りに到着しますか？　到着したときの合図は何ですか？　ジェシカは少年の恰好に変装しますが、その衣類はどこから調達しましたか？　いつ調達しましたか？　それを今までどこに隠していましたか？　少年の恰好をするのは慣れていますか？　窓から運河側へ降りるのは慣れていますか？　ほかのユダヤ人に見つかるとどうなりますか？　このゲットーにロレンゾゥは何度も来ていますか？　そもそもロレンゾゥとはどうやって連絡をとっていますか？

　これらの質問に答えていくと、ジェシカがいかに危険な賭けに出ているかが、わかります。ロレンゾゥはバッサニォゥの友人ですから、シャイロックが今夜バッサニォゥの

家で食事をすることは知っていたでしょう。ということは、駆け落ち決行は今夜と、つい先ほどに決めた可能性が大です。③で鍵を預けられて、ジェシカは「よし、いける」と思ったでしょう。けれど次の瞬間には④を聞くわけです。シャイロックが出かけなければ駆け落ちはできません。なんとかして父の機嫌を直して、キリスト教徒との食事に意識を向かわせなくてはなりませんね。ところが⑥で「何かよくないことが起きるに違いない」と言われ、見破られたか！　と心臓が口から飛び出しそうになるでしょう。けれど、父が言ったのは金袋の夢、それでホッとします。⑦で、シャイロックがマスカレードに意識を向けたときは、もうすぐそこにロレンゾゥが来ているのを知って、恋心にドキドキするはずです。この「ジェットコースター心理」をめいっぱい楽しんで練習してください。その結果として、⑩のせりふがあるのです。

Try This
夕食に招待されたシャイロックの気持ち

　シャイロックの心理を考えてみます。仲が悪いと思っていたはずの人に食事に誘われれば、「もしかしてそんなに嫌われているわけでもないのかな」と思うでしょう。ましてアントニオゥというヴェニスでいちばん信頼の篤い男にお金を貸して、少しステイタス[5] が高くなったと感じているときに、バッサニオゥというもう1人の富豪から、お礼の食事に誘われたのです。アントニオゥを憎んでおり、確執があるとしても、誘われた事実そのものが嬉しくないはずはありません。ついに虐げられている状態から、町の名士として認められたような気分にもなるでしょう。

5) p.122参照

　人間誰しも嫌われるよりは愛されたいもの。食事に呼ばれたのが本当はとても嬉しかったのかもしれません。シャイロックはアントニオゥたちに自分を認めてほしいのだとも考えられます。友情の印だったらいいな、という思いが先にあるからこそ、そんなことあるはずがない、と⑤で打ち消すのではないでしょうか。ジェシカに、食事に出かけるぞ、と宣言するときは内心、とてもウキウキしているという設定は大いにありえます。⑧のせりふの2行目、ご先祖様（ヤコブ）の杖にかけて、今日は出かけたくない、と訴えているところは、キリスト教徒との食事にウキウキして出かける気持ちをご先祖様に対して申し訳なく思う気持ちで言ってみましょう。

Try This
場面の危急性を高める

　この場面の危急性を高めるために、次の点を入れて練習しましょう。
　ジェシカ役はすでに少年に変装し終わり、さあロレンゾゥを待つぞ、と心の準備をします。シャイロック役はすかさずそこで、彼女を呼びましょう。ジェシカは慌ててふだ

んの飾り立てられたお嬢様姿に着替え直します。それまでにシャイロックは何回、名を呼ばなくてはならないか、数えましょう。

③は、ジェシカに鍵を渡すという解釈と、自分で鍵を持つという解釈の2種類をやってみます。ジェシカは、自分で鍵を持てるなら安心ですが、シャイロックが持っていくとなると、家に閉じ込められますし、いつ帰ってきてガチャリとドアを開けるかはシャイロック次第という危険が生まれます。

ヴェニスの行事カレンダーには、今夜はマスカレードの予定はないことにします。⑦でシャイロックは、あるはずのないマスカレードを不審に思ってジェシカに尋ねてみましょう。ジェシカは、マスカレードに乗じて逃亡するつもりですから、ドキッとするはずです。

⑧では、音楽の嫌いなシャイロックに対し、ジェシカはいつもキリスト教徒の音楽に憧れを抱いてきたとの設定にしましょう。のちにポーシャの家でロレンゾゥに音楽の話をされるときの布石になります。音楽が逃亡の合図かもしれず、窓を閉めろと命じられればジェシカは焦ります。

エクササイズを通して、ジェシカ役はこれらの危険な状況と心配と焦りとをいつも感じて演じられるようにしましょう。

「釣りの餌にはなる」
To bait fish withal. [6]

6) *The Merchant of Venice* 3.1.49-68 (49)

シャイロック

　釣りの餌にはなる。なんの役に立たなくてもわしの復讐の役には立つ。あの野郎、わしをコケにしてきた上に、あいつに邪魔されてわしはとんでもなく損をしてきた：あいつはわしが損すりゃ笑い者にした、わしが儲けりゃ軽蔑（けいべつ）した、わしの民族を馬鹿にして、わしの商売をめちゃめちゃにした、だがなんのために？──わしがユダヤ人だからだ。ユダヤ人にはないというのか、目が？　手が、内臓が、腕も脚も、感覚も、心も、情熱も：クリスチャンと同じように食い、同じように刃（やいば）に傷つき、同じように病気にかかり、同じように治り、冬と夏には同じように暖まったり涼んだりする、違うかね、え？　わしらなんぞちょっと刺しても血は流れない？　くすぐっても笑わない？　毒を盛っても死なない？　だから、わしらを痛めつけてもわしらは復讐はしないって？　ほかのことがあんたらと同じなら、その点に関してもあんたらと同じだとも。ユダヤ人がクリスチャンを痛めつけたら、そのクリスチャン、どうする？　復讐するさ。クリスチャンがユダヤ人を傷めつけたらそのユダヤ人はどうするかね、クリスチャンの例に倣うと？　そうとも、復讐するさ。こういう酷（ひど）い仕打ちをな、あんたらに教わったからには、わしも

やってみせるとも、それもあんたらよりずっとしっかりやり通してみせるとも。

Try This
シャイロックが蔑まれていることを示す群衆場面

これは周りにいる人たちとの反応と共に練習します。台本を手離して自由に動きたいので、せりふを覚えるか、周囲の壁に大きくせりふを貼っておいてもよいです。大勢でシャイロックを囲み、次のパターンでシャイロックに接し、シャイロック役はそれに反応します。

・腕組みをして睨んだり、鼻でせせら笑ったりして、できるかぎりシャイロック役を蔑む態度で。シャイロックが近づいてきたら、彼を押しのける

・紙を丸めて球を作り、それをシャイロックの背後から投げつける。シャイロック役は球が背中に当たる衝撃や悔しさを利用して演じる

・可能ならシャイロックを檻状のものに閉じ込める。シャイロックがまるで見世物になっている野獣であるかのように、檻越しにシャイロックを棒でつつこうとしたり、笑ったり、みかんを投げつけたりする。シャイロック役は、檻の棒を掴み、揺らし、このせりふを言う

・シャイロックは群衆に紙の球を投げつけながらせりふを言う。群衆はその紙の球が届きそうなところまでからかいに行くものの、球が来たらさっとどき、シャイロックを嘲笑う。紙の球は、投げても力なく下に落ちるだけで、シャイロックはとてつもない徒労感を感じる

いずれのエクササイズも、シャイロック役は精神的に非常に疲弊し、本当にいじめられている気分になるものです。このエクササイズは一度にやらずに、少しずつ、何回かに分けてやりましょう。そして、終わった後は必ず、群衆役はシャイロック役の役者の本名を呼び、「君のことは大好きだよ！」とがっしりハグするような、お互いが信頼を取り戻すためのゲームを入れてください。その場合、相手の本名で話しかけることが大切です。自分は軽蔑されているシャイロックではない、自分は愛されている、と演者が感じる必要があるのです。それがあって初めて、この場面は、全員が勇気をもってリアルに演じられるでしょう。

7）*The Merchant of Venice* 4.1.170-180（173）

「あなたの名前はシャイロック?」
Is your name Shylock? 7)

ポーシャ

この件に関しての必要な情報は得ています。

①どちらが商人で、どちらがユダヤ人かな?

（中略）

②あなたの名前はシャイロック?

シャイロック　　　　　　　　　　　　シャイロックがわたしの名前だ。

ポーシャ

珍しい訴訟ですね、あなたの件は、

けれどヴェニスの法に従えば

その訴えを覆すことはできない。

（アントニォゥに）あなたの命はこの方に握られている、わかっていますか?

アントニォゥ

ええ、訴訟人の言う通り。

ポーシャ　　　　　　　　　　抵当を差し出しますか?

アントニォゥ

はい。

ポーシャ

③それではユダヤ人が情けを示さなくてはならぬ。

シャイロック

④どんな決まりで俺がそんなことしなけりゃならんのだ?　言ってみろ。

Try This
男装した気分のリアリティ

　男性の法学博士として法廷に乗り込んできたポーシャ。つけ髭やメガネや帽子など、女性の顔をわからなくするような小道具を使っています。さて、俳優は小道具を使ったりメイクをしての変装に慣れていますが、ポーシャは慣れていません。本当に男性のふりをするために変装をする気分はどんなものか、変装して、街へ出てみましょう。5分でも10分でも、相手に男性だと信じ込ませられるでしょうか?

　つけ髭やメガネで、あまり会わないけれど知っている人に話しかけ、あなただとバレないでいられるでしょうか?　電車に乗ってみるだけではなくカフェやレストランでウェイターと話をしてみてください。図書館で本を借りる、駅で道を尋ねる、などもよいです。

256　第3部 読解方法と表現術

つけ髭が落ちやしないか、顔を隠しすぎる不審者と思われはしないか、声は男のようにできているか、いろいろなことが気になるのがわかると思います。ポーシャを演じるときに生かしましょう。

Try This
ポーシャのシャイロックに対する態度

ユダヤ人はユダヤ人とわかるような恰好をしています。誰がシャイロックなのかは一目瞭然のはず。ですから①は法廷における手順にすぎないかもしれません。また、ポーシャが変装を見破られないようにドキドキしている心臓を落ち着かせるための時間稼ぎにも思われます。このせりふは、低めの声をつくり、咳払いなども入れて、ポーシャが「男性」キャラクターを演じようとしていることを大いに意識して言いましょう。

一方、②はシャイロックの名を聞いています。この戯曲全体でシャイロックは「ユダヤ人 Jew」と呼ばれることのほうが断然多く、名を呼ばれることはほとんどありません。その意味で、ここでポーシャが名を尋ねるのはとても重要です。ポーシャは相手を「〇〇人」という抽象概念でとらえるのではなく、一個人としてとらえようとしているのです。これを、この裁判を貫くポーシャの姿勢として演じましょう。

Try This
ドラマを盛り上げる演出

③を言うためには、そもそもポーシャが、この裁判の最後にもち出す、肉を切り取ってもいいが血を流してはいかん、という切り札を最初から念頭に置いていたかどうかを決めます。

念頭にあれば、最初からそれを言ってもよかったのに、なぜ言わなかったのかを考える必要があります。

念頭になかったとすれば、ポーシャがここに来るまでに考えた結果は、情けの気持ちを起こさせることだったはずです。この裁判の場面全体を見ても、ポーシャの目的は、シャイロックに情けの心をもたせること、と言えるでしょう。

③の原文は Then must the Jew be merciful. という短い断定的、命令的な口調です。男ばかりの法廷で、男として存在するという、ポーシャにとっての大きな障害を乗り越えるために、強く偉い男を演じてみましょう。命令すれば従わせることができる、と信じて。[8] けれど戻ってきたのは④という反抗です。これならシャイロックもやめてくれるだろうと思っていたポーシャは、たじろぐに違いありません。

ドラマをおもしろくするために、ポーシャへのプレッシャーを大きくしましょう。シャイロックにナイフを持たせます。シャイロックはポーシャが到着する前にも、ヴェニス

8) 相手に気持ちを変えてもらいたいとき、あらゆるせりふは、「これを言えばきっと納得してもらえるはず」という前提でしゃべる

大公から、情けを示してはくれまいかと何度も頼まれています。新しく来た法学博士もまたそれを言う。シャイロックはいいかげんうんざりしているはずです。そのうんざりと、この若造の偉そうな態度に腹が立つのを使って、ポーシャにナイフを持ったまま近づいていきましょう。それが次のせりふの演技に影響します。

9) *The Merchant of Venice* 4.1.181-204 (181)

PORTIA
①The quality of mercy is not strained.
②It droppeth as the gentle rain from heaven
Upon the place beneath.
③It is twice blest:
It blesseth him that gives, and him that takes.
'Tis mightiest in the mightiest. It becomes
④The thronèd monarch better than his crown.
His sceptre shows the force of temporal power,
The attribute to awe and majesty,
Wherein doth sit the dread and fear of kings;
But mercy is above this sceptred sway.
It is enthronèd in the hearts of kings;
It is an attribute to God himself,
⑤And earthly power doth then show likest God's
When mercy seasons justice. ⑥Therefore, Jew,
Though justice be thy plea, consider this:
⑦That in the course of justice none of us
Should see salvation. We do pray for mercy,
⑧And that same prayer doth teach us all to render
The deeds of mercy. ⑨I have spoke thus much
To mitigate the justice of thy plea,
Which if thou follow, this strict court of Venice
Must needs give sentence 'gainst the merchant there.

SHYLOCK
⑩My deeds upon my head! I crave the law,
The penalty and forfeit of my bond.

「そもそも情けは強制するものではありません」
The quality of mercy is not strained. 9)

ポーシャ

①そもそも情けは強制するものではありません。

②天からその下にいる者に向かって降り注ぐ

恵みの雨のようなものです。 ③情けのめでたさはその2倍：

与えた人も受けた人も天に祝福されるのです。

それこそ偉大さの中の偉大さ。それこそ

④王冠よりも支配者に似合うのです。

支配者の王笏は限りあるこの世の権力や、

畏怖や偉大さを表します、

そこに人々は、国王への恐怖や恐ろしさも感じるもの；

だが、情けは王笏以上のものなのです。

情けは、王たちの心の王冠；

神ご自身を示すもの、

そして⑤地上の権力が神に近づくのは

情けが正義を味付けするそのときです。⑥ですからユダヤ人、

あなたの求めるものが正義であっても、今の話を考えてください：

⑦正義しかない道の上には、人の

救済はない。だから情けを祈るのです、

⑧そしてその同じ祈りの中でわたしたちはお互いに

情け深い行いを施し合うことを学ぶのです。⑨わたしがこんなことを話すのも

あなたの訴える、鋭過ぎる正義の刃を和らげようとの思いからで、

もちろんあなたが言い張るなら、ヴェニスの厳格な法廷は

そこにいる商人には惨い判決を言い渡さなくてはなりません。

シャイロック

⑩救済なんぞ結構！ 法律の施行を求めます、

契約不履行の罰の執行を。

Try This
ある言い回しを思いつく理由とせりふのかけあいによって論理を進める

　ポーシャは、シャイロックの噛みつくような態度にたじろいで慌てる時間をしっかり取り、自分の心とシャイロックの両方を落ち着かせようとして①を言ってみましょう。

　一緒に演じている役者には、法廷内の群衆として、シャイロックを恐れ、憎むキリスト教徒になってもらいます。

　②のイメージがどこから湧いてくるのかを考えましょう。暑い夏、窓の外に静かに雨が降ってきたという状況設定もよいと思います。せりふは書かれているから言うのではなく、何かに触発されて生まれます。[10] ポーシャは、天に向かって祈る気持ちを強くもってこの法廷に来たはずです。何か奇跡が天から降ってきてシャイロックを変えてくれまいかと願って、ここに来たのです。ただし、雨のように降る情け、という概念自体は、今この場で思いつくほうが、観客への説得力やドラマ性が強く出ます。

　③の「2倍」と言うのはおもしろいですね。金の好きな人間、なんでも多く儲けたいと思っている人間には効果があることばです。シャイロックにこっそり、「2倍の価値がありますよ」と売り込むような言い方をするのもよいでしょう。ただし、儲けは「天の祝福」です。シャイロックがこれに価値を感じていない場合は、まったく効きませんが、シャイロックは敬虔（けいけん）なユダヤ教徒ですから、「天の祝福」ということばに思わず惹かれるはずです。

　④の王や支配者という概念も、ただなんとなく例を挙げたのではありません。シャイロックは、今この法廷でナイフを持ち、法律を盾にし、大公でさえ従わざるを得ない状態、つまり自分を蔑んできたヴェニス中のキリスト教徒の上に君臨する最高の支配者としての立場を味わっているのです。この世の権力や畏怖や偉大さを表す「王笏」は、シャイロックが手にしているナイフを指し示しながら言うこともできます。⑤は④全体をあらためて短くまとめたものです。

10) p.63参照

Try This
ポーシャの説得は効いたのか？

　⑥の原文は Therefore, Jew, という短い言い方。ポーシャは偉そうにこのせりふを言うこともできます。けれど、手負いの鹿や、怪我（けが）をした野良猫の手当てをするために近づくように、話しかけてみましょう。彼の心の琴線（きんせん）に触れられれば、彼の気持ちを変えられるかもしれません。「ユダヤ人 Jew」は、シャイロック個人よりも、キリスト教徒を憎むユダヤ人としてのあなた、という意識を強くして言いましょう。観客に宗教対立の概念が伝わりそうにない場合は、相手を尊重するつもりで丁寧に言います。

　⑦、⑧を説教くさくしないためには、このことばでポーシャが何をしようとしている

第2章　喜劇　Ⅱヴェニスの商人　259

かを考える必要があります。「あなただって救済されたいのでしょう？」という気持ちで話しかけましょう。ことに⑧は、ユダヤ教徒もキリスト教徒も同じだという意味です。その点では、これはたいへん危険なせりふです。ユダヤ人シャイロックの心を動かすかもしれませんが、聞いている法廷のキリスト教徒は猛反対するでしょう。⑧を聞いたら、法廷内の群衆は、隣の人を見て、なんだこの博士は反逆者かと、ヒソヒソ話をしながら非難と疑いの眼差しをポーシャに向けましょう。ポーシャはそれを感じて⑨を、トーンをガラリと変え、今の発言（ユダヤ教徒もキリスト教徒も同じという発言）をした言い訳をし、キリスト教徒寄りの態度を取ります。

　この一連の場面は、もしもシャイロックがポーシャのことばにまったく心を動かされないように演じたら、ただポーシャが長々と持論を展開するだけのつまらない場面になります。シャイロックがポーシャのことばに心を動かされ、それを表に出したくないと思っても、次第にポーシャの言うことに本能がうなずいていくように演じてみましょう。シャイロックが耳を傾けたくなくても傾けてしまう、それによって、観客もまたポーシャのことばに耳を傾けるようになります。シャイロック役は、自分の心が揺れる様子を、稽古場にいるうちは大げさなほど演じてみてください。本番ではそれを心の中だけに抑えればよいのです。

　もしかしたら、ポーシャが⑨を言わなければ、シャイロックはこれ以上、⑩のようには言い張らなかったかもしれません。けれど、このアントニオゥ寄りのことばを聞いたために、シャイロックは突然見捨てられたような気持ちになる、そのような心理変化を組み立てて⑩を演じてみましょう。

　心理的にも物理的にもシャイロックとポーシャの距離が縮まっていき、うまくいきそうだ、シャイロックは心を変えるかもしれない、と次を期待し始めたところで、シャイロックの⑩でせっかくの作戦が破綻します。観客は、ポーシャ本人のように悔しがるでしょう。

「手をくれ、バッサニオゥ」
Give me your hand, Bassanio; 11)

11) *The Merchant of Venice* 4.1.240-301 (262)

アントニオゥ
　法廷の皆様、もう結構です、
　どうぞ判決を。

ポーシャ　　　　そういうことなら：
　①おまえは胸を開けて刃を当てられる準備をせねばならぬ——

シャイロック
　おお、立派な裁判官、おお、最高の若人！

ポーシャ

②立法の意味と目的は

罰則と密接に関わる、

よって本件の抵当の催促は正当だと認められる。

シャイロック

まったくその通り。おお、賢く正しい裁判官！

見かけによらず熟達したお人だ！

ポーシャ

それゆえ胸を裸にして横たわるように。

シャイロック　　　　　　　　　　　　　いえい、あいつの胸だ。

こう証文にある、違いますか、気高い裁判官さん？

「心臓に最も近いところ」──そういう文言のはずだ。

ポーシャ

そうです。秤（はかり）はありますか、肉の重さを測るための？

シャイロック

持ってきましたとも。

ポーシャ

外科医を用意するように、シャイロック、あなたの自費になりますが

傷の出血を止め、せめて死に至らないよう。

シャイロック

証文にそんなことが？

ポーシャ

そうは書かれていない、だがそれがなんです？

それくらいの情けを与えてもよいでしょう。

シャイロック

書かれてませんな。そんな文句は証文にはない。

ポーシャ

③あなたはどうです、商人、何か言い残すことは？

アントニオゥ

大して何も。腹は決まっています。

④手をくれ、バッサニオゥ：世話になった。

（中略）

バッサニオゥ

アントニオゥ、僕は妻を娶（めと）ったし

彼女は僕の命と同じくらい大切だ、

⑤でもこの命だって、妻だって、世界中のどんなものだって

第 2 章 喜劇　II ヴェニスの商人　261

君の命に勝るとは言えない。

俺はもう何もいらない、あぁ、みんなくれてやる、

この悪魔に、君のためなら。

ポーシャ

それはあまり嬉しくない申し出ですよ、

あなたの奥方がもし今ここにいて聞いていたら。

（中略）

シャイロック

（独白）

キリスト教徒が夫になれば、こうなるものだ。俺にも娘がおる。

盗人（ぬすっと）の嫁にするほうがマシだ、

キリスト教徒にだけはやらんぞ。

⑥時間の無駄だ。判決をどうぞ進めてください。

ポーシャ

⑦当商人の肉1ポンドはそなたのものである。

当法廷がそれを認め、法がそれを与える。

シャイロック

正しき裁判官！

ポーシャ

⑧そなたはこの胸から肉を切り取らねばならぬ。

法がそれを認め、当法廷がそれを与える。

シャイロック

学のある裁判官だ！　判決が出た：⑨来い、覚悟しろ。

Try This
死刑宣告のリアリティとコメディのバランス

　アントニォゥが自ら諦（あきら）めたことで、ポーシャは夫の親友に死刑判決を下さなくてはならない破目（はめ）に陥ります。①はここへ来たことを悔やみ、アントニォゥに申し訳ない気持ちでいっぱいになり、殺人を命令する立場になったことにあらためて驚愕（きょうがく）し、事の大きさに倒れそうな気持ちで言いましょう。けれど、なんとかしてこの、法の下で許されるリンチ殺人を止める方法はないかと②で時間稼ぎに入ります。シャイロックが一つひとつ行動を進めるのを遮（さえぎ）り、時間を止めんばかりに、ゆっくりと言いましょう。

　シャイロックがどんな作業をたどるかも考えておきます。③の直前には彼はナイフを振りかざしているかもしれません。ポーシャはそれを止めるようにアントニォゥにしゃべらせようとします。必死の叫びのクライマックスを③にするよう、ポーシャの焦りを

②から丁寧に組み立てます。ポーシャの必死さが④の「世話になった fare you well」という別れのことばの重みを観客に感じさせるでしょう。

さて、⑤はシェイクスピアらしい、一瞬のコミカルな場です。ポーシャはそれまでの緊張感から、ダブルテイク（あまりの驚きに二度見してしまうこと）をしてみましょう。バッサニオゥは悲しみを最大限に表します。ギャグで笑いを取ろうとして言うのではなく、何よりもアントニオゥに君が大事だと伝えたいがゆえに、自分のいちばん大切なものと比べているのを忘れずに。

一瞬コミカルになった芝居を、シャイロックが⑥で現実に引き戻します。ポーシャは⑦を急がず、バッサニオゥ、アントニオゥ、シャイロックとしっかり見つめてから言ってみましょう。この順序で3人を見ると、場合によっては、ポーシャがアントニオゥへの嫉妬（しっと）から刑執行の宣言をするようにも感じられる危険があります。そのときは、バッサニオゥを睨んでから、いったん、きちんと目を外し、あるいは伏せて、気持ちを落ち着けてから、シャイロックを見ます。それからアントニオゥを見て、死刑執行宣言を出さなくてはならない現実を十分に感じてから⑦を始めます。堂々と朗々と宣言するのではなく、死刑執行宣言へのためらいと、何もできない自分への責めとで感情的になっているなかで、ひとことずつ、消え入るような声で、ぽつり、ぽつりと絞り出すように言うこともできます。

シャイロックは⑦を聞いたら、ナイフを上げてアントニオゥの胸ぐらを掴みましょう。ポーシャはその瞬間に⑧でもう一度順序を変えて繰り返し、まだ執行を引き延ばそうと努力します。しゃべり切ったら、もう何もできずに崩れ落ちてしまうくらいになってもよいです。アントニオゥを処刑台に載せる方法はいくつもありますが、シャイロックは⑨でアントニオゥを実際に乱暴に処刑台の上に載せてみましょう。乱暴に、といっても、喧嘩（けんか）専門の振付師の下で行ってください。振付師がいない場合は、ふりだけで行います。エクササイズの間は決して怪我をしないように注意してください。

「ちょっと待て」
Tarry a little. 12)

ポーシャ

①ちょっと待て。そういえば、あれだ。

②この証文は血を流すことには触れていない。

③文言は正確に「肉1ポンド」。

④よって抵当を受け取れ。肉1ポンドを取れ。

⑤しかし、切り取る際、もしもそなたが

キリスト教徒の血を一滴でも流せば、そなたの土地、財産は

12) *The Merchant of Venice* 4.1.302-314 (302)

PORTIA
①Tarry a little. There is something else.
②This bond doth give thee here no jot of blood.
③The words expressly are ʻa pound of fleshʼ.
④Take then thy bond. Take thou thy pound of flesh.
⑤But in the cutting it, if thou dost shed
One drop of Christian blood, thy lands and goods
Are by the laws of Venice confiscate
Unto the state of Venice.
GRAZIANO　O upright judge!
Mark, Jew! O learnèd judge!
SHYLOCK　　Is that the law?
PORTIA　⑥Thyself shalt see the act;
For as thou urgest justice, be assured
Thou shalt have justice more than thou desirʼst.

すべて、ヴェニスの法により、没収され

ヴェニス国家のものとなる。

グラシアノ　　　　　　　　　おお、正しい裁判官！

聞いたか、ユダヤ人！　おお、学のある裁判官！

シャイロック

それが法律か？

ポーシャ

⑥自分の目で条文を読むがいい；

そなたがそれほど法の正確性に拘るのなら、よいか、

そなたにはまさに正確な正義を与えてやる、望む以上のな。

Try This
女性が「血」を思いつく理由

　ドラマ性を高めるために、シャイロックがアントニオゥにナイフを振り上げた瞬間に①を言いましょう。ポーシャが「血」を思いつく理由はいくつかあります。

　ポーシャが話しながら気づくというのは、どうでしょう？　ポーシャは女性です。血を見ることには慣れていません。ナイフがアントニオゥに近づいたとき、きっと血が出る、血は見たくない、と脳内を血のイメージや、血ということばでいっぱいにしましょう。シャイロックがアントニオゥに近寄るのから目を背けておきます。そしてナイフが振り上げられた瞬間、もしかしたら血のことは書いてあったっけ、と藁をも摑む思いで、シャイロックを止めます。止めてから「そういえば、あれだ」と言い、証文を開きながら②を言います。「触れていない」もまだ証文の文言を確認しつつで構いません。原文では「確かにここに doth give thee here」と言っており、それは、証文をくまなく目で追いながら言えるのです。③で初めて、文言を読み上げてみましょう。ここでもまだ、独り言のように言ってもよいくらいです。④は大きく宣言します。法廷内のキリスト教徒たちはこの裁判官の無慈悲さに息をのみ、シャイロックは勝ち誇った笑いを上げます。それをすかさず⑤で止めてみましょう。そこからはそのせりふ終わりの「ヴェニス国家のものとなる」に向けて、どんどん声量を大きくすると共に盛り上げていきます。

　⑥は証文をシャイロックの顔の前に突きつけましょう。彼はそれを奪い取って自らが書いた文章を恐ろしい形相で睨みつけるか、あるいは、茫然自失で目を落とします。

「命でもなんでも取ってくれ」
Nay, take my life and all, [13]

13) *The Merchant of Venice* 4.1.365-391 (371)

大公

①わたしはそなたに我らの精神がそなたのとは異なることを示したい、

よって頼まれる前に命だけは赦してやろう。

が、そなたの財産の半分はというと、アントニォゥのものだ。

残りの半分は国庫が没収、

が、そなたが改悛すれば減刑してもやろう。

ポーシャ

ええ、けれどアントニォゥの取り分はそのままに。

シャイロック

嫌だ、命でもなんでも取ってくれ、命乞いなんぞするものか。

俺の家を支える財産を没収とは

家を没収も同じことだ、俺の生きる糧を没収とは

この命の没収と同じだ。

ポーシャ

②どんな情けをかけてやる、アントニォゥ？

グラシアノ

かけてやるのは首吊り縄さ。それだけさ、へっ。

アントニォゥ

③大公殿下ならびに法廷の皆様、

④この者の財産半分の国庫没収はおやめください、

わたしは満足ですから、どうか

⑤残りの半分はわたしに、

わたしはそれを彼の死後、

彼の娘を攫った男に渡しましょう。

そのために条件がふたつあります：ひとつ、

⑥この者が直ちにキリスト教に改宗すること：

ひとつ、きちんと法的書類を

この法廷にて作成すること、即ち死してのち、全財産を

⑦息子となったロレンゾゥと、娘に譲ると。

大公

こやつはそれに従う、さもなければ

わたしが先ほど宣言した恩赦も取り消すこととする。

ポーシャ

よろしいか、ユダヤ人？ 言い分は？

シャイロック

いいです。

Try This
大公の態度

　大公は裁判の冒頭から慈悲の心をかけてくれ、とシャイロックに頼んでいます。①は、居丈高に恩着せがましく言うこともできます。その場合、戯曲全体に、シャイロックをいじめる人たちばかりがいることになり、シャイロックが迫害された悲しきユダヤ人であるという構図がはっきりします。大公は、我々はおまえとは違うと述べて明らかにシャイロックを見下して、優位に立った状態を示します。シャイロックは怒りと失望を抱えたままで、劇の冒頭となんら変化のない、キリスト教徒対ユダヤ教徒の対立構造が戻ってきただけ。キリスト教徒のほうが、ユダヤ人より優れていることを伝える演出になります。

　一方、大公が本当に慈悲の心をもって、むしろシャイロックの側に心理的に寄り添うように言えば、どうでしょう。当初の対立構造は緩み、劇場の観客も少し気が緩みます。それでもなおシャイロックが「嫌だ！」と頑なであれば、シャイロックにとって、家がどれほど大切かがよく伝わるでしょう。ちなみに、流浪の民であるユダヤ人シャイロックと家をめぐる問題は、現代のイスラエル問題と共通するものがあります。国家をもたない苦しみさえもが伝わるような魂の叫びに聞こえる演技が求められます。

Try This
アントニオゥの情けの理由

　ポーシャは一連の騒動において、アントニオゥがシャイロックを蔑み、情けのひとかけらもない態度で接していたことを知っていたのでしょうか？　だから、死なずに済んだアントニオゥに、自分を殺しかけた男に情けを示せるか、という大きな問題を突きつけたのでしょうか？　ここは大事です。アントニオゥがどんな返答をするか、観客が見守れるよう、アントニオゥ役はすぐには答えないでおきましょう。シャイロックに目を向けたまま黙っていてもよいですし、目を伏せて考え込んでいてもよいです。その間にグラシアノのせりふが入りますが、グラシアノのせりふが宙に浮いた感じになるくらい不適切に聞こえる演出も可能です。グラシアノのせりふが終わってから、アントニオゥはゆっくり口を開きましょう。

　アントニオゥは、慈悲の心を示すという判断をします。彼がシャイロックを許すと簡

単に言うならば、③のせりふは、もったいぶった恩着せがましいものになりかねません。③の前に、十分迷ってよいのです。相手に情けをかけるのがどれほど難しいか、アントニオゥ役は255ページの「釣りの餌にはなる」のエクササイズをぜひ体験してください。この事件が起きる前までのアントニオゥなら、ユダヤ人なんて根こそぎいなくなればいいのに、と思っていてもよいくらいです。しかも殺される寸前の恐怖さえ味わいました。今、このユダヤ人に死刑を求刑できる立場になったにもかかわらず、なぜ情けをかけたのでしょう？　大公が情けをかけたのでやむを得ず？　シャイロックに恩を着せるため？　もちろんその程度の理由でも演技はできます。

　が、アントニオゥもまたこの裁判の間に精神的に成長したと考えてみましょう。登場人物が大きな精神的変化を遂げるのはドラマの醍醐味でもあります。ポーシャの「恵みの雨」のせりふがシャイロックの心を動かしたとしたら、アントニオゥもまたその影響を受けたはずです。「正義しかない道の上に人の救済はない」とのことばに、アントニオゥは自分がキリスト教の正義を振りかざして、シャイロックに情けをかけてこなかったことに気づくかもしれません。そして命が救われたとき、これからは生まれ変わったように生き方を改めようとアントニオゥが決心したなら、どうでしょう？　自分を殺そうとしたユダヤ人を許すという偉大な判断を大いなる慈悲の心を持って行うことができますね。

　この解釈で演じる場合は、アントニオゥ役はポーシャの言葉の一つひとつを我が事として聞き、それについて考えを巡らせましょう。

Try This
アントニオゥの返答に対するシャイロックの反応

　一方シャイロックは、④を聞いてびっくりするでしょう。おかげで財産の半分はシャイロックに残されます。けれどもう半分は⑤、つまりアントニオゥが奪う。苦労して稼いだ分をまるまる憎い男に取られてしまうのです。しかも続けて、アントニオゥが死んだら今度はそれは娘を攫った憎い男にやると言われる。最悪ですね。さらに、その条件が⑥。強制的な改宗は、最大の屈辱です。シャイロックにとっては、ユダヤの神への信仰は、お金以上に大切なもの。シャイロック役は、この条件はさすがにのまないつもりで反応しましょう。それくらいなら、死んだほうがましです。それを観客にはっきり伝えてください。誰もがシャイロックは自ら死を選ぶと思った瞬間に、⑦が聞こえます。アントニオゥが先ほど⑤で言ったのは財産を「娘を攫った男に」やるだけでしたが、⑦では、「息子となったロレンゾゥと、娘に」と明言しています。⑤では、気が動転しているシャイロックには「娘を攫った男」の中に、男の妻となった自分の娘が含まれることが読み取れないという設定で演じましょう。⑦を聞いて初めて、娘を攫った男にやるというのは娘にやるのと同じことだと気がつきます。駆け落ちしてキリスト教徒になった娘

第2章 喜劇 Ⅱヴェニスの商人　267

にはシャイロックが死んでも遺産は渡りません。アントニォゥはシャイロックの財産に手をつけず、シャイロックが死んだらまるまる娘に渡せるよう管理をしておく、と言ったのです。これほどの情けがあるでしょうか？　⑥の屈辱と、その直後に⑦の慈悲のありがたみに接したシャイロックの心の動きの激しさは察するに余りあります。娘のためなら、宗教さえ捨てることができる父親シャイロックが生まれます。

　アントニォゥは、⑦をシャイロックにまっすぐに言いましょう。シャイロックは⑥でショックを受けていますし、目を合わせないでいるかもしれません。⑦で娘に財産が残るという意味がはっきりわかったら、シャイロックはアントニォゥと目を合わせてみましょう。この瞬間まで、戯曲内のすべての場面で、アントニォゥとシャイロックは一切目を合わせないで演じてきてもよいです。目が合ったとしても憎悪と嫌悪の火花を散らすだけ。それがここで初めて、憎悪と嫌悪なしで目が合うように。アントニォゥはステイタスを上にもちすぎず、今までの自分こそが悪かったとの謝罪の念をしっかり込めてシャイロックを見てください。シャイロックはそれを読み取り、微かにうなずく程度で構いませんが、受け入れます。

　この後シャイロックは、ふらふらすると言って法廷を去ります。あらゆる価値観が崩れ、怒りと悲しみと喜びと迷いと、そして娘のために宗教さえ捨てる判断を下したのなら、ふらふらするのも当然でしょう。

　この解釈は、なんとしてもこの戯曲を幸せなコメディにするための苦肉の策に思われるかもしれません。けれどポーシャの論点は、「情けをかけることができるか」です。これはポーシャが指輪の件で夫に嘘をつかれ、それを許すところにも現れます。「恵みの雨」のせりふにシャイロックもアントニォゥも心が動かされる、という設定で演出すれば、さらに許しが生まれる可能性のある戯曲なのです。

　このときのアントニォゥとシャイロックのつくり方次第で、この戯曲は幸せな喜劇にも後味の悪いものにもなりえます。シャイロックを皆で蹴り回す演出もあります。ローレンス・オリヴィエの演じたシャイロックは、皆に蔑まれ、囃し立てられ、負け犬扱いされても、最後までプライドを捨てず、大騒ぎもせず落胆も見せず、顔色ひとつ変えずに演じ切り、舞台袖に入った瞬間、ものすごい唸り声を上げたそうです。劇場中に響き渡るその声に、舞台に残った法廷の人々は、自分たちの茶番を思い知らされ、ただ困惑して立ち尽くすだけという演出だったそうです。14)

　大事なのは、思い込みと慣例に縛られず、想像力を働かせて台本を読む姿勢です。

14) 演出家・吉岩正晴氏の
観劇談より

「こんな夜だな」
In such a night as this, [15]

15) *The Merchant of Venice* 5.1.1-23 (1)

ロレンゾゥ

　①月が明るく輝いている。こんな夜だな、

　②昔、甘い風が木々に優しく口づけを送ったのに

　木々はそよりとも音を立てなかったというのは──③こんな夜だな、

　トロイラスが、確か、トロイアの壁に跨り、

　魂を吐息に乗せて、かつての恋人クレシダの

　横たわる、敵方のテントに送ったのは。

ジェシカ　　　　　　　　　　　　こんな夜だわ、

　④シスビーが恐る恐る露の上に足を踏み入れ、

　目の前にライオンの影を見て、

　そして狼狽えて逃げ出したのは。

ロレンゾゥ　　　　　　　　　　こんな夜だな、

　⑤ダイドーが柳を1本手に持って立ち、

　荒れ狂う海に面した崖から、恋人を

　カルタゴに呼び戻そうと必死で振ったのは。

ジェシカ　　　　　　　　　　こんな夜だわ、

　⑥振られたメディアが魔法のハーブを集め、

　それがイアソンの昔の心を蘇らせたのは。

ロレンゾゥ　　　　　　　　　こんな夜だな、

　⑦ジェシカが富めるユダヤ人の元を抜け出して、

　溢れんばかりの恋を抱えてヴェニスから

　はるかベルモントまで駆けてきたのは。

ジェシカ　　　　　　　　　こんな夜だわ、

　若いロレンゾゥがその娘をこよなく愛すと誓って、

　娘の魂を盗み、誓いのことばを並べ立てたのに、

　そのひとつとして真実ではなかったのは。

ロレンゾゥ　　　　　　　　　こんな夜だな、

　かわいいジェシカが、こまっしゃくれた子供みたいに、

　自分の恋の悪口を言っても、相手の男がそれを許したのは。

ジェシカ

　⑧ひと晩中でも負けないわよ、誰も来なければ。

第2章 喜劇　Ⅱ ヴェニスの商人　269

Try This
ロマンチックさを支えるリアリティ

　ただロマンチックな空気に満たされただけの、意味不明なことばの応酬になりがちなこの場面。隠された意味を2人のインタラクションによって表現する可能性を探ってみましょう。

　まずは、状況を考えます。駆け落ちをしてきた恋人たちが、結婚式の前夜、大邸宅（ポーシャの家）の美しい庭園で2人きりの時を過ごしています。男性なら何がしたいですか？　決まっていますよね。でもジェシカは？　父シャイロックが法に則って人殺しをしようとしていることを知っています。いくら父を捨てて逃げてきたとはいえ、浮かれ気分になれるでしょうか？　愛を語り合う気になれるとは思えません。その気持ちを想像してみましょう。

Try This
詩に隠されたアクション

　このせりふを次のエクササイズで演じてみましょう。

　ロレンゾゥはジェシカに口づけをしたい。ジェシカはどうにもその気になれず、ため息をつき暗くなっています。ロレンゾゥは、彼女の気分を明るくしようと庭へ散歩に誘いましょう。そして①。月をもち出すのは、ロマチックな気分を盛り上げたいときの常套手段。ため息をつくジェシカが先に庭に出ていて、ロレンゾゥが後から静かにやってきて、その姿を眺め、口づけをするつもりで言ってもよいし、ロレンゾゥがジェシカの手を握って庭へ一緒に出てきて「月がきれいだね」と言いながら、口づけするタイミングを狙っている感じでもよいでしょう。

　けれど、ジェシカは彼の口づけをすいっとやりすごします。ロレンゾゥはショックを受け、一瞬の間が空きます。そこで②。甘い風はロレンゾゥで、木はジェシカのこと。それでもジェシカが反応しないので、ロレンゾゥは③でがっかりして、ジェシカを、敵方へ去った上に心変わりした、古代ギリシャの姫に見立て、自らを振られたトロイアの英雄に見立てます。ジェシカは庭のベンチや彫刻の向こう側におり、ロレンゾゥは噴水の縁か石のベンチにでもまたがり、それを「トロイアの壁」と称し、落胆のため息をつきながら言いましょう。

　④でジェシカはようやく答えます。わたしが心変わりをしたなんてとんでもない、という気持ちが返答を余儀なくさせるのです。ロレンゾゥをライオンに見立てるのは、結婚式を挙げる前にわたしを襲うつもりでしょう、だから逃げるの、という意味。はっきりとそのつもりで彼を非難して言います。その際、ジェシカは嘆きの印の柳の枝を手折りましょう。[16]図星とはいえ、下心を見透かされたロレンゾゥはショックと恥ずかしさ

16) 柳は失恋と恋煩いの印。『ハムレット』のオフィーリアは柳の木から落ちて死ぬ。『十二夜』でもヴァイオラがオリヴィアにオルシーノゥの恋を訴えるとき、引用する (Viola, *Twelfth Night, or What You Will* 1.5.257)

の両方を感じるでしょう。あるいは、そんなつもりがないのに、そのように思われたことにショックを受けます。柳を持つジェシカをダイドーに見立て、⑤を言います。その真意は、「そんなこと言うなら僕は去るよ、君が必死で柳を振って僕を戻ってこさせようとしても無駄だよ」。ロレンゾゥはその場を離れようとするか、もしくは離れるふりをします。

　離れてしまいそうなロレンゾゥにジェシカは迷います。どうせ明日結婚するのだから、今夜結ばれてしまってもよいのではないか、いや、これだけ莫大な財産を持って逃げてきたあげく、神様に誓う前なのをいいことに処女も財産も奪われて相手が逃げる危険だってある、でもこれ以上断ると彼は本当に去ってしまうかもしれない……。この両極に引き裂かれる気持ちは、女性なら味わったことがあるのではないでしょうか。彼を引き留める魔法があればいいのに。その思いで⑥を言います。熱の冷めた夫イアソンへの強すぎる恋心から、魔法を使って、夫のかつての愛情を取り戻そうとする魔女メディアと己を重ねます。「どうしよう、彼を失ってしまうかもしれない」との思いで地面に膝をつき、手に触れる小さな花々を握りしめ、ロレンゾゥへの切ない思いを訴えましょう。

　ロレンゾゥはその気持ちに気がつきますが、自分をライオン扱いしたジェシカがまだ気に入りません。「君は僕への愛でヴェニスを捨ててここまで逃げてきたんじゃないのか？　捨ててきた父親と昔の人生のことを嘆くのはやめようよ」との気持ちで⑦を言います。伝説や神話の登場人物に自分たちを例えるごっこ遊びはおしまい。現実の自分たちを直視しよう、と切り替えます。

　⑦から先は、象徴を使って行われたそれまでの会話の説明です。普通の恋人たちの口喧嘩になって構いません。ロマンチックでもなくシンプルに、「だいたい、君だろ、逃げようって言ったのは」「なによ、あんただって、信じらんない、一生愛するとか言っておいて、なに、寝られなきゃさよならなわけ？」など、現代語で口喧嘩をしてみましょう。

　ロレンゾゥはもちろんジェシカを許します。ジェシカもホッとして、さらに負けないもんねと強がりましょう。飾り立てられた象徴的なことばであっても、状況と心を摑めれば、いくらでもわかりやすい演技ができます。

「岸辺に微睡むあの月の」
How sweet the moonlight sleeps upon this bank! [17]

ロレンゾゥ

　岸辺に微睡（まどろ）むあの月のなんと穏やかなこと！
　ここに腰を下ろして楽（がく）の音（ね）が
　そっと耳に忍び込むのを聞いていよう。柔らかな静けさと夜が
　甘い調べに趣を添える。

[17] *The Merchant of Venice* 5.1.54-88 (54)

LORENZO
How sweet the moonlight
sleeps upon this bank!
Here will we sit, and let
the sounds of music
Creep in our ears. Soft
stillness and the night
Become the touches of
sweet harmony.

Sit, Jessica. Look how the floor of heaven
Is thick inlaid with patens of bright gold.
There's not the smallest orb which thou behold'st
But in his motion like an angel sings,
Still choiring to the young-eyed cherubins.
① Such harmony is in immortal souls,
But whilst this muddy vesture of decay
Doth grossly close it in, we cannot hear it.
[Enter Musicians]
Come, ho, and wake Diana with a hymn.
With sweetest touches pierce your mistress'ear,
And draw her home with music.
JESSICA
② I am never merry when I hear sweet music.
LORENZO
The reason is your spirits are attentive,
For do but note a wild and wanton herd
… …
If they but hear perchance a trumpet sound,
Or any air of music touch their ears,
You shall perceive them make a mutual stand,
Their savage eyes turned to a modest gaze
By the sweet power of music. Therefore the poet
Did feign that Orpheus drew trees, stones, and floods,
③ Since naught so stockish, hard, and full of rage
But music for the time doth change his nature.
④ The man that hath no music in himself,
Nor is not moved with concord of sweet sounds,
Is fit for treasons, stratagems, and spoils.
The motions of his spirit are dull as night,
And his affections dark as Erebus.
Let no such man be trusted. Mark the music.

おすわり、ジェシカ。ごらん、天の底が

純金の輝きで厚く飾られている。

君の見るいちばん小さな星も

子供の天使が歌を歌うように動いているんだよ、

もっと小さな赤ちゃん天使の歌声に合わせて。

①そうしたハーモニーは不死の魂の中にある、

だけどいずれ土塊（つちくれ）となって滅びゆく

肉体という衣に包まれている間は、僕らには聴くことができないんだ。

（楽士たちが入場する。彼らに）

おおい、月の女神ダイアナを賛美歌で目覚めさせておくれ。

最高に甘く優しい曲を君たちのご主人様の耳に流し込んでおくれ、

そして音楽で家に連れ戻そう。

ジェシカ

②音楽を聴いて明るくなれたことがないの、わたし。

ロレンゾゥ

その理由は、君の精神が落ち着かないからさ、

騒がしくて強情な家畜の群れも

（中略）

清々（すがすが）しいトランペットの音とか、

なんでもいい、何か音楽を耳にすると、

たちまち静かになるのを見たことあるだろ、

野蛮だった瞳の色も穏やかになる、

それが音楽の素晴らしい力なんだ。だから詩人は

歌を詠んだ、オルフェウスは木も石も水の流れも惹きつけたって、

③あれほど硬い、変えようのない、荒々しい性質のものでさえ

音楽は暫（しば）し性質を変えてしまえるんだ。

④心に音楽をもたない人間や、

甘い調べに心を動かされない人間は、

人を裏切ったり、陥れたり、人の足を引っ張ったりする。

そういう人間の精神は夜のように淀んでいるし、

感情は闇の王エレブスのように暗いんだ。

そういう人間は信用しちゃいけない。音楽を聴こう。

Try This
同じせりふを、異なる態度で演じてみる

　これは音楽に関するシェイクスピアのせりふの中でも最も美しいもののひとつです。ロレンゾゥのとる態度を変えて練習しましょう。

・もののよくわかった先生として、解説するように
・小さな子供に、親として、星空について説明するように
・なお落ち込んでいる恋人に、なんと言えばよいかわからずに、慰めのことばをかける
　つもりで、おずおずと始める

　①の「不死の魂」や「滅びゆく肉体」ということばから、ロレンゾゥがジェシカの落ち込んでいる理由を知っていることが想像できます。死んだら素晴らしい音楽を聴けるのだから、アントニオゥが死ぬことを悲しがりすぎなくてよい、という意味で言ってみましょう。要は、言外の意味を戯曲の内容や登場人物の心情とは関係のないことにせず、今起きていることと必ず結びつけるようにするのです。

　②のせりふは興味深いですね。父シャイロックの家を抜け出す日、シャイロックは音楽を家の中に入れるなと命じていました。[18] ジェシカはいつもキリスト教徒の楽しく明るい音楽を羨ましく思っていたはずです。ゲットーの自宅に聞こえてくるキリスト教徒の音楽を締め出すために窓を閉める度、ジェシカはため息をつきながら、自分には許されない音楽のことを思い、いつも重く暗い気分でいたに違いありません。それを思い出して言いましょう。

　③でロレンゾゥは、人種や宗教といった、変えられるはずのないものでさえ変えることができると、強くジェシカを励ましてください。④はシャイロックのことです。ロレンゾゥは、だから父親のようになっちゃいけないよ、音楽の嫌いなあいつは変わりようがない、とシャイロックに対する非難を込めてしゃべります。君の父親は悪人だ、だから忘れていい、君は変われる。端的に言うと、そういうことです。いくら彼女を父親への心配から引き離そうとするためとはいえ、その娘本人には非常にショッキングなことばです。それを察することができないのは、ロレンゾゥに人としての限界があるのかもしれませんし、だからこそむしろ、どこにでもいる普通のわたしたちに最も近いキャラクターなのかもしれません。

18) p.251参照

III 十二夜 — TWELFTH NIGHT, OR WHAT YOU WILL

WHEN & WHERE
いつ、どこで？

　アドリア海に浮かぶ空想上の島イリリアが舞台です。時代はシェイクスピアの生きていた当時と考えてよいでしょう。十二夜とは、クリスマスから数えて12日目のこと。この日で冬の祝祭期間は終わるとされ、無礼講で祝う習慣がありました。この物語に出てくる道化フェステの名はフェスティバルをもじっており、フェステが最後に退場すると、どんちゃん騒ぎは終わりになります。

　場面は、オルシーノゥの館、海辺、オリヴィアの館、街の通りです。2つの館を男性的なものと女性的なものとで飾り分け、海辺や通りはバックドロップ（背景幕）で変えられます。段差を利用すると、場面に奥行きと視覚的なおもしろさが生まれます。また、フェスティバルの大騒ぎを舞台世界にももち込み、例えば街の通りや広場をお祭りのように飾っても楽しいと思います。オルシーノゥのお抱えの音楽師がいる状況を生かし、生の演奏家を舞台上に常駐させてもよいでしょう。召使が周りにいる設定が多いので、彼らに場面転換を任せれば、戯曲の流れを壊さずスムーズに進行できます。

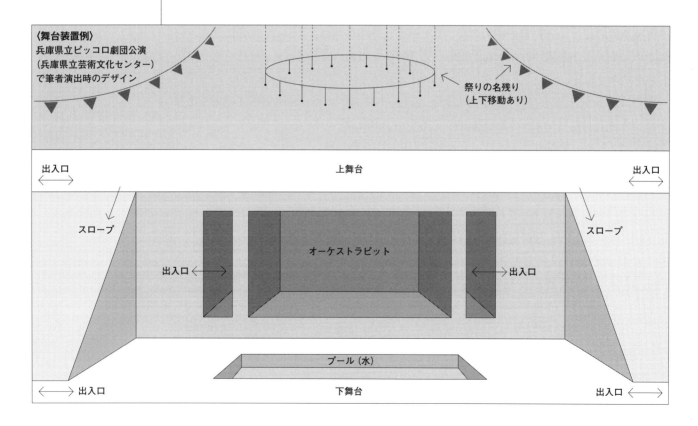

〈舞台装置例〉
兵庫県立ピッコロ劇団公演
（兵庫県立芸術文化センター）
で筆者演出時のデザイン

舞台装置例は筆者が演出したときのデザインです。できるだけシェイクスピア時代のシンプルな舞台に近く、木の板だけで構成する2階建てにし、上手と下手に広いスロープを作り、2階建て部分の下には、生のオーケストラを入れました（兵庫県立芸術文化センターの常設オーケストラの有志の方が参加して成立したものです）。手前には本物の水が入るプールを作り、それが広場の泉やオリヴィアの邸宅のプールになりました。中空は、祭りを表すぼんぼりや万国旗やリボンが昇降するようにし、華やかさを出しました。マルヴォリオゥが閉じ込められる地下牢はスロープの面に切穴を作るか、プールの淵を使うか迷いましたが、出入りの関係で前面にもってきました。

WHO & WHAT
誰が、何を？

　この島には公爵と伯爵（女性）がいます。公爵は duke、伯爵は countess という単語があてられていますが、原文ではしばしば両者が混在して使われているため、2人は同等の身分の高さだと考えられます。

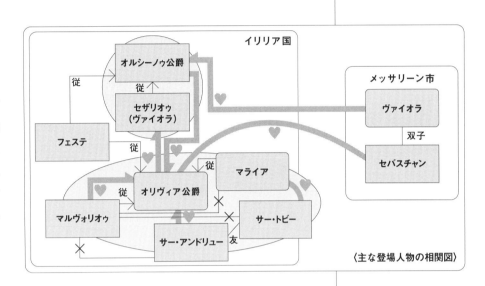

〈主な登場人物の相関図〉

ヴァイオラ

　女性として登場しますが、すぐに少年に扮して活躍します。観客は彼女が男性に化けているのを知ってはいますが、その本名を知りません。オルシーノゥ公爵がお小姓として雇った彼女に「セザリオゥ」と少年の名で話しかける場面で、初めて男性としての名前がわかるだけです。ほかの登場人物も全員、彼女が女性だとも知らず、観客でさえ、彼女の女性としての本名は最後まで知らされません。

　船が難破して彼女はイリリア島に漂着します。この難破で兄セバスチャンを失った彼女は、生き残った我が身を恨んだのでしょうか、女性としてのアイデンティティを捨てます。セザリオゥ Cesario という名は兄の人生を生きようとして自ら付けた名です。ですから、彼女の当初の目的は、兄の代わりに兄が全うするはずだった人生を生きること。オルシーノゥに恋をしてからは、オルシーノゥの幸せの役に立ちたいという目的も加わります。

　劇の最後で、実は生きていた兄が彼女のことを「ヴァイオラ」と呼ぶので、登場人物と観客は、ここで初めて本名を知ります。なんと彼女は、この辺りで知らぬ者のない、メッサリーンという都市の大富豪の娘だったのです。ヴァイオラという名の第一の意味は、violet（菫）。菫の花言葉は貞淑、誠意、真心、秘密の恋。ヴァイオラにぴったりの名です。

第二の意味は、楽器の viola（ヴィオラ）。楽器は弾く者の言いなりに音を出すので、他者の言動に操られて右往左往する性格を表します。第三の意味は、ラテン語 volio、すなわち未来に向かう健全な意志（will）。そのアルファベットの並びが変化したものが violo、それを女性名詞にして Viola です。ちなみにシェイクスピアの名もウィリアム William で、愛称は Will。シェイクスピアが自らの名のラテン語の語源を知らなかったはずはありませんから、ヴァイオラに己を投影しているのかもしれません。

オリヴィア

　父と兄を立て続けに亡くした、喪中の美しい姫。彼女の財産と美貌（びぼう）に魅せられて多くの求婚者がやってくる毎日です。オルシーノゥからの求愛もそのひとつとしかとらえていません。彼女は悲しみの喪に服し続けるという目的をもって登場します。喪に服している間は結婚しなくてもよいので、大勢の求婚者に会わずに済むという利点もあります。物語の始まりでは、死んだ兄の代わりに屋敷をひとりで治めていくつもりですが、セザリオゥに会ってからは、彼と結婚することが目的になります。

　オリヴィアとは、オリーヴの木 olive を女性的にした名です。オリーヴはギリシャ語で「鉄」。鉄のように硬く丈夫で、厳しい環境の荒地でもしっかり育つ緑の木。どんな男性にもなびかないと決めている強い意志と、兄と父を亡くした状況でもひとりで強く生きていこうとする、若くみずみずしい女性にふさわしい名です。それがセザリオゥに会ってめろめろになる反語的なおもしろさもあります。

マルヴォリオゥ

　オリヴィアに仕える執事で、彼女に恋をしています。厳格で意地悪なため、ほかの召使たちからは、ピューリタン的だと忌み嫌われています。[1] 彼の目的はオリヴィアと結婚して屋敷の主人となり、自分を小馬鹿にする者が1人もいない状態をつくることです。

　マルヴォリオゥという名は、Malvolio。mal はフランス語で「悪い」という意味で、volio は Viola の名で説明した通り、「意志」ですから「悪い意志をもつ男」という意味になります。大して悪いことはしていないのに懲らしめられるこの男、観客が同情しかけたラストシーンでは、「きっと復讐してやる！」と悪態をついて去っていきます。まさに「悪い意志をもつ男」としての終わり方ですね。

サー・トビー・ベルチと仲間たち

　酒浸りのサー・トビーはオリヴィアの叔父。彼女の父と兄が死んだのをいいことに、叔父の立場を利用して彼女の財産を飲み潰そうとしています。ベルチは、英語でゲップの擬音のように発音されます。演技では、しょっちゅうげっぷをするとよいでしょう。悪人ではありませんが、かなりの乱暴者です。自らは肉親のためオリヴィアと結婚できないので、オリヴィアが結婚する相手によっては家を追い出されてしまいます。そこで

1) ピューリタンに関しては pp.81-82 参照

自分の言うことを聞いてくれる男に嫁がせたいと思い、馬鹿で弱虫の友人、騎士サー・アンドリューをオリヴィアにあてがおうとしています。彼の目的は、オリヴィアのお金と屋敷で一生、飲んで暮らすこと。

サー・トビーにいいように扱われるサー・アンドリュー・エイギュチークは、痩せっぽちでひとりでは何もできない貴族です。苗字の Aguecheek の Ague は瘧（悪寒と発熱を伴う病）のこと。cheek は頬。緩んだ頬をいつも怯えたようにプルプルさせている演技が使えそうです。彼の目的はもちろん、オリヴィアと結婚すること、そして人に尊敬されることです。

サー・トビーの仲間には、オリヴィアの侍女マライアもいます。彼女は最後にサー・トビーと結婚し、称号をもつ身分になるというこの上なく名誉な結末を迎えます。彼女の目的はサー・トビーと楽しく屋敷で過ごすことでしょう。結婚を夢見ているかもしれませんが、あまりの身分差に、現実的とは思っていないようです。

フェステ

楽器を弾きながら歌を歌う、流しの道化。オリヴィアの家とオルシーノゥの家との間を行き来しています。おそらく結婚適齢期は過ぎて、独り身。ヴァイオラが少年に変装する際、「流しの歌うたいになる」と言いますが、その将来の姿がフェステかもしれません。ヴァイオラはフェステに変装したまま生きる自分の将来の姿を垣間見て、フェステはヴァイオラに昔の自分を見る思いもあるかもしれません。名の由来は、フェスティバル、お祭りです。フェステの目的は、歌を歌いながらお金をもらって自由な人生を生きることだと思われます。

オルシーノゥ

眉目秀麗なこの公爵は、オリヴィアに恋しているのですが、決して本人には会おうとしません。彼の周りにはまじめな顔をした男だけがいる印象で、彼が住むのは、常識と伝統で四角四面に画一化された世界のようです。その中でオルシーノゥだけはロマンチストで、お花畑の夢を見ています。彼は現実を知らず、また受け入れようとしません。彼の目的はオリヴィアと結婚することです。

WHY & HOW
なぜ、どうやって？

「音楽で恋が育つなら」
If music be the food of love, 2)

2) *Twelfth Night, or What You Will* 1.1.1-16 (1)

ORSINO
① If <u>music</u> <u>be</u> the <u>food</u> of love, play on,
Give me excess of it that, surfeiting,
The appetite may sicken and so die.
② That strain again, it had a dying fall.
③ O, it came o'er my ear like the sweet sound
That breathes upon a bank of violets,
Stealing and giving odour.
④ Enough, no more,
'Tis not so sweet now as it was before.
⑤ O spirit of love, how quick and fresh art thou
… …
That it alone is high fantastical.
CURIO
⑥ Will you go hunt, my lord?

オルシーノゥ

①音楽で恋が育つなら、続けてくれ、

嫌というほど、うんざりするほど、

飽きがくるほど、それならこの渇望も死に絶える。

②今の曲をやれ、死んで潰えるようだった。

ああ、この耳をくすぐる甘い響きは

まるで菫の丘に吹くそよ風が、その香りを、

こっそり運んできたかような。 ③やめろ、もういい、

さっきの甘い響きがもうしない。

④おお、恋の姿、おまえは変幻自在

（中略）

まさに魔物だ。

キュリオ

⑤狩にでも出かけませんか、殿？

Try This
原文の音の響きを参考に気分と演技を考える

　①の原文下線部は、長母音がうねるようです。その直後の2行目の頭 Give me excess は、はき捨てるような子音の強烈な短い破裂音、そしてまた変化して、文末では and so die と嘆く気持ちで音を低くしていきます。オルシーノゥの気持ちが、ロマンチックな片思いから欲求の満たされないフラストレーションに変化し、文末では悲劇のヒーローのような、なかば諦めたような嘆きと苦しみに満ちていくのがわかります。

　日本語にもその心理的要素を入れてみましょう。1行目は長めにゆったりと、上り調子で。2行目と3行目の前半はげんこつを握りしめ、胸をたたくようなエネルギーで。3行目の終わりは、頭を垂れ、息も絶え絶えに、低い音で。

　音の高低やリズムの違い、使うエネルギーの種類を変えていくと、ロマンチックで夢見がちなキャラクターにも変化や彩りを添えられます。このテクニックは『ロミオゥとジュリエット』のロミオゥの、恋に恋しているようなせりふでも使えます。

　②は雰囲気をがらっと変えましょう。②はまるで演出家です。①が恋の悲劇を練習し

ている役者だとしたら、②は指示を出す演出家として、人が変わったかのように演じて
みます。この、恋の悲劇を練習する役者とそれに指示を出す演出家という構図は、③（演
出家）と④（悲劇俳優）でも繰り返されます。

Try This
オルシーノゥの状態を視覚的に表現する

　このせりふは、食べ物が人間を育てるなら、音楽は愛を育てるという意味です。恋 煩^{こいわずら}
いで食欲もないオルシーノゥの状態を視覚的に表現するために、オルシーノゥの周りに
豪勢な食べ物が用意されている舞台装置も楽しいでしょう。オルシーノゥのお付きの男
性たちは、オルシーノゥが去ったらそれを食べてよいのです。

　あるいは、③でオルシーノゥがこの悲劇の主人公ごっこをやめて、突然食べ始めれば、
彼こそが「変幻自在」な存在で、次にどんな行動に出るかわからず、お付きの者を悩ませ
るのだとわかります。

　お付きの男性たちはといえば、彼らはオルシーノゥの恋煩いにうんざりしています。
浜に流れ着いたヴァイオラに、一緒に助かった船長が言うには、「ひと月ほど前に出航
したとき、公爵はオリヴィアに求婚したともっぱらの噂」ですから、オルシーノゥは少
なくともひと月はこんな状態でいるわけです。キュリオを青年と設定すれば、恋のお花
畑の話に相槌_{あいづち}を打つよりも、以前のように一緒に森に狩に行きたいに違いありません。
⑤は森で狩をするほうが断然素敵ですよ、という意味を伝えるように元気に言ってみま
しょう。キュリオを活動的な青年にすることで、オルシーノゥとの対比が出せます。一方、
キュリオや周りのお付きの男性を50〜60歳以上に設定すれば、オルシーノゥはここに
いてもさぞ退屈だろうと想像できます。恐る恐る狩を提案すると、オルシーノゥがわが
ままで扱いが難しいことが観客に伝わります。いいかげんになさい、とたしなめるよう
に言うと、オルシーノゥを子供扱いしている老齢の執事という感じになります。

　この後、ヴァレンタインというお付きがオリヴィアの屋敷から戻ってくるのですが、
老人がえっちらおっちら、息を切らして走ってくる設定も考えられます。それなら、オ
ルシーノゥが若いセザリオゥをとつぜん贔屓_{ひいき}にし始め、オリヴィアへのお使いにはセザ
リオゥを送るのも納得がいきますね。

「どこの国、皆さん、ここは？」
What country, friends, is this? 3)

3) *Twelfth Night, or What
You Will* 1.2.1-19 (1)

　　ヴァイオラ
　　　①どこの国、皆さん、ここは？

第2章 喜劇　III 十二夜　279

船長　　　　　　　　　　　　　　　②こりゃイリリアでございますよ、お嬢さん。

ヴァイオラ

でわたしはイリリアなんかで何を？

③兄は天国に行ったのに。

でも万にひとつで溺れ死んではいないかも。④どう思う、船乗りさんたち？

船長

お嬢様が助かったこと自体、万にひとつのことですぜ。

ヴァイオラ

⑤ああ、かわいそうなお兄様！――万にひとつで助かっていたら。

船長

⑥そうですとも、ご当主様、で、ひとつお慰めしやすが、

よろしいですか、わしらの船がばりばり割れて、

お嬢さんや一緒に助かったわずか数名が

救命ボートにしがみついていたとき、わしはこの目で兄上さんを見たんです、

危険のさなかに冷静沈着、自分の身体をこう――

それもこれも勇気と希望に教えられたんでしょうな――

こう、波間に浮かぶ丈夫なマストに縛り付けてるところを、

⑦ありゃまさに、アリオンみたいでしたぜ、

見たんですから、上手に波に乗っていくところを

見えなくなるまで見たんですから。

ヴァイオラ　　　　　　　　　　　　⑧そう言ってくれるだけでもありがとう、は

い、金貨。

わたしが助かったんだもの、望みはあるわよね、

船長さんの話がその裏づけ、

⑨兄だってきっと。この国のこと、何か知っている？

Try This
難破してずぶ濡れになって登場する場面の演出

　ここは浜でしょうか、岩礁でしょうか？　ほかの乗組員がいるので救命ボートでなんとか漂着したと思われます。浜なら、幕開きでは、浜に母船の残骸と共に打ち上げられたボートの中で彼女は気絶しており、照明が入るとゆっくり顔を上げ、命は助かったのか、それともここは死後の世界なのかを探る時間を入れられます。そのうち、生き残った水兵たちが周りで起き上がり始めるので、彼らに①を言います。

　岩礁なら、ボートは岩にたたきつけられているはずで、彼女はほかの乗組員たちと必死でつるつる滑る岩に手をかけ、やっと這い上がってくるでしょう。舞台装置で岩場を

作り、舞台奥から、手の先だけが見え、それが岩を摑む、すると船長がまず登ってきて、それから背後の岸壁の下からヴァイオラの腕を摑んで引っぱり上げます。周りではほかの乗組員たちもそれぞれ這い上がり、ある者は船から持ち出せた箱や流れ着いたものなどを引き上げ始めます。ヴァイオラを引き上げてから船長は辺りを眺めます。ヴァイオラは飲み込んだ海水などを、げほっと吐き出し、ぐったり座り込んで辺りを見回し、呆然として、①を言います。

　①は原文で、friends と話しかけています。大富豪の令嬢がただの船乗りに「友よ」と話しかけるのは異例のことです。偉ぶらないヴァイオラの性格もわかりますが、財産もすべてなくしたヴァイオラには身分の上下などは無意味で、皆が命の拾い物をした仲間 friends なのだと彼女は言いたいのです。船長をはじめ、船乗りたちはいたく感動するはずです。「皆さん」という翻訳ではなかなかそれを表現しづらいかもしれませんが、その後のヴァイオラの船乗りたちへの接し方、それを受ける船乗りたちの驚きと、そう呼びかけられて恐れ多い気持ち、そして感謝する演技で表現してください。

　ここが生まれ故郷だと認識して船長は②を言います。認識するまで少し時間を置いて、最初はぐったりがっかり、それから徐々にここは見覚えのある土地じゃないか、と発見するようにしましょう。イリリアという国名が、天国の別名イリジアム Elysium と似ているので、ヴァイオラは③と答えます。日本語ではこのことば遊びはわかりにくいですね。④と聞かれてもほかの船乗りたちは、セバスチャンの死を確信しており、何も言うことができず、困って顔を見合わせるでしょう。ヴァイオラは船長のことばにショックを受け、⑤で岸壁から身投げを試みるくらいでもよいです。船長や船乗りたちに慌てて引き戻されるので「万にひとつで助かっていたら」と泣きます。

　船長がそんなヴァイオラに、⑥「ご当主様 madam」と話しかけている点に注目してください。船長はその直前には「お嬢様 lady」と話しかけています。彼女の兄が死んだとなると、メッサリーンの大富豪の後継は彼女ひとりきり、今や彼女が当主です。兄を失い、自殺せんばかりに嘆き悲しむヴァイオラに、しっかりしろという意味で「ご当主様」と話しかけるのです。そしてヴァイオラはいくぶん気を取り直しましょう。

　船長が⑦で語るアリオンは、ギリシャ神話の、イルカに乗る少年です。せめて神話の登場人物のように勇ましかったという印象をヴァイオラに残してあげるつもりで、語りかけましょう。その気遣いをヴァイオラは察し、⑧と言います。ここでは、語調がよいという理由で「金貨」と訳しましたが、原語はただの gold です。「金貨」でも構いませんが、身に着けていたネックレスや指輪を差し出す演出が多いようです。演出次第で、「この純金をあげる」と言ってもよいでしょう。ヴァイオラは船長の思いやりに感謝しつつ、兄が生きているとは思わぬまま⑨を言います。その後一気に話題を変えますから、このひとことでしっかりけじめをつけましょう。兄は生きているかもしれない、と希望をもって言うのもヴァイオラらしくてよいのですが、ラストシーンの兄との再会の驚きが薄れる危険があります。

第 2 章 喜劇　III 十二夜　281

『十二夜』にプロローグをつける

『十二夜』を演出した際、わたしは幕開きに5分間のプロローグを作りました。

ヴァイオラとセバスチャンが、十字架の前に喪服で立っている。舞台の反対側には、オリヴィアと兄が、十字架の前に喪服で立っている。オリヴィアは兄に亡き父の指輪を渡す。兄は舞台を去る。1拍おいて使者が兄の指輪をオリヴィアに届ける。兄が死んだことを知り、オリヴィアはさらに泣く。

一方、ヴァイオラとセバスチャンは、船に乗り込む。

舞台奥のむき出しの壁には、照明を吊ったり舞台装置を作る際に使う、鉄骨の柵がついたキャットウォーク（中空を歩けるようにしてある渡り廊下のようなもの）が張り巡らされています。その壁全面をヴァイオラたちが乗り込む船に見立てました。

やがて嵐になり、帆がどさっと落ちる効果を入れつつ、ついにヴァイオラの兄が嵐の海に落ちます。これは、キャットウォークから舞台の裏に向かって落ちるので、かなり高さがあり、何重にも安全に気を遣い、実現しました。

嵐の海が終わると一気に、祭りを祝うイリリアの広場になり、皆が明るい旗やリボンを持って舞台空間を一斉に埋めます。舞台奥を、鳥籠を抱えたサー・アンドリューがおのぼりさんふうにキョロキョロして通って行った後を、オルシーノゥがやってくる。そこをオリヴィアが喪服で静か

に通り過ぎていく。オルシーノゥは立ち止まって彼女をいつまでも見送る。が、その姿も祭りの踊りの輪に飲み込まれていきながら、海に向かった岸壁に舞台が移り、物語が始まります。

こうして物語が始まる前のメインキャラクターの「それまでの物語」を無言で、音楽とナチュラルな演技だけで表現しました（音楽は池辺晋一郎氏が担当してくれ、コンセプトを話しただけで、わたしの頭の中にあるプランと寸分違わぬ音楽を一発でつくってきてくださったことには舌を巻きました）。

この幕開きの後、わたしは「音楽で恋が育つなら」のせりふで始まるオルシーノゥの場面ではなく、嵐の浜辺で船長の手が舞台奥からぬっと出てくるところから始めました。ヴァイオラと船乗りたちが退場したところで、オルシーノゥが輝く白いスーツで、自宅庭のプールサイドで、私有のオーケストラに音楽を演奏させて、うっとりしている場面になるようにしたのです。

このように、プロローグで登場人物たちのそれまでの物語を少し入れると、観客にも伝わりやすくなる場合があります。

---

4) *Twelfth Night, or What You Will* 1.2.22-60（22）

「この国のご当主は?」
Who governs here? 4)

ヴァイオラ

この国のご当主は？

船長　　　　　　　　立派な公爵さんで、お人柄も

お名前も。

ヴァイオラ　なんというお名前？

船長　　　　　　　　　　　オルシーノゥ。

ヴァイオラ

①オルシーノゥ。父がその名を口にしていたことが。

当時はまだ独身でいらした。

船長

今でもそうですぜ、少なくともつい最近までは、

だってね、ひと月ほど前にここから出航したとき、

もちきりの噂では ――というのは、ほれ、

偉い人のことになると、下々の者はとかくなんやかやと言いたがりますからね
――

で、噂では、美女オリヴィア様に求婚したとか言うわけで。

ヴァイオラ

　②どんな方？

船長

　立派なご令嬢ですわ、ある伯爵の娘御<ruby>娘御<rt>むすめご</rt></ruby>で、

　その伯爵さんは1年程前に亡くなられて、で、お嬢さんを

　ご自分の息子さん、つまりお嬢さんの兄上さんですな、それにお預けになって、

　ところがその兄上さんもぽっくり逝ってしまって、でその兄上さんへの情絶<ruby>情<rt>じょう</rt></ruby>ちが
たく、

　って噂ですがね、とにかく以来きっぱり、男なんてものは

　一緒にいるのも、見るのも嫌と、こういうわけですわ。

ヴァイオラ　　　　　　　　　　　　　　　　　③ああ、そのお嬢様にお仕

えしたい、

　④そして世間から隠してしまいたい、

　機が熟すまでは、

　本当のわたしを。

船長　　　　　　⑤そいつはなんとも無理難題ですぜ、

　だってあのお方は誰の願いも聞き入れんのですから、

　ええ、あの公爵さんのでさえ。

ヴァイオラ

　⑥あなた、礼儀正しい方ね、船長、

　上辺はきれいに繕っても本質が

　汚れている場合がよくあるけれど、あなたの場合は、

　わかるわ、確かに、その心は

　礼儀正しい振る舞いと立派な外見そのまま。

　だからどうか――御礼もはずむわ――

　わたしの本当の姿を隠して、わたしの手助けをして、

　そう、変装するの、わたしの望みを

　叶えるために。わたし、その公爵にお仕えする。

　⑦だからそうだ、ボーイソプラノの歌手なんかに変装させて。

　無駄骨は折らせません、だってわたし、歌えるし、

いろいろな楽器も弾いて差し上げられるし、

それならお仕えするのに十分。

⑧あとは野となれ山となれ、時にこの身を委ねるの。

ただし、このことは絶対内緒にしておくこと。

船長

⑨やってみやしょう、ボーイソプラノの歌手さんね、わしは黙ってお手伝い役、と。

この舌が滑ったりしたら、そんときゃこの目を潰してくだせえ。

ヴァイオラ

⑩ありがとう。さ、連れていけ。

Try This
ヴァイオラの心理をたどる

　おしとやかな姫として育ってきた娘が少年になりすまして生きることを決める、大事な瞬間です。彼女の心理をたどってみましょう。

　①オルシーノゥの名をただ繰り返すのではなく、ヴァイオラには衝撃的な名として演じます。父から聞いていたという事実と、「当時はまだ独身」とのせりふから、結婚相手候補として名が挙がっていた可能性があります。ヴァイオラがまだ見ぬオルシーノゥに憧れていたとしましょう。「オルシーノゥ！」と喜びに叫んでしまってもよいでしょう。船長はびっくりしてヴァイオラを見れば、ヴァイオラは慌てて取り繕います。

　けれどライバル出現！　夫になるかもしれなかったはずの人が、まだ独身と聞いた喜びの直後に、彼が恋をしていると聞くショック、その思いで②を言います。恨めしそうに。寂しそうに。落胆して。失望を隠して。

　しかもその相手は高貴な伯爵令嬢とのことで、ヴァイオラは今の我が身の不幸を痛感します。けれどオリヴィアもまた父と兄を亡くしたばかりと聞き、ここで共感が生まれます。そして、同じ境遇の恋敵を見てみたくなり、そこで③です。同じ境遇の人の傍らで悲しみを共有したい思いもあるでしょう。こうした複雑な思いの場合は、シンプルに、何かひとつの心理に集中して演じます。船長のことばへの反応をメインに演じれば複雑さは十分に表現できるでしょう。

　④は、自らの恋心も殺しておこうという気持ちもあるでしょうから、やや独白のように、ぽつりとつぶやいてみましょう。船長は⑤で、オリヴィアにお仕えすることに対して「無理難題」と言っている点からも、④の部分は聞こえていない可能性があります。

　⑤の２行目、「誰の願いも聞き入れん」を聞いて、ヴァイオラは２種類の反応ができます。ひとつは、オリヴィアに雇われるのは無理だとがっかりする。もうひとつは、オルシーノゥの願いも聞き入れない人なら、彼と結婚する気はないだろう、と希望をもつ、です。

一度に両方はできないので、どちらかを選んで演じましょう。

Try This
変装を思いつくきっかけ

⑥を言い始めるときには、ヴァイオラは少年に変装する作戦を思いついています。④の「本当のわたしを隠してしまいたい」という自らのことばによって、「そうだ、隠せばいいじゃないか！」と閃いたのです。視覚的に明確にするならば、乗組員が海から引き上げた箱から兄の服が出てきたのを見ることにしてもよいでしょう。⑥の8-9行目「わたしの望みを叶えるために」は興味深いせりふです。ヴァイオラは公爵のそばにいて結婚できるチャンスをうかがいたいようにも思われます。けれど船長は怪訝な顔をし、首を振って反対の意を表現しましょう。⑦は、その船長の反応に対する提案です。「ボーイソプラノの歌手」の原語は「宦官 eunuch」。5) 声が高くても不審がられないでしょう？と提案したのです。もっともヴァイオラは結局、歌手としては登場しません。ヴァイオラの髪を切りながら船長が猛反対したのかもしれませんね。

⑧の考え方は、ヴァイオラの生き方を貫くものです。彼女を救うのは、このどうにかなるさという前向きな姿勢。ここは明るく元気よく、反対する相手を軽やかに前向きにするように言いましょう。

この場面を締める⑩の原文は I thank thee. Lead me on。シンプルな命令形ですから、既に男の子になったつもりのヴァイオラが出現したかのように、少年のようなことば遣いで訳しました。わたしだって男の子みたいにしゃべれるでしょ、とデモンストレーションをするつもりで言い、そのような態度で頭を上げて元気に退場してください。

Try This
船長の気持ち

ところで船長は、オリヴィアに仕える提案には反対するものの、少年に扮して公爵に仕えるプランには⑨のように賛成します。いくつかの理由を考え、それに従って演じましょう。船長は、男中心の社会で身寄りのない女性が生きていくのは危険すぎると考えて男装に賛成した、といえます。船長がヴァイオラのオルシーノゥ公爵への恋心に気づいていたとしたら、どうでしょう。⑤を「だから公爵はオリヴィアさんとは結婚しませんよ、安心なさい」という気持ちで言ったとすると、そんな船長に対してヴァイオラが⑥を言うのも辻褄が合います。それなら、男装までしてオルシーノゥのそばにいきたいと願うヴァイオラを助けてあげたい、と思っても不思議はありません。

「舌が約束を破ったら、目を罰せ」とは、ウィットに富んだ船長の冗談です。本来は目には目を、ですが、それを冗談めかして場を和ませています。船長もちょっとワクワク

5) 地中海の東 (イスラム世界) では生殖機能を不全にした男性が、音楽家としても活動しているのが知られていた

して彼女を少年に変装させる気になっているのがわかります。ヴァイオラの恋心に気づいている設定なら、「愛しい人のところでうまくいくといいですね」との気持ちを表現できます。その場合、船長がヴァイオラの恋心に気づくのは、ヴァイオラがオルシーノゥの名を繰り返した瞬間の①からです。

6) *Twelfth Night, or What You Will* 2.2.17-41 (17)

VIOLA
①I left no ring with her. What means this lady?
②Fortune forbid my outside have not charmed her.
She made good view of me, indeed so much
That straight methought her eyes had lost her tongue,
For she did speak in starts, distractedly.
③She loves me, sure. The cunning of her passion
Invites me in this churlish messenger.
None of my lord's ring! Why, he sent her none.
I am the man. If it be so — as 'tis —
④Poor lady, she were better love a dream!
Disguise, I see thou art a wickedness
Wherein the pregnant enemy does much.
How easy is it for the proper false
In women's waxen hearts to set their forms!
⑤Alas, our frailty is the cause, not we,
For such as we are made of, such we be.
⑥How will this fadge? My master loves her dearly,
And I, poor monster, fond as much on him,
And she, mistaken, seems to dote on me.
⑦What will become of this? As I am man,
My state is desperate for my master's love.
As I am woman, now, alas the day,
⑧What thriftless sighs shall poor Olivia breathe!
⑨O time, thou must untangle this, not I.
It is too hard a knot for me t'untie.

「指輪なんか置いてこなかった」
I left no ring with her. 6)

ヴァイオラ

①指輪なんか置いてこなかった。どういうつもり、あのお嬢様？

②運命のいたずら、わたしの外見に惑わされたなんてまさか。

確かにわたしをずいぶん眺め回してた、ええ本当に、

それにそういえば目と舌がバラバラで、

はっとしては、気もそぞろという感じで話し出したり。

③わたしに恋しちゃったんだ、絶対。その熱い気持ちが悪知恵になって

さっきのいけ好かない男に、わたしの後を追わせたのね。

ご主人様の指輪は受け取れない！ なんなの、オルシーノゥは指輪なんか送っていない。

お相手はわたし。もしも——いや事実そうなわけで——

④かわいそうに、あの方、夢に恋したほうがまだましなのに！

変装か、なるほど、罪つくりな行為、

悪魔も変装して悪事を働く。

なんて簡単なことでしょう、ハンサムな浮気男は

蠟でできている女の心を好きな形に変えてしまう！

⑤残念、女の弱さが問題ね、でもわたしたちのせいじゃないでしょ、

だって、そういうふうにつくられちゃってるんだもの、それがわたしたちでしょ。

⑥この結末は？　わたしのご主人様は、あちらのお嬢様に熱いため息、

そしてわたしは、かわいそうな怪物君、おんなじくらいご主人様が大好き、

そしてあちらのお嬢様は、間違って、このわたしに参っちゃったみたい。

⑦これ、どうなっちゃうの？　だってわたしは男でしょ、

雇い主に恋しても、絶望的。

だけどわたしは女でしょ、ほんとに情けない、

⑧かわいそうなオリヴィアは無駄にため息を漏らし続ける！

⑨おお時よ、これを解くのはおまえの役目、わたしには無理。

この硬い結び目はわたしにはとても解けやしない。

Try This
独白の流れをドラマチックにつくる

　とても有名なせりふで、オーディションにもよく使われます。構造をしっかり理解し、多彩な演技ができるようになりましょう。気づきの段階をつくるのがポイントです。

　まず、どんな状況でこのせりふを始めるかを整理します。ヴァイオラはオリヴィアに散々からかわれ、腹を立て悪態をついてそこを辞してきたところです。ぷんぷんに怒っているはず。そこへ、「いけ好かない男」にまたもやコケにされるわけです。少年の変装にもそろそろ慣れてきて、誰にもばれていないことから、ヴァイオラはどんどん大胆になり、気分まで少年ぽくなっているでしょう。指輪の件は、なんのことやら、さっぱりです。指輪が拾いやすいところに投げられたのではなく、足元の水たまりや、すぐそばの小川か池の浅瀬に投げられた設定にすれば、余計に腹が立ち、それを拾い上げながら①が言えます。

　②に関しては、オリヴィアの気持ちを確信するせりふがもっと後に出てくるので、ここでは驚きすぎないほうがよいです。視線が釘づけの様子、目と舌がバラバラの様子を、ほとんど冗談のつもりで、小馬鹿にしてやりましょう。けらけら笑いながらでもできます。③は、同級生から贈り物をもらってちょっと得意になる少年が照れ隠しに「馬鹿だな、あいつ」と言う程度におもしろがって言ってみます。④では「かわいそうに」という単語を使ってはいますが、本気でかわいそうに思うのはまだ早い！　やれやれ、と首を横に振る程度で十分です。それよりも、かっこいい少年としての自分を楽しく演じることが大事です。「ハンサムな浮気男」とは、自分のことなのです。わたしってモテちゃうんだよね、とウキウキして演じましょう。

　⑤「残念」という単語ですが、悲しがらずに、「世の中の女性の皆さん、残念でした」と肩をすくめる感じで、女性というものを分析します。または、だからしようがないじゃん！　と開き直る演技でも楽しいですね。

　⑥は、分析者らしく、この三角関係の可能性を整理するつもりで言いましょう。感情や気持ちは抜きにして、AはB、CはA、BはCという図を空に描くつもりで方向を決め、その3点を結びながら言います。原文では3種類の恋愛感情が別の単語で表現されています。「熱いため息」は love で、崇高で精神的。「大好き」は fond で、気に入っていること。「参っちゃった」は dote で、夢中になっている状態。そのイメージを念頭において発語します。この三角形を作ってそれを眺めて初めて、ヴァイオラは⑦でこれは困った！と、事態の重大さに気づきます。

　ここまではコメディタッチでよいのですが、問題は⑧です。⑧は、ヴァイオラが、恋に悩むオリヴィアのことをそれまで笑い飛ばしていたのに、実は自分がまったく同じ状態であると気づくのです。ここはシリアスです。「かわいそうなオリヴィア」のひとことは、ヴァイオラがオリヴィアに心の底から共感する非常に重要な箇所です。「無駄にため息

を漏らし続ける」は、ヴァイオラ自身がオルシーノゥに片思いをしているので、それがどんなに辛いか痛いほどよくわかって言うせりふです。

　ヴァイオラは楽天的でポジティブです。けれど、⑨は相当に困っているヴァイオラを演出したほうが、この先のドラマに観客の興味を引くことができるでしょう。

「ええ、でもわたしにはわかります」
Ay, but I know—— 7)

7) *Twelfth Night, or What You Will* 2.4.103-106（103）

　　　ヴァイオラ
　　　　①ええ、でもわたしにはわかります——
　　　オルシーノゥ
　　　　おまえに何がわかる？
　　　ヴァイオラ
　　　　②女が男に抱く愛情のなんたるかを。
　　　　本当に、女性も我々と同じように真心をもっています。

Try This
相手の反応を使う

　この前後一連の場面はなかなかボリューム感があります。長いせりふでも、1文ごとに相手の反応を見ましょう。台本に書いてあるからといってしゃべり続けてはいけません。期待通りの反応が返ってこなかった場合にのみ、せりふを続けるつもりでやってみましょう。そのためには、相手役のせりふを勉強する必要があります。稽古のたびに異なる反応を示せるくらい、バリエーションを豊富にもつ練習をしましょう。

　①を言ったら、相手役（オルシーノゥ）はきちんと反応を示すこと。その反応に従って、②の言い方が決まります。

・オルシーノゥが、興味をもって聞きたい、との反応を示せば、②のせりふは、落ち着いてじっくり始められる
・オルシーノゥが聞く耳をもたない反応を示せば、②は彼を振り向かせるくらいのエネルギーが必要
・オルシーノゥが、ヴァイオラを睨みつけて黙らせる反応を示したら、ヴァイオラは首をすくめつつも勇気を振り絞って②を言う

　1文ごとに、相手役と観客に何が伝わればよいのかを考えます。相手のせりふのどこ

かに、驚くべき点、もしくは共感できる点はないか、常に探し続けましょう。

「それは愛への第一歩」
That's a degree to love. 8)

8) *Twelfth Night, or What You Will* 3.1.109-128（122）

ヴァイオラ　　いいですか、お嬢様──

オリヴィア

①ちょっと待って、頼むから。送ったのはわたしよ、

前回、あなたがここでわたしに魔法をかけた後、

指輪を、あなたを追いかけてまで。確かにだまし討ちだわ、

わたし自身と、わたしの召使と、それに、もしかしたら、あなたへの。

鉄壁のあなたの前でわたしはなすすべもなく座ったまま、

無理にでも受け取っていただくために、恥を忍んで講じた一策、

あなたの指輪じゃないことはあなたも御承知ね。②ね、何を考えてらっしゃる

の？

わたしの名誉を拷問の柱にくくりつけて

暴君の心だけが思いつく悪口雑言（あっこうぞうごん）で

なぶり殺しにするおつもり？　わたしの心は

もう十分お見せしたわ。胸ではなく、ただ1枚の黒いヴェール、

それがわたしの心を隠しているの。③だから聞かせて、あなたの声を。

ヴァイオラ

④かわいそうに。

オリヴィア　　　　　　⑤それは愛への第一歩。

ヴァイオラ

いえ、違います、ありふれたことでしょう、

敵をかわいそうだと思うときもあるじゃありませんか。

オリヴィア

⑥あらま、また微笑む時が来たようね。

ああ、なんて世の中、貧乏人がふんぞり返るとは！

餌食になるなら、どんなにましかしら、

ライオンの前に身を投げ出すほうが、狼の前なんかより！

（⑦時計が時を告げる）

Try This
ヴァイオラの訪問時のオリヴィアの心理

　これはヴァイオラがセザリォゥとしてオリヴィアのところへ2度目に訪問したときのせりふですが、このせりふを演じるには、オリヴィアの心理の変化を次のエクササイズでとらえてみましょう。全体の心理変化を摑むために、まずはこのせりふの前の、最初の訪問時、第1幕第5場の場面を考えます。

　ヴァイオラ（セザリォゥ）の最初の訪問時、オリヴィアは喪服のはずです。彼女は父と兄を立て続けに亡くし、その悲しみのあまり世間から隠れてしまいたい、と思っています。どれくらい嘆いているのでしょう？　「ヴェールを顔にかけて」9) とのせりふが最初の訪問時にあります。オリヴィアは、道化のフェステに、お兄様が天国へ行けるのを悲しむのですか？　と言われるほどで、周りの人は彼女の悲しみに付き合いきれず、飽きてきています。それほどオリヴィアの悲しみは深いのです。

　オリヴィアが本当に心の中まで喪に服していて、すべてが重く暗く悲しく辛い、という状態で、最初の訪問時を演じてみてください。ただし、それを受け取るヴァイオラ（セザリォゥ）が　少し後に「意地悪な高慢ちき」10) と言っているので、どこから毒舌に変わるのかを考える必要があります。明るくて生き生きしたセザリォゥがいかにも能天気で生意気で、オリヴィアの悲しみなどに思いも至らないような軽々しく振る舞うので、オリヴィアは彼をやりこめたくなったのかもしれません。もともと気が強ければ、能天気な少年に毒舌攻撃をかけるのも不思議ではないでしょう。

　次は喪に服すことにいいかげん飽き飽きしているオリヴィアを演じてみましょう。対外的には喪に服しています。が、若くて元気な彼女は「いったいいつまでこうして喪に服しているつもりなの、わたし？」という思いももっているでしょう。その度に、お父様とお兄様のためにわたしは悲しくなくてはいけない、と自分を戒めます。ひとりではそのような気分になれないので、庭へ出て、執事のマルヴォリォゥの重苦しいしかめっつらを見ては反省するのかもしれません。ですから、このあっけらかんとした少年の訪問に、何かおもしろそうなことが起きる予感がし、早くこの少年をからかって遊びたいという気分になっているかもしれません。けれど、もちろんそれを表面に表すわけにはいきません。できるだけ重苦しい顔で会おうとしながら、揚げ足取りのタイミングを狙っては相手をぎゃふんと言わせ、侍女たちがケラケラと笑うのを楽しむオリヴィアです。楽しい毒舌になりますし、心が浮き立っていますから、恋に落ちるのも簡単ですね。

　どちらのオリヴィアも可能です。演出上、どれくらい、より軽やかにするか、あるいは、よりドラマチック（気分の変化が大きいほうがドラマチック）にするかを決めるためにも、このエクササイズは大切です。

9) *Twelfth Night, or What You Will* 1.5.159

10) *Twelfth Night, or What You Will* 1.5.278

Try This
ヴァイオラの２度目の訪問時のオリヴィアの心理

　さて、そのようにして喪服で最初の出会いをしたオリヴィアと「セザリオゥ」。この２度目の訪問時にも、オリヴィアはまだ喪服です。喪服なのに恋に夢中な状況です。

　①は、とにかく言うべきことを言ってしまわないと気が済まないオリヴィアですが、このように自らのステイタス11)を下げ、非を認めるには、大変な勇気が必要です。①を言う前にオリヴィア役の横に、心のオリヴィアを２人つけ、「謝れ」という声と、「平民に負けるな、プライドをもて、謝るのは恥」という声とを両方からささやいてもらいましょう。大事なのは、絶対に謝りたくないオリヴィアをまず演じることです。

11) p.122参照

　②は、セザリオゥが黙っているから出てくることばです。ヴァイオラ（セザリオゥ）は、①のオリヴィアのせりふに対して、オリヴィアがここまでプライドを捨てステイタスを下げてきたことに心底感服しているところです。恋は身分を超え、プライドを捨てさせる。ただ相手に想いをわかってもらい、愛を返してもらいたい、その一途な気持ちの強さにヴァイオラは打たれるのです。かえりみてヴァイオラ自身はどうでしょう？　身分の差があるからとか、身分を明かせないからとか、どうせ受け入れてもらえないだろうから、などの言い訳をひとり頭の中で想像し、オルシーノゥに対してまったく行動に出ません。ここでヴァイオラは、オリヴィアの行動する勇気に感服し、かつ己の勇気のなさに打ちのめされるのです。

　もちろん、オリヴィアの大胆な行動に、ただあっけにとられているヴァイオラがいても楽しいのですが、問題は、軽いお楽しみの芝居にするか、心のリアリティを追求して深い人物造形のあるコメディをつくりたいか、です。観客はどちらも楽しんでくれます。

　③では、演出でセザリオゥの手をとり、オリヴィアが自分の胸にその手を持っていく、というエロティックな瞬間がつくれます。そのため④は、ヴァイオラ（セザリオゥ）がぎょっとして慌てるギャグで、この場面をコミカルにできます。そのような軽い笑いは大事です。が、もしも、この人の勇気に感服しているという人物造形なら、④と返答する際にその深みを失わないように気をつけましょう。オリヴィアに対して「やれやれ参ったね」という程度の④ではなく、心から共感し、己自身へのことばとして言うようにします。

　⑤の、哀れみが愛への第一歩であるとの考え方は、シェイクスピアの作品に何度も現れます。失恋した人が一縷の望みにかけてパッと顔を輝かせる瞬間です。

　上の立場に立つ者は、うわべの微笑を絶やさないもの。⑥は、オリヴィアとして、プライドをすべて投げ出してセザリオゥの身分まで下りていったせりふです。そうまでしたのに、彼はまだ本心を隠している。オリヴィアはそれに腹を立て、最初の訪問時にしたように、刺のあるつんけんした様子でプライドを取り戻し、それまでひざまずくほどであったのを、埃を払い落とすように立ち上がり、己の身分をいっそう吊り上げましょう。

「では西行きの船が出るよー!」
Then westward ho! [12]

12) *Twelfth Night, or What You Will* 3.1.129-136 (133)

オリヴィア

①時計に叱られたわ、時を無駄にしすぎだって。

②怯えなくて結構、若いお方、あなたのことは諦めます；
それにしても、機知と若さが収穫の季節を迎えたら
あなたの奥様になる方は、素晴らしい男性を刈り入れることになるわね。
あちらがあなたの帰り道、西へどうぞ。

ヴァイオラ　　　　　　　　　　　　　　　では西行きの船が出るよー！

③優美さと優しい御気性が、お嬢様にお仕えしますように。

④何もないのですね、奥方様、うちの主人へは、わたしへの託け[ことづ]は？

オリヴィア

⑤行かないで。どうか仰[おっしゃ]って、なんと思ってるの、わたしのこと。

Try This
時計を鳴らすタイミング

①を言うために、時計を鳴らすタイミングをいろいろ変えてみましょう。オリヴィアがセザリオゥに迫ったところで鳴らす、無言のセザリオゥを見つめたままオリヴィアがじっと待っているところで鳴らす、などです。オリヴィアにとってセザリオゥを諦めるのは、また元の孤独な世界へ戻ることを意味します。オリヴィア役は努力が無駄だったのを悟り、さらに辛く悲しい未来が待っていることをしっかり感じましょう。

Try This
ヴァイオラとオリヴィアのインタラクション

一方、②と言われるからには、ヴァイオラは「怯えた」状態であるはずです。それが単純にオリヴィアの積極的な行動に怯えてのものなのか、あるいは、もしかしたら、ここで本当のことを告白すべきか否かを悩み、それを「怯えている」と受け取られる、という可能性もありえます。

ヴァイオラ（セザリオゥ）は③を、嫌みたっぷりに言ってもよいですし、積極的なオリヴィアから解放され、ほっとして、これからは優しくて優美なところも身につくといいですね、と冗談めかして言うのもよいでしょう。また心からの同情と共感で言うこともできます。それまで悪口だけを言っていたセザリオゥが、ここで一瞬、とても優しくなるという演出です。ここでは、自分と同じように父と兄を失ったこの若い魅力的な女性

がこれから先、失恋の痛みに耐えながら寂しく生きなくてはならないことが、ヴァイオラにはよくわかるのですから、共感から出た、思いやりに満ちた慰めのことばとして演じてみましょう。

④をヴァイオラ（セザリオゥ）が言わざるを得ない状態をつくりましょう。アイコンタクトのエクササイズを使います。③のせりふから、ヴァイオラ役はオリヴィア役と目を合わせて言おうとします。オリヴィア役は、ヴァイオラ（セザリオゥ）に背を向けて寂しそうにしたり、視線を合わせないようにしたり、視線を合わせてもすぐに逸らせたり、視線を合わせながら涙目で見つめたままでいたり、などをやってみます。このようなエクササイズは繰り返すと慣れてしまいますので、ひとつやる度に、ヴァイオラ（セザリオゥ）役は④をどんな気持ちで言えるか、言えたのかを、グループで意見交換しましょう。

Try This
場面の終わりの演出

⑤はいろいろな演出が考えられます。

・即座に言う
・ヴァイオラ（セザリオゥ）が歩き出して舞台からいなくなる直前に言う
・離れたまま言う
・ヴァイオラ（セザリオゥ）の袖を摑んで言う
・体に抱きついて言う
・足元に身を投げ出して言う
・半べそをかいて言う
・わんわん大泣きして言う
・色気満載で言う

どの演出でも通用します。お小姓と伯爵という身分のギャップがあればあるほど、おもしろくなります。けれど、これがオリヴィアの初恋である点を忘れないようにしましょう。恋の手管に長けたようなのはいけません。

第2章 喜劇　III十二夜　293

「愛しいお嬢様、ほほ、ほほほ!」
Sweet lady, ho, ho! 13)

13) *Twelfth Night, or What You Will* 3.4.16-54 (17)

オリヴィア

①どうしたの、マルヴォリオゥ?

マルヴォリオゥ

愛しいお嬢様、ほほ、ほほほ!

オリヴィア

なにそれ、笑ってるの? 悲しいからおまえを呼んだのに。

マルヴォリオゥ

悲しいですと、お嬢様? 手前も悲しくなれます。これがやや血液循環を乱しますもので、この編み上げリボン、が、それがなんです? あるお方のお目を楽しませるとなれば、愛の賛歌にも勝る、手前の心の吐露となるのです、「ひとりがハッピー、皆ハッピー」。

オリヴィア 14)

なによ、どうなっちゃったの、おまえ? 何が起きたの?

14) このせりふはオリヴィアのものと考えられるが定かではないとされる

マルヴォリオゥ

②手前の心に黒い染みは一点もなく、ただ脚に黄色があるだけですぞ。例の件、しかと承りました、ご命令は遂行されます。おわかりでしょう、あの甘きローマ字体の筆跡は、確かにわたしたち2人とも、承知しておりますものね。

(中略)

オリヴィア

神様、この人をお守りください。③どうしてそんなに微笑むの、そんなに手にしじゅうキスをしたりして?

マライア

どうなっちゃったの、マルヴォリオゥ?

マルヴォリオゥ

御用かな?——④さよう、ナイチンゲールも鴉に答える。

(中略)

⑤「覚えておいででしょう、そなたに黄色のタイツを履くようにと命じたことを」——

オリヴィア

「そなたに黄色のタイツを」?

マルヴォリオゥ

「おしゃれなジグザグ型の編上げのリボンを見たいというわたしの望みを。」

オリヴィア

294　第3部　読解方法と表現術

⑥「編み上げのリボン」？

マルヴォリオゥ

「勇気をお出しなさい、あなたが願えば、叶うのです。」

オリヴィア

わたしが願えば？

マルヴォリオゥ

⑦「嫌だと仰るなら、そなたは召使のひとりのまま。」

オリヴィア

⑧なんなの、夏至の毒気に当てられて気が狂ったのね。

Try This
オリヴィアはいつ黄色いタイツを見るのか

　マルヴォリオゥが、黄色いタイツを履いて登場する場面ですが、ここには、オリヴィアがそれをいつ見つけるのか、という難問があります。マルヴォリオゥは最初から堂々と見せつけて登場するのか、それとも隠して登場するのでしょうか。

　最初から見せつけて登場するなら、マルヴォリオゥはお嬢様に気に入られたことが大得意で、城中で黄色いタイツを見せびらかしながら胸を張って歩いてきたことでしょう。「さすがに黄色いタイツはちょっと」と躊躇する執事マルヴォリオゥならどうでしょう。黄色いタイツを買って履いてはみたものの、どうにもなんとなく恥ずかしくて召使の前で堂々とするのがはばかられる、なにしろこれまでの彼のピューリタン的な控えめさを打ち砕く常識外れな行動ですから、彼自身も困ってしまってよいのです。履きはしたが、「堂々と見せてよいものか、よくないものか、問題はそこだ」という気持ちです。お嬢様に気に入られたことを見せびらかしたいマルヴォリオゥと、常識的に堂々とできないマルヴォリオゥの葛藤が場面をさらにおもしろくするでしょう。

　もしも、最初から黄色いタイツが見えていたら、①はそれを見つけた驚きのせりふになります。まだタイツが見えていないとしたら、①はマルヴォリオゥのニヤニヤ笑いに対する質問になります。

　最初から見せつけるつもりでマルヴォリオゥがやってきたなら、②はオリヴィアに黄色いタイツの脚を精いっぱい見せつけながら言います。堂々とできないマルヴォリオゥなら、長い上衣などでなどで脚を隠しながらモジモジしてなんとなくオリヴィアに耳打ちして②が言えます。

　③のオリヴィアの反応が、微笑みに関してのみで、タイツについては言及していない点に注意しましょう。オリヴィアはタイツをまだ見ていない可能性があります。ちなみに、自分の手にキスをしてはそれを相手へ送る動作は愛情の挨拶で、当時は普通のことでしたが[15]、ふだんは厳粛なマルヴォリオゥがそんなことをするのでオリヴィアは驚

15)『クラシカル・アクティング』第9章参照

きます。

　マルヴォリオゥは嫌々マライアに返答します。④の美声をもつナイチンゲールはマルヴォリオゥのこと、悪声で知られる鴉はマライアのことです。マルヴォリオゥは己の声にも酔いしれる人かもしれませんね（発声練習を趣味にしてもよいかもしれません）。鴉と言われたマライアは、もちろんおもしろくありません。

　マルヴォリオゥは、まだ⑤でタイツのことをオリヴィアに思い出させようとしています。見せびらかして登場した場合は、自分の行為を正当化しようと必死になっているでしょう。モジモジして登場したなら、どうしてもオリヴィアが思い出してくれないので、いいかげんしびれを切らして言ってもよいでしょう。

　オリヴィアの一連の返答は、すべてを驚きのおうむ返しにしてしまうと単調になります。例えば⑥を、記憶の中を探っているような感じで言ってみましょう。

　もしもマルヴォリオゥがタイツをオリヴィアの前でのみこっそり見せようとしていたのだとしたら、⑦のせりふの直後こそ、タイツを見せる瞬間になります。それまで、ただニヤニヤしてわけのわからないことを言っていただけのマルヴォリオゥが、見た目も唐突に極端に変化すれば、オリヴィアの⑧「気が狂った」は、衝動的に出るせりふになるでしょう。

　最初から黄色いタイツを見せるのが通例ですが、その場合、最初の登場で笑いのクライマックスがきてしまいます。その後の場面全体が停滞しないように気をつけましょう。

　個人的には、ニヤニヤしながらマルヴォリオゥがタイツを隠してやってきて、お嬢様がわかってくれないのでとうとう一気にバッと見せる、それでお嬢様が驚愕してひっくり返って「気が狂った」と言う流れが、盛り上げ方としてはいちばんしっくりくるのではないかと考えています。

「顔はひとつ、声もひとつ」
One face, one voice, [16]

16) *Twelfth Night, or What You Will* 5.1.213-256 (213)

オルシーノゥ

　①顔はひとつ、声もひとつ、しぐさもひとつ、なのに2人の人間が、
　自然にできあがった合わせ鏡、現実が、現実ではない。

セバスチャン

　アントニオゥ！　おお、大事なアントニオゥ、
　おまえとはぐれてこの数時間、俺の
　心許なさといったら、まるで拷問だったぞ！

アントニオゥ

　②セバスチャン、かな？

セバスチャン

何を怯えているんだ、アントニオゥ？

アントニオゥ

どうやってご自分をふたつにお分けに？

③ふたつに割ったリンゴでさえ、このふたつの生き物ほど

互いに似ていない。④セバスチャンはどっちだ？

オリヴィア

まあ不思議！

セバスチャン

⑤そこにいるのは俺か？　弟はもった覚えがない、

ここにもあちらにもいられるというような

神通力をもった覚えもない。妹はいた、

波と大波が盲滅法に彼女を飲み込んでしまったが。

お尋ねします、あなたはわたしとどういうつながりにある方ですか？

お国は？　お名前は？　お血筋は？

ヴァイオラ

⑥メッサリーン。セバスチャンというのが父の名で。

同じセバスチャンというのがわたしの兄で。

ちょうどそういう服装で、波の墓場に逝ってしまいました。

もしも魂が形をもち、服を着るなら

あなたは、わたしたちを驚かしに来たのね。

セバスチャン　　　　　　　　　　　　　　　　確かにわたしは魂です、

が、確固たる肉体が

母の子宮の中から出てきたままに、ございます。

もしもあなたが女性なら、残りの謎がすべて解ける、

わたしの涙をその頬の上に、流れ落ちるままにして

そして言いたい、⑦「ようこそ、ようこそ、ようこそ、溺れ死んだヴァイオラ。」

ヴァイオラ

⑧父の眉根にはほくろがひとつありました。

セバスチャン

僕の父にもだ。

ヴァイオラ

⑧その父が亡くなったのは、ヴァイオラが生を受けたその日を

13回迎えたときのこと。

セバスチャン

おお、その記憶はこの魂の中、ありありと思い出される。

第2章 喜劇 III 十二夜　297

父は確かに、その生の営みを、
妹が生まれて13年目に入った日に終えた。

ヴァイオラ

わたしたち2人が幸せになるのを邪魔しているのが
わたしのこの男性の服装だけなら、
⑨まだわたしを抱きしめないで、状況がすべてひとつずつ整い、
場所、時、運命、それらがぴったり合わされればわかる、
わたしがヴァイオラだと、その証人として、わたし、
この街に、船長さんを1人連れてきているの、
わたしの女の衣装もそこにあります、彼が親切にも尽力してくれたおかげで
わたしは無事にこの気高い伯爵の元でお仕えできたのです。
以来、わたしの運命は
この女性とこの殿方の間に。

Try This
死んだはずの兄妹再会のドラマを盛り上げる

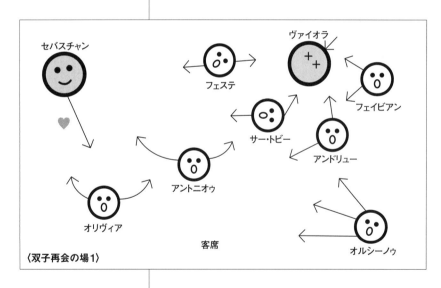

この戯曲最大の山場、ヴァイオラの双子の兄セバスチャンが、オリヴィアを求めて現れたときの瞬間です。演出の例を挙げます。

公爵の①はセバスチャン（ヴァイオラの水死したと思われていた兄）にはまだ聞こえていません。登場人物全員は目をセバスチャンとヴァイオラ（セザリオゥ）に向けて、テニスを観戦する観客のように、右、左、と動かしてみましょう。まずはセバスチャンが④までヴァイオラに気づかぬよう、ヴァイオラ（セザリオゥ）を配置しなくてはなりません。ヴァイオラ（セザリオゥ）は血まみれのサー・アンドリューに罵られて怯え切り、ほかの人物たちもアンドリューを傷つけたセザリオゥに詰め寄ります。彼らをヴァイオラ（セザリオゥ）の前に置き、その背後でヴァイオラ（セザリオゥ）はうずくまって頭を隠します。観客の目からも彼（彼女）はある程度隠れて見えなくなります。そこへ、ステージ上または客席など、サー・アンドリューが逃げてきたのと同じ方角からセバスチャンが駆け込みます。

ヴァイオラとセバスチャンは可能な限り似た恰好で、同じ背恰好がよいでしょう。わたしが演出した際は、全員男性のキャストにし、オリヴィアもヴァイオラもマライアも男性が演じました。ヴァイオラ役はセバスチャン役も演じたので、芝居全体を通して、どちらがどちらかわからない双子がうまく表現できました。この最後の場面だけは、皆に責められてしゃがみ込んだ際に、女性のヴァイオラ役（この瞬間のためだけにキャスティング）と入れ替わってもらい、それまでヴァイオラを演じていた俳優は、セバスチャンとして駆け込んでくる仕組みにしたので、観客も、今まで上手の下舞台奥にいた俳優が、下手の上舞台から降りてきたぞ、とわけがわからなくなるようにしたのです。

　アントニォゥでさえ、目の前のヴァイオラをセバスチャンと勘違いして大騒ぎになるのですから、②はまるで亡霊でも見るかのように演じましょう。③は、目の前の理解しがたい現実を単純なものに置き換えて理解しようとして言うのです。

　アントニォゥが④でセバスチャンとヴァイオラ（セザリォゥ）を見比べるので、そのときに、ヴァイオラ（セザリォゥ）の前にいた人々は、場所を開けてセザリォゥの存在が見えるようにします。⑤のせりふの間にヴァイオラ（セザリォゥ）は、セバスチャンを見つめたまま、何かに引かれるように立ち上がり、前に出てきましょう。ここからは、ヴァイオラ（セザリォゥ）とセバスチャンがしゃべる度に全員がそちらを向くコミカルな動作が始まります（〈双子再会の場〉）。全員、心の中をきわめてシリアスに保つのを忘れないでください。首を動かす反応を素早く行うとうまくいきます。

〈双子再会の場2〉

ヴァイオラ（セザリオゥ）は、⑥の声はもう女性の声に戻っていてよいでしょう（この理由で、わたしの演出では最後のヴァイオラだけを女性にしました）。ヴァイオラ（セザリオゥ）はどちらの性別の声を使うかという意識さえ働かないくらい呆然として、聞かれたことに答えます。このとき、兄に巡り会えた喜びを先取りしないでください。これが本当のことなのかどうか、確かめているだけです。これまで散々ひどい目に遭ってきたので、誰かのいたずらではないかとさえ疑いましょう。その証拠に、ヴァイオラは⑧で2度も確認しようとしています。ヴァイオラ役は心の高ぶりを大いに感じつつ、本当の感動は先延ばしにできるよう、綿密に稽古してください。

　⑦で発せられる「ヴァイオラ」の名は、この街の人たちが初めて聞く名です。こいつはセザリオゥって名じゃなかったのか？　とざわつく瞬間です。全員で「ヴァイオラ？」と繰り返してもよいくらいです。驚きの反応ですから、シェイクスピアも許してくれるでしょう。

　早くに抱きしめてもらいたいでしょうに、⑨を言うのには、次のような理由が考えられます。

・これまで嘘をついてきた（キリスト教世界では嘘は重大な罪）
・性別を偽ってきた（世界の秩序を破壊する重大な罪）
・オルシーノゥがまだ状況を把握していない
・セバスチャンの証言だけでは、溺れて死んだというその妹がセザリオゥのことだとは、ほかの人には信じられていない
・証言が一致しても視覚的に納得させられていない

　周りの登場人物たちは、事態に納得していないことをしっかり表現しましょう。それを受けてヴァイオラは、周りの人を説得するつもりで⑨を言います。

IV お気に召すまま ── AS YOU LIKE IT

WHEN & WHERE
いつ、どこで？

　　時代はシェイクスピアの生きていた頃。架空の場所であるアーデンの森。使われる語彙にフランス語が混じることから、イメージはフランスのアルデンヌの森近くの公爵領です。弟によって追放された兄公爵は、森の中の洞窟とその前にある小さな空間を住まいとし、城から逃げてきた娘2人と道化は、森のはずれにある羊飼い小屋で暮らします。羊たちは森の前に広がる広大な丘陵地帯で遊び、フィービーやシルヴィアスらほかの羊飼いたちは森ではなく丘のほうに住んでいると考えてよいでしょう。

　　季節は春に設定されることが多いです。ただし、追放された人たちの心理的な辛さ、暗さや、森への道のりの大変さを表すために、季節は冬で始め、冬の森に到着し、森の暮らしにもだいぶ慣れた頃、春になっている、という演出も考えられます。

　　舞台は、公爵の城とアーデンの森を行き来します。陰謀と憎悪の渦巻く、格式張った宮廷と、明るく自然体で生き生きした庶民が生活する森との対比を表しましょう。森は、人間の理性や社会常識が通用しない場所。常識の通用しないところでは本性が出るものです。城から森へ来た人々は、森の場面では驚くほど変化していなくてはなりません。城では勇ましかった軍人たちが森ではメソメソしたり、城では遊び人だった男が森ではストイックになったり、城ではしとやかだった女性が森では気ままに悪いことばを使ったりするわけです。意図的にそうしているというよりも、森という自然の力により、なぜかそうなってしまうので、皆それぞれ自分の変化に驚き、他者の変化にも驚きましょう。驚きの連続で、この戯曲はできているのです。

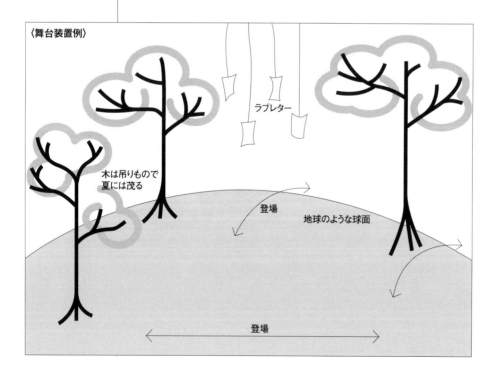

「この世はみんなひとつの舞台」というせりふがあるためか、ロンドンのナショナル・シアターでの過去の上演の舞台装置では、地球を表す球面のステージがつくられていました。球面の奥から登場すると、遠くからやってきた感じや、丘を登ってきた感じが生まれます。木々は吊りもので。オーランドウが木々にかけるラブレターは、吊ったり貼ったりいろいろ楽しく表現できます。ジェイキスはオーランドウが「森の木々を傷つける」と嘆いているので、木々に直接彫っているとも考えられます。背景はホリゾント幕[1]にすれば、太陽が昇ったり、緑の木々を映したり、青い空にしたり、あるいは城の拷問部屋や、オーランドウの家が火事になる様子などを表現できるでしょう。

1) 白い背景幕のこと

WHO & WHAT
誰が、何を？

ロザリンドとシーリア

公爵の娘ロザリンドと、公爵の弟の娘シーリアは、ほぼ同い年。どちらも母親がいません。侍女の存在が一度言及されますが、それ以外は宮廷に女性の影がありません。武力に物を言わせる乱暴な男たちの世界に2人の若い女性が閉じ込められているのです。

ロザリンドのほうが背が高く、シーリアは小柄。2人が登場したとき、ロザリンドの父（公爵）は既に追放の身で、彼女は泣いてばかりいます。戯曲全体を見ると、少年に変装したロザリンドは男勝りで元気な娘なので、最初からそのようにつくってしまいがちですが、登場したときは生きる力もありません。むしろシーリアがそれを励まし、この城から逃げ出してアーデンの森へ兄公爵を探しに行こうと誘うくらいですから、初めはロザリンドは気弱、シーリアは勝気な状態でスタートしてください。

ロザリンドはズボンをはいた途端に口達者な少年（ギャニミード）そのものになります。最後にドレス姿に戻ったときも、森の中で身につけたその要素を失わないようにしましょう。ロザリンドの名はラテン語で「美しい薔薇」の意味で、省略形で呼ぶとローズです。萎れた薔薇が森へ行ってみずみずしく生き返り、自分を摘み取ろうとする男性が刺に耐えられるかどうかを試していくのです。ロザリンドの目的は、オーランドウに自分をよくわかってもらって結婚することです。

ロザリンドを慰めることに己の存在意義を見出していただろうシーリアは、ロザリンドが少年として元気になり始めると徐々にあまりしゃべらなくなります。シーリアは小

〈主な登場人物の相関図〉

城での状態
○ は森へ逃げた人

父（故）

弟 — フレデリック
兄 — 公爵

主 / 忠誠 — 従 — サー・ローランド デュ・ボア（故）

シーリア
ロザリンド
オーランドウ
弟
兄 — オリヴァー

森での恋人たち
⬡ は森の住人

フィービー
（ロザリンド）ギャニミード
オーランドウ
シルヴィアス
（シーリア）エイリアーナ
オリヴァー

第2章 喜劇 Ⅳ お気に召すまま 303

柄なので、妹のようにつくりがちですが、ロザリンドより年上にしてもよいでしょう。彼女は父のことも公爵令嬢としての生活も、まったく恋しく思っていないようです。シーリアの目的は、森の中でロザリンドと2人で楽しく生きることでしょう。ロザリンドが恋をしてしまってからはその目的が達成されません。オリヴァーが現れるまでは、やや世捨て人のようになります。

兄公爵と弟公爵

　2人が同時に登場することがないため、同じ俳優が演じる演出ができます。

　第1部で解説した通り[2]、家督を継げなかった弟フレデリックが兄公爵を恨み、けれど殺すことまではできずに追放した後から物語は始まります。兄は心優しく、弟は妬み深く残酷です。2人とも娘が1人ずついます。兄の娘がロザリンド、弟の娘がシーリアです。残酷な弟フレデリックでさえ、娘のことは溺愛しています。娘が目立たないから娘の従姉妹であり友、ロザリンドを追放するのですから、娘がいなくなってからの彼の辛い心理をしっかり表現しましょう。

　追放された兄公爵は娘と離れ離れになり、宮廷で娘は姫と同様の待遇を受けていると信じています。森の中で少年ギャニミードを見て、娘に生き写しなのでドキッとするでしょうが、まさかここにロザリンドがいるとは微塵も思っていません。もちろん、似ているというだけでかわいがりたくなるでしょう。

　兄公爵の目的は、自分を慕ってついてきた臣下が森での生活を気持ちよく送れるよう面倒をみること。弟フレデリックの目的は、自分の価値を周りの人たちに認めさせることです。

Try This
同じ役者が兄と弟を演じる場合に備え、両方の個性の違いを明確にする

　喜怒哀楽の基本的な表情を、兄の場合と弟の場合とで変えます。妬みの心理が強く、いつもしかめっ面や上目遣いで人を睨んだりしていれば、その辺りの筋肉が固まったり、あるいは皺が刻み込まれたりするので、弟はそれが基本的な表情になるでしょう。違いをつくったら、写真や動画に撮って見比べ、どうすればもっと違いを出せるのかを研究します。兄としての笑顔と弟としての笑顔を変えるのです。

オーランドウとオリヴァー

　サー・ローランド・デュ・ボアの息子たち。サー・ローランド・デュ・ボアは、ロザリンドの父である兄公爵に仕える忠実な騎士です。長男がオリヴァーでオーランドウは次男です。サー・ローランドは、オーランドウが教育を受ける権利を長男オリヴァーに預けて亡くなりました。オリヴァーがそれを遂行しない上、自分をひどく蔑むので怒っ

2) p.90参照

たオーランドウは、兄を殴ります。それが原因で、兄に闇討ちで殺されるところを、忠実な老僕に助けられ命からがらアーデンの森へ逃げ延びます。オーランドウの当初の目的は、自分の尊厳を兄に認めてもらうことですが、恋をしてからは、恋に恋する状態ですから、目的は片思いを味わい尽くすことでしょうか。兄オリヴァーの目的は、自分の価値を周りの人たちに認めさせることです。

フィービーとシルヴィアス

　羊飼いの2人。シルヴィアスは心優しき詩人。田舎の青年だからといって、ぼーっとした田舎臭い青年という枠にはめてはいけません。むしろ、必死に愛を語る、情熱に溢れた青年です。誰よりも体力があり、おそらくそのぶん、性欲もあります。羊飼いたちは、野原で羊や馬や牛が交尾する様子を日常的に見ています。彼らにとっての love は、オーランドウら宮廷の人間が考えるような肉体を離れた崇高な love ではなく、明らかに肉体的な結合も含めた、生きていく力と欲求そのものなのです。シルヴィアスやフィービーからそれらの要素を取り払ってしまわないようにしましょう。

　フィービーはおてんばで勝気な小娘です。嫌みな女の子につくらず、毒舌もプライドの高さも、観客から好感をもたれるものにしなくてはなりません。イメージとしては、おてんばな小学生がおませな態度をとるつもりで。小さな子犬が偉そうにしている感じでもよいでしょう。後でシルヴィアスと結婚するときに不幸を感じさせてはいけませんから、シルヴィアスに好感をもっている、むしろその照れ隠しで彼に辛く当たってしまうようにつくります。ギャニミードに恋してしまうのが、本物の愛ではなく、アイドルに憧れるだけになるように。シルヴィアスの本当の良さをフィービーが認識する瞬間を、2人の場面のどこかに埋め込んでおく必要があります。フィービーの目的は、愛する人と結ばれることです。

　シルヴィアスは、自分がどう思われているかや相手にとって迷惑かどうかにはお構いなしに、一方的に好きだ好きだを連発している状態で始まります。シルヴィアス役は、報われぬ愛に酔っている状態から、フィービーのために尽くすように変化することを考えて演じましょう。シルヴィアスの目的は、フィービーと結婚することです。

ジェイキスとタッチストーン

　元貴族のジェイキスは宮廷の暮らしを自ら捨て、「メランコリー殿」と呼ばれています。ジェイキスはあらゆる人たちの会話やことばを陰鬱な哲学にしてその場の雰囲気を暗くします。一方で、人が自然と共存して生きる道を静かに見つめます。道化のタッチストーンの名は「試金石」という意味。彼はあらゆる人たちの会話やことばを陽気な哲学にしてその場の雰囲気を明るくします。タッチストーンは森の中でセックスできる相手を常に探していて、軽く明るく遊べればよく、心のつながりはあまり求めていないようです。それでいて、シーリアやロザリンドのために一緒に城を逃亡する気概に満ちて

いる面もあります。ジェイキスは険しい冬、タッチストーンは陽気な春ととらえてもよいでしょう。

WHY & HOW
なぜ、どうやって？

「お願い、ロザリンド、大好きな従姉妹ちゃん、ほら笑って」
I pray thee Rosalind, sweet my coz, be merry. 3)

3) *As You Like It* 1.2.1-34
(1)

シーリア

①お願い、ロザリンド、大好きな従姉妹ちゃん、ほら笑って。

ロザリンド

でもシーリア、こんなに必死で明るくしているのに：もっと笑わなくてはいけない？　追放されたお父様のことを忘れる方法が、あるなら教えて、ないならこの悲しみを上回るほど楽しいことなんて思い出せない。

シーリア

②なるほど、わたしはとってもあなたが好きなのに、あなたはそれほどではないのね。もしもわたしの伯父様が、つまりあなたのお父様が、あなたの叔父を、つまり今や公爵になったわたしのパパを追放なさったとしても、あなたが一緒にいてくれるなら、わたし、あなたのお父様を好きになれるよう、努力すると思うの。だから、あなたも、本当にわたしが好きなら、わたしがあなたにするのと同じように、そうして。

ロザリンド

③じゃあ、自分が置かれた状態を忘れてあなたと一緒に喜ぶわ。

シーリア

④ねえ、わたし、ひとり娘で、これ以上弟も妹も生まれないの知ってるでしょ。聞いて、パパが死んだらあなたが後を継いで；あなたのパパからわたしのパパが奪ったものを全部返すことにする、わたしが大好きなあなたに譲るの。名誉にかけて誓います、嘘だと言うなら、怪物にされてもいい。ね、優しいローズ、大好きなローズ、笑って。

ロザリンド

⑤じゃあ今この瞬間から、ね、何か気晴らしを。そうねぇ、恋に落ちるってどう？

シーリア

⑥いいわね、どうぞどうぞ、全部遊びにしちゃいましょ：でも本気で男性に恋しちゃだめ、それから遊びならいいけど、ひとりの男の人に本気になっちゃだめ、それに、遊びでも、恥じらいを大切に、名誉を損なわないように安全第一でなく

ちゃだめ。

ロザリンド

　⑦じゃどんな気晴らしが？

シーリア

　⑧腰を下ろして運命の糸車を回す女神の悪口でも言いましょ、これからはみんな平等に運命の恩恵に与(あずか)れるように。

ロザリンド

　そうできたらいいのにね、だって運命ってほんと不公平：

Try This
登場人物の置かれた状況を即興で探る

　この2人が置かれた状況を、即興芝居にしてみます。ロザリンドの父である兄公爵の元にシーリアの父である弟公爵が攻め入り、兄公爵を追放する場面を演じてみましょう。グループをふたつに分けます。片方は兄公爵とその臣下たち。もうひとつは弟フレデリックとその仲間たちです。ロザリンドとシーリアは兄公爵の側にいき、兄公爵のグループは、ふだんの城内でのくつろいだ生活がどんなものかを話し合いましょう。1日の過ごし方や、季節ごとのお祭り、公爵以外の周りの人たちの生活も、です。弟公爵のグループは、仲間たちで兄公爵に対する不満を並べましょう。この公爵領での暮らしにくさを訴えてもよいです。

　およその暮らし方がわかったら、具体的な「ある日」をつくります。兄公爵はある祭りの日か、最もくつろいでいる時間帯を。弟公爵は、それに従い、攻め込み方を決めます。ロザリンドを捕虜にしてもよいですね。兄公爵はロザリンドのためなら城を手放すでしょう。

　兄公爵が追放され、弟フレデリックが冠を奪い、部屋を出ます。シーリアはそこで①を言います。

　このようなエクササイズで得た生の感覚を、稽古中も失わず、むしろ深めていく方向で活かしてください。

Try This
人物関係を明確にする

　②は、父親同士が兄弟であることを明確に示す必要があります。シェイクスピアの言い回しがやや複雑なので、観客はともするとここで、何が言いたいのかわからずにつまずいてしまいます。自分のことばで現代語にしてしゃべり、まずは演者がせりふをよく理解しましょう。

それから、誰のことを話しているのかを明確にします。シーリアの父親（フレデリック）と兄公爵役にそこにいてもらい、シーリア役は名詞と指示代名詞が誰のことを言っているのか、自分、ロザリンド、フレデリック、兄公爵の誰かを指差しながらせりふを言いましょう。実際の上演では、フレデリックの肖像画を壁に飾り、ロザリンドの手に兄公爵の小さな肖像画を持たせるなどして、観客が視覚的に理解できるようにしてもよいでしょう。

Try This
いつ説得できたのかを明確にする

　③を聞いてもシーリアは④でまだ慰めているのですから、③を言うロザリンドは本気ではなさそうです。気乗りしないことはっきり表す言い方と、表向きはシーリアに付き合って元気に振る舞う言い方の2種類ができます。いずれにせよ、シーリアはただ遊び相手が欲しいのではなく、本気でロザリンドの気持ちをこちらへ向かわせようとして④を言います。1文ごとにロザリンドの顔をのぞき込むなどして、決してことばを急がないでください。ロザリンド役は本当にシーリアに説得されない限り、⑤を言わないようにしましょう。

Try This
辛い状況下で遊ぼうとする2人

　気分を変えるような遊びを思いついたロザリンドですが、すぐに⑥でシーリアに叱られてしまいます。シーリアはせっかく笑顔になったロザリンドの気持ちを壊さないように、最初は大いに賛成しましょう。ロザリンドは自分が「恋に落ちる」のはありえないと思っています。父を忘れるには別の男性の登場しかない→けれど今囚（とら）われているこの城は、恋とは無縁の武装した軍人と闘士しかいないような場所で恋のチャンスは皆無→だから父を忘れるのは無理、という論理でしゃべっている可能性があります。もちろん、恋に憧れてこのせりふを言うこともできます。が、この場所で最も起きえないこととして、皮肉を込めて乾いた笑いと共に言ってもよいのです。ロザリンドが結婚さえ諦（あきら）めているのも当然です。「結婚するにしても、お相手は叔父様（弟公爵フレデリック）が勝手にあてがうだけでしょ、お金と地位確保のために利用されるなんて、ものと同じ」とさえ思っていてもおかしくありません。シーリアはロザリンドの自暴自棄のにおいを嗅ぎ取り、自分を大切にしなくてはだめ、と伝えるつもりで⑥を言います。
　ロザリンドは投げやりな感じで⑦を言いましょう。シーリアは、優れたカウンセラーのように、ここでは一緒に嘆くのが最も彼女の役に立つことを見抜き、⑧を提案します。ひとりで嘆くのではなく、一緒に嘆こうと。ロザリンドはシーリアのその気持ちをしっ

かり酌み取りましょう。

　この一連のせりふを、女の子たちがただの軽い遊びでしゃべっているとしたら、それはドラマのせりふとは言えません。難しくする必要はまったくありませんが、父を追放されて閉じ込められている娘であれば、自分をここから解き放ってくれるなら体さえ投げ出してもいいと思える気持ちを想像できるかどうかが大事です。

「伯父様を探しに、アーデンの森へ」
To seek my uncle in the forest of Ardenne. [4]

4) *As You Like It* 1.3.89-137 (106)

シーリア

　①ああ、哀れなロザリンド、これからどこへ？

　父親を取り替えない？　わたしのをあげるわ。

　これは命令よ、わたしより嘆いてはいけません。

ロザリンド

　あなたより嘆いて当然。

シーリア　　　　　　　　いいえ、ロザリンド。

　ほら元気出して。わからない、公爵が

　追放したのは、わたし、当の娘なのよ？

ロザリンド　　　　　　　　　　　いいえ、違います。

シーリア

　違う、そう？　ロザリンドってなんて薄情な人なんでしょう、

　わたしとあなたがひとつだとは思えないわけね？

　わたしたち、別れてしまっていいの？　え、かわいこちゃん？

　だめ。お父様には別の後継を探させる。

　だから一緒に作戦を立てるの、どうやって逃げ出すか、

　どこへ行くか、何を持っていくか、

　ほら、運命の変化を1人で引き受けようなんて思わないで、

　ひとりぼっちで悩みを抱えてわたしをのけものにしちゃだめ。

　ね、あの天にかけて誓うわ、ほらわたしたちの顔同様真っ青な天、

　あなたがなんと言おうと、わたしはあなたと一緒に行きます。

ロザリンド

　②そんな、だけど、どこへ？

シーリア

　伯父様を探しに、アーデンの森へ。

ロザリンド

③たいへん、どんな危険が待ち受けていることか、

汚(けが)れのない娘の身で、そんな遠くまで！

美しさは黄金よりも人を狂わせるものなのよ。

シーリア

④わたしね、乞食に変装する、

顔にも泥を塗りたくって。

あなたもよ、そうしたら、道中だって

誰も襲ってきやしない。

ロザリンド　　　　　　　　　⑤ねえ、それなら、

わたし、普通の人より背が高いじゃない、

だから、男のふりをするわ、

腰には剣を下げて、

手には猪狩りの槍(やり)でも持って、心には、

女々しい弱さを隠しておいて。

見かけは強そうに胸を張ってるの、

男だって、心の中は弱っちいのに、

強そうにしてるのがいるもの。

シーリア

男のあなたをなんて呼べばいいの？

ロザリンド

身分は下げすぎず、ジュピターのお小姓(こしょう)として、

そうだ、いい？　お小姓の1人、ギャニミードの名前をいただくわ。

あなたは何がいい？

シーリア

今のわたしの境遇を表すようなもの。

もうシーリアはやめて、よそ者、エイリアン、エイリアーナ。

ロザリンド

あ、シーリア、あの人も連れていきましょうよ、

あなたのお父様に仕えているあのおどけもののお馬鹿さん。

旅のお供にちょうどいいんじゃないかしら？

シーリア

わたしと一緒なら世界の果てまでも付いてくるわ。

説得はわたしに任せて。行きましょう、

宝石とか高価なものをまとめて、

逃げ出す段取りをつけなくちゃ、いちばん安全な時と方法をね、

わたしが逃げたことがわかったら、追ってくるでしょうから、

それを巻かなくちゃ。いい、いざゆかん、

自由への道よ、追放なんかじゃないわ。

Try This
目的達成を難しくしてドラマを盛り上げる

　②でロザリンドがシーリアの提案を受け入れるまで、シーリアはロザリンドに信じてもらうのにたいへんな苦労をします。シーリア役が何を言ってもロザリンド役はそっぽを向きましょう。相手を無視するのではなく、相手のことばをきちんと聞きつつ、その上でシーリアの提案を受け入れるのは無理、と判断します。ことばの内容も大切ですが、それをどう伝えるかがさらに大事な箇所です。シーリア役は①の最初の3行でさえも、同じ調子で言い立ててはいけません。「これからどこへ？」は質問です。ロザリンドは答えようとします。でも、答えは出ません。「父親を取り替えない？」はとっさに出た愚かなことばです。けれど、実の娘なら追放にはしないだろうと思って言います。ロザリンドはその思いを受け入れましょう。それでも嘆きは収まりません。だからこそシーリアは命令しなくてはならないのです。

　追放された父親を嘆くのと、今しがた追放を宣告された我が身を嘆くのとでは異なります。追放された父親のために嘆くなら大声を上げても構いません。自分の身を嘆く場合は、より静かで押し殺した、呆然とした状態から生まれる悲嘆になるかもしれません。

Try This
その答えは即答？　考える時間が必要？

　②のロザリンドは、シーリアの気持ちはわかる、という程度です。「どこへ？」という問いは①でシーリアが尋ねていますが、今度はロザリンドが尋ねる番です。シーリアの答えを聞いたら、反応はどうなるでしょう？　父に会えるかもしれないと期待する嬉しい思い。次には、そんな距離を行くのは無理だと思う絶望。このふたつを、③を言う前にきちんと表現しましょう。

　シーリア役は、即答できる答えと、考えながら答えを探す返事に、変化をつけます。例えば、行く場所を即答したら、変装を思いつくのに時間を少しかけるのです。行く場所を思いつくのに時間をかけたら、変装はすぐに思いつきましょう。思いつくにもきっかけが必要です。例えば、ロザリンドが父の思い出のペンダントを身に着けていて、シーリアはそれを見てアーデンの森へ行くことを思いつく、などの具体的なきっかけでもよいですし、「父親を取り替える」と言ったことがきっかけになってもよいです。みすぼらしい恰好をするアイディアは、直前のロザリンドの「汚れのない」「美しさ」などのこ

第2章 喜劇　Ⅳお気に召すまま　311

とばがきっかけになります。シェイクスピアの登場人物たちは、自分が言ったことばや相手のことばによって新しい思考の窓が開くように次のアイディアを思いつく、その原則を大いに活用してください。5)

5) p.63参照

　では、ロザリンドが男に変装することを思いつくきっかけはなんでしょう？　さまざまな演出が考えられます。この場面は、ロザリンドが決闘で勝ったオーランドウを想って、黙ったままでいるところから始まります。ここでは、ロザリンドがより美しく見せようとお化粧道具を試しながら自分の顔を眺めていたり、あるいは絵を描く趣味があってオーランドウの似顔絵を描いていたところだったり、あるいはこの場面を庭園にしてロザリンドの周りに土がある状態に設定しましょう。

　そうするとシーリアが④で「顔にも泥を塗りたくって。あなたもよ」のせりふで、お化粧道具や絵の具、もしくは土で自分の顔に泥を塗り、ロザリンドの頬の辺りにも泥をつけるのは不自然ではありません。泥がちょうど髭になり、鏡や池の水に映った髭のある自分の顔を見るのもおもしろいでしょう。

Try This
「Yes, and…」ゲームの活用

　「Yes, and…」というゲームがあります。相手にどのように提案をすれば、相手は受け入れていくかを練習するエクササイズです。6) それを活用して、この場面のシーリアとロザリンドをやってみましょう。

6) 『英国の演技術』pp.154-156参照

第1段階　ロザリンドはシーリアのすべての提案に「No」というスタンスで答える
　　　　　　　↓
第2段階　ロザリンドはシーリアの提案を拒否しつつも、場合によっては賛成する可能性もあるかもしれないというスタンスをとる
　　　　　　　↓
第3段階　ロザリンドはシーリアの提案を喜んで受け入れ、加えて、自らよりも良い提案をする

　第1段階は、①から②の前までです。②と答えるからには、ロザリンドは②の前のシーリアの話を聞きながら第2段階に入っています。⑤から先が第3段階です。シーリアのどのせりふがきっかけでロザリンドの心境に変化が起きるのかは演者各自にお任せします。また、きっかけとなるせりふはいろいろ変えて試しましょう。新しい心理が生まれるきっかけは、山頂へと導く道しるべのようなものですから、それがあるのとないのとでは、演技の説得力に明らかな違いが生まれます。

「この世はみんなひとつの舞台」
All the world's a stage,[7]

兄公爵

な、不運なのは我々だけではない。

①この広い世界という劇場には

今の我らが演じている場面よりも

もっと悲しい見世物がかかっている。

ジェイキス　　　　　　②この世はみんなひとつの舞台、

人間みんな単なる役者。

退場もするし、登場もして、

みんな一生、演じ続ける、何役も、

ひと幕ごと、七つの世代。③まず最初が赤ん坊、

乳母の腕の中でピーピー、げーげー、やってるだけ。

それから鞄をぶら下げた、不平たらたらの小学生、

輝く朝日を顔に浴びて、かたつむりみたいに

嫌々ながら学校へ。で、それから恋する若者だ、

竈のようにフーフーと、悲痛なバラードを

恋する人の瞳へ送る。④それから兵隊、

妙な誓いを次々に立て、豹のような顎髭を生やし、

名誉が羨ましくてたまらない上に、めっぽう喧嘩っ早く、

泡のようにはかない評判を

大砲の口の中にまで探す始末。で、それから裁判官になる、

太鼓っ腹には肥えた鶏がぎゅう詰めだ、

眼光鋭く、髭はきちんと刈り込んで、

口にするのは金言格言、最近の判例；

そうやって演じるものなのさ。第6段階は、うって変わって

痩せこけて、スリッパ履いた強欲爺だ、

メガネを鼻に、金袋を小脇に、

若作りのストッキングは、よくぞ大事に取っておいた、が、いささかぶかぶか、

やつの萎びた脛には似合わない、おまけに男らしい大きな声も、

子供の声に逆戻り、息ばかり漏れる

情けない笛同然だ。最終場面はというと、

これがその奇妙でドラマチックな物語にけりをつけてくれるんだが、

第2の子供時代と、ただの物忘れ、

歯がない、見えない、味がない、つまり何にもない。

---

7) *As You Like It* 2.7.136-166 (139)

DUKE
Thou seest we are not all alone unhappy.
①This wide and universal theatre
Presents more woeful pageants than the scene
Wherein we play in.
JAQUES
　　　　②All the world's a stage,
And all the men and women merely players.
They have their exits and their entrances,
And one man in his time plays many parts,
His acts being seven ages.
③At first the infant,
Mewling and puking in the nurse's arms.
④Then the whining schoolboy with his satchel
And shining morning face, creeping like snail
Unwillingly to school.　⑤
And then the lover,
Sighing like furnace, with a woeful ballad
Made to his mistress' eyebrow.
⑥Then, a soldier,
Full of strange oaths, and bearded like the pard,
Jealous in honour, sudden, and quick in quarrel,
Seeking the bubble reputation
Even in the cannon's mouth.　⑦And then the justice,
In fair round belly with good capon lined,
With eyes severe and beard of formal cut,
Full of wise saws and modern instances;
And so he plays his part.
⑧The sixth age shifts
Into the lean and slippered pantaloon,
With spectacles on nose and pouch on side,
His youthful hose, well saved, a world too wide
For his shrunk shank, and his big, manly voice,
Turning again toward childish treble, pipes
And whistles in his sound.
⑨Last scene of all,

第2章 喜劇　IV お気に召すまま　313

That ends this strange,
eventful history,
Is second childishness and
mere oblivion,
Sans teeth, sans eyes, sans
taste, sans everything.

Try This
その概念はいつ生まれたのか

「この世はみんなひとつの舞台」の名文句で始まるジェイキスのせりふは、その想念自体は、兄公爵の言った①に触発されて生まれたものです。むしろ兄公爵の意識の中に「広い世界という劇場」という概念がいつ生まれたのかが大事です。この直前、兄公爵の食事の最中にオーランドウがナイフを振りかざして侵入する事件がありました。その場面が一段落したところで、その場を丸く収めた兄公爵へ誰かが拍手を送ってみましょう。兄公爵役は、自分の心臓の辺りに手を当て、軽く会釈を返します。この動作は、スピーチをした後などに会場の拍手に応えるとき、深いお辞儀の代わりにお礼の気持ちを表すしぐさです。兄公爵はそれをしたことで、自分が舞台の上にいるような気持ちになり、①を言うことができます。

Try This
ジェイキスは目立ちたい

ジェイキスの②は、兄公爵のせりふの直後に入ります。このスピーチは、現代でも、冒頭の部分だけ取り出してさまざまな状況で使われています。その場合は、朗々とゆったりと、哲学的で気の利いた話をする雰囲気で始めるのもいいでしょう。けれどここでは、それをしてはいけません。兄公爵の①を聞いた瞬間に膝を打ち、もっと気の利いたことを言いたくてたまらない気持ちになる必要があります。

兄公爵に話を続けさせず、スポットライトを浴びに進み出ましょう。原文の All the world ということばには、両手を広げてその場の空気を摑むような感じがあります。立ち上がり、両手を大きく広げ、車座に座っている仲間の中心に一歩入りましょう。ジェイキスが「メランコリー殿」と評される物悲しい雰囲気を醸し出すキャラクターであることは忘れずに。

Try This
せりふは舞台上にいる人から引き出される

兄公爵と一緒にいる仲間に、このせりふに登場するすべての人物タイプを入れておきましょう。乳飲み子のいる家族も一緒に、追放になった公爵に付いてきているかどうかは、戯曲全体からは定かではありません。けれど森の羊飼いや村の牧師など、この食事の場にさまざまな人が集まっている可能性は十分にあります。③から先はこの食事の輪の中にいる人たちを指差しながら、おまえのことさ、と言うつもりで演じます。ジェイキスが今この場でこれを思いついてスピーチを展開しているライブ感を出すためにも、

周りの人物の反応や行動がジェイキスの言葉を誘い出すようにしましょう。ジェイキスの脳内だけで物事が進行すると、現代の観客を置いてけぼりにする危険があります。

Try This
登場人物を変えてせりふを練習する

　このせりふを使って、登場人物ごとに言い方や雰囲気を変えてみましょう。タッチストーンならこのせりふをどう言うか。ロザリンドならどう言うか。シルヴィアスなら、兄公爵なら、弟公爵なら？　他の人物たちの個性が発見できます。

　タッチストーンなら、円の中心に躍り出て、皆を笑わせる気いっぱいで言いましょう。転がったり、モノマネをしたり、ジェスチャーをたっぷり使います。

　ロザリンドなら、少年ギャニミードとして言いましょう。すっくと立ち上がり、小生意気な感じで円の中心に行き、大人たちを小馬鹿にする態度でしゃべります。動きは俊敏で、多少の色気も使い、ジェスチャーを多用しましょう。

　シルヴィアスなら、座ったまま、兄公爵を遮(さえぎ)るつもりはなかったのに、思わず口走った感じで1行目を言います。すると皆が彼を見るので、おずおずと、続きを言いましょう。続けるつもりはないのに、皆の視線に促されて、③を言い、そのうちに乗ってきて、④辺りからは、せりふも長くなるのでテンポよく進めます。

　兄公爵なら、自らの言った①を補足する感じで③を始めます。彼は両手を広げたりジェスチャーを使ったりしません。周りの臣下たちに役に立つ話をするつもりです。温かみがあるユーモアを散りばめましょう。

　弟公爵なら、兄公爵の立場を奪い、俺を見ろと言わんばかりの乱暴さで始めます。もしかしたら声の大きさだけで周りを威圧するかもしれません。「退場もするし」は追放した兄に向かって言い、「登場もする」は新公爵となった自分のことを言います。攻撃性の高い暴君として、人類全体を侮辱するつもりで言いましょう。

　ジェイキス役本人が、上記のキャラクターに扮(ふん)してやってみるのも役に立ちます。ことばをジェスチャーにするのが大事です。実際の演出でジェスチャーを多用しない場合も、エクササイズでは必ずやっておきましょう。

「宝玉光る西のかなたの国インド」
From the east to western Ind [8]

8) *As You Like It* 3.2.86-98 (86)

　ロザリンドは紙に書かれた詩を読んでいます。その詩の作者はオーランドウ。けれどロザリンドはまだそれを知りません。

ロザリンド

「宝玉光る西のかなたの国インド

輝き劣らぬロザリンド。

その姿は風に吹かれるひとつのりんどう

だからこの世はみんなロザリンドー。

似顔絵みんな君の前ではぶるぶる振動

色彩溢れるロザリンドー。

覚えておかれよ、真の美人度

比するものなしロザリンド」

タッチストーン

そんな歌なら8年間ぶっ通しで歌えるぜ、昼飯時と晩飯時と、おやすみ時は休むけど。市場のバター売りにも負けやしねえ。

ロザリンド

出てけ、馬鹿。

タッチストーン

例えば：

Try This
ことば遊び

　ロザリンドの名を使ってことば遊びをしてみましょう。一行ごとの語尾を「ロザリンド」と似た音にします。

　例えばこのように。

　　恋は辛いな、ああしんど

　　それでも大好き、ロザリンド

　　木に歌かける、そのひんど

　　君のためだよ、ロザリンド

　　にちげつかすいもくきんど

　　毎日想う、ロザリンド

　原文も「ロザリンド」の語尾の発音をやや変えてしのいでいる箇所もありますので、「ロザリンダ」にしたり、「ロザリン」「ロザリー」と変えてやってみるのも楽しいでしょう。この詩を作ったオーランドウがいかに頭をひねっているか、それを実感しましょう。

「哀れみの中に救いあり」
Wherever sorrow is, relief would be, 9)

9) *As You Like It* 3.5.82-107 (87)

フィービー

　古い羊飼いの歌の通り：

　「恋の始まりひと目惚れ？」

シルヴィアス

　かわいいフィービー──

フィービー　　　　　　　　①へ、なんか言った、シルヴィアス？

シルヴィアス

　かわいいフィービー、お情けを。

フィービー

　②あらあ、哀れとは思うわよ、優しいシルヴィアス。

シルヴィアス

　③哀れみの中に救いあり、

　愛に嘆く僕を哀れに思うなら、

　その哀れみを愛に変え

　僕の嘆きを終わらせてほしい。

フィービー

　④愛してますとも、汝、隣人を愛せよって言うじゃない？

シルヴィアス

　君が欲しいんだ。

フィービー　　　　　あらあ、欲張り。

　⑤シルヴィアス、確かにあんたを毛嫌いしたこともあったっけ：

　今だって、別に愛してるわけじゃないけど。

　あんた、恋の話はうまいじゃない、

　あんたといるのはうっとうしいけど、

　ちょっと我慢する：⑥それにあんたを使ってあげる。

　でもお返しは要求しないで、

　ただ、わたしに使ってもらって嬉しい、と思うだけでいいのよ。

シルヴィアス

　⑦神聖で完璧、それが僕の愛、

　愛に恵まれない貧しい僕だ、

　豊かな実りを刈り取る人の後を追い、

　おこぼれを拾えるなら、それでいい、

　たくさんあるのの余りでいいんだ。ときどきこぼれる

笑顔のおすそわけ、それだけで生きられる。

フィービー

わたしに話しかけてきたあの男の子、知ってる人？

シルヴィアス

よくは知らないけど、たまに見かける、

Try This
フィービーをただのいじめっ子にしないために

　フィービーが少年ギャニミードに恋をして、そちらに気が取られてしまう瞬間と、シルヴィアスの前でいつも通りの勝気な自分とを演じ分けようとしている、オーディションでもよく使われる箇所です。

　ギャニミードの帰った方向とは反対側にシルヴィアス役にいてもらいます。シルヴィアスにきちんと話しかけるときと、ギャニミードのほうに気が向いているときとを明確に分けましょう。①は、まだひざまずいたままシルヴィアスのほうは向かずにうっとりとつぶやいてもよいですし、ハッと気づいて、立ち上がり、服の埃をたたいたりしながら言ってもよいでしょう。

　②や④を言うときには、既にシルヴィアスに何かお願い事を思いついたから優しくするのか、それとも、シルヴィアスを黙らせるためにただ同調しているのか、どちらかに決めます。⑤の真意は、シルヴィアスから相手を口説く文句を教えてもらおうというものです。そう思いついてから⑤を言い、言いながら⑥を思いつきます。つまり、口説き文句を教えてもらおう、ついでにそれを届けてもらおう、と思考が展開していくのです。

　大きな問題は、シルヴィアスが③や⑦などの、恋する者の気持ちを歌い上げているときのフィービーの態度です。③と⑦の原文は独立した詩のようになっているので、恋に落ちた気持ちにぴったりの歌を聞きながらうっとりと演じることができます。完全に無視をする演技でもよいのですが、むしろシルヴィアスのことばに自らの思いを焚きつけられるかのようにフィービーを演じるべきでしょう。

「よしてよ、尋ねるからって惚れたわけじゃないよ」
Think not I love him, though I ask for him. [10]

10) *As You Like It* 3.5.110-140 (110)

フィービー

よしてよ、尋ねるからって惚れたわけじゃないよ。

いけ好かないやつ。話はおもしろいけど。

話がおもしろいからってなによ？　話も捨てたもんじゃないよね、

聞く人を喜ばせるならさ。

かわいい子だったなあ——いやかわいくないじゃん——

とにかく傲慢よ、あいつ；だけど傲慢が似合っちゃうのよね。

いい男になるだろなあ。いちばんいいところは

あの顔ね；その舌先が傷をつけるより先に

あの瞳が治しちゃう、って感じ。

背が高いってほどじゃないけど；あの歳にしては高いじゃないの。

脚は、うーん、まあまあ；でも十分じゃん。

あの唇の初々しい赤は、

生き生きした赤がもっと熟した色で

ほっぺたの上で赤と白の絵の具が混じったのより

もっと濃いローズ色。

女の中にはね、シルヴィアス、あたしみたいに

一つひとつじっと眺めたら

恋に落ちる人もいるかもね；だけど、あたしに関しては、

恋なんかしません、けど毛嫌いもしません。だけどさ、

毛嫌いするほうが、恋するよりも理に適ってるじゃん、

だって、なんだってあいつ、あたしに意地悪するわけ？

あたしの目が黒い、あたしの髪が黒い、そう言った、

それに、そうそう、思い出した、あいつあたしを馬鹿にした。

なんだってあたし、言い返さなかったんだろ、驚きよ。

ま、いいや。やらなかったとは、やめたことではありません。

よって、いじめの手紙を書いてやります、

そして、それを届けるのはあんたよ。でしょ、シルヴィアス？

シルヴィアス

フィービー、心を込めて。

フィービー　　　　　　　　　今すぐ書くぞ。

頭も心も書きたいことでいっぱいよ。

刺々しく、ものすごく短く、書いてやる。

おいで、シルヴィアス。

Try This
演技の向かう方向と反応

せりふを話すフィービーの向きを、ギャニミードの去った方向とシルヴィアスのいる方向とを明確に分け、さらに悪口と褒めことばを分けます。

1 シルヴィアスに向かって

2 ギャニミードの方向へ悪口

3 ギャニミードの方向へ褒めことば

ことばによっては、1・3、1・2の組み合わせが可能な箇所もたくさんあります。演じる人によって、演出によって、もしかしたらその公演のときの気分によって、変えてもよいのです。

シルヴィアス役は、

1 フィービーの指摘に嬉しく賛成

2 フィービーの指摘に悲しく賛成

のどちらかの態度を、フィービーのことばの合間合間に入れていきます。やっているうちに、1・2だけでは言い表せない気持ちが生まれてくるでしょう。それはシルヴィアスが即答を戸惑う箇所です。それも演技に含めます。

Try This
演者独自のフィービーをつくる

フィービーのせりふをあなた自身のことばにしてみましょう。「わたし」と言っても「あたし」と言っても構いません。語尾が丁寧語のときと現代っ子語のときがありますが、そのような点も自由に変えてみます。翻訳者の描きたいフィービーを探すのも大事ですが、それを超えた、あなただけのフィービーを発見しましょう。

「わたしがあなたのロザリンド」
And I am your Rosalind. [11]

11) *As You Like It* 4.1.37-85 (61)

ロザリンド

①まあ、これはこれはオーランドウ？　こんなに長いこと、どこにいたの？　あなたは恋に落ちているんでしょ？　そんなお振る舞いなら、二度とわたしの前に現れないで。

オーランドウ

②美しいロザリンド、1時間も遅れていない。

ロザリンド

恋の約束を1時間も破って平気！　1分の千分の1のさらに千分の1分ほどでも約束を破るような人は、キューピッドに肩をたたかれた程度、心から愛してるとは言えませんね。

オーランドウ

③悪かったよ、ロザリンド。

ロザリンド

嫌です、そんなにグズなら、もうわたしの目の届くところには来ないでください。かたつむりに口説かれるほうがまだマシだ。

オーランドウ

かたつむり？

ロザリンド

ええ、かたつむり：歩みはゆっくりでもあなたよりずっとマシ、なにしろ家ごと乗せてやってくるもの——女にとっては、嬉しい遺産。とにかく、運命と共にやってくるもの。

オーランドウ

④何それ？

ロザリンド

ツノよ、ツノ、奥さんが浮気をすると、夫にはツノが生えると言いますね。かたつむりは、それを見越して、あらかじめツノを生やしているのです。

オーランドウ

貞淑な女性は浮気なんてしない、そもそも⑤俺のロザリンドは貞淑だ。

ロザリンド

⑥わたしがあなたのロザリンド。

シーリア

⑦あなたのことをそう呼ぶのは楽しいんでしょう：でも今のあなたとは違うロザリンドを心に抱いているみたい。

ロザリンド

⑧さあ、口説いて、口説いて。今のわたしは機嫌がいいの、なんでもお願いをきいてあげる。わたしが本当の本当のロザリンドだとしたら、なんの話をする？

オーランドウ

話をする前にキスをする。

ロザリンド

だめ、話をするのが先、言うことがなくなっちゃったら、たまにキスする機会をあげてもいい。

（中略）

⑨ねえ、わたしはあなたのロザリンドでしょう？

オーランドウ

そう呼ぶのは楽しいよ、少なくとも彼女の話をしていられる。

Try This
オーランドウの態度

①のロザリンドは怒っています。②を言うオーランドウは少年ギャニミードをロザリンドとして扱わず、ゲームとして少年に付き合ってやっていることを忘れずに。もちろん、後で兄公爵に告白しているように、ロザリンドに瓜二つだと認識していますから、この少年をロザリンドだと勘違いするときもあります。だからこそ、男になんか恋してたまるか、これはゲームだ、と強く思い直す必要があるのです。「ロザリンド」と呼ぶときも、ペットに話しかける程度の遊び心を使いましょう。②は開き直り、③はことばの上では謝っていますが、心底からではなく、しかたなくでよいでしょう。④はギャニミードの言うことをおもしろがって聞き返します。⑤は、はるかかなたか、または天を仰いで、心の中の理想の偶像ロザリンドを崇めましょう。今ここにいる生身のロザリンドは、それが嫌なのです。⑥は自分を見てくれないオーランドウへのフラストレーションです。⑦のシーリアは、ロザリンドの努力は無駄で、こんなゲームは役に立たないことを伝えるつもりで。⑤から⑧にかけて、オーランドウはギャニミードをまるで無視し、ロザリンドからもらったネックレスに口づけなどしていましょう。⑧はロザリンドが、口説かれていないからこそ出てくることばです。知らんぷりをしているオーランドウに、ねえってば、となかば腹を立てながら要求しましょう。けれど、せっかくオーランドウがキスをするゲームに入ろうとすると拒むのですから、オーランドウはまた肩をすくめてゲームから出ていきます。そこで再び⑨が必要になるわけです。

「こんにちは、かわいい子たち」
Good morrow, fair ones. [12]

12) *As You Like It* 4.3.76-157 (76)

オリヴァー

①こんにちは、かわいい子たち。ちょっとお尋ねしたいんだが、

この森のはずれに立っている

オリーヴの木陰にある羊飼いの家を知っているかな？

シーリア

西のほうへ行ってすぐの窪地に。

柳並木の小川のせせらぎを

右手に聞きながら進んだところに。

でも、今この時間はおうちだけ。

訪ねても中は空っぽ。

オリヴァー

聞いた話が見ている通りなら、
君たちのことだな。
その年恰好。「少年は美しく、
女性かと見間違う、兄妹というより
姉妹の姉、といった感じ。女性のほうは背が低く
兄よりも日に焼けている。」君たちじゃないかい、
その羊飼いの家の持ち主は？

シーリア

自慢ではありませんが、そうですわ。

オリヴァー

②実はオーランドウに頼まれて、
彼がロザリンドと呼んでいる少年にとこの
血染めのハンカチを託された。君がその少年だな？

ロザリンド

ええ。これはどういう意味ですか？

オリヴァー

わたしの恥を打ち明けることになるのだが、聞きたいですか、
わたしが何者で、どうやって、なぜ、そしてどこで
このハンカチが血にまみれたかを。

シーリア　　　　　　　　　　　　　ええ、お願い。

オリヴァー

③君たちと別れるとき、オーランドウは、確か、
1時間で戻ると約束して
森の中を歩き出した、

（中略）

すると、驚くべきものを見つけた。
古い樫の木の下、苔むした枝を持ち
その梢は乾いて葉もない、そんな木の下に、
ボロを着て髪も髭も伸び放題の惨めな男が、
仰向けに転がっている。

（中略）

そこには雌ライオンが、子育てで腹を空かせ、
身を伏せ、頭を地につけ、猫のように目を光らせていた、
眠りこけたその男の動きを見逃すまいと。だってほら、
あの高貴な生き物は
死んでるものには手を出さないからね。

第2章 喜劇　IV お気に召すまま　323

それに気づいたオーランドウは、その男に走り寄り、

そして気づいたのだ、これは血を分けた兄だ、と。

シーリア

まあ、確かにいつかお兄さんの話をなさってたわ、

④ 人間の風上にも置けない

ひどい兄だと。

オリヴァー　　　　　確かにその通り、

あいつは異常でした。

ロザリンド

⑤で、オーランドウは。兄上である方をライオンの前に、

ほったらかしにして逃げたのですか？

オリヴァー

2度まで、そのようなそぶりを見せた。

だが3度目に、あの気高い男は、

復讐よりも当然の仕打ちよりも優しさを選び、

ライオンに戦いを挑み、

あっという間にライオンは倒された；その騒ぎで

僕は惨めな夢から目を覚ましたのだ。

シーリア

あなたが、その兄上？

ロザリンド　　　　　　　　　あなたが、オーランドウが救った人？

シーリア

あなたが、何度もオーランドウの命を狙った、その兄上？

オリヴァー

⑥そうだ、でもそうではない。恥を隠しはしない、

なぜって、僕は生まれ変わって、

その喜びを今、味わっているのだから。

ロザリンド

⑦それでその血染めのハンカチは？

オリヴァー　　　　　　　　　　　　⑧ちょっと待って。

⑨そんなこんなで僕たち兄弟は、涙ながらに

これまでの一部始終を語り合い――

僕がなぜこの荒れた土地へ入り込んだかも告白した――

端折って話すと、弟は僕を公爵にも紹介してくれて、

公爵はこの服を下さり、大いに歓待し、

僕たち兄弟の契りを結び直してくださった、

それから2人で弟の住んでいる洞窟へと向かって、
そこで弟は服を脱いだのだが、すると
腕のこの辺りを深く食い破られていて、
それまでずっと出血してたんだ。その途端、弟は意識を失い、
その刹那、ロザリンド、と言ったのだ。
ところで、弟は僕の介抱ですぐに息を吹き返し、
しばらくしてから、気を取り直して、
僕をここへ、この辺りでは新参者だが、
この話をすればわかってくれるだろうと、
約束を違えて申し訳ないと言い添えて、この血染めのハンカチを、
⑩羊飼いの若者に渡してくれ、と、
相手の名は、恋人ごっこのロザリンド。
（ロザリンドは気絶する）

Try This
ひと目惚れのタイミングと立ち位置

　オリヴァーとシーリアは互いにひと目惚れをします。①のせりふの直前に出会ってしまった、その戸惑いから生まれる①なのか、それとも①を話しかけてから顔を見て、①を言いながら恋を感じていくのか、どちらもやってみましょう。

　ロザリンド役は「あれ、また誰か来た」と言います。そこでシーリアが振り返ると、飛び込んできたオリヴァーと目が合うようにしてみましょう。オリヴァーは飛び込んでくることでシーリアの瞳に一気に自分を印象づけます。

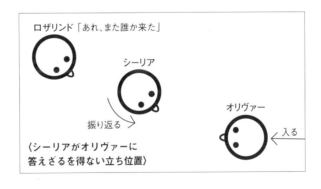

　または、シーリアが振り返る直前にオリヴァーが「こんにちは」と声をかけます。その声にシーリアが振り返ると、そのあまりのかわいさに、オリヴァーは「かわいい子たち」と、ややしどろもどろにことばを続けます。いずれにせよ、ひと目惚れした相手とことばを交わしたいという目的のために、家だの、年恰好だのの話をします。

　②が本題ですが、ひと目惚れという状況を生かすために、②の直前までシーリアとどんどん顔の距離が近くなってもよいでしょう。そして、慌てて離れて②を思い出し、焦点をシーリアから少年ギャニミードに移します。

Try This
生まれ変わったオリヴァーをつくる

　③の物語は再びシーリアだけに語りましょう。シーリアに④と言われたとき、自分こそその兄だとする告白するのをためらう気持ちもおろそかにしてはいけません。その躊躇をする隙に、ロザリンドは⑤を挟み込めるのです。オリヴァーは迷いを乗り越え、毅然として⑥を言いましょう。オリヴァーが完全に生まれ変わった瞬間です。姿勢や瞳の輝きで、正直な崇高さが溢れ出るオリヴァーをつくり出しましょう。

Try This
シリアスなロザリンドのコミカルな場面

　ロザリンドは、②を聞いてからは、血染めのハンカチとオーランドウの関係が聞きたくてたまりません。演出によっては、オリヴァーは②では血染めのハンカチをロザリンドに渡さず、ロザリンドを無視して、シーリアに向かって③を物語ることにしてもよいでしょう。ロザリンドは、オリヴァーの意識を自分に向けようと必死で⑤を言います。オリヴァーは、ギャニミードに話しかけられれば軽く答えはしますが、それはおざなりです。正面からきちんと答えないことで、ロザリンドのフラストレーションを高められます。⑥でオリヴァーとシーリアの間には大きなハートマークが浮かび上がっているように思われ、すっかり蚊帳の外に置かれたロザリンドは、オリヴァーを本題に引き戻そうとして⑦を言います。けれどあっさり⑧で黙らせられ、⑨の物語が続きます。最後に⑩の辺りでオリヴァーはやっとハンカチを渡しましょう。ロザリンドは、腕を食い破られていたというくだりから呼吸のペースを浅く早くしていき、ハンカチを広げて血を見た瞬間に気絶できるようにしてつくっておきます。気絶をするときは、ハンカチを見たら大きく息を吸ってそのままぽとんと力を抜くか、棒のように倒れます。怪我をしないように練習してください。

「ああ、それを女性以外に」
And I for no woman. 13)

13) *As You Like It* 5.2.72-118 (83)

　　フィービー
　　　ちょっとあんた、ひどいじゃないの、
　　　あんた宛ての手紙をこいつに見せるなんて。
　　ロザリンド
　　　知るもんか。わけがあるんだ、

僕が君に嫌われるようなことをするのにも。

おまえには、羊飼いがおとなしく付いてきてるだろ。

見ろやつを：愛してやれ。おまえを崇め奉ってるんだから。

フィービー

羊飼い、この坊やに教えてやんな、愛ってやつを。

シルヴィアス

それはため息と涙、

①ああ、それをフィービーに。

フィービー

ああ、それをギャニミードに。

オーランドウ

ああ、それをロザリンドに。

ロザリンド

②ああ、それを女性以外に。

シルヴィアス

それは信じることと、ひたむきさ、

ああ、それをフィービーに。

フィービー

ああ、それをギャニミードに。

オーランドウ

ああ、それをロザリンドに。

ロザリンド

ああ、それを女性以外に。

シルヴィアス

それは淡い空想なんだ、

燃える思いと微かな望み、

憧れと、義務感とで、いつも見ていたい気持ち、

自分なんかと思いつつ、我慢したり、我慢できなくなったり、

純粋、試練、従順、

ああ、それをフィービーに。

フィービー

ああ、それをギャニミードに。

オーランドウ

ああ、それをロザリンドに。

ロザリンド

ああ、それを女性以外に。

フィービー

　それならなぜ怒るの、あなたを愛しているのに？

シルヴィアス

　それならなぜ怒るの、あなたを愛しているのに？

オーランドウ

　それならなぜ怒るの、あなたを愛しているのに？

ロザリンド

　それは誰への、「あなたを愛しているのに？」

オーランドウ

　ここにいない彼女にさ、聞いてもいない彼女に。

ロザリンド

　もうやめよう、狼の遠吠えじゃあるまいし。(シルヴィアスに) 助けてあげよう、できるなら。(フィービーに)愛してあげよう、できるなら。──みんな、明日会おう。(フィービーに) 君と結婚するよ、わたしが女性と結婚するようなことがあれば、そしてわたしは明日結婚するんだ。(オーランドウに) あなたを満足させてあげましょう、わたしが男性を満足させてあげられるなら、そしてあなたは明日結婚するのです。(シルヴィアスに) 君のいいようにしてあげよう、君が結果に喜ぶなら、そして君は明日結婚するんだ。(オーランドウに) ロザリンドを愛しているなら、来いよ。(シルヴィアスに) フィービーを愛しているなら、来いよ。そしてわたしは、女性を愛していないから、来るよ。じゃ、またね。約束だよ。

シルヴィアス

　もちろん、生きてる限り。

フィービー

　もちろん。

オーランドウ

　もちろん。

Try This
繰り返しパターンに変化を与える立ち位置

　①以下、このパターンが繰り返されます。ボールをひとつ用意し、せりふを言いながら意中の人へ渡しましょう。

　オーランドウがボールを誰もいない天空へ放り上げるか、あるいは少年ギャミニードに渡すかで、違いが生まれます。ロザリンドの場合は、オーランドウに渡しても、フィービーに渡しても、あるいはシルヴィアスに渡しても、意味が通じます。いろいろ試して最適なものを選びましょう。パターンの中にさまざまな意味が見えるのがおもしろいと

思います。立ち位置の代表的な例を挙げておきます。

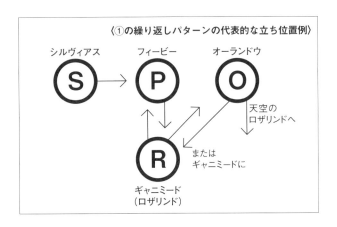

第3章 歴史劇
「この輝かしい玉座」── This royal throne of kings,[1]

[1] John of Gaunt, *Richard II* 2.1.40

シェイクスピアが描く歴史劇には、エリザベス一世の権威を保ち、彼女の正当性を広く知らしめる広報宣伝の役目もあったと思われます。歴史劇が扱うのは、薔薇戦争時代と呼ばれるイングランドの戦国時代。ランカスター一族（赤薔薇）とヨーク一族（白薔薇）の対立に、スコットランド、アイルランド、ウェールズ、フランスまでもが登場します。日本の戦国時代を理解するときと同様、武将たちの名や地理的知識が必要です。そのため、もしかしたら日本のお客様には難しすぎるのではないか、と上演を尻込みしてしまいがちです。どうすればお客様にもわかりやすく歴史劇を提供できるのか、考えてみましょう。

*名前の下の数字は、順に生年‐即位年‐退位年／没年
*人物間の数字は結婚年
* k＝殺害　kb＝戦死
　e＝死刑　p＝産褥死

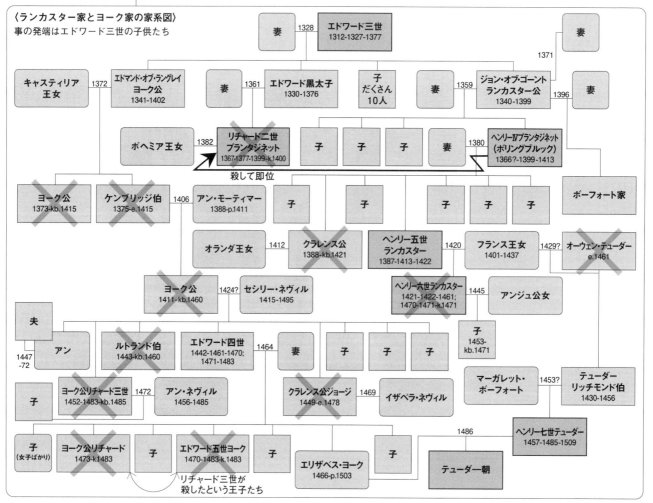

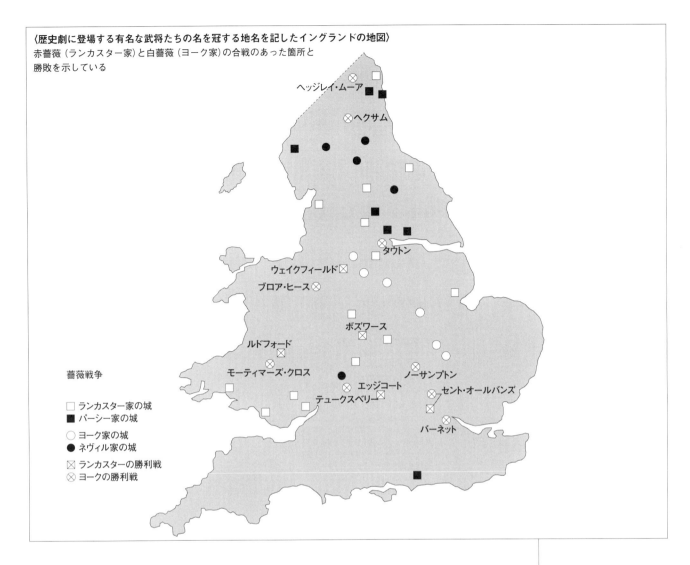

〈歴史劇に登場する有名な武将たちの名を冠する地名を記したイングランドの地図〉
赤薔薇（ランカスター家）と白薔薇（ヨーク家）の合戦のあった箇所と勝敗を示している

　文字とは違い、時間が流れていく舞台において、観客に「あの人は誰だっけ？」と思わせては失敗です。ページをめくってその人の情報を探すことができませんから。シェイクスピアに限らず、どんな翻訳劇でも、名がカタカナであるだけでハードルが上がります。だからこそ、ひと目で誰が誰でどういう人間関係になっているかがわかるように人物を構築する必要があるのです。瞬時の理解をさらに難しくするのは、登場人物がほぼ全員「身分の高い、まじめな人」である点です。背の高さや体格など、俳優の見た目の違いでわからせるのも役に立ちますが、誰が役を取り換えても「その役」が浮かび上がって見えるくらい、登場人物ごとの違いを明確にしましょう。心理的な人間関係をはっきり表現しているかどうかがポイントになります。好きか嫌いなどの心情やストーリーラインを整理し、誰のドラマが浮き彫りになる場面か、出演者も演出家も認識しましょう。大音声でせりふをどなり続ける、かっこいいだけの人物が大量に出てくることにはならないように。

第3章 歴史劇　331

〈シェイクスピアの歴史劇一覧〉

	物語	タイトルロールの家系（白・赤）	タイトルロールの本来の王位継承順位
リチャード二世	正当な王が、父の弟のランカスターの息子（リチャードにとってはいとこ）に王位を剥奪される	分裂前	1位
ヘンリー四世 第1部	即位後老齢になった王が、旧リチャード二世勢力（スコットランド・ウェールズを含む）の反乱に悩む	赤	かなり遠かった
ヘンリー四世 第2部	第1部の続き。第1部で放蕩息子だった王太子の王位継承の瞬間までを描く	赤	
ヘンリー五世	対フランス戦。フランスの領土を奪還	赤	1位
ヘンリー六世 第1部	前王の死によるフランスの反撃。ジャンヌ・ダルクを敵とする視点でフランスの百年戦争とイングランド宮廷内部のドロドロが描かれる	赤	1位
ヘンリー六世 第2部	イングランド内紛。戦争に至る直前の陰謀と反逆を描く	赤	
ヘンリー六世 第3部	国王の権威が弱体化し、内紛は戦乱に。王位は白薔薇（ヨーク家）のエドワードによって奪われる。次の作品リチャード三世の主役となるグロスター公リチャードの残虐さの片鱗も描かれる	赤	
リチャード三世	国王となったエドワード（四世）から王位を剥奪する過程と、赤薔薇（ランカスター家）によって戦死するまでが描かれる	白	かなり遠かった
ヘンリー八世	王の自由奔放な生涯から、当時の女王エリザベスの誕生する経緯までを描く	統合（実際の統合はヘンリー七世による）	1位
リア王 （番外）	王が存命のうちに娘3人に遺産を分配し、それが元で内乱が起き、王が破滅するまでを描く	古代イングランド	
マクベス （番外）	忠実な部下がスコットランド王を暗殺して王になり、結局は破滅する物語	スコットランド	

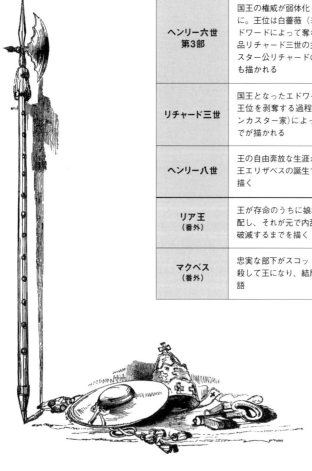

思い出してほしいのは、16世紀の観客は飽きやすく、騒がしかったという点です。つまらなければ物を投げて出ていく、そんな観客のために書かれた戯曲が、カットもされずに400年間、残ってきたのです。ということは、飽きずに聞かせる手法は、必ず見つかるはずです。一緒に探していきましょう。

　一連の歴史劇を理解する上で、どうしても知っておきたいのが、ヘンリー四世が王位についた経緯です。ヘンリー四世の一代前の国王はリチャード二世。彼は、血筋が良いだけで、統治する能力のない、気弱でひ弱な王とみなされていました。彼に国家は任せておけないと判断した周りの貴族によって、退位に追い込まれます。その主格犯が、ヘンリー・ボリングブルック、後のヘンリー四世です。

　『リチャード二世』では、ボリングブルック（後のヘンリー四世）はリチャード二世に、自ら王冠を手放すように仕向けます。神から渡された王権を、表向きは国王自らが放棄して新国王に譲渡したわけです。が、リチャード二世の系列の王位継承者たちはその権利までも奪われたのですから、ボリングブルック側へ憎悪を抱きます。再びリチャード二世を担ぎ出して復権を企てるかもしれません。ヘンリー四世となったボリングブルックは新しい玉座に座り、腹心の部下のいる前で、こうつぶやいたと言われます。

　　あの生きた脅威を取り除いてくれる友はいないのか。[2]

2) Exton, *Richard II* 5.4.2

　その真意を受け取った部下は、リチャード二世を牢獄内で暗殺してしまうのです。ヘンリー四世は罪を犯して王位に就いている、周りもそれを知っている、そのような状態で以降の一連の戯曲は動いていきます。
　大元はリチャード二世の祖父にあたるエドワード三世の息子たちの派閥争いです。リチャード二世の流れにいるのが白薔薇のヨーク家、ボリングブルックの流れにいるのが、赤薔薇のランカスター家と、シンプルに考えて構いません。歴史を教えるためではなく、人間ドラマを描くためのものとして上演しましょう。
　衣装の色分けは役に立ちます。髭や勲章など、個性を際立たせるものもどんどん使いましょう。本当に大切なのは、誰が誰を好きか嫌いか、それが明白であることです。

第3章 歴史劇　333

I ヘンリー四世 第1部 —— HENRY IV Part 1

WHEN & WHERE
いつ、どこで？

　14世紀のイングランド。先王を蹴落として王位に就いたヘンリー四世は、自らもまた蹴落とされるのではないかと裏切りに怯えています。保身に走り、罪悪感に日夜苛まれ、王冠が重くて重くてしかたがない、そんな日々を送ってきました。国内は平安に見えても、現国王ヘンリー派と前国王リチャード派とに分かれ、内乱の恐れが高まりつつあります。一方で、世界では、イスラム軍がキリスト教の聖地エルサレムを征服しており、ヨーロッパのキリスト教諸国は聖地奪回のために十字軍を繰り出していました。

　場面は、玉座の間、街の酒場、郊外の道、ホットスパーの邸宅、戦場です。軍人たちがいる場所と、内憂にはお構いなしにあっけらかんと遊ぶ男たちがいる酒場付きの宿屋、その差がはっきり出るようにしましょう。

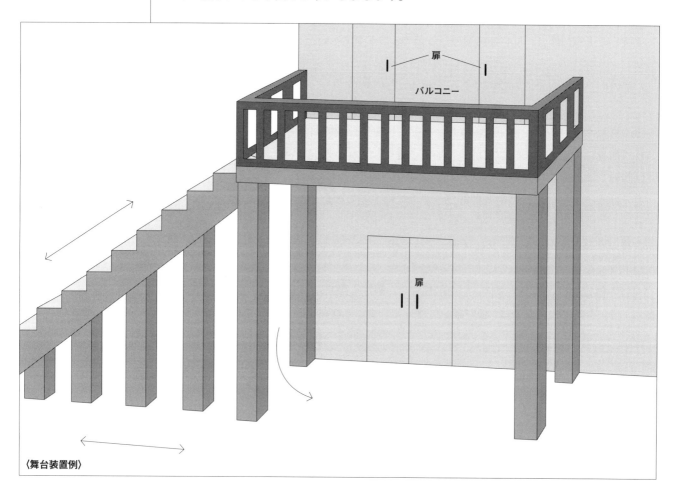

〈舞台装置例〉

舞台装置例は、舞台を2層にし、上部には木製のバルコニーを造り、宿屋の2階の部屋や、外へ向かうバルコニーとして使えるようにします。この手すり部分を取り外せば、舞台の上層と下層の両方を使って、同時にいくつもの戦(いくさ)が起きていることを表現できます。奥の両開き扉は、奥へ向かって開き切ると玉座の間になりますし、そこから長くテーブルを出すと会議の場になります。

WHO & WHAT
誰が、何を？

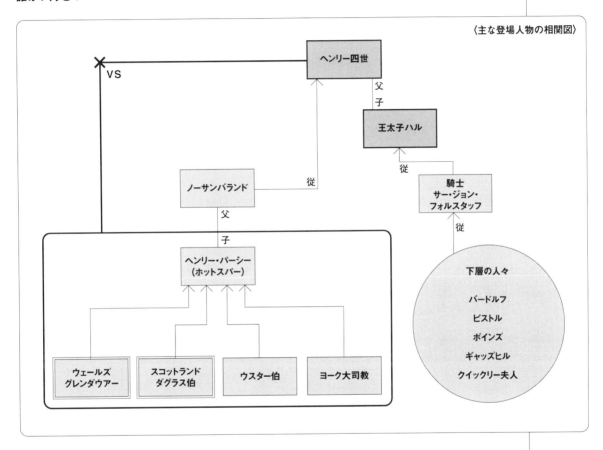

〈主な登場人物の相関図〉

ヘンリー四世

　王にとって臣下たちは、息子のようなもの。放蕩(ほうとう)息子に悩む父であり、反抗的な貴族たちに悩む国王であるヘンリー四世は、父権(＝王権)という手綱をうまくさばけない男で、内(＝家庭)と外(＝国政)に同じ問題を抱えています。たいへん信心深く、神の地を守るために十字軍をエルサレムに送り込むのが夢です。息子が将来の国王にふさわしくない器であることは、自分がリチャード二世から強引に王冠を得た上に彼の死を招いた罪に対する神からの罰ととらえている可能性もあります。十字軍遠征の夢は、手に負えない息子に立派な国王になってもらうための懺悔(ざんげ)の代わりかもしれません。

ヘンリー・モンマス

　プリンス・ハル、あるいはハリーという愛称で呼ばれる王太子。騎士のフォルスタッフと共に街の酒場で放蕩の限りを尽くしており、国王の頭痛の種です。が、ハルには、立派な国王になるという大きな目的があります。ハルを演じる俳優は、遊び呆けて目に余るいたずらをする少年と、最高の国王になるであろう片鱗をのぞかせる青年とを繊細に演じ分けるよう心掛けましょう。

ヘンリー・パーシー

　ノーサンバランド伯の息子。ハリー・パーシーあるいはホットスパーという愛称で呼ばれます。ホットスパーとは「熱い拍車」の意味で、駆け出したら止まらない性格を表します。先王リチャード二世が後継に指名していたモーティマー家側の血筋であるため、ヘンリー四世をそもそも正当な王とは認めていません。ヘンリー国王が、我が子ハルがホットスパーであったらよいのに、と羨ましがるほどの才気と勇気に溢れる青年です。ハル王子よりも美しくカッコよくつくってもよいでしょう。彼の目的は、玉座を奪還し、スコットランドとウェールズを従えるイングランド王になることです。

サー・ジョン・フォルスタッフ

　大食漢で飲兵衛、太っちょで礼儀知らずでおひとよしの騎士。いったいどうして騎士になったものか、わかりません。フォルスタッフを演じる俳優には、転がったり、ゆさゆさ走ったり、たたかれて逃げ回ったりと、体力と体の柔軟さが求められます。動きのリハーサルにかける時間も多く、体力勝負の役どころです。膝が痛い、腰が痛い、とはフォルスタッフのせりふですが、俳優の文句であってはいけません。大柄な役者も柔軟性・俊敏性・持久力を養い、息が切れることがないよう、日頃から訓練しておきましょう。彼の目的は、他人のお金で飲んで食べて楽しく過ごすことです。

クイックリー

　イーストチープ街の売春宿の女将。その名の通り、早口で動きも素早く、頭の回転も速い人気者です。セクシーな色気がどれほどなのかは、それぞれの演出に任せます。彼女の目的は、彼女の酒場に来る全員からきちんとお金をいただくことかもしれません。

　ほかにも、ホットスパーの父親ノーサンバランド、叔父のウスター、ウェールズのグレンダウアー、フォルスタッフの仲間のピストルやポインズら、魅力的な人物が大勢登場します。原語での上演ですと、スコットランド訛りやウェールズ語、ロンドンの下町訛りや貴族たちの出身地の訛りなど、さまざまな言語やアクセントで色合いの違いが出せます。が、翻訳の場合はなかなかそうもいきません。地方色を出すために方言ふうの発音にしてもよいのですが、かえって日本人らしくなってしまいます。下町の商人か、

貴族かを分けるのがせいぜいかもしれません。

Try This
登場人物の違いを、体の使い方で見せる

　グループの全員を「男性」として配役します。ポスターほどの大きさの紙を壁に貼り出し、1枚に1人ずつ、男性登場人物の名を書き入れます。それから、皆で手分けして戯曲をチェックし（1幕ごとに担当を決めてもよい）、それぞれのキャラクターについて気がついたことを、自由にその紙に書き出しましょう。自分の演じる役のことでも、そのほかのキャラクターのことでも。背が高い感じがする、など実際にはシェイクスピアが書いていない印象でもよいです。誰のことを好きで、誰のことを嫌いか、白薔薇と赤薔薇とどちらの派閥か、酒をどれくらい飲んでいそうか、妻や子にはどのように接するかなど、時間をかけて見つけ想像していきます。

　全員のキャラクターに書き込みが入ったら、自分が演じる人物の紙の前に立ち、それを読み、どのような立ち居振る舞いで表せるかを個々人で研究します。それから、その人物として自己紹介をしながら歩く、座る、グラスを持つなどのシンプルな動きをやってみましょう。それぞれがキャラクターごとの特性を摑んでいるかどうか、皆で意見を言い合います。

WHY & HOW
なぜ、どうやって？

「震え、青ざめ、怯える平和」
So shaken as we are, [1]

1) *Henry IV Part 1* 1.1.1-6
(1)

　　ヘンリー王

　　　震え、青ざめ、怯える平和、
　　　せめてここでひと息ついて、
　　　はるか彼方での新たな戦に向け、
　　　息を整えて話そうではないか。
　　　我らの大地に我ら自身の血を流すのは
　　　母に己が息子の生き血を吸わせるも同然、もうやめよう。

Try This
いがみ合いのプレッシャーを表現する

　国内の不満を海外の敵に向けることで解消し、国内勢力を一致団結させようという国王の目的がこのせりふにはあります。

　国内のいがみ合いのプレッシャーを体感するため、その状態をつくり出しましょう。まず、軍人たちは白薔薇組と赤薔薇組に分かれて2列に並び、2〜3メートル離れ、向き合って立ちます。長い1列になると思いますが、正面の相手の目を射抜くように見つめながら、それぞれ横1列のまま、じんわりと「敵方」との距離を詰めていきましょう。決して笑わず、心の中で相手に、どけ、と呟きながら、真顔で敵意をむき出しにして進みます。胸ぐらを突き合わせる辺りで互いに一歩も譲らない感じになったところで、王はこのせりふを切り出してみましょう。

　つい笑い出してしまう人がいると、途端に笑いは全体に波及してしまい、エクササイズの目的が果たせなくなってしまいます。稽古場でのエクササイズでどれだけ瞬時に真剣になれるか、態度の切り替えの練習にもなります。

「さてとハル、もう昼か？」
Now, Hal, what time of day is it, lad? 2)

2) *Henry IV Part 1* 1.2.1-33
（1）

フォルスタッフ

　①さてとハル、もう昼か、何時だ、え？

ハル王子

　冗談はよせ、昼の時間が気になるおまえか、そうだとすりゃ、1時間は杯の数、1分は鶏ももの本数、時報はポン引きの呼び声、文字盤は売春宿の看板、ありがたいお天道様は真っ赤に燃えるフリルをひらひら燃え上がらせたネグリジェのネエチャンだってことになる。(中略)

フォルスタッフ

　確かに確かに、おめえもやっと俺並になってきたぞ。(中略) ②そこでだ、小僧、おめえもいずれなるわけだ、我らが気品溢れる国王に——いやいや、おめえは「ただの」国王陛下だ、おめえにゃ気品がねえからな——

ハル王子

　ない？

フォルスタッフ

　ねえな、あるとしても鶉の卵のバタ焼きの前ぶりくれえのもんしか。(中略) ともかくだ、おめえが王ちゃまになったらな、俺たちを昼の美しさを損ねる泥棒呼ばわ

りはさせんでくれよ、俺たちはな月の女神ダイアナを守る影の騎士、つまり王室
付属の真の紳士だと宣言してくれ。

ハル王子

なるほど、月に仕えて、ツキにつまずき、いずれ中空に引っかかってぶら下がる
ことになる、月に支配される海のように。

Try This
フォルスタッフの最初の見せ方

①は巨大なフォルスタッフの最初のせりふです。彼をどう観客に提示するか、いろい
ろなやり方を試しましょう。

・舞台袖から舞台へ歩いて登場しながら。ただし、今まで寝ていたわけですから、あく
びや伸びをしてからせりふを言う、あくびをしながら言う、伸びをしながら言う、など。
歩いて舞台へ登場するだけでも、それによってずいぶん印象が変わる

・舞台奥のカーテンで仕切られた場所に寝ているところを、ハルにカーテンをさっと開
けられ、眩しがりながらせりふを言う

・ひっくり返ったテーブルや椅子、ずた袋や転がったワインのボトルなどで、何がどこ
にあるのかよくわからないほど散らかった宿屋の一室。そこへ若者が登場する。辺り
を見渡して、ずた袋のひとつを蹴飛ばす。と、そのずた袋は皿などを落としながら動
き出す。よく見るとずた袋は巨大な男だった。男は最初は自分の今いるところがわか
らない様子だったが、目をこすり、あくびをし、その若者を見るとにやけて（あるいは
二日酔いで頭が痛くて）、せりふを言う

小道具や舞台装置を細々と飾れる場合は、特に三つ目の演出例が楽しいと思います。
ちなみに①の原文 Now, Hal, what time of day is it, lad? は、母音が大きく、あくび
をしながら言えるようになっています。

ハルの遊んだ酒場の例

冒頭でフォルスタッフが飲んだくれている酒場は、ほとんど娼館とも言えるこんなところだったかもしれません。

16世紀の娼館または酒場の様子

道化が見世物を提供し、男たちは女を選んでいます。男の衣装からは、かなりの金持ちであることがわかります。酒場とは、庶民が飲みに来るところではないようですね。そもそも庶民は金がない上、昼間は働いているので、帰宅してから少しビールを飲む程度。遊べるのは金があり、労働しなくてよい男たちだけです。テーブルの上に注目しましょう。舞台装置の小道具として用意すべきものが並んでいます。ワインを注ぐ蓋つきの壺。ワインは白。丸いパン。その脇にあるのは、ねぎとにんにくです。『夏の夜の夢』第4幕第2場でボトムが「公爵の御前で上演するんだから、息は甘くなくちゃいけねえ。だから玉ねぎとにんにくは食うなよ」と言っていることから、ねぎとにんにくは強壮剤だったようです。それにしても女たちの顔がまったくぶっきらぼうで、諦めているようなところに哀れみを感じます。フォルスタッフと仲の良いクイックリーの女将さんはもっと陽気で、人生に対して前向きな人物につくりましょう。

Try This
ハル王子の最初の見せ方

　この場面はハル王子の登場の場面でもあります。登場したときからこの人こそ立派な血筋の王子に違いないと観客に知らせるのか、それとも②をフォルスタッフが言うとき、観客が驚くようにするのかを決めましょう。

　登場した瞬間から王子だとわからせるなら、目も覚めるような白か黄金の衣類、きちんとした身だしなみ、すっくとした姿勢、洗練された立ち居振る舞いが必要です。

　②を聞いて初めて彼が王子だとわかるのであれば、衣服はその辺の酒場に出入りする小僧と同じようなシャツとズボン、身だしなみはだらしなく、シャツの裾もはみ出し、髪はボサボサ、痩せっぽちで猫背で、ひょこひょこと歩くような立ち居振る舞いで登場してはどうでしょう。その場合、戯曲の進行にしたがって、姿勢も変化していくのが効果的です。

「所詮おまえたちはそんなもの」
I know you all, [3)]

[3) *Henry IV Part 1* 1.2.192-214 (192)]

ハル王子

①所詮おまえたちはそんなもの、

今しばらく俺もその自堕落な遊びに付き合おう。

②だが俺は太陽のまねをしているのだ、

③つまり世の中に害毒をもたらす賤しい黒雲が

美しい太陽を覆い隠しても、

その気になれば太陽はいつでも本来の姿に戻れる、

登場を焦らせばそれだけ、人々の度肝を抜くだろう、

どんよりと穢れた霧を突き破り、

一度は窒息したかに見えた太陽が神々しく登場する。

④1年中、毎日がお祭りでは、

うんざりしてしまうだろう：

滅多にないからこそ、早く来ないかと思うのだ、

稀だからこそ価値がある。

だから俺もこの怠惰な振る舞いを払い落とす日が来て、

⑤した覚えのない借金を返すときが来れば、

ことばにする以上のことを成し遂げる、

そのときのために、俺は今、皆を欺いているのだ：

穢れた大地から輝く黄金が現れたときのように、

それまでの悪癖から俺が、輝き変化したら、

畏怖と感謝の念をもって人々は注目するだろう、

お膳立てが何もないよりもさ。

災いを起こすのも、それを転じて福となすため、

夢にも思わぬ意外なときを狙っているのだ、俺は。

Try This
国王の片鱗をどこまで表現するか

①は強盗の計画を立てて去っていったフォルスタッフたちへ。それから客席のほうを向いて、②を言います。これは一種の謎かけです。その意味するところを③で説明します。生真面目に言ってもよいのですが、この芝居はまだまだ始まったばかりですし、芝居の中で彼が成長する変化こそがこのドラマの本質ですから、ここではまだ遊び心たっぷりに言い、王となる実感をもたずに言いましょう。

第3章 歴史劇 Ⅰヘンリー四世 第1部　341

④は、ややカッコよくフォーマルになりすぎた己に照れるか、うんざりして、より身近な例を挙げてさらにわかりやすく言い直します。⑤で、時が来ればそれなり以上のものになるから安心しろ、とまとめるときは胸を張って言いましょう。「した覚えのない借金を返す」とは、望んでもいないのに国王にならなくてはいけない、という意味です。

「少しは学ばなければなりませんぞ、
殿下、その欠点を直すことを」
You must needs learn, lord, to amend this fault. [4]

4) *Henry IV Part 1* 3.1.173-185 (176)

ウスター

①正直申しまして、殿下は故意に人の気を逆なでなさいますね、
グレンダウアーの本拠地であるここウェールズへいらしてからも
既に十分彼の堪忍袋の緒を切るようなことを度々重ねておられる。
少しは学ばなくてはなりませんぞ、殿下、その欠点を直すことを。
そうした欠点は、ときに偉大さ、勇気や、血気盛んなことを示しはしますが——
それも、ひけらかしで終わるのが関の山——
②たいていの場合、それが印象づけるのは<u>粗暴な怒り</u>、
<u>礼儀知らず、自制心の欠如、</u>
<u>傲慢さ、高慢さ、裏づけのない思い込み、横柄さ、</u>
いずれも高貴な人物にほんの少しでも宿れば
人心は離れ、当の人物には汚点が残り、
その他のあらゆる美点は汚れ、
受けてしかるべき賞賛は奪い去られてしまうものです。

Try This
「殿下」という呼びかけの意味

ホットスパーの叔父のウスターが、ホットスパーのあまりの傍若無人ぶりに苦言を呈しているところです。ウスターはそれまでホットスパーのことを名前で呼んでいましたが、①からは「殿下 my lord」と呼んでいます。あなたはリーダーであり次の国王になるのだから、その敬称にふさわしい振る舞いをするべし、と言い聞かせるために使いましょう。ホットスパーは耳を貸しません。耳を塞いでもいいですし、横を向いたりどこかへ出ていこうとしてもいいです。ウスターはそれを止めるために、このせりふを言いましょう。どなるかもしれません。なだめすかすかもしれません。悲しんでいることを示すかもしれません。哀願するかもしれません。もう知らないぞという顔をするかもしれませ

ん。全部を組み合わせて演じてもよいのです。

Try This
ホットスパーの特質を即興でつくる

　ホットスパーが、いかに立派な貴公子であろうとも、父や叔父の前ではやはりハル王子と同じ反抗期。血気盛んですぐにカッとなり、世の中はすべてだめな大人で成り立っていると、口でも態度でも示しています。①で、ウスターは「人の気を逆なで」すると言いますが、ホットスパー役はそれよりも②の下線部にあるさまざまな欠点を表現しましょう。

　「なんのことだ」と「どうぞご勝手に」ということばを使い、②の下線部にある状態でしゃべってみましょう。3人組をつくり、1人はウスター（A）、1人はホットスパー（B）、そして残る1人（C）はホットスパー役にどの状態でしゃべるかを指示します。AはBに即興でお説教をします。その返答の仕方をCがBに指示するのです。例えば、「粗暴に」とCがBに指示し、Bはその状態を使ってAに「なんのことだ」と返答します。やってみるとどれも似たようなものに思えるかもしれませんが、細かなところで違いを出せるように心掛けましょう。そのうちにホットスパーらしさが板についてくるでしょう。

5) *Henry IV Part 1* 5.1.127-140 (130)

FALSTAFF
'Tis not due yet. I would be loath to pay him before his day. What need I be so forward with him that calls not on me? Well, 'tis no matter; honour pricks me on. Yea, but how if honour prick me off when I come on? How then? Can honour set-to a leg? No. Or an arm? No. Or take away the grief of a wound? No. Honour hath no skill in surgery, then? No. What is honour? A word. What is in that word 'honour'? What is that 'honour'? Air. A trim reckoning! Who hath it? He that died o'Wednesday. Doth he feel it? No. Doth he hear it? No. 'Tis insensible then? Yea, to the dead. But will it not live with the living? No. Why? Detraction will not suffer it. Therefore I'll none of it. Honour is a mere scutcheon. And so ends my catechism.

「名誉と命を秤にかけりゃ」
If honour prick me off 5)

フォルスタッフ

　だが、命の期限はまだ来ちゃいない。期限前に返さなくちゃいけないいわれはない。そもそも催促だってされちゃいないのに返す馬鹿がどこにいる？　ま、どうでもいいや；名誉のやつに小突かれて倒れるまで突き進むだけのことさ。いやー、だがよ、名誉と命を秤にかけりゃ？　どうだい、え？　名誉が折れた足を接いでくれるか？　ノー。腕は？　ノー。傷の痛みを消し去ってくれるか？　ノー。名誉は医者になれるか？　ノー。名誉ってなんだ？　ことばさ。名誉ってことばの中には何がある？　名誉の正体は？　空気さ。空っぽのお飾り！　誰がもつものだ？　こないだの水曜に死んだやつさ。そいつが名誉を感じられるか？　ノー。そいつに名誉の声が聞こえてるか？　ノー。そうか、じゃ、感じられもしないものなんだな？　感じられるとも、死人にはな。だが生きてるやつと一緒なら名誉も生きるんじゃないか？　ノー。なんで？　名誉は誹謗中傷には耐えられんからさ。というわけで俺は名誉なんてまっぴらだ。名誉とは、ただの墓碑銘。問答終わり。

Try This
問答形式の独白

　フォルスタッフも曲がりなりにも騎士ですから、騎士なりの掟^{おきて}をもっています。戦に行かなくてはならないとわかっていても、どうにも納得がいきません。そこで行うひとり問答です。シリアスとコミカルのバランスが難しいところ。戦に行く（命を散らす）ことへの恐怖をリアルに感じて、それを命と秤にかけてください。とかくコミカルにすることに主眼を置いてしまい、まるで現実味のないせりふになりがちです。現代のアフガニスタンなどの戦地へ赴けと、突然命じられるのと同じであることを忘れてはいけません。

1. ペアを組み、1文ごとに交代して読みます。問答の型を発見しましょう。
2. 次に3人組になり、「ノー」だけを3番目の人が言います。
3. 上記1と2を、問いかけをするほうが本物の哲学問答をするつもりで真剣に尋ねます。
　　回答側は、その真剣さとは逆に軽々しく答えてもよいのです。
4. 問いかけ者と回答者を交代し、上記1〜3を繰り返します。
5. 最後に、1人ですべてを演じてみます。1人の中に2人、または3人の声が存在するのを確実に摑んでください。

「ああ、紳士諸君、人生は短いものだ」
O gentlemen, the time of life is short. [6]

6) *Henry IV Part 1* 5.2.75-86 (81)

HOTSPUR

①Arm, arm, with speed! And fellows, soldiers, friends,
②Better consider what you have to do
Than I, that have not well the gift of tongue,
Can lift your blood up with persuasion.
……
③O gentlemen, the time of life is short.
To spend that shortness basely were too long
If life did ride upon a dial's point,
Still ending at the arrival of an hour.
④An if we live, we live to tread on kings;
If die, brave death when princes die with us!

ホットスパー

　①武器だ、武器を取れ、今すぐに！　同志よ、兵士よ、友人諸君、
　②なすべきことを自ら考えろ、
　この舌足らずな俺に代わって、
　おまえたちの血をかき立てる理由を。
　（中略）
　③ああ、紳士諸君、人生は短いものだ。
　その短い人生も惨めに過ごせば長過ぎよう、
　人生が時計の針先に乗っかって、
　1時間もしないうちに落ちるだけのものであるとしても。
　④生きるなら、王の屍^{しかばね}を乗り越えて我らは生きる；
　死ぬならば、王子たちと共に我らも勇敢なる死を迎えよう！

Try This
戦いたくない兵士たちを戦に駆り立てる方法

　シェイクスピアの作品には、望まない戦をせざるを得ない状況に追い込まれる武将が何人か登場します。マクベス、リチャード三世、ホットスパー、そしてヘンリー五世などです。戦意を喪失した兵たちを鼓舞するそれぞれの方法の違いを明確に表現できるようになりましょう。

　例えばマクベスは、妻が死ぬ前後に、鎧を着けたり外したりしながら1人の侍従をどなり続けるばかりで、かなりパニック状態にあり、自分でもどうしてよいかわからない様子です。

　ホットスパーは、つい先日まで味方につくと言っていた軍勢が、口先ばかりで一向に戦地に到着しない状況下にあります。父親にも見捨てられました。ウェールズにもスコットランドにも。マクベスと異なるのは、ホットスパーの周りに馳せ参じている武将たちは、心底ホットスパーを信頼し、彼のために命を捧げてもよいと思っている点です。味方と思っていた軍勢は、敵軍（国王側）に寝返ったわけではなく、負け戦に参加して裏切り者として処刑されるのが怖くて軍を送ってこないだけです。そのため多勢に無勢となってしまいます。ホットスパーの仲間たちは、心から彼のために戦おうとしているにもかかわらず、かなりの恐怖を抱えているはずです。

　①はほかの軍勢が来ないことにカッとなり、一気に吠えていい箇所です。ホットスパーはどなるだけの男になりがちですが、ほかを抑えて、ここがクライマックスになるようにしてみましょう。背水の陣で吠えているのですが、ヒロイックになりすぎぬように。

　②は投げやりに言ってもいいですし、独り言のようにつぶやいてもいいでしょう。そして③は心から、人生が残り少ないことを感じ、まだ大した人生を楽しんでもいないのに、という気持ちで。しみじみと、というほどではないかもしれませんが、これからすることへの後悔ではなく、これまでやれなかったことへの後悔を感じながら、ことばを紡ぎ出しましょう。

　④は若き英雄が発する神々しいほどのせりふです。剣を高々と振り上げ、天を指し、2回繰り返す「死」ということばを、鬼気迫る勢いで言ってのけます。このひとことは周り中の武人たちを刺激します。グループで練習するときは、ここで一斉に鬨（とき）の声を上げて、場の空気を盛り上げましょう。それを体験することで、ホットスパー役もホットスパーらしくなっていくものです。

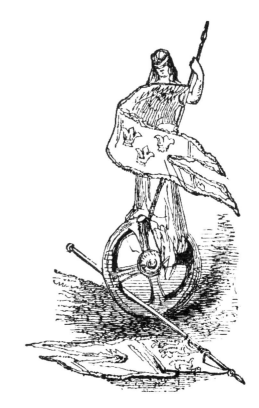

II ヘンリー四世 第2部 ── HENRY IV Part 2

WHEN & WHERE
いつ、どこで？

　ホットスパーが死んだ後、さらに続く戦乱に翻弄される民衆の姿と、王太子ハルが戴冠するまでを描く物語です。場面は、イングランドの中部地方、シェイクスピアが暮らしていたストラトフォードやコツウォルズの辺りも登場します。

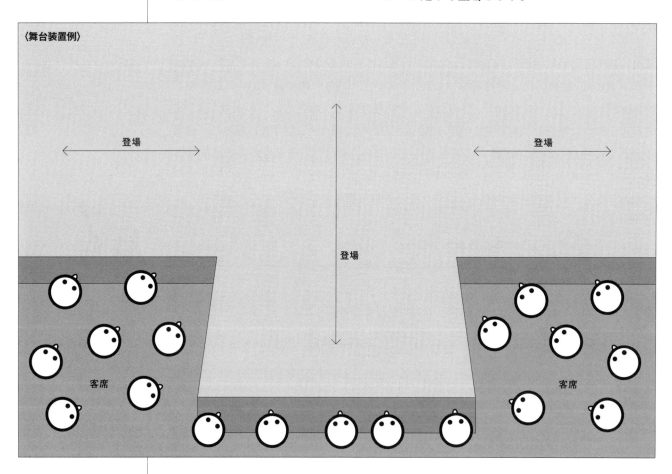

WHO & WHAT
誰が、何を？

　「ヘンリー四世 第2部」ならではの登場人物は、王侯貴族の戦の巻き添えをくらい、しぶしぶ戦に駆り出される人たちです。人間味に溢れる彼らの名には、それぞれ独特の意味があります。日本語の意味でカタカナ名にしてみるとどうなるでしょう。

〈ウスッペライナー ← シャロウ Shallow〉

　浅い、浅はか、薄っぺら、という意味の名をもつ判事。判事は本来、人格的に深みをもたねばならぬものであるから、名前からして観客を笑わせる必要がある

〈ダンマール ← サイレンス Silence〉

　沈黙、という意味の名をもつ判事。判事は本来、雄弁であるべき。彼もまた、名前と職業の不一致が笑いの対象になる

〈イガタード ← モウルディ Moldy〉

　鋳型、型通りの、という意味の名をもつ男。頑丈さも表す

〈カゲー ← シャドゥ Shadow〉

　影、という意味の名をもつ男。影武者ということばに使われるように、影なら殺されても構わないという意味もある

〈イボー ← ウォート Wart〉

　イボ、という意味の名をもつ男

〈ヨワイヤン ← フィーブル Feeble〉

　弱々しい、という意味の名をもつ男

〈オゥシー ← ブルカーフ Bullcalf〉

　雄の子牛、という意味の名をもつ男

ヘンリー四世

　第1部より弱っていること。第1部の終わりで相当の体力を消耗し、死期が迫っているのではないかと、ふとハル王子に感じさせるような瞬間を入れてもよいでしょう。

ハル王子 (ヘンリー・モンマス)

　第1部の放蕩ぶりはどこへやら、ホットスパーを倒した後は勇敢な王太子らしくなります。が、これまでの彼を知っている周りの人たちはその変身に半信半疑。眠った父王を亡くなったと勘違いし、王冠を持って国王になる重みを感じていると、王にきつく叱られる場面があります。嘘ばかりついて遊び歩いていた過去をもつために、父親にも信じてもらえません。しかし最後の戴冠式の場面では、フォルスタッフのことを、「知らない」と言い、彼を追放します。公人としての義務を大切にするのです。『ヘンリー五世』につながる、深い人間味と温かさを失わない王子であることをバランスよく表現するよう

心掛けましょう。

WHY & HOW
なぜ、どうやって？

「それなら幸せな下々の者たちよ、眠れ」
Then happy low, lie down. [1]

1) *Henry IV Part 2* 3.1.4-31
(30)

国王

①我が国民の最も貧しい者でさえいったい、何万人が

今は眠りについているのか？　②おお、眠り、おお、穏やかな眠り、

自然のもたらす優しいばあや、わたしがそなたを脅かしでもしたか、

もはやそなたはこの瞼を閉じてわたしを

忘却の彼方に誘い込むのをやめたのか？

③なぜ、眠りよ、そなたは掘っ立て小屋の、

しけた藁布団の上ではのうのうと手足を伸ばし、

夜の羽虫の騒がしさにも気づかず高いびきでいるのに、

一方で、香を焚きしめた高貴な寝室の、

贅を極めた寝台の天蓋の下では、

甘い子守唄にもまどろんでくれぬのか？

④ああ、くつろぎの神よ、おまえはなぜ

汚いベッドには留まるのに、気高い国王の寝台を

眠らぬ火の見櫓にしてしまうのか？

おまえはなぜ、めまいのするほど高い、船のマストの上の

見張りの少年の瞼を閉じることができるのか、

突然の大波をも揺り籠にし、

吹きすさぶ風が、

荒海の渦巻く波頭を、

恐ろしい怪物の頭とし、

耳を劈く轟音が雲さえ蹴散らし、

死を招くほどのときに？

⑤なぜ、おお、不公平な眠りよ、おまえは

怒涛の時を過ごすずぶ濡れの船乗りに休息を与えつつ、

なのに、この穏やかで静かな夜に、

おまえを迎えるあらゆる手立てを講じる、

国王の申し出は拒むのか？　⑥それなら幸せな下々の者たちよ、眠れ。

⑦王冠を戴く頭は休まる時がない。

Try This
せりふの中のことばのイメージを明確にする

　国王が思い描いているであろう風景を想像で絵にしてみましょう。大きめの紙、糊とはさみを用意します。上記のせりふに挙げられている景色や事物の写真、絵図を集めます。インターネットで探す場合は、英語で検索するほうがたくさんの素材が見つかります。ぜひ原文からもチェックしてみましょう。現代的すぎる場合は、16th century（16世紀）、painting（絵画）のキーワードを入れてみてください。英国の風景で見つからなければ、イタリアやフランスでも構いませんし、映画のシーンからでもいいですし、自分の想像力で絵を描いてもいいのです。

　素材が集まったら、それを切り抜き、大きな紙に貼ります。ヘンリー四世が見ている風景を紙芝居のように作りましょう。実際の風景と違っているかも、という不安は捨てます。ヘンリー四世にとっては見覚えのある風景を、あなたが実感を持って思い浮かべられるようになることが、このエクササイズの目的です。

　複数で作っている場合は、お互いに見せ合います。自分の想像力から生まれるアイディアはほんのわずかです。お互いの想像力を借り、豊かなものにしましょう。

Try This
せりふを発する状況を想像する

　どんな状態から①のせりふが生まれるかを想像して練習します。何もないところからことばは生まれません。必ず、何かに触発されて、ある考えが生まれます。[2] そして、それをことばにせずにはいられない欲求に促され、抽象的な考えやイメージを、知性を通して言語化していくとせりふになります。その流れをたどること。登場人物は、言語化をする過程で、どうしようもない気持ちや感情を整理していくのです。せりふを言い始める王の状態をチェックしましょう。

・天蓋付きの豪華なベッドに寝て、仰向けに天井を見つめながら。あるいは、何度も寝返りを繰り返し、①をつぶやく。あるいは、寝返りを繰り返した後、ガバッと跳ね起き、腹立たしげに①を吐き出す

・王は寝巻き（ガウン）に着替えてはいるものの、立って、城の窓から下を眺めている。おそらく城壁の下の物乞いが寝床を整えているのが月明かりの中に見え、それが引き

2) p.63参照

金になって①を言う。その後は、消えていく城下の街の灯りと、この寝室の豪華な寝台とを見比べてしゃべる

　王が窓の下に何を見ているかを演出として観客に見せる必要はありませんが、演者は具体的なイメージをはっきりと見る必要があります。誰でも眠れない経験はあると思います。1人、あるいは演出家と2人きりの落ち着いた場所で、言いようのない不安で寝られないときのことを思い出し、話し合ったりしながら、静かに集中して練習しましょう。
　③も①と同様、再び城壁の下の風景を眺め、目に入ったものからイメージが生まれ、次に室内の自分のベッドを見る、と動作をはっきりと切り替えて言います。

Try This
「おお」の言い方

　「おお」が立て続けに発せられる②は、王がひとりきりでないと決して表現できない苦しみの音です。子供の頃、寝かしつけてくれたばあやが今ここにいてくれたら、との思いは、ばあやという人間を懐かしがっているのではなく、安心して眠れる状態にない現実を嘆いてのものです。ここでは「眠り」を擬人化しているのです。シェイクスピアでさえもことばにできなかった、腹の底からの嘆きの音 O 。のどで音を潰さず、腹からのどへ太く大きく出てくる空気を感じて、それを声にしましょう。3) 獣のような叫びになっても構いません。

3) p.19参照

Try This
国王の精神状態を体感する

　④では、「眠らぬ火の見櫓」というイメージから、船のマストが導き出されており、荒海の様子は、国王の精神状態を表現しています。
　それを可能な限り感じるために、「海」になるエクササイズをしましょう。グループで行いますが、1人でもできないことはありません。マットを床に敷き、危険な物が周りにないようにしておきます。全員の安全を守るためと、最後に全員の動きを止めるためにファシリテイターを決めます。ファシリテイターは、高く鋭い音の出る笛を持ち、どこかに立っていてください。
　初めは目を閉じて立ち、静かにしています。そして「海」とつぶやき、耳を澄ませます。もちろん海辺でエクササイズをする時以外は、周りの生活音しか聞こえてきません。心の中で想像の音を聞くのです（海を見たことがない人は、砂浜と岩場の両方へ行って実際に海を体験してください）。その音を聞きながら、海のリズムにしたがって体を揺らしていきます。初めは静かに。次第に波が大きくなってうねりに乗ると、体は移動して構

いません。そのときには目を開いてください。ただし、まだ室内のほかの人のことは気にしません。

　3～4分かけて、どんどん嵐になっていきます。岩にたたきつける波や巨大なうねりが生まれています。声も抑えないようにしましょう。自ら波になってもよいですし、波に翻弄される砂つぶや板切れになってもよいですし、その両方を交互に行っても構いません。荒れ狂う海では、グループの多くの人が走り回り、しゃがみ込み、倒れ込み、転がったり飛び上がったりしているでしょう。周囲で起きているそのエネルギーを自らの中に取り込みます。一緒に大きな波になり、互いに翻弄されたり、走って行ってほかの波を飲み込んだり。最も体力を消耗したところでファシリテイターは笛を吹いて、全員を止めます。全員、その場でその状態でストップモーションです。そして④を言います（せりふは壁に貼ってあってもよいでしょう）。

　ここで体験したいのは、荒海の中で揉まれているようなヘンリー四世の気持ちです。誰かと目が合うと笑い出したくなるかもしれませんが、目指すのはシリアスな大嵐を経験することだと全員がしっかり認識して進めてください。

　4行半の長い⑤では、貧乏人には眠りが与えられるのに、なぜ国王には与えられないのか、という意味を分断しないように注意しましょう。④で自らの精神状態を荒れ狂う波として感じた後の「なぜ」は、③を発したときの状態とは異なるはずで、かなり疲弊している可能性があります。

Try This
独白の締め

　⑥の「それなら」という気持ちは、直前の文章から導き出されます。さまざまな気持ちでの「それなら」を試しましょう。そうか、と納得する場合もあれば、いまだ納得のいかないフラストレーションにもなりえます。このせりふ全体は、最初と最後を除き、五つの疑問文で成り立っています。最初は現状への嘆き。次からはそれに対する疑問です。最後の⑦で国王が問いかけるのをやめるのは、嘆きの原因が明確になったからです。王冠を戴く頭は休まる時がないもの。彼はそのことをついに受け入れるつもりだと考えて演じましょう。

「どうぞ、どうぞ、どうぞ!」
Come on, come on, come on ! [4]

4) *Henry IV Part 2* 3.2.1-51
(1)

ウスッペライナー

どうぞ、どうぞ、どうぞ! ささ、お手を、さどうぞお手を。

(中略：この間、互いの思い出話をする)

それにほれ、ジャック・フォルスタッフ、今やサー・ジョンですよ、あのガキ、ノーフォーク公トマス・モゥブレィ様のお小姓だったあいつがですよ。

ダンマール

①そのサー・ジョンが、ここへ徴兵審査に来るのでは？

ウスッペライナー

まさにそのサー・ジョン、まさにそれです。あいつがまさにこれっくらいの背丈の頃に、いやまだまだ背も伸び切らないうちに、お屋敷の門前でスコーギンの頭をたたきのめしているのを見ました。(中略) いやはや、いやはや、ヤクザな日々でしたなぁ! ②それがまぁ知人友人、皆亡くなってしまいましたわ。

ダンマール

我らもみんなすぐに、だ。

ウスッペライナー

確かに、確かに；そうとも、そうとも。死は万人に訪れる、聖書にも書いてあります；我らは、皆、死ぬ。③市場に出ていたあの雄牛はいくらで売れましたかね？

ダンマール

悪いが市場には行っていない。

ウスッペライナー

死ぬのは確かです。おまえさんとこのダブル爺さんはまだ生きとるかね？

ダンマール

死んだ。

ウスッペライナー

いやはや、いやはや、死んだとな! 弓矢の名人が；死んだ! あんなにうまかったのにな (中略) 死んだ! (中略) 羊20頭の相場はいくらかね？

ダンマール

質にもよるが。羊20頭の相場なら10ポンドはするだろう。

ウスッペライナー

あのダブル爺さんが死んだって？

Try This
庶民の演じ方

　騎士という身分の者に平身低頭する庶民たちをやってみましょう。わたしたち日本人が庶民を演じると、どうしても江戸の町人か農民のようになってしまいがち。まず、背中を丸めるのをやめます。そのような登場人物がいてもよいのですが、1人だけにしましょう。体はまず正しい良い姿勢にし、そこから一部だけ極端に変えてみます。首だけ前に出す、片脚が短いことにする、左肩だけ落とす、下腹だけ出す、体のどこかの部位で貧乏ゆすりをする、などをやってみてください。グループの中で一人ひとり、全員、変えます。お互いに「君はここをこうする癖がある」などと指示し合ってもよいでしょう。並んで互いにチェックし、会話を交わし、歩いてみます。歩くリズムも、テンポを遅くしたり、崩したり、細かくしたり、1人ずつ変えましょう。

　シェイクスピアの映画はたくさん作られていますので、庶民の登場する場面を何度も観ましょう。必ずしも歴史劇でなくて構いません。映画の中の彼らの動きをまねします。グループの仲間に見てもらい、チェックし合いましょう。

Try This
戦争になるかもしれないという不安

　徴兵審査があり、このどかな村からも死者が出るかもしれないという黒雲のような不安が漂っています。①は、ひそひそした感じになるかもしれません。一方で、舞台装置や音響、照明で、のどかな田舎であることを表現しましょう。ここはまだ日常で、これから非日常（戦場へ行く）が始まります。

　ウスッペライナーとダンマールの脳内で何が起きているかを体感するエクササイズをしましょう。

　戦争と日常を象徴的に表現するグループをつくります。例えば戦争の象徴として、疲れ切って傷を負い、恨めしそうにこちらを睨んでいる兵士たち。平和な日常の象徴として、鶏や野菜籠を持った笑顔の女性たち、などです。ダンマールとウスッペライナーを中心に置き、「戦争」と「日常」が両側から2人を挟みます。「戦争」を見ると子供たちの厳しい未来や死と向き合わずにはいられません。意図的に「日常」を見て「戦争」への恐怖を忘れようとします。まるで変わらぬ日常と、それがもぎ取られる予感との両方を交互に見ながら、せりふを練習しましょう。

Try This
話題の飛躍の理由

②から先は、死のイメージがウスッペライナーの頭の中から離れなくなります。死を受け入れられず、日常へ意識を向けるウスッペライナーは、誰かを笑わせるつもりではありません。③で突然、市場の牛の値段や羊の値段を尋ねるのはなぜでしょう。ボケている可能性もあります。どうしようもないストレスに晒されると、人は関係のないことを考えてしまうものですが、それで現実を見ないようにしている可能性もあります。メランコリーを表現しすぎないようにしましょう。

スクーンの石と戴冠式

木の椅子の下にはめ込まれているのは、スクーンの石。スコットランドの伝説の初代国王が、この岩に腰掛けて戴冠したことから、スコットランド国王の地位の象徴とされます。歴代、常にこの岩でイングランド王は戴冠し、玉座の下にこの岩が設置されました。シェイクスピアの歴史劇には欠かせない小道具です。

イングランドとスコットランドは、同じブリテン島内にありながら、長い間、別々の国家であり、覇権争いを続けていました。13世紀のイングランド国王エドワード一世が、スコットランドとの戦に勝ち、スクーンの石をウェストミンスター寺院に持ち帰り、自分の玉座の下に、図のように埋め込んでしまいました。二度とスコットランドに国王が擁立されないようにしたのです。

が、エドワード一世の力はすぐに弱まり、30年後にはスコットランド王国との取り決めでスクーンの石が返還されることになります。けれど、それに反対する暴徒のため、返還は実りませんでした。

スコットランド国王ジェイムズが、エリザベス一世の後を継いでイングランド国王を兼ねた際にも、スクーンの石はウェストミンスターに置かれ、スコットランドには戻されませんでした。

スクーンの石がスコットランドの象徴であり、それがイングランドにある限りはスコットランドはイングランドの尻の下に敷かれているのだ、という意識が英国民にあることは確かです。1950年代には、エドワード一世の血を引く男の一団がウェストミンスターからそれをふたつに割って盗み出し、スコットランドに持ち帰る事件も発生。石は4か月後にはウェストミンスターに戻されました。このような経緯ののち、1996年、戴冠式の時以外は、という条件付きでスクーンの石は正式にスコットランドに変換されました（スクーンの石の由来や経緯については、森護『英国王室史話』上・下、中公文庫、2000年を参照）。

ロス
スクーンへ行くのか？
マクダフ
いや、いとこ殿、俺はファイフへ。
　　　（*Macbeth* 3.1.36-37）

マクダフのせりふは、戴冠式のあるスクーン（地名）へ行かないという意味ですから、新国王マクベスの戴冠を快く思っていないことを示しています。

戴冠式の玉座の下に収まるスクーンの石と呼ばれる岩。イングランドとスコットランドの王権争いの血塗られた歴史を物語る

III ヘンリー五世 ── HENRY V

WHEN & WHERE
いつ、どこで？

　15世紀初頭のイングランド。ヘンリー五世は、イングランド国内の敵対勢力を制圧した父ヘンリー四世を継いで、26歳の若さで国王になり、平和なイングランドを治めてきました。この戯曲は、そこへフランスがかつてのフランス領で現イングランド領の支配権を主張してきたところから始まります。

　舞台はイングランドの宮廷、フランスの宮廷、フランスの戦場でのイングランド軍の野営地、同じくフランス軍の野営地です。戦場を表すための舞台装置に加え、この戯曲のテーマの象徴となる何か（国旗、剣、地図など）があるとよいでしょう。

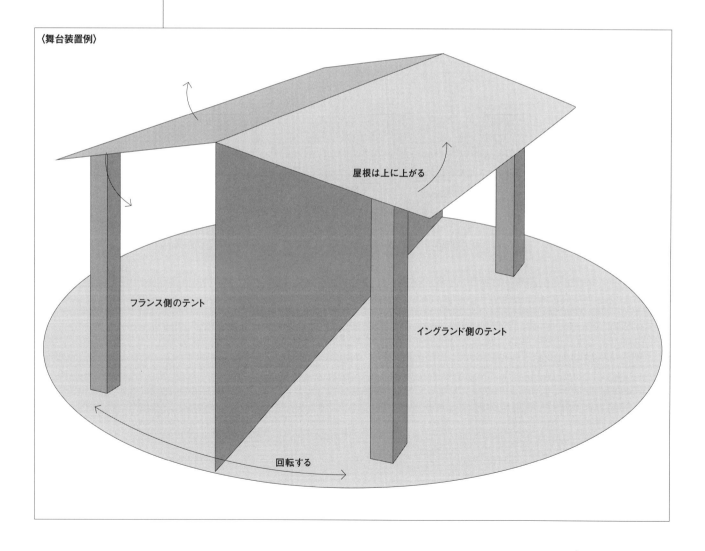

〈舞台装置例〉

軍部高官も檻褸を纏った下級兵士と共に泥まみれになって戦う場面が続き、視覚的に見せ場の変化をつくるのが非常に難しい戯曲です。けれどこれは英国人にとって愛国心と自尊心を鼓舞する大事な作品で、ハムレットと並んでヘンリー五世を演じるのがトップスター俳優の証でもあります。かつての仲間フォルスタッフやピストルたちの末路も描かれ、真のリーダーのあり方や考え方を観客も登場人物と一緒に経験し学ぶ物語です。

WHO & WHAT
誰が、何を？

ヘンリー五世
『ヘンリー四世』で自堕落な放蕩息子の状態から立派な王太子として戦場で活躍したハルは、ついにヘンリー五世になりました。この戯曲では祖国を離れ、敵の5分の1の勢力しかないなか、敵地で戦う兵士たちを鼓舞して勝利へ導きます。彼のこの戯曲での目的は、立派な国王としてイングランドに平和と繁栄をもたらすことです。

高官たち
ヨーク、エセックス、ウェスモランド、フルエレンら
　国王を支え、国王の目的の達成の助けとなるのが彼らの目的です。ともすると似たり寄ったりの登場人物になってしまう危険があります。皆で話し合って、気性、年恰好などの特徴を明確にしておきましょう。互いに相手の足を引っぱることもほとんどなく、一丸となって対フランス戦に向かいます。目的はフランスにあるイングランドの領土を守り切ることです。もちろん、彼らそれぞれの不安や不満、障害や目的がありますので、本書を参考に詳細に登場人物像をつくり上げてください。

庶民と下級兵士たち
ピストル、バードルフ、ニム、ウィリアムズ、ベイツ
　ロンドン市街から見知らぬ土地へ引きずり出され、船酔いとぬかるみという別の敵と戦いながら、フランスの強固な城を落とさなくてはなりません。彼らの望みは、生きて祖国へ戻ること、それだけです。

フランス軍勢
フランス王、王太子、モンジョイ、キャサリン
　ハルの王太子時代を彷彿とさせる傍若無人のフランス王太子からの無礼がこの戦を招きます。イングランド軍とフランス軍をつなぐ伝令の役割を果たすモンジョイは、とても重要な役です。フランス軍の目的は、領土をフランスのものにしておくこと。フランス王女キャサリンの目的は、幸せな結婚をすることです。

第3章 歴史劇 IIIヘンリー五世　357

上記からもわかるように、この戯曲では個々人よりも集団としての気概が大事です。ヘンリー王の中にも将軍としての自分と下級兵士としての自分があり、下級兵士の言葉もヘンリー自身の気持ちになりうるつくりになっています。だからといって個々人から個性を取り除きすぎないように注意しましょう。いろいろな人がいる、それをヘンリー五世がまとめ上げているドラマにします。登場人物の数が多いので、数回しか登場しない人物はダブルキャストで演じてもよいでしょう。

WHY & HOW
なぜ、どうやって？

「Oの字型のこの木造の輪の中で」
Within this wooden O 1)

1) *HENRY V* Prologue. 1-34 (13)

CHORUS

① O for a Muse of fire, that would ascend
The brightest heaven of invention:
A kingdom for a stage, princes to act,
And monarchs to behold the swelling scene.
② Then should the warlike Harry, like himself,
Assume the port of Mars, and at his heels,
Leashed in like hounds, should famine, sword, and fire
Crouch for employment.
③ But pardon, gentles all,
The flat unraisèd spirits that hath dared
On this unworthy scaffold to bring forth
So great an object. ④ Can this cock-pit hold
The vasty fields of France?
Or may we cram
Within this wooden O the very casques
That did affright the air at Agincourt?
⑤ O pardon: since a crookèd figure may
Attest in little place a million,
And let us, ciphers to this great account,
On your imaginary forces work.
Suppose within the girdle of these walls
Are now confined two

コーラス

①おお、燃える詩の女神、地上に来たりて
天が生み出した最高の輝きを与えたまえ：
舞台の上に王国、役割を全（まっと）うする王子たち、
そして壮大な場面を見守る王族たちを。
②そうすれば、戦の神の化身、ハリー 2)が国王として、
軍神マルスご自身のように登場しよう、
足下には飢えと剣と炎とが、犬のように伏せ
命令を待ち構えている。③だが皆様、お許しください、
我々は怯えてぺちゃんこになった心（おび）であえて
この急ごしらえの足場にて、偉大な目的を
もち込もうというのです。④鶏小屋にも等しい
この狭さ、これがフランスの広大な平原になりますか？
Oの字型のこの木造の輪の中で
アジンコートの大気を震わせた大軍を表せますか？
それとも
⑤おお、とても無理です：けれど、ゼロをいくつか書けば
それだけで100万となるのなら、
我らも、無に等しくはありますが、
そこは皆様の想像力に働いていただきたく存じます。
想像してください、ぐるりと囲んだこの壁の内に
2つの強大な王国があり、
互いに角（つの）突き合わせ

狭くも危険な海峡を挟んでにらみあっております。

⑥不完全なわたしどもを、どうぞ皆様の思考力で補ってくださいますよう：

1人を1000人とみなし、

軍隊を想像力で生み出すようお願いします。

⑦わたしどもが「馬」と言ったら、この大地に、

蹄（ひづめ）の跡が刻まれていく様子を想像するのです：

なぜなら、皆さんの想像が王たちを生み、

あちこちへ移動させ、時を超えさせ、

長い月日をかけて行われたことごとを

1時間にまとめてくれるのです——というわけで、

⑧わたしを語り部とお認めください、

前口上として平身低頭お願いします、

何とぞ、温かい気持ちで、我らの芝居をお受け取りください。

Try This
前口上と観客の関係

①には、グローブ座の騒がしい観客を静かにさせる目的があります。コーラスは「おお！」と祈りのことばを強く発しながら祈祷師（きとうし）のように登場しましょう。原文ではheaven、stage、act、scene（天、舞台、演技、場面）という単語が立て続けに出てきます。手と腕で場所を示しながら、ここは劇場であると観客にしっかり伝えましょう。

②では、いかにワクワクする物語がこれから展開するかを、少しだけ述べますが、すぐに③の言い訳を始めます。「怯えてぺちゃんこになった心」とは、舌鋒鋭く批判される予感に怯える俳優たちのこと。④の原文は cock-pit（コックピット）で、文字通り、鶏のためのピット（小屋）という意味です。ここで疑問を投げかけながら、⑤を懇願（こんがん）するように叫び、どれほど自分たちが役者として力不足かを⑥で訴えましょう。⑤を言っても相手が納得していないのを認識してから言うこと。お願いするばかりではなく、どうすればよいか、一例を示す⑦を加えます。これもまた、⑥で相手（観客）が納得してくれないことから思いついて言うものです。⑧でトーンが変わるのは、⑦での説得は通じた、と感じられたためです。

それを体感するために、コーラス役を1人だけにしてあとのグループが観客役になり、まるでお芝居というものの概念を知らないかのように、単純に反応し、意地の悪い野次を飛ばします。最後は、納得して拍手しましょう。

---

mighty monarchies,
Whose high uprearèd and abutting fronts
The perilous narrow ocean parts asunder.
⑥ Piece out our imperfections with your thoughts:
Into a thousand parts divide one man,
And make imaginary puissance.
⑦ Think, when we talk of horses, that you see them,
Printing their proud hoofs i'th' receiving earth;
For 'tis your thoughts that now must deck our kings,
Carry them here and there, jumping o'er times,
Turning th'accomplishment of many years
Into an hourglass — for the which supply,
⑧ Admit me Chorus to this history,
Who Prologue-like your humble patience pray
Gently to hear, kindly to judge, our play.

2）ヘンリー五世の愛称

「それではお聴きください、偉大な陛下」
Then hear me, gracious sovereign. 3)

3) Canterbury, *Henry V*
1.2.33-220 (33)

　長いせりふなので引用しませんが、とても重要なので、ひとこと。王位に就いたばかりのヘンリー五世が、フランス王としての権利を主張してよいかを尋ねる場面です。問われた公爵たちや大司教らは、それぞれの利害の思惑を抱えながら、ヘンリー五世にフランス王としての正当性を長々と訴えます。ともすると、歴史的・法律的事項をただしゃべっているだけのつまらない場面になりがちです。ヘンリー五世は、フランス王と名乗ってよいかどうか確信がもてないので経緯を尋ねているのですから、彼に納得してもらうように伝えれば、観客にも伝わるはずです。テンポやリズムが一定にならないよう、注意しましょう。長いせりふに眠ってしまう役を登場させる演出もありますが、舞台上で誰かが退屈で寝てしまうと、観客にもそれをしてよいと言っているようなものです。笑いを取ることはできますが、それよりも、その人物を起こして、しっかり話を聞かせるところまでを演技に含めましょう。

Try This
状況説明の長いせりふを飽きさせずに演じる

　説明をするカンタベリー大司教役は、1文しゃべるごとにいちいちヘンリー五世役に、わかりましたか？　と尋ねましょう。ヘンリー五世役は、わからないときはわからないとはっきり言い、もっと情報が欲しいときは、もっと詳しく教えてくれ、と伝えます。
　情報をはっきり伝えるために、視覚的な補助を使いましょう。その場で紙に描きながらでもよいですし、地図と家系図を吊るしてそれを見せながらでもよいです。演劇的には、カンタベリーがヘンリー五世に話をしているその奥や上方に、話の内容を象徴する静止場面を役者たちがつくり、影絵やストップモーションを用いて浮かび上がらせ、話自体を異次元での紙芝居のように見せていくこともできます。

「我ら数名、幸せな数名、兄弟の一団」
We few, we happy few, we band of brothers. 4)

4) *Henry V* 4.3.18-67

KING HARRY
　　　What's he that wishes so?
My cousin Warwick? ①
No, my fair cousin.
②If we are marked to die, we are enough
To do our country loss; ③ and if to live,
The fewer men, the greater share of honour.
God's will, I pray thee wish not one man more.
By Jove, I am not covetous for gold,
Nor care I who doth feed upon my cost;
It ernes me not if men my garments wear;
Such outward things dwell not in my desires.
But if it be a sin to covet honour
I am the most offending soul alive.
No, faith, my coz, wish not a man from England.

（聖クリスピアンのスピーチ）

ヘンリー五世
　　　　　誰がそんなことを願うのか？
　ウォリック？　①従兄弟殿、それは違う。
　②もしも我らが死ぬ運命にあれば、国家への損失は

我々だけでいい；③もしも勝って生き延びるなら、

数が少ないほど、名誉は大きくなる。

頼む、あと1人でもここにいればなどと望んでくれるな。

わたしは黄金など欲しくない、

わたしの財布で誰が飲み食いしても構わん；

誰かが俺の服を着たっていい；

そんな表向きのことはどうでもいいのだ。

が、もしも名誉を求めることが罪ならば、

わたしこそ最も罪深い者であろう。

頼む、兄弟、ひとりのイングランド人も望むな。

神にかけて、俺はこれほどの名誉を手放すまい、

あとひとりでも増えればそいつと名誉を分けなければ

いけないじゃないか。おお、あとひとりでもなどと望むな。

④それよりも、すぐに皆に伝えてくれ、

戦う肝の座っていないやつは、

今すぐ立ち去ってよい。安全な旅券も

旅費も工面する。

我らは、死ぬことに怯えているような輩（やから）と

共に死にたくはない。

⑤今日この日は聖（セント）クリスピアンの日だ。

⑥今日この日を生き抜いたものは皆、安全に家庭に戻り、

胸を張って立ち上がる、

聖（セント）クリスピアンの日が巡る度に。

今日を生き延び、晩年を迎える者は

この日が来るたび隣人との席で言うだろう、

「明日は聖（セント）クリスピアンの日だ」と。

そして袖をまくって傷を見せて言ってやる、

「これはクリスピンの日に受けた傷だ」と。

年をとれば記憶は消える；だがたとえすべてを忘れても、

今日この日のことは、胸を張って事細かに、

覚えていることであろう。我らの名は、

いく度も彼らの口の端（は）に上る——

国王ハリー、ベッドフォード、エクゼター、

ウォリック、タルボット、ソールズベリー、グロスター——

溢（あふ）れんばかりの盃（さかずき）で乾杯する度に思い出される。

これからの物語は、父から子へと語り継がれる、

God's peace, I would not lose so great an honour As one man more methinks would share from me For the best hope I have. O do not wish one more. ④ Rather proclaim it presently through my host That he which hath no stomach to this fight, Let him depart. His passport shall be made And crowns for convoy put into his purse. We would not die in that man's company That fears his fellowship to die with us. ⑤This day is called the Feast of Crispian. ⑥He that outlives this day and comes safe home Will stand a-tiptoe when this day is named And rouse him at the name of Crispian. He that shall see this day and live t'old age Will yearly on the vigil feast his neighbours And say, 'Tomorrow is Saint Crispian.' Then will he strip his sleeve and show his scars And say, 'These wounds I had on Crispin's day.' Old men forget; yet all shall be forgot, But he'll remember, with advantages, What feats he did that day. Then shall our names, Familiar in his mouth as household words — Harry the King, Bedford and Exeter, Warwick and Talbot, Salisbury and Gloucester — Be in their flowing cups freshly remembered. This story shall the good man teach his son, And Crispin Crispian shall ne'er go by From this day to the ending of the world But we in it shall be rememberèd, ⑦We few, we happy few, we band of brothers. For he today that sheds his blood with me

Shall be my brother; be he ne'er so vile,
This day shall gentle his condition.
⑧ And gentlemen in England now abed
Shall think themselves accursed they were not here,
And hold their manhoods cheap whiles any speaks
That fought with us upon Saint Crispin's day.

5) ヘンリー王はここで、クリスピン・クリスピアンと言い換えている

6) p.69 Try This 参照

7) p.343参照

クリスピン・クリスピアン5)ということばは必ずや
今日この日から世界の終わりが来るまで、
その真っ只中にいた俺たちと共に思い出される、
⑦我ら数名、幸せな数名、兄弟の一団として。
そうとも、本日、俺と一緒にその血を流す者は
みんな兄弟だ：生まれが貧しかろうがなんだろうが、
今日からは君らも高貴な者となる。
⑧イングランドで今、安眠を貪っているやつらは
歯ぎしりして悔しがるぞ、今、ここにいないことを、
この雄叫びに唱和できないことを、
共に戦った俺たちの聖・クリスピンの日、万歳。

Try This
原文を演技に活用する6)

　①は原文で fair cousin と話しかけています。相手を公正で高貴な者とみなして話しかけていることを示すので、怒ったりどなりつけたりせず、落ち着いて丁寧に話を始めましょう。せりふの長さを見てください。相手を説得して戦いに向かわせるためにこれだけの時間と内容が必要なのです。周りで聞いている人たちは、安易にヘンリー五世に納得してはいけません。国王も含め、皆、負けるとわかっている戦には出たくないのです。けれど国王は説得しなくてはなりません。

Try This
最後の望みのことば「名誉」

　②は最も確かだと思われる未来です。ヘンリー五世役は討ち死にを覚悟しつつ、将校たちを説得しながら自らをも納得させようとしましょう。イングランドから従軍してきた若い青年たちが苦しむ姿を見ている王は、こんな辛い思いはこれ以上もう誰にもさせたくないと思っています。けれど②を聞けば将校たちは気落ちするばかり。そこで王は突然ひらめいて③を演じましょう。「名誉」をもち出すのです。『ヘンリー四世』でフォルスタッフが述べた7)こととは正反対、名誉こそが何よりも大事であるとして将校たちを鼓舞し始め、それを④に入る直前まで続けます。

　④からは、自分と共に戦うつもりのあるやつだけ残るがいい、と告げる段落です。きつい言い方をしていますが、自分が戦線を離れるわけにはいかないものの死ぬ気がない者を無理に死なせたくない、という思いやりの心をもって言いましょう。

Try This
話題転換の理由を明確にする

　⑤を言うためには、なぜ聖クリスピアンの日をここで思い出すのかを考えましょう。昨夜、カレンダーを見ていたのかもしれません（それなら、昨夜の野営の場面でその様子を挟み込むこともできます）。具体的に場面で表さなくても、ヘンリー五世の敬虔さがこの場面までに何度か表現されていればよいでしょう。演じる際に、機械的にこのことばが出ないよう、④の段落が終わったら、しっかりひと息ついて、⑤へ入るようにします。また、日本人にとってはまったくなじみのない祝日なので、「聖クリスピアンの日」と言ったときに、胸の十字架を掲げたり、皆で十字を切るなどの動作を入れ、キリスト教徒にとって大事な祈りの日であることを表現するとよいでしょう。

　⑥のテーマは「記憶に残る」です。今の命を大事にして後世にはすっかり忘れ去られるか、今の名誉を大事にして人々の記憶に残り後々語り継がれていくか。国王は、皆に、帰国してからの穏やかな日々をイメージさせます。彼らの最も望む未来を見せることで士気を高めていくのです。将校たちは、名誉を大事にするという考え方を共有していなくてはなりません。たとえ自分が死んでも、生き残った兵士が1人でも国へ帰り、自分の名を口にしてくれる、そこにすべてを賭けていく気持ちをつくっていきましょう。

Try This
ヒロイズムとドラマを一気に盛り上げる

　⑦から先は、国王の「わたしも一緒だ」がテーマです。ヘンリー役は、自らと兵士たちは同じ立場であると、親身になって伝えようとします。この戦場のすべての仲間を兄弟と呼び、自らも命を捨てる覚悟を見せます。原文の We few, we happy few, we band of brothers ということばは英語圏ではとても有名です。兵士たちを国王と同じ高貴な者とみなす、ということばによって、名誉なんていらないと思っていた一介の兵士は心を動かされたでしょう。演じる兵士たちは、「高貴な者になる」という一節に感動する必要があります。もしも、演者自身が「高貴な者になる」ことに憧れを抱いていなくても、演者が演じる兵士はそこに憧れるのです。

　⑧は⑦をベースにしてのウィットに富んだ、スポーツ選手たちが気勢を上げるようなせりふです。原文のラストのことば upon Saint Crispin's day は、upon が「せーの」に当たり、Saint, Crispin's, Day が「がん・ばる・ぞー」のようなリズムで聞こえてくる仕組みになっています。日本語でも唱和を促すつもりでやってみましょう。

　最後の唱和に向けて、兵士や将校役たちは、恐怖に怯えていた状態から徐々に、首を高く掲げて戦に向かう意欲に溢れる状態になる流れをつくってください。

「今しばし、優しい魂、俺を待て」
Tarry, sweet soul, for mine, [8]

8) *Henry V* 4.6.3-27 (17)

エクセター

　ヨーク公が、よろしくとのことでございます。

国王

　弟は生きているのですか、叔父上？　3度も地に倒れ、

　その度に3度も立ち上がり戦っていた姿を見ましたが。

　兜(かぶと)から拍車まで血まみれで。

エクセター

　その状態で、あの勇敢な兵士は横たわっております、

　その血で大地を朱に染めながら。その横には、

　やはり名誉の傷に倒れたヨークの友、

　気高いサフォーク伯も。

　サフォークが先に逝きました、そこへヨークが、

　瀕死の状態で這(は)い寄っていき、

　サフォークの頭を抱きかかえ、その髭面(ひげ)の、

　ぱっくりと割れて血を吹き出している傷口に口づけを、

　そして叫ばれるのです、「今しばし、従兄弟サフォーク。

　俺の魂も、おまえと一緒に天へ登るぞ。

　今しばし、優しい魂、俺を待て、抱き合って飛んで行こう、

　戦い続けた、この栄(は)えある戦場で、

　共に騎士の道を示した勇敢な姿で。」

　そのことばにわたしも駆けつけ、ヨークを勇気づけました。

　するとあいつは、にこりと微笑み、その手を伸ばし、

　弱々しく握りしめて言うのです「エクセター殿、

　陛下によろしくお伝え願う。」

　そう言うと再び身を翻(ひるがえ)し、サフォークにかがみ込み、

　ご自分の傷ついた腕を回すと、サフォークの唇に口づけし、

　そうしてあいつは、死神を伴侶にしたのです、

　気高い終わりを告げた愛の契約を、その血で結び。

Try This
観客の感動を呼ぶためにせりふを実感する

　見てきたこと、体験したことを誰かに伝えるこのせりふは、エクセターの実体験を伴

わない限り、血の通わないただの報告になってしまいます。エクセターがどんな体験をしたのか、エクセターが伝えるサフォークとヨークの死に際の場面をサフォーク役とヨーク役でつくって演じてみましょう。それができたら、エクセター役の人に見てもらい、エクセター役は、その場面を自分のことばにして皆に伝えます。

　見たことを最初から詩的に、感動的にことばにするのは難しいでしょう。何度か繰り返し、この場面をこのように言おう、このことだけは伝えておかなくては、という意識をもってサフォークとヨークの死に際を目撃するようにしてください。書かれたせりふを覚えてそれを表面的な技巧だけで言うのではなく、実際に見た場面を思い出しながら言います。それがこのせりふになる、というのが正しい演技のあり方です。

エピローグ —— Epilogue

「自由になれ、では、さらば」
Be free, and fare thou well. 1)

1) Prospero, *The Tempest*
5.1.322

　シェイクスピアを演じる場合に限らず、俳優と演出家には、日常のすべてが演技と演出の役に立ちます。あらゆることにアンテナを張り、博物館や美術館にも足を運びましょう。海外旅行にも積極的に行き、世界の教養番組に日常的に接するようにしましょう。さまざまな種類の読書の量を増やすことが大事です。特に古典文学を読みましょう。そして、それらを通して得た学びを場面や登場人物に生かす可能性を探り続けてください。

　演じ、演出する際は常に下記の5点を念頭に置いておきましょう。これさえあれば作品も演技も必ずおもしろく、新しく、説得力あるものになります。

　　本当にそれでいいのか
　　もっとおもしろくならないか
　　もっと変化をつけることはできないか
　　もっとシンプルにすることはできないか
　　もっと遊ぶことはできないか

　膨大なことばと、非日常の詩、そこにわたしたちの悩み、怒り、悲しみ、そして喜びと明るさを乗せてお客様とドラマのジェットコースターを楽しめることがシェイクスピアの魅力です。ジョン・バートンは、すべてはバランスの問題だとよく言っていました。演技を磨き、説得力のある力強い演出の舞台をぜひ、つくり出してください。

　いろいろ述べてきましたが、演技の本質はハムレットが見事にまとめてくれています。そのことばをすべての表現者に送ります。

ハムレット
 せりふはしゃべるものだぞ、いいか、俺がしゃべった感じで——軽やかに舌先に乗せる；そこらの役者の多くがやるような、まるで街の広場でがなり立てているかのようにしゃべってはいかん。両手をこんなふうにひらひらさせるのもだ、ほどほどにしろ；感情が激昂(げっこう)する場面でも、それに巻き込まれず滑らかに進めることだ。おお、実に胸糞悪くなるものだ、ハゲ頭を鬘(かつら)で隠した一人前の男が、熱に溺れて感情をビリビリと破り裂き、本人自身がボロ切れ同然、土間のお客の耳をも切り裂かんばかりに喚(わめ)き回るが、それもまったく意味がない、訳のわからんだんまり芝居か騒音かのどちらかしかできん。(中略)が、弱々しすぎるのもよくない；己の素直な気持ちに従えばよい。動きをことばに合わせ、ことばを動きに合わせる、そうして自然の控えめな性質を超えないように注意するんだぞ：何事もやりすぎては芝居の目的から外れてしまう。なぜなら芝居というものの究極の目的は、演劇が生まれたときから今まで、昔も今も、謂(い)わば自然に対して鏡を掲げることだからだ、美しいものは美しいままに、醜いものは醜いままに、そしてまさに今この時代とその本質とを浮き彫りにすることなのだ。[2]

2) *Hamlet* 3.2.1-24

 日本の俳優と演出家たちが上演するシェイクスピアが、より身近でなじみやすいものになることを心から願っています。本書がその縁(よすが)になれば幸いです。

エピローグ 367

終わりに

　RADAでの在外研修と20年間に亘るワークショップの通訳経験で得た演技・演出術を、玉川大学出版部から『英国の演技術』という書籍にまとめた縁で、このたび、シェイクスピアに特化した演技術の本をまとめないかとのお話をいただきました。まず数か月で600ページにもわたる草稿を書き上げ、それを元に何度も書き直し、ついにこの形で出版の運びとなりました。全体で2年がかりの作業でしたが、できた！ と思って読み直す度に、もっとこうしたいとアイディアが次々に浮かび、一体いつ終わるのか、どうしてよいかわからなくなることもしばしばでした。その間、常に編集の相馬さやかさんに相談に乗っていただき、励ましていただきました。心から感謝申し上げます。

　わたしの経験と体験は、文学的研究の賜物というよりは、現場で英国、オーストラリア、米国の演出家や俳優たちから学んだものです。学術研究でも日々新しい解釈や発見が発表され、かつてこうだったと思われていたものが、もう違っていたという場合も多々あります。そこで研究者の視点から本書を見ていただく必要を強く感じました。青山学院大学教授・佐久間康夫先生、東京大学教授・河合祥一郎先生は演劇上演や翻訳にも特にお詳しく、恐る恐るお願いしたところ、ご多忙中にもかかわらず快くお目を通してくださり、丁寧に、内容から表記の通例に関する点まで、あらゆるアドバイスをくださいました。ことに、演技書なのだから演技と演出のハウトゥがもっと知りたい、とのお声をくださったことは、本書の方向性に大きく影響を与えました。なぜなら、当初、演出や演技は本人たちのもので、わたしが「こういうやり方がある」というハウトゥを提案するべきではない、と思っていたからです。これこれの解釈がある、とまでは書いていたのですが、その解釈をどう演技にするかは個々人が考えていくだろうからと、書くのを控

えていました。が、そのことばに勇気を得て、演技を立体化していくためのエクササイズを、Try This という形で提示できたのはまさにおふたりのご提案のおかげです。篤く御礼申し上げます。

　また、執筆中は、演出、出演、翻訳、脚色、そして複数の大学での授業という業務とも並行する必要があり、多くの方にご迷惑をおかけしました。それにもかかわらず、深い理解と愛と励ましを得て、書き進めることができました。家族と近しい友人、出来上がりを待ってくれている演劇ファンや同業者たちが、陰になり日向になり、思いやりを込めてわたしを助けてくださいました。感謝の念でいっぱいです。ありがとうございます。

　最後に、本書執筆のきっかけである『英国の演技術』の出版を推してくださった元劇団昴芸術監督の福田逸氏、シェイクスピアを現代の俳優にどう指導し、演出していくべきかを温かく広い心で教えてくださったRADAのニコラス・バーター氏、体の使い方がいかに演技と演者にとって大切かを教えてくださったイラン・レイシェル（Ilan Reichel）氏、体の使い方と発声、そしてシェイクスピアのせりふの言い回しを個人レッスンまでして教えてくださったバーディ・トーマス（Bardy Thomas）氏、感覚的な演技を科学的に理解できるよう教えてくださったオーストラリア国立演劇大学の元校長オーブリー・メロー氏には、ことに篤く御礼申し上げます。そして、シェイクスピアの魅力の扉を開いてくれ、昨年の1月に天に旅立ったジョン・バートン氏に、本書を捧げたいと思います。

2019年 三輪えり花

演技と演出のためのチェックリスト

チェックマーク	チェックポイント	補足
☐	自らの行為を正当化できるか。	その行為は常識的・道徳的か。本人はそれを自覚しているか、それをよしとしているか。それは意図的なものか、あるいは性格的な反応か。
☐	その人物は、自分の行為に不安を覚える時はないか。	あるとすれば、どうやってその不安を乗り越えようとしているか。
☐	非常識な行為を目撃した際、どんな反応を示すか。	賛成？ 迎合的賛成？ 批判？ それをどの程度、表現するべきか。
☐	本当にその感情でよいのか。	違う表現方法は考えられないか。
☐	先入観に囚われてはいないか。	常識を破る勇気があるか、その根拠を提示できるか、納得させられるか。
☐	本当に自分が納得している心理なのか。	書かれているからというだけの理由でしゃべってはいないか。
☐	その人物にとって、なぜ、その話が大事なのか。	書かれているからというだけの理由でしゃべってはいないか。
☐	その人物は、戯曲の始まりと終わりで、どう変化しているか。	各場面の始まりと終わりでの変化、独白や長いせりふの始まりと終わりでの変化を、明確に組み立てているか。
☐	その人物の思い描く理想の人生プランは何か。	それに向かって邁進してきたか、なかば諦めながら生きてきたか。あるいは、それが当たり前だと思って生きてきたか。
☐	全体の緩急を計画しているか。	明暗、スピード感などを立体的・計画的に構築しているか。
☐	観客に、どんな印象を最後に残したいか。	自分を見せるためではなく、作品を見せるため、と断言できるか。
☐	観客に説明しすぎていないか。	わかりやすくするためのバランスは適切か。
☐	観客に謎を与えすぎていないか。	自分でも理解していないところを観客に放り投げていないか。
☐	観客に媚びていないか。	ギャグは入れてもよい。そこに入れたら中身が崩れるという危険さえなければ。
☐	登場人物は常に新しいことを発見しているか。	登場人物ができるだけたくさん「発見」する箇所をつくっているか。
☐	雰囲気に流されていないか。	機械的・自動的な演技に陥っていないか。
☐	感情の放出になっていないか。	むしろ、湧き上がる感情をどうやって制御するかを大事にしているか。
☐	毎回、すべてをあらためて登場人物として生き直しているか。	究極の問いかけですね。

参考文献

シェイクスピア入門書

『シェイクスピア　人生の名言』佐久間康夫監修、KKベストセラーズ、2016年。

『シェイクスピアの正体』河合祥一郎、新潮文庫、2016年。

『快読シェイクスピア　増補版』河合隼雄、松岡和子、ちくま文庫、2011年。

『心に響け、シェイクスピア―英語で味わう名せりふ』佐久間康夫、日本放送出版協会（NHK出版）、2009年。

『シェイクスピアを楽しむために』阿刀田高、新潮文庫、2003年。

『映画で読むシェイクスピア』森祐希子、紀伊國屋書店、1996年。

『シェイクスピア・オン・スクリーン―シェイクスピア映画への招待』狩野良規、三修社、1996年。

『シェイクスピアの世界』木下順二、岩波書店、1993年。

解説書

『シェイクスピア・カーニヴァル』ヤン・コット、高山宏訳、ちくま文庫、2017年。

『ノースロップ・フライのシェイクスピア講義』ノースロップ・フライ、ロバート・サンドラー編、石原孝哉、市川仁、林明人訳、三修社、2009年。

『シェイクスピア劇と図像学―舞台構図・場面構成・言語表象の視点から』今西雅章、彩流社、2008年。

『シェイクスピアの驚異の成功物語』スティーヴン・グリーンブラット、河合祥一郎訳、白水社、2006年（*Will in the World*, Greenblatt, Stephen, W. W. Norton & Company, New York, 2004）。

『ヨーロッパの祝祭典―中世の宴とグルメたち』マドレーヌ・P・コズマン、加藤恭子、山田敏子訳、原書房、1986年。

『演劇の歴史』フィリス・ハートノル、白川宣力、石川敏男訳、朝日出版社、1981年（*The Theatre: A concise history, revised edition*, Hartnoll, Phyllis, Thames and Hudson, London, 1985）。

『文学（特集シェイクスピア―劇場と戯曲）』第54巻第4号、荒井良雄他、岩波書店、1986年。

The Shakespeare Cookbook, Dalby, Andrew and Dalby, Maureen, The British Museum Press, London, 2012.

Power Plays: Shakespeare's lessons in leadership and management, Whitney, John O. And Packer, Tina, Simon & Schuster, New York, 2000.

Shakespeare and Ovid, Bate, Jonathan, Oxford University Press; Clarendon Press, Oxford; New York, 1993.

Shakespeare's Tragic Cosmos, McAlindon, T., Cambridge University Press, Cambridge [England]; New York, 1991.

The Shakespearean Wild: Geography, genus, and gender, Roberts, Jeanne Addison, University of Nebraska, Lincoln, 1991.

Discovering Shakespeare's Meaning: An introduction to the study of Shakespeare's dramatic structures, Scragg, Leah, Longman, London; New York, 1988.

A Shakespeare Glossary, C.T. Onions; Enlarged and revised throughout by Eagleson, Robert D., Oxford University Press, New York, 1986.

The Hutchinson Shakespeare Dictionary: An A-Z guide to Shakespeare's plays, characters and contemporaries, Edited by Clark, Sandra, Royal Shakespeare Company and Hutchinson, London, 1986.

Shakespeare's Problem Comedies (2nd edition), Lawrence, William Witherle, Macmillan（Frederick Ungar Publishing Company）, New York, 1931（1960）.

事典

『シェイクスピア大図鑑』スタンリー・ウェルズ他、河合祥一郎監訳、三省堂、2016年（*The Shakespeare Book*, Wells, Stanley and five others, Dorling Kindersley, New York, 2015）。

『シェイクスピア・ハンドブック』河合祥一郎、小林章夫編著、三省堂、2010年。

『シェイクスピア・ハンドブック　新装版』高橋康也編、新書館、2004年。

『シェイクスピアへの架け橋』高田康成、河合祥一郎、野田学編、東京大学出版会、1998年。

『世界シンボル大事典』ジャン・シュヴァリエ、アラン・ゲールブラン、金光仁三郎他訳、大修館書店、1996年。

『イメージ・シンボル事典』アト・ド・フリース、山下主一郎主幹、荒このみ他訳、大修館書店、1984年。

演技・演出指南書

『演劇入門ブック―ビジュアルで見る演技法』ジョン・ペリー、太宰久夫監訳、野呂香、松村悠実子、玉川大学出版部、2014年。

『インプロ―自由自在な行動表現』キース・ジョンストン、三輪えり花訳、而立書房、2012年（*Impro: Improvisation and the theatre*, Johnstone, Keith; with an introduction by Irving Wardle Theatre Arts Book, New York, 1979）。

『英国の演技術』三輪えり花、現代演劇協会監修、玉川大学出版部、2012年。

『クラシカル・アクティング―西洋古典古典戯曲の演技術』マルコルム・モリソン、三輪えり花訳、而立書房、2003年（*Classical Acting*, Morrison, Malcolm, A & C Black Publishers Limited, London, 1995）。

『名優 演技を語る―役者と顧客への贈物』ハル・バートン、福田逸訳、玉川大学出版部、1980年。

Essential Acting: A practical handbook for actors, teachers and directors, Panet, Brigid, McHardy, Fiona, Routledge, London; New York, 2009.

The Routledge Companion to Directors' Shakespeare, Edited by Russell Brown, John, Routledge, London ; New York, 2008.

The Singing and Acting Handbook: Games and exercises for the performer, Burgess, Thomas de Mallet and Skilbeck, Nicholas, Routledge, London; New York, 2000.

English Shakespeares: Shakespeare on the English stage in the 1990s, Holland, Peter, Cambridge University Press, Cambridge, 1997.

Your Voice and How to Use It, Berry, Cicely, Virgin Books, London, 1994.

There are No Secrets: Thoughts on acting and theatre, Brook, Peter, Methuen Drama, London, 1993.

Games for Actors and Non-Actors, Boal, Augusto, translated by Jackson, Adrian, Routledge, New York,1992.

Liberation of the Actor, Bridgmont, Peter, Temple Lodge Publishing, East Sussex, 1992.

Systems of Rehearsal: Stanislavsky, Brecht, Grotowski, and Brook, Mitter, Shomit, Routledge, London; New York,1992.

By Means of Performance: Intercultural studies of theatre and ritual, Edited by Schechner, Richard and Appel, Willa, Cambridge University Press, Cambridge; New York,1990.

A Sense of Direction: Life at the Royal Court Theatre, first limelight edition, Gaskill, William, Proscenium Publishers, New York, 1990.

Directors' Theatre, Bradby, David and Williams, Macmillan, Hampshire; London, 1988.

The Director and the Stage: From naturalism to Grotowski, Braun, Edward, Methuen Drama, London, 1982.

Modern Drama in Theory and Practice 2; Symbolism, Surrealism and the Absurd, Styan, J. L., Cambridge University Press, Cambridge; New York, 1981.

The Theory of the Modern Stage: An introduction to modern theatre and drama, Edited by Bentley, Eric, Penguin, Harmondsworth, 1968.

戯曲の翻訳

『新訳　まちがいの喜劇』河合祥一郎訳、角川文庫、2017年。

『新訳　から騒ぎ』河合祥一郎訳、角川文庫、2015年。

『新訳　夏の夜の夢』河合祥一郎訳、角川文庫、2013年。

『新訳　十二夜』河合祥一郎訳、角川文庫、2011年。

『新訳　マクベス』河合祥一郎訳、角川文庫、2009年。

『新訳　リチャード三世』河合祥一郎訳、角川文庫、2007年。

『新訳　ヴェニスの商人』河合祥一郎訳、角川文庫、2005年。

『新訳　ハムレット』河合祥一郎訳、角川文庫、2003年。

『新訳　ロミオとジュリエット』河合祥一郎訳、角川文庫、2003年。

『シェイクスピア全集　1　ハムレット』松岡和子訳、ちくま文庫、1996年。

『シェイクスピア全集　2　ロミオとジュリエット』松岡和子訳、ちくま文庫、1996年。

『シェイクスピア全集　3　マクベス』松岡和子訳、ちくま文庫、1996年。

『シェイクスピア全集　4　夏の夜の夢　間違いの喜劇』松岡和子訳、ちくま文庫、1997年。

『シェイクスピア全集　5　リア王』松岡和子訳、ちくま文庫、1997年。

『シェイクスピア全集　6　十二夜』松岡和子訳、ちくま文庫、1998年。

『シェイクスピア全集　7　リチャード三世』松岡和子訳、ちくま文庫、1999年。

『シェイクスピア全集　8　テンペスト』松岡和子訳、ちくま文庫、2000年。

『シェイクスピア全集　9　ウィンザーの陽気な女房たち』松岡和子訳、ちくま文庫、2001年。

『シェイクスピア全集　10　ヴェニスの商人』松岡和子訳、ちくま文庫、2002年。

『シェイクスピア全集　11　ペリクリーズ』松岡和子訳、ちくま文庫、2003年。

『シェイクスピア全集　12　タイタス・アンドロニカス』松岡和子訳、ちくま文庫、2004年。

『シェイクスピア全集　13　オセロー』松岡和子訳、ちくま文庫、2006年。

『シェイクスピア全集　14　コリオレイナス』松岡和子訳、ちくま文庫、2007年。

『シェイクスピア全集　15　お気に召すまま』松岡和子訳、ちくま文庫、2007年。

『シェイクスピア全集　16　恋の骨折り損』松岡和子訳、ちくま文庫、2008年。

『シェイクスピア全集　17　から騒ぎ』松岡和子訳、ちくま文庫、2008年。

『シェイクスピア全集　18　冬物語』松岡和子訳、ちくま文庫、2009年。

『シェイクスピア全集　19　ヘンリー六世　全三部』松岡和子訳、ちくま文庫、2009年。

『シェイクスピア全集　20　じゃじゃ馬馴らし』松岡和子訳、ちくま文庫、2010年。

『シェイクスピア全集　21　アントニーとクレオパトラ』松岡和子訳、ちくま文庫、2011年。

『シェイクスピア全集　22　シンベリン』松岡和子訳、ちくま文庫、2012年。

『シェイクスピア全集　23　トロイラスとクレシダ』松岡和子訳、ちくま文庫、2012年。

『シェイクスピア全集　24　ヘンリー四世　全二部』松岡和子訳、ちくま文庫、2013年。

『シェイクスピア全集　25　ジュリアス・シーザー』松岡和子訳、ちくま文庫、2014年。

『シェイクスピア全集　26　リチャード二世』松岡和子訳、ちくま文庫、2015年。

『シェイクスピア全集　27　ヴェローナの二紳士』松岡和子訳、ちくま文庫、2015年。

『シェイクスピア全集　28　尺には尺を』松岡和子訳、ちくま文庫、2016年。

『シェイクスピア全集　29　アテネのタイモン』松岡和子訳、ちくま文庫、2017年。

『対訳・注解　研究社　シェイクスピア選集8　ハムレット』大場建治編注訳、研究社、2004年。

『シェイクスピア全集　1　ヘンリー六世　第一部』小田島雄志訳、白水Uブックス、1983年。

『シェイクスピア全集　2　ヘンリー六世　第二部』小田島雄志訳、白水Uブックス、1983年。

『シェイクスピア全集　3　ヘンリー六世　第三部』小田島雄志訳、白水Uブックス、1983年。

『シェイクスピア全集　4　リチャード三世』小田島雄志訳、白水Uブックス、1983年。

『シェイクスピア全集　5　間違いの喜劇』小田島雄志訳、白水Uブックス、1983年。

『シェイクスピア全集　6　タイタス・アンドロニカス』小田島雄志訳、白水Uブックス、1983年。

『シェイクスピア全集　7　じゃじゃ馬ならし』小田島雄志訳、白水Uブックス、1983年。

『シェイクスピア全集　8　ヴェローナの二紳士』小田島雄志訳、白水Uブックス、1983年。

『シェイクスピア全集　9　恋の骨折り損』小田島雄志訳、白水Uブックス、1983年。

『シェイクスピア全集　10　ロミオとジュリエット』小田島雄志訳、白水Uブックス、1983年。

『シェイクスピア全集　11　リチャード二世』小田島雄志訳、白水Uブックス、1983年。

『シェイクスピア全集　12　夏の夜の夢』小田島雄志訳、白水Uブックス、1983年。

『シェイクスピア全集　13　ジョン王』小田島雄志訳、白水Uブックス、1983年。

『シェイクスピア全集　14　ヴェニスの商人』小田島雄志訳、白水Uブックス、1983年。

『シェイクスピア全集　15　ヘンリー四世　第一部』小田島雄志訳、白水Uブックス、1983年。

『シェイクスピア全集　16　ヘンリー四世　第二部』小田島雄志訳、白水Uブックス、1983年。

『シェイクスピア全集　17　から騒ぎ』小田島雄志訳、白水Uブックス、1983年。

『シェイクスピア全集　18　ウィンザーの陽気な女房たち』小田島雄志訳、白水Uブックス、1983年。

『シェイクスピア全集　19　ヘンリー五世』小田島雄志訳、白水Uブックス、1983年。

『シェイクスピア全集　20　ジュリアス・シーザー』小田島雄志訳、白水Uブックス、1983年。

『シェイクスピア全集　21　お気に召すまま』小田島雄志訳、白水Uブックス、1983年。

『シェイクスピア全集　22　十二夜』小田島雄志訳、白水Uブックス、1983年。

『シェイクスピア全集　23　ハムレット』小田島雄志訳、白水Uブックス、1983年。

『シェイクスピア全集　24　トロイラスとクレシダ』小田島雄志訳、白水Uブックス、1983年。

『シェイクスピア全集　25　終わりよければすべてよし』小田島雄志訳、白水Uブックス、1983年。

『シェイクスピア全集　26　尺には尺を』小田島雄志訳、白水Uブックス、1983年。

『シェイクスピア全集　27　オセロー』小田島雄志訳、白水Uブックス、1983年。

『シェイクスピア全集　28　リア王』小田島雄志訳、白水Uブックス、1983年。

『シェイクスピア全集　29　マクベス』小田島雄志訳、白水Uブックス、1983年。

『シェイクスピア全集　30　アントニーとクレオパトラ』小田島雄志訳、白水Uブックス、1983年。

『シェイクスピア全集　31　コリオレーナス』小田島雄志訳、白水Uブックス、1983年。

『シェイクスピア全集　32　アテネのタイモン』小田島雄志訳、白水Uブックス、1983年。

『シェイクスピア全集　33　ペリクリーズ』小田島雄志訳、白水Uブックス、1983年。

『シェイクスピア全集　34　シンベリン』小田島雄志訳、白水Uブックス、1983年。

『シェイクスピア全集　35　冬物語』小田島雄志訳、白水Uブックス、1983年。

『シェイクスピア全集　36　テンペスト』小田島雄志訳、白水Uブックス、1983年。

『シェイクスピア全集　37　ヘンリー八世』小田島雄志訳、白水Uブックス、1983年。

『ハムレット』野島秀勝訳、岩波文庫、2001年。

『ハムレット』木下順二訳、講談社文庫、1971年。

『コリオレイナス』福田恆存訳、新潮文庫、2001年。

『十二夜』福田恆存訳、新潮文庫、2001年。

『タイタス・アンドロニカス』福田恆存訳、新潮文庫、2001年。

『ヘンリー四世　第一部』福田恆存訳、新潮文庫、2001年。

『リチャード二世』福田恆存訳、新潮文庫、2001年。

『ロミオとジュリエット』福田恆存訳、新潮文庫、2001年。

『お気に召すまま』福田恆存訳、新潮文庫、1981年。

『リチャード三世』福田恆存訳、新潮文庫、1974年。

『アントニーとクレオパトラ』福田恆存訳、新潮文庫、1972年。

『じゃじゃ馬ならし・空騒ぎ』福田恆存訳、新潮文庫、1972年。

『夏の夜の夢・あらし』福田恆存訳、新潮文庫、1971年。

『マクベス』福田恆存訳、新潮文庫、1969年。

『ジュリアス・シーザー』福田恆存訳、新潮文庫、1968年。

『ヴェニスの商人』福田恆存訳、新潮文庫、1967年。

『ハムレット』福田恆存訳、新潮文庫、1967年。

『リア王』福田恆存訳、新潮文庫、1967年。

『オセロー』福田恆存訳、新潮文庫、1951年。

『ロミオとジュリエット』中野好夫訳、新潮文庫、1951年。

『ハムレット　改版』本多顕彰訳、角川文庫、1966年。

『ザ・シェークスピア　全戯曲〈全原文＋全訳〉全一冊完全新版』坪内逍遙訳、第三書館、2016年。

図版一覧

p.3　著者近影。撮影：Luther ヒロシ市村

p.5　Michael John Goodman, The Victorian Illustrated Shakespeare Archive [2019/03/07]. H. C. Selous. A Midsummer Night's Dream, Illustration #12

p.9　Michael John Goodman, The Victorian Illustrated Shakespeare Archive [2019/03/07]. H. C. Selous, King Henry IV Part II, Illustration #18

p.15　Michael John Goodman, The Victorian Illustrated Shakespeare Archive [2019/03/07]. Kenny Meadows, All's Well That Ends Well, Illustration #6

p.19　Michael John Goodman, The Victorian Illustrated Shakespeare Archive [2019/03/07]. Charles Knight(ed.), King Richard III, Illustration #1

p.20 左　グローブ座外観。撮影：Luther ヒロシ市村

p.20 右　Wikimedia Commons: Sketch for inclusion in Wencesluas Hollar's "Long view of London", 1644, showing second Globe Theatre.

p.21　Wikimedia Commons: The Swan Playhouse in London, as sketched by Dutch humanist scholar Johannes de Witt (c.1566-1622) in 1596.

p.25　Wikimedia Commons: G. Topham Forrest - "Blackfriars Theatre: Conjectural Reconstruction" by G. Topham Forrest, The Times, 21 November 1921, p. 5.

p.26　Walter C. Hodges, Inn Yard Stage, c. 1585, Courtesy of the Folger Shakespeare Library.

p.27　Wikimedia Commons: Sainte Apolline Heures d'Étienne Chevalier, enluminées par Jean Fouquet. Musée Condé, Chantilly, R.-G. Ojeda, RMN / musée Condé, Chantilly.

p.28　Wikimedia Commons: Frontispiece showing the stage design for a mystery play, The Passion and Resurrection of the Savior, a Passion play performed in Valenciennes in 1547.

p.29 上　Wikimedia Commons: The Ommeganck in Brussels on 31 May 1615. The Triumph of Archduchess Isabella.

p.29 下　Wikimedia Commons: Commedia dell'arte Scene in an Italian Landscape (detail) by Peeter van Bredael(1629-1719), 17th/18th century.

p.30　Engraved view of London by C J Visscher showing the globe, hand-coloured 3rd version. Published c. 1650, Amsterdam, Netherlands, British Library.

p.31　Michael John Goodman, The Victorian Illustrated Shakespeare Archive [2019/03/07]. Charles Knight(ed.), King Henry VIII, Illustration #9

p.34　Michael John Goodman, The Victorian Illustrated Shakespeare Archive [2019/03/07]. John Gilbert, Hamlet, Illustration #17

p.37　Michael John Goodman, The Victorian Illustrated Shakespeare Archive [2019/03/07]. Charles Knight(ed.), King Henry IV Part I, Illustration #6

p.39　Michael John Goodman, The Victorian Illustrated Shakespeare Archive [2019/03/07]. John Gilbert, King Henry V, Illustration #5

p.48　Wikimedia Commons: Portrait of James I of England in state robes (1566-1625) by Paul van Somer I(c. 1577-1621), c.1620, Royal Collection U.K..

p.54　Wikimedia Commons: Portrait of Sarah Bernhardt(1844-1923) as Hamlet, June 1899. Lafayette Photo, London.

p.55　Michael John Goodman, The Victorian Illustrated Shakespeare Archive [2019/03/07]. Charles Knight(ed.), Measure for Measure, Illustration #6

p.60　Michael John Goodman, The Victorian Illustrated Shakespeare Archive [2019/03/07]. Charles Knight(ed.), Romeo and Juliet, Illustration #15

p.65　Michael John Goodman, The Victorian Illustrated Shakespeare Archive [2019/03/07]. John Gilbert, King Richard III, Illustration #2

p.67　Michael John Goodman, The Victorian Illustrated Shakespeare Archive [2019/03/07]. H. C. Selous, Hamlet, Illustration #14

p.75　Michael John Goodman, The Victorian Illustrated Shakespeare Archive [2019/03/07]. John Gilbert, Macbeth, Illustration #2

p.81　Wikimedia Commons: A Family Group in a Landscape by Frans Hals (c.1582-1666), c. 1648 National Gallery, London.

p.83　Wikimedia Commons: The Quarrel of Oberon and Titania by Joseph Noel Paton F(1821-1901) , 1849, Scottish National Gallery.

p.85　Michael John Goodman, The Victorian Illustrated Shakespeare Archive [2019/03/07]. Kenny Meadows, The Merry Wives of Windsor, Illustration #22

p.87　H. C. Selous, King Henry IV Part II, Illustration #4

p.93　Michael John Goodman, The Victorian Illustrated Shakespeare Archive [2019/03/07]. H. C. Selous, Twelfth Night, Illustration #4

p.96 右上　Wikimedia Commons: Windsor Castle, birds eye view by Wencesluas Hollar.

p.97 下　Henry VIII's Hampton Court Palace Drawn by Daphne Ford, Historic Royal Palaces.

p.98 右　Canterbury Cathedral ground plan by Kent Badeker, 1927.

p.101　Michael John Goodman, The Victorian Illustrated Shakespeare Archive [2019/03/07]. Charles Knight(ed.), A Midsummer Night's Dream, Illustration #8

p.115　Michael John Goodman, The Victorian Illustrated Shakespeare Archive [2019/03/07]. John Gilbert, Othello, Illustration #16

p.127　Michael John Goodman, The Victorian Illustrated Shakespeare Archive [2019/03/07]. H. C. Selous, Hamlet, Illustration #12

p.129　Michael John Goodman, The Victorian Illustrated Shakespeare Archive [2019/03/07]. Kenny Meadows, Hamlet, Illustration #15

p.153　Michael John Goodman, The Victorian Illustrated Shakespeare Archive [2019/03/07]. Kenny Meadows, Hamlet, Illustration #25

p.155　Michael John Goodman, The Victorian Illustrated Shakespeare Archive [2019/03/07]. John Gilbert, Julius Caesar, Illustration #21

p.199　Michael John Goodman, The Victorian Illustrated Shakespeare Archive [2019/03/07]. Kenny Meadows, Macbeth, Illustration #17

p.221　Michael John Goodman, The Victorian Illustrated Shakespeare Archive [2019/03/07]. John Gilbert, Romeo and Juliet, Illustration #17

p.301　Michael John Goodman, The Victorian Illustrated Shakespeare Archive [2019/03/07]. H. C. Selous, Twelfth Night, Illustration #16

p.329　Michael John Goodman, The Victorian Illustrated Shakespeare Archive [2019/03/07]. John Gilbert, As You Like It, Illustration #14

p.332　Michael John Goodman, The Victorian Illustrated Shakespeare Archive [2019/03/07]. Kenny Meadows, King Henry VIII, Illustration #4

p.340　Wikimedia Commons: Brothel by Joachim Beuckelaer (c.1533-1575), 1562, Walters Art Museum.

p.345　Michael John Goodman, The Victorian Illustrated Shakespeare Archive [2019/03/07]. Kenny Meadows, King Henry V, Illustration #14

p.354　Michael John Goodman, The Victorian Illustrated Shakespeare Archive [2019/03/07]. Charles Knight (ed.), Macbeth, Illustration #11

p.355　Michael John Goodman, The Victorian Illustrated Shakespeare Archive [2019/03/07]. John Gilbert, King Henry IV Part II, Illustration #13

p.365　Michael John Goodman, The Victorian Illustrated Shakespeare Archive [2019/03/07]. Kenny Meadows, King Henry V, Illustration #1

p.367　Michael John Goodman, The Victorian Illustrated Shakespeare Archive [2019/03/07]. Charles Knight(ed.), Hamlet, Illustration #13

＊上記以外はすべて三輪えり花による。

三輪えり花（みわ・えりか）

演出家、俳優、翻訳家。慶應義塾大学卒業、ロンドン大学大学院演劇科修士。文化庁派遣芸術家在外研修員として英国王立演劇アカデミー、ロイヤル・オペラハウス等で演出・演技・演劇教育の研修を積む。西洋古典劇から、欧米の現代劇に至るまで幅広く翻訳・演出。シェイクスピアの楽しみ方を紹介する「シェイクスピア遊び語り」を毎年上演している。公益社団法人国際演劇協会日本センター理事。東京藝術大学等の講師も務める。著書に『英国の演技術』（玉川大学出版部）、訳書に『クラシカル・アクティング－西洋古典戯曲の演技術』『インプロ－自由な行動表現』（而立書房）など。
ウェブサイト http://elicamiwa.com

シェイクスピアの演技術

2019年5月10日　初版第1刷発行

著　者　　三輪えり花

発行者　　小原芳明

発行所　　玉川大学出版部
　　　　　〒194-8610 東京都町田市玉川学園6-1-1
　　　　　TEL 042-739-8935　FAX 042-739-8940
　　　　　http://www.tamagawa.jp/up/
　　　　　振替 00180-7-26665

デザイン　三田村邦亮

印刷・製本　藤原印刷株式会社

乱丁・落丁本はお取り替えいたします。
© Elica Miwa 2019　Printed in Japan
ISBN978-4-472-40538-9 C0074 / NDC771